中国研究生教育年度报告

Annual Report on China Graduate Education

(2021 & 2022)

中国研究生院院长联席会　编著

本卷主编　周傲英　姜国华

副 主 编　吴　健　杨立华

执行主编　阎光才　李海生　廖晓玲

中国教育出版传媒集团

高等教育出版社·北京

内容提要

本书回顾分析了 2021 与 2022 年中国研究生教育在"双一流"建设、学位授权审核、学科专业管理机制、交叉学科建设及研究生培养质量监督管理等方面取得的重要成就。基于问卷调查，报告围绕博士生教育实践中的现实问题，如博士生的科研能力、兴趣与抱负，博士生学术成长环境及其效应，博士生按期完成学业及影响因素，博士生未来职业选择及影响因素，导师科研信念与指导方式等专题做了较为深入的调研分析。

本书可作为研究生教育实践管理工作者和相关理论研究者的参考性读物。

图书在版编目（CIP）数据

中国研究生教育年度报告. 2021&2022 / 中国研究生院院长联席会编著. -- 北京：高等教育出版社，2023.9

ISBN 978-7-04-060991-2

Ⅰ. ①中… Ⅱ. ①中… Ⅲ. ①研究生教育 – 研究报告 – 中国 –2021–2022 Ⅳ. ① G643

中国国家版本馆 CIP 数据核字（2023）第 149432 号

Zhongguo Yanjiusheng Jiaoyu Niandu Baogao（2021 & 2022）

策划编辑	徐 可	责任编辑	徐 可	封面设计	张 楠	版式设计	杨 树
责任绘图	易斯翔	责任校对	刘娟娟	责任印制	存 怡		

出版发行	高等教育出版社	网　址	http://www.hep.edu.cn
社　址	北京市西城区德外大街 4 号		http://www.hep.com.cn
邮政编码	100120	网上订购	http://www.hepmall.com.cn
印　刷	保定市中画美凯印刷有限公司		http://www.hepmall.com
开　本	787mm×1092mm　1/16		http://www.hepmall.cn
本册印张	19.25		
本册字数	460 千字	版　次	2023 年 9 月第 1 版
购书热线	010-58581118	印　次	2023 年 9 月第 1 次印刷
咨询电话	400-810-0598	总定价	50.00 元

编　委　会

序

2021 年和 2022 年，是党和国家历史上具有里程碑意义的年份。2021 年，我们隆重庆祝了中国共产党成立 100 周年；2022 年，中国共产党第二十次全国代表大会胜利召开。党的二十大擘画了全面建成社会主义现代化强国、以中国式现代化全面推进中华民族伟大复兴的宏伟蓝图，明确了新时代新征程党和国家事业发展的目标任务。特别是在党的二十大报告中，首次把教育、科技、人才进行一体推进，作出专章部署，凸显了教育、科技、人才在现代化建设全局中的战略定位，彰显了党中央对于教育、科技、人才的高度重视。研究生教育作为科技第一生产力、人才第一资源、创新第一动力的重要结合部，在坚持为党育人、为国育才，深入实施科教兴国战略、人才强国战略、创新驱动发展战略中肩负着重要使命。我们要进一步提升研究生教育服务国家和区域经济社会发展的能力，满足人民群众对高质量研究生教育的需求，加快建设研究生教育强国，为以中国式现代化全面推进中华民族伟大复兴提供源源不断的拔尖人才支撑。

中国研究生院院长联席会各成员单位代表着中国研究生教育发展的最高水平，在科研创新与高层次人才培养方面具有独特优势，是加快创新人才自主培养、实现高水平科技自立自强、建设创新型国家的中坚力量。多年来，联席会各成员单位坚持"四个面向"，主动围绕创新型国家和科技强国建设，深入实施创新驱动发展战略，在创新平台体系建设、创新人才培养、创新资源汇聚、国际交流合作等方面取得了丰硕成果，已经成为我国基础研究的主力军和重大科技突破的策源地。

习近平总书记深刻指出，"随着我国发展壮大，突破'卡脖子'关键核心技术刻不容缓，必须坚持问题导向，发挥新型举国体制优势，踔厉奋发、奋起直追，加快实现科技自立自强。"这为我们进一步创新研究生教育体系、全面提高人才自主培养质量提供了科学指引。面对新一轮科技革命和产业革命的突飞猛进发展，中国研究生院院长联席会各成员单位要更加主动地服务国家重大战略，不断提升科技创新培养能力，主动将自身发展逻辑与国家战略布局有机融合，发挥基础研究优势，从源头和底层解决关键技术问题，瞄准"卡脖子"问题，加强有组织科研，全力服务高水平科技自立自强。

在全面建设社会主义现代化国家、向第二个百年奋斗目标进军的新征程中，研究生教育肩负着高层次人才培养和创新创造的重要使命，研究生教育的地位和作用更加凸显。将教育宏伟蓝图转化为行动、伟大梦想转变为现实，中国研究生院院长联席会各成员单位承担着更加艰巨而光荣的使命。这要求我们加快推进研究生教育治理体系和治理能力现代化，大胆探索，勇于改革，力争将研究生教育办出中国特色，争创世界一流。在新的征程中，各成员单位要进一步筑牢研究生教育的根与魂，以习近平新时代中国特色社会主义思想铸魂育人，把立德树人融入研究生思想道德教育、课程教学与科研训练、学习实践等环节，增强研究生的使命感、责任感，全面提升研究生知识创新和实践创新能力，为实现中华民族伟大复兴提供坚强有力的人才和智力支撑。

过去两年，是中国研究生院院长联席会蓬勃发展的重要时期。我们接纳了 82 个新会员单位和 4 个观察员单位，会员单位规模进一步扩大，联席会迈上了新的发展阶段。我们热切期待在新时代研究生教育高质量内涵式发展进程中，中国研究生院院长联席会全体成员有更大的担当和作为，为中国研究生教育改革创造更多鲜活成功的实践经验，为中国研究生教育发展谱写新的篇章。

受新冠肺炎疫情影响，经主席单位院长工作会议研究，决定将 2021 和 2022 年度《中国研究生教育年度报告》合并为一册出版。本册报告对 2021 年和 2022 年我国研究生教育发展的重大进展、主要发展成果做了总结分析，同时围绕我国博士研究生教育这一主题做了专题探讨。我们一如既往地希望本册年度报告能为广大研究生院院长、研究生教育管理人员和理论研究者提供有益参考。

龚旗煌

中国研究生院院长联席会秘书长

2023 年 3 月 30 日

Preface

Both 2021 and 2022 are milestone years in the history of the Party and the country. In 2021, we celebrated the centenary of the Communist Party of China (CPC) , and in 2022, the CPC held its 20th National Congress. The 20th CPC National Congress drew a grand blueprint for building China into a great modern socialist country in all respects and promoting national rejuvenation through a Chinese path to modernization and specified the objectives and tasks of advancing the cause of the Party and the country on the new journey to the new era. Especially, for the first time, the Report to the 20th CPC National Congress proposed to promote the integrated development of education, science and technology, and talents in a specific chapter. This arrangement highlights the strategic roles of education, science and technology, and talents in the overall modernization and demonstrates the great importance the Party attaches to education, science and technology, and talents. As an important battlefield regarding science and technology as our primary productive force, talents as our primary resource, and innovation as our primary driver of growth, graduate education shoulders an important mission in fully implementing the strategy for invigorating China through science and education, the workforce development strategy, and the innovation-driven development strategy, as well as persisting in cultivating talents for the Party and the country. We should further enhance the ability of graduate education to serve the national and regional socioeconomic development, meet people's needs for high-quality graduate education, speed up work to build a leading country in graduate education, and provide a continuous source of first-class talents to promote national rejuvenation through a Chinese path to modernization.

With unique advantages in scientific innovation and high-level talent training, the member units of the Association of Chinese Graduate Schools (ACGS), which represent the highest level of the development of graduate education in China, are the backbone of accelerating the independent training of innovative talents, achieving great self-reliance and strength in science and technology, and joining the ranks of the world's most innovative countries. Over the years, the ACGS member units have adhered to the principles of targeting global scientific and technological frontiers, serving the economy, meeting major national needs and striving to improve people's lives and health, taken the initiative to center on building an innovative country and greater scientific and technological strength, and fully implemented the innovation-driven development strategy. Fruitful achievements have been made in the construction of innovation platforms, the cultivation of innovative talents, the convergence of innovation resources, and international exchanges and cooperation, and the ACGS member units have become the main force of basic research in China and the source of major scientific and technological breakthroughs.

General Secretary Xi Jinping pointed out that with the development and growth of our country, it is urgent to break through the key core technology stranglehold. He also pointed out that we must adhere to the problem orientation, make full use of the advantages of the new national system, work hard and catch up, and accelerate the realization of scientific and technological self-reliance. This has provided scientific guidance to further innovate the graduate education system and comprehensively improve our ability to nurture talents at home. Facing a new round of scientific and technological revolution and industrial revolution, the ACGS member units should be more proactive in serving major national strategies and continuously improve the capacity of nurturing scientific and technological innovation; they should actively integrate their own development logic with the national strategic layout, give full play to the advantages of basic research, tackle key technical problems at source and root, strengthen organized scientific research while targeting the high-tech stranglehold, and fully facilitate great self-reliance and strength in science and technology.

In the new journey of building China into a modern socialist country in all respects and advancing toward the Second Centenary Goal, graduate education shoulders the important mission of innovation, creation, and high-level talent cultivation, and its status and role become more prominent. To transform the grand blueprint of education into action and great dreams into reality, the ACGS member units undertake a more arduous and glorious mission. This requires ACGS member units to accelerate the modernization of the governance system and governance capacity of graduate education, explore boldly, reform courageously, and strive to provide graduate education with both Chinese characteristics and world-class level. In the new journey, all ACGS member units should further consolidate the root and soul of graduate education, cultivate the soul with the Thought on Socialism with Chinese Characteristics for a New Era, integrate the cultivation of virtue into the moral education, course teaching, research training, practice learning of graduate students, enhance the sense of mission and responsibility of graduate students, comprehensively develop the competencies of graduate students to innovate knowledge and practice, and provide strong talent and intellectual support for the rejuvenation of the Chinese nation.

The past two years have been an important period for the flourishing of ACGS. ACGS admitted 82 graduate schools as new members and 4 graduate schools as observers. With its further enlargement, ACGS has entered a new stage of development. It is eagerly expected that in the high-quality essential development of graduate education in the new era, all ACGS members will make greater achievements, create more vivid and successful experience for the reform of graduate education in China, and write a new chapter for the development of graduate education in China.

Under the influence of the COVID-19 pandemic, it was decided to combine the 2021 and 2022 Annual Reports on Graduate Education in China into one volume after the working meeting of the deans from the chair member units. This report summarizes and analyzes the major progress and main achievements of the development of China's graduate education in 2021 and 2022, and discusses the theme of doctoral education in China. As always, we hope that this annual report will provide a useful reference for graduate school deans, graduate education administrators, and theoretical researchers.

Chief Secretary of ACGS

March, 30th, 2023

目 录

总 报 告

年 度 专 题

附 录

Contents

General Report

Special Topics

Appendix

践行新发展理念，培育新时代高层次创新人才

2021—2022 年，我国研究生教育围绕"立德树人、服务需求、提高质量、追求卓越"的工作主线，稳步前行在建设研究生教育强国征程中，研究生教育改革取得了新的成就，特别是在"双一流"建设、学位授权审核、学科专业管理机制、交叉学科建设、研究生培养质量监督管理、规范异地培养研究生等方面取得了明显成效。

一、2021—2022 年我国研究生教育改革发展重大进展

研究生教育学科体系进一步完善，研究生教育规模稳步扩大、结构持续优化。中国特色研究生教育学科专业体系不断完善，形成了涵盖 14 个学科门类、117 个一级学科、67 个专业学位类别的学科专业体系，基本上覆盖了国民经济和社会发展的主要领域。我国研究生教育规模进一步扩大，稳居世界第二。2021 年，我国在学研究生 333.24 万人，在学博士生 50.95 万人，在学硕士生 282.29 万人；比上年增加 19.28 万人，同比增长 6.14%。2021 年，我国研究生培养机构达到 827 个，共招收研究生 117.65 万人，比上年增加 7.00 万人，同比增长 6.32%。其中，博士生 12.58 万人，硕士生 105.07 万人。毕业研究生 77.28 万人，其中，毕业博士生 7.20 万人，毕业硕士生 70.07 万人。[①]2022 年全国硕士研究生招生考试报考人数 457 万，较上一年增加 80 万人，增长率为 21%，报名总数和增量均创历史新高。研究生分类培养体系进一步健全，专业学位得到大力发展。2021 年，全国专业学位研究生录取 65.7 万人，占比 61.9%。硕士专业学位授予人数占比在 2021 年达到 58%，博士专业学位授予人数占比约 9%，[②]专业学位研究生教育已成为我国培养高层次应用型专门人才的主要方式，为国家行业产业转型升级和创新发展提供了强有力的人才支撑。研究生导师队伍进一步壮大，导师队伍 2021 年达到 55.7 万人，[③]结构持续优化，导师指导能力稳步提升。此外，2021—2022 年间，我国学位与研究生教育在以下六个方面取得了重要进展。

---

① 中华人民共和国教育部. 2021 年全国教育事业发展统计公报［R/OL］. 教育部门户网站，2022-09-14.
② 吴月. 向研究生教育强国稳步迈进［N］. 人民日报，2022-06-15（12）.
③ 杨飒. 研究生教育这十年：规模突破性增长 培养机制不断深化［N］. 光明日报，2022-06-15（09）.

（一）首轮"双一流"建设实现了阶段性目标，第二轮建设正式启动

1. 我国首轮"双一流"建设实现了阶段性目标

2015 年，国务院印发《统筹推进世界一流大学和一流学科建设总体方案》，开启了我国世界一流大学和一流学科建设之路。建设世界一流大学和一流学科（以下简称"双一流"建设）是党中央、国务院做出的重大战略部署。首轮"双一轮"建设从 2016 年到 2020 年实施以来，改革发展成效明显，推动我国高等教育强国建设迈上了新的历史起点。

首期"双一流"建设期末，教育部、财政部、国家发展改革委基于"双一流"建设监测情况，对建设高校及学科建设成效开展了"背靠背"式的定量分析，并组织专家开展了定性评价。① 从定量分析和定性评价的结果来看，各"双一流"建设高校积极落实主体责任，首轮建设总体实现了阶段性目标。主要体现在如下八个方面：一是党对高校的领导全面加强，二是高水平师资队伍建设进展显著，三是服务国家需求的高层次人才培养能力持续提升，四是服务国家科技自立自强能力稳步提高，五是哲学社会科学主力军作用充分体现，六是对外交流合作水平不断提升，七是内部治理结构持续完善，八是示范带动区域高等教育新发展。②

"双一流"建设对研究生教育的作用更为直接且显著。具体表现为如下六个方面：一是进一步增强了"双一流"建设高校人才培养能力，"双一流"建设高校承担了全国超过 80% 的博士生和近 60% 的硕士生培养任务，已成为我国培养基础研究人才和科技创新人才的主阵地和主力军。二是进一步增强了"双一流"建设高校师资力量，具有博士学位的专任教师比例从 60% 增长到了 72%。持续提升了"双一流"建设高校吸引海外人才能力，相继引进并培育了一批世界一流科学家和领军人才。三是进一步完善了"双一流"建设高校学科体系，通过"双一流"建设，理工农医类学科占比达到 78.5%，哲学社会科学学科建设持续加强，一批具有重要文化价值的"冷门绝学"学科得到发扬传承。全国马克思主义理论学科建设得到加强，"双一流"建设高校的重点马克思主义学院由建设初期的 9 所增加到了 37 所。四是进一步增强了"双一流"建设高校的基础研究能力，"双一流"建设高校在基础研究原始创新、关键核心技术攻关和服务国家重大战略需求等方面连续取得重要突破。建设高校已连续三年获得国家自然科学奖一等奖，且 23 个国家科学技术进步奖创新团队的主要支持单位中，有 11 个来自建设高校。③ 五是进一步深化了"双一流"建设高校对外合作交流，举办硕博层次合作办学机构 71 个、合作办学项目 276 个，与国外高校和科研机构在生物医学、环境生态等领域组建数十个国际合作联合实验室。六是进一步发挥了"双一流"建设的引领带动作用，"双一流"建设共引领带动各地建设了 410 所地方高水平大学和 1387 个地方优势特色学科，我国高等教育得到整体发展，高质量的一流大学和一流学科建设体系正在形成。首轮建设总体实现了阶段性目标，若干所高校逐步跻身世界一流大学行列，为建设高等教育强国奠定了坚实基础。④

"双一流"建设取得了阶段性成就，但与建设预期相比，仍然存在一些问题，如培养国家

---

① 邓晖，周世祥. 16 个首轮"双一流"建设学科被公开警示或撤销，如何看待［N］. 光明日报，2022-2-14（04）.

② 高众，林焕新."双一流"建设高校及建设学科名单更新公布，新一轮建设正式启动：扎根中国大地 办出中国特色 争创世界一流［N］. 中国教育报，2022-02-15（01）.

③ 杨飒. 研究生教育这十年：规模突破性增长 培养机制不断深化［N］. 光明日报，2022-06-15（09）.

④ 高众，林焕新. 教育部：首轮"双一流"建设总体实现阶段性目标：教育这十年［N］. 中国教育报，2022-06-15（01）.

急需高精尖创新人才的能力亟待提高，建设高校重大原始创新能力仍显不足，稳定投入的长效机制尚未健全，高校资金使用效益有待提升等。[①]

2. 启动第二轮"双一流"建设

2021 年 12 月 17 日，习近平总书记主持召开了中央全面深化改革委员会第 23 次会议，会议审议通过了《关于深入推进世界一流大学和一流学科建设的若干意见》（以下简称《若干意见》），第二轮"双一流"建设正式启动。2022 年 2 月 11 日，教育部、财政部和国家发展改革委联合公布了《第二轮"双一流"建设高校及建设学科》的名单，共有 147 所建设高校进入名单。新增了山西大学、南京医科大学、湘潭大学、华南农业大学、广州医科大学、南方科技大学、上海科技大学 7 所高校。建设学科中数学、物理、化学、生物学等基础学科布局 59 个，工程类学科 180 个，哲学社会科学学科 92 个。[②] 北京大学、清华大学在第二轮"双一流"建设中自主确定建设学科并自行公布。同时，三部委也公布了《给予公开警示（含撤销）的首轮建设学科名单》，给予 15 所高校的 16 个学科公开警示，要求加强整改并于 2023 年接受评价。

第二轮"双一流"建设进一步明确了建设的目标。强调以习近平新时代中国特色社会主义思想为指导，全面贯彻党的教育方针，全面落实立德树人根本任务，对标 2030 年更多的大学和学科进入世界一流行列，以及 2035 年建成教育强国、人才强国的目标，更加突出"双一流"建设培养一流人才、服务国家战略需求、争创世界一流的导向。第二轮"双一流"建设的一个变化是不再区分一流大学建设高校和一流学科建设高校，更加强调"建设"，淡化了身份色彩、层次意识，鼓励建设高校坚持以学科为基础，自主探索特色发展新模式。

针对首轮"双一流"建设中存在的高层次创新人才供给能力不足、服务国家战略需求不够精准、资源配置亟待优化等问题，第二轮"双一流"建设在管理体制机制、建设重心等方面进一步明确了重点任务。具体包括八个方面：一是加强党的全面领导，健全党委统一领导、党政齐抓共管、部门各负其责的体制机制，积极营造专心育人、潜心治学的体制机制环境。二是牢牢把握立德树人根本任务，坚持用习近平新时代中国特色社会主义思想铸魂育人，坚持为党育人、为国育才，牢固确立人才培养中心地位，发挥"双一流"建设高校在培养急需高层次人才、基础研究人才中的主力作用。三是坚持服务国家战略需求，瞄准科技前沿和关键领域，优化学科专业和人才培养布局，率先推进学科专业调整，夯实基础学科建设，加强应用学科与行业产业、区域发展的对接联动，推进中国特色哲学社会科学学科体系建设，推动学科交叉融合。四是打造高水平师资队伍，完善创新团队建设机制，稳定支持具有创新潜力的青年人才培育培养。五是深化科教融合，支撑高水平科技自立自强，深入推进"高等学校基础研究珠峰计划"，加强关键领域核心技术攻关，集中力量开展高层次创新人才培养和联合科研，加强重大科研平台协同对接，服务国家创新体系建设。六是提升国际合作交流水平，探索与世界高水平大学双向交流的留学新机制，提升人才培养国际竞争力，深度融入全球创新网络，主动承担涉及人类生存发展共性的教育发展和科研攻关任务。七是优化管理评价机制，完善建设成效评价

① 教育部办公厅. 怀进鹏同志在新一轮"双一流"建设推进会上的讲话（节选）[EB/OL]. 教育部门户网站，2022-04-13.

② 高众，林焕新. "双一流"建设高校及建设学科名单更新公布，新一轮建设正式启动：扎根中国大地 办出中国特色 争创世界一流 [N]. 中国教育报，2022-02-15（01）.

体系，探索分类评价与国际同行评议，构建以创新价值、能力、贡献为导向，反映内涵发展和特色发展的多元成效评价体系。八是完善稳定支持机制，引导多元稳定投入，创新经费管理，对建设高校和学科实行差异化财政资金支持，强化基础保障，重点加强主干基础学科、优势特色学科、新兴交叉学科。①

"双一流"建设引领中国高等教育走上了坚持特色发展、强调多样化探索、追求"中国特色、世界一流"的高质量发展道路。"双一流"建设同时也是一项兼具长期性、复杂性和艰巨性的任务。为实现"双一流"建设目标，既需要不断深化体制机制改革，坚持统筹推进、分类建设，也需要建设高校坚持"四个面向"，坚持世界一流标准，聚焦人才培养，在关键核心领域加快培养战略科技人才、一流科技人才创新团队，为全面建成社会主义现代化强国提供有力支撑。

（二）学位授权审核工作体系进一步完善，学位授权审核工作取得新进展

我国的学位授权审核体系进一步完善，基本形成总体与部分相结合、周期性与年度性调整共存的学位授权管理机制。学位授权审核工作既包括三年一次的博士、硕士学位授予单位及其学位授权点审核增列，又包括每年一次的博士、硕士学位授权学科和专业学位授权类别动态调整，以及 32 所自主审核高校每年开展的学位授权点增列与调整。2021 年与 2022 年学位授权审核工作取得的具体进展如下。需要说明的是，下述分析中未包括军队院校以及军事学学科。

1. 审核增列一批博士、硕士学位授予单位

2017 年，国务院学位委员会发布了《博士硕士学位授权审核办法》，决定每三年开展一次新增学位授权审核工作。2017 年我国批准新增博士学位授予单位 28 个，新增硕士学位授予单位 29 个②。2021 年 11 月，国务院学位委员会印发《关于下达 2020 年审核增列的博士、硕士学位授予单位及其学位授权点名单的通知》，批准上海对外经贸大学等 14 个博士学位授予单位、淮阴师范学院等 25 个硕士学位授予单位，自批准之日起，可开展研究生培养工作。同时要求新增列的北京电子科技学院等 20 个博士学位授予单位、长治医学院等 18 个硕士学位授予单位进一步加强建设，补短板强弱项，在其办学水平和研究生培养能力达到相应要求，并通过国务院学位委员会组织核查后，方能开展招生、培养、授予学位工作。

2022 年 8 月，国务院学位委员会印发了《关于下达需要加强建设的新增博士、硕士学位授予单位建设进展核查结果的通知》（学位〔2022〕17 号），明确 19 所博士学位授予单位和 16 所硕士学位授予单位及相关学位授权点已通过核查，可从 2022 年起开展招生、培养、授予学位工作。2020 年审批增列的博士、硕士学位授予单位数量分别为 34 个和 43 个，与 2017 年相比均有明显增加。这表明我国高校办学水平逐年提升，学科水平和人才培养质量均有了快速进展。

2. 审核增列一批博士、硕士学位授权点

2021 年 11 月，国务院学位委员会公布了 2020 年审核增列的博士、硕士学位授权点名单。对该名单初步统计可知，2020 年现有硕士、博士学位授予单位新增一级学科博士点 225 个，

---

① 高众，林焕新. "双一流"建设高校及建设学科名单更新公布，新一轮建设正式启动：扎根中国大地 办出中国特色 争创世界一流［N］. 中国教育报，2022-02-15（01）.

② 国务院学位委员会. 关于下达 2020 年审核增列的博、硕士学位授予单位及其学位授权点名单的通知［EB/OL］. 教育部门户网站，2021-10-26.

分布在 191 个学位授予单位的 71 个一级学科中，其中 50 个一级学科博士点是从已有二级学科授权点新增而来，其余则为首次新增；新增专业学位博士点 89 个，主要集中在 71 个学位授予单位的 13 个一级学科中；新增一级学科硕士点 442 个，分布在 264 个学位授予单位的 86 个一级学科中；新增专业学位硕士点 1215 个，分布在 359 个学位授予单位。[①] 此外，国务院学位委员会还通过新增"集成电路科学与工程""国家安全学"等专项工作，新增列了一批博士、硕士学位授权点。据统计，2020 年共审核增列博士学位授权点 361 个，硕士学位授权点 1665 个。[②]

3. 学位授权点动态调整步入良性发展轨道，调整机制更趋完善

为引导学位授予单位主动优化学科专业结构、提升研究生教育质量，国务院学位委员会于 2013 年审议通过了《关于开展博士、硕士学位授权学科和专业学位授权类别动态调整试点工作的意见》，建立了学位授权点动态调整制度。在 2014 年试点工作基础上，国务院学位委员会于 2015 年印发了《博士、硕士学位授权学科和专业学位授权类别动态调整办法》（以下简称《办法》），从 2016 年起在全国研究生培养单位实施学位授权点动态调整。2021 年除 32 所自主审核高校外，全国研究生培养单位动态调整撤销 48 个学位点，增列 117 个学位点[③]。据不完全统计，截至 2020 年底，各单位累计撤销博士、硕士学位授权点 1600 余个，增列博士、硕士学位授权点 1000 余个[④]。近年来，不少高校主动撤销大量学位点，表明高校的发展思路正转向走内涵式发展道路，更加注重优化建设重点学科。学位授权点动态调整工作，有力推进了学科专业结构调整，促进了高质量研究生教育体系建设。

为贯彻落实全国研究生教育会议精神，进一步加强与学位授权自主审核工作、学位授权点合格评估工作之间的协调衔接，国务院学位委员会于 2020 年 12 月修订印发《博士、硕士学位授权学科和专业学位授权类别动态调整办法》，动态调整机制更趋完善。根据新的规定，32 所学位授权自主审核单位增列、撤销学位授权点全部纳入学位授权自主审核工作，不再参加学位授权点动态调整工作。学位授权点动态调整与学位授权点合格评估间实现更好衔接，明确了在合格评估过程中的学位授权点参加动态调整的范围。对有关问题的处理机制作了进一步完善，如撤销一级学科学位授权点后，在其下自设二级学科点的处理办法，以及因学风问题撤销的学位授权点不参加动态调整等作了明确要求。学位授权点动态调整工作进一步强化了各学位授予单位的质量意识，有利于培养单位瞄准科技前沿和关键领域，及时调整学科专业结构，为经济社会发展提供更加有力的人才支撑。

4. 学位授权自主审核工作进一步完善

2018 年 4 月，国务院学位委员会印发《关于高等学校开展学位授权自主审核工作的意见》，批准 20 所高校可以开展学位授权自主审核，2019 年和 2020 年又批准了 12 所，目前学

① 国务院学位委员会. 关于下达 2020 年审核增列的博士、硕士学位授予单位及其学位授权点名单的通知［EB/OL］. 教育部门户网站，2021-10-26.

② 中国研究生编辑部. 2021 年中国研究生教育十大热点［J］. 中国研究生，2022（01）：2-7.

③ 国务院学位委员会. 关于下达 2021 年动态调整撤销和增列的学位授权点名单的通知［EB/OL］. 教育部门户网站，2022-07-12.

④ 中华人民共和国教育部. 国务院学位委员会修订印发《博士、硕士学位授权学科和专业学位授权类别动态调整办法》［EB/OL］. 教育部门户网站，2022-12-23.

位授权自主审核高校共 32 所。2020 年全国 32 所高校撤销和增列的学位授权点分别为 8 个和 54 个，撤销学位点中包括 3 个硕士学位授权一级学科、4 个二级学科和 1 个硕士专业学位授权类别，增列学位点中包括 35 个博士点和 19 个硕士点。中国人民大学和北京大学分别增列了 3 个和 2 个目录外硕士专业学位授权类别。[①] 自主设置与调整学科目录外学位点，是优化学校学科专业布局的重要措施。2022 年 7 月，国务院学位办公室公布了 2021 年全国 32 所学位授权自主审核单位撤销和增列的学位授权点名单，32 所高校共撤销学位点 3 个，增列学位点 116 个，其中，中山大学共增列 8 个学位授权点，数量最多。从学位点类型来看，共撤销 2 个一级学科和 1 个二级学科，全部为硕士学位授权点；增列了 91 个博士学位授权点，其中包含 17 个博士学位授权交叉学科，50 个博士学位授权一级学科和 24 个博士专业学位授权类别；同时增列了 25 个硕士学位授权点，包括 3 个硕士学位授权一级学科和 22 个硕士专业学位授权类别。[②]

自从 2018 年高校开展学位授权自主审核工作以来，32 所学位授权自主审核单位共增列 244 个学位点，撤销 24 个学位点。4 年共增列一级学科点 126 个，占比 51.64%，其中一级学科博士点增列高达 109 个；4 年共撤销 24 个学位点，均属于硕士学位授权点或硕士专业学位授权类别，未撤销博士类型学位点。[③] 自主审核学位点总体上呈现出增列多、撤销少的状况。赋权高水平大学开展学位授权自主审核工作，有利于研究生培养单位及时响应党和国家事业发展急需，加快新兴学科和交叉学科建设与人才培养。而完善学位授权自主审核工作，要求 32 所自主审核高校进一步完善自我约束自我发展机制，强化双向调整功能，综合考虑学校资源总量，科学规划学科专业发展格局，立足学科发展的前沿，发展优势学科，打造交叉学科，提高人才培养质量。

通过新一轮学位授权点增列、学位授权点动态调整、学位授权自主审核等方式，新增了一批服务国家发展重点领域、空白领域和急需领域的相关学科和专业学位类别学位授权点，进一步完善了学位授权点布局，有助于推动研究生教育高质量发展。

（三）完善研究生教育学科专业设置与管理机制

2021 年，我国启动了新一轮研究生教育学科专业目录修订工作，2022 年 9 月，国务院学位委员会和教育部联合发布了《研究生教育学科专业目录（2022 年）》（以下简称《目录》），同时印发了《研究生教育学科专业目录管理办法》（以下简称《目录管理办法》）。这是我国自 1983 年首次制订《高等学校和科研机构授予博士和硕士学位的学科、专业目录（草案）》以来，发布的第五版学科专业目录。《目录》将在 2023 年起正式实施。研究生教育学科专业目录是国家进行学位授权审核与学科管理、学位授予单位开展学位授予与人才培养工作的基本依据，在人才培养和学科建设中发挥着重要指导作用和规制功能。兹就《目录》和《目录管理办法》的主要变化以及如何落实简析如下：

---

① 国务院学位委员会. 关于下达 2020 年审核增列的博士、硕士学位授权点名单的通知［EB/OL］. 教育部门户网站，2021–10–26.

② 国务院学位委员会. 关于下达 2021 年动态调整撤销和增列的学位授权点名单的通知［EB/OL］. 教育部门户网站，2022–07–12.

③ 高绩. 独家！32 所学位授权自主审核高校，4 年硕博点变化一览. 高绩微信公众号，2022–08–07.

1. 新版目录的主要变化

对比历次修订的学科专业目录，可以发现新版目录延续了学术学位以一级学科为单位进行分类、建设与管理的模式，同时在学科专业目录的内容结构、调整方向及管理机制等方面出现了新的趋势。

（1）新增一批交叉学科和专业学位类别

在新版目录中，交叉学科门类下新增设了 5 个交叉学科，强化了对科技前沿和关键领域的学科支撑，为培育新学科提供了重要契机。在新目录中，专业学位类别在数量和博士学位授予层次方面均实现大扩容，学位类别由原来的 47 个增加到 67 个。新增设了应用伦理、数字经济、知识产权、国际事务、密码、气象、文物、医学技术等 20 个博士或硕士专业学位类别。将法律、应用心理、体育、出版、风景园林、公共卫生、会计、审计等一批专业学位类别调整到博士层次，博士专业学位类别由原来的 13 个增加到 36 个。新版目录中大量增加了专业学位类别，有助于学位授予单位加快调整不同层次、不同类型研究生比例，加快完善专业学位体系，更好满足各行各业对高层次应用型人才的需求，进一步增强服务经济社会发展的能力。

新版目录在编排格式上也有重大变化。旧版目录中，专业学位类别目录以附表形式呈现。新版目录对此作了调整，将学科基础基本相同的一级学科和专业学位类别置于同一学科门类下，每个门类的第一部分是一级学科，第二部分是专业学位类别，合理衔接学术学位与按学科领域设置的专业学位，彰显两种类型的人才培养处于同一层次，具有同等重要地位，有利于提升社会和用人单位对专业学位重要性的认识。这一编排方式也有利于突出专业学位的重要性，符合新时期加快发展专业学位研究生教育的精神，也更符合学术型人才和应用型人才分类培养的规律。

（2）注重学科内涵的更新优化

本次目录修订涉及调整的一级学科约 20 个，但一级学科总量仅从旧版目录中的 113 个增加到新版中的 117 个。究其原因，主要是本次目录修订坚持相对稳定与适时调整的辩证统一，将学科数量增减与学科内涵建设有机结合，一方面文理基础学科目录保持了稳定性，仅根据学科内涵对部分已有一级学科进行更名、合并或类型调整；另一方面《目录》中一级学科设置坚持有增有减，重点支持新兴学科、交叉学科及服务国家治理体系与治理能力现代化的学科，如增设了中共党史党建学、纪检监察学等一级学科。同时对不符合人才成长规律、不能很好满足社会需求的一级学科及专业学位类别设置进行了调整优化。

《目录》中，根据艺术类人才培养的特点，重点对艺术学门类下一级学科及专业学位类别设置进行了调整优化。在原有艺术学理论一级学科基础上，设置了艺术学一级学科，包含艺术学理论及相关专门学科的历史、理论研究。同时，将艺术学门类下的设计学一级学科调整到交叉学科门类，而音乐与舞蹈学、戏剧与影视学、美术学三个一级学科不再保留。专业学位方面，原艺术专业学位对应调整设置为音乐、舞蹈、戏剧与影视、戏曲与曲艺、美术与书法及设计 6 个独立的专业学位类别，并全部调整到博士层次。这一调整兼顾了艺术学理论人才和高层次应用型人才培养，契合当前社会对不同规格艺术人才的现实需求，有利于培养大批应用型高层次艺术人才。同时，这一调整模式也为未来应用类学科专业调整提供了示范。

（3）创新学科专业设置与管理模式

本次《目录》发布的同时，主管部门将另行下发国家急需学科专业发展清单，与《目录》

互为补充。清单主要聚焦国家安全和重大利益、产业转型升级和科技创新、文化传承和民生急需的阶段性重大人才需求，以问题导向型的目录外学科专业为主，每年动态调整编制学科专业名单。《目录》加清单的学科专业设置管理模式，有效克服了以往目录灵活性与开放性弱，调整周期较长，及时更新机制缺乏，响应科学发展新趋势和急需人才需求不及时等诸多难点，在学科专业设置的总体稳定性与适应经济社会发展需求的灵活性之间达成了有效平衡。这种融合互补的学科专业设置管理模式，既注重了《目录》的规范引导功能，又强调了响应需求的服务功能，有利于引导学位授予单位优化学科专业结构，加快培养紧缺人才，提升服务经济社会发展能力。

依据新实施的《研究生教育学科专业目录管理办法》，我国研究生教育学科专业设置与管理机制得到进一步完善，放权与规范的特征更加明显。新举措包括：一是进一步明确将研究生教育学科专业体系分为学科门类、一级学科与专业学位类别、二级学科与专业领域三个层级，并实行分级设置、调整与管理。二是实行一级学科和专业学位类别设置先探索试点、成熟后再进目录的放管结合新机制。三是对学科门类的设置与调整、一级学科和专业学位类别的命名规则、编码规则、设置条件、设置程序、编入目录等做出明确规定。四是缩短了目录调整周期。学科门类、一级学科和专业学位类别的修订周期由 10 年缩短为 5 年，学位授予单位自主设置的二级学科和专业领域每年定期统计发布。五是健全了调整退出机制，规定了学科门类的调整程序、试点设置一级学科和专业学位类别的撤销程序、一级学科和专业学位类别退出目录的程序和要求。

2. 实施《目录》中需要关注的几个方面

（1）有效实施新目录，需要有机整合目录的规制指导与分类统计功能

规制指导与分类统计并非一对矛盾范畴，新目录实施中处理好两者关系，重点在于同时发挥好目录的规制指导与分类统计功能。学科专业目录有较强的规制功能，既受历次目录的惯性因素影响，也是我国特殊的国情和管理体制使然。我国虽为研究生教育大国，但区域发展不平衡问题明显，研究生教育学科专业发展水平参差不齐。为确保人才培养口径统一和基本质量底线，需要有基本的国家标准作为规范，学科专业目录的规制引导不可或缺。而高校发展水平较大的差异性，又决定了规制功能不宜"一刀切"。对不同水平的培养单位，需要适用不同的标准，规制程度应有所不同。对于高水平培养单位应降低目录规制程度，赋予更多自主权和足够的灵活性，为高校在学科专业建设上留出更大的自主探索空间。另外，值得注意的是，研究生学科专业目录在实践中早已突破学位授予、人才培养的原始功能，在学科建设、师资评聘、知识管理、学科评价、院系设置等方面发挥着指挥棒作用。这种"功能过度"现象对目录的本质功能产生了干扰。明确目录功能定位，需要在目录实施中有意识地防止目录的功能越位，缩限目录的非本质功能。

分类统计是《目录》的另一重要功能。准确分类的前提是必须明确知道每个类别的标准特征。找寻较为稳定与同一的划分标准与依据，是提升目录分类统计功能的基础。纵观历次修订的目录，均是国家意志、学科知识创新、行业产业变革及其他多种因素共同作用的产物，由此决定了学科专业划分势必存在多重逻辑。这也是新目录中学科门类宽窄不一、个别学科属性模糊、学科跨越幅度过大，以及学位授予名称与培养内容不尽相符等既存问题仍未完全解决的主要原因。在此情境下，学科专业目录于精确性与模糊性、科学性与实用性间寻找平衡，成为

符合研究生教育发展的现实选择。发挥目录的分类统计功能，还需要解决好与不同目录体系的衔接问题。如同为人才培养依据的研究生学科专业目录与本科专业目录，存在学科层次与学科名称内涵相似，而名称与代码不同，难以有效衔接等问题。在教育系统之外，我国还适用《学科分类与代码》《中国图书分类法》等其他目录，多种目录体系难以互融互通。提升学科目录分类的科学性和合理性，还可借鉴国外学科分类的有益经验和成熟做法，如适当增加一级学科的种类，甚至对部分门类试行按一级学科授予学位，以解决学科定位不清晰、归属不准确等问题，提高在国际研究生教育交流合作中的融通性和可比性。

（2）有效实施《目录》，需要做到基本遵从与自主探索并行

《目录》实施中，研究生培养单位需要平衡好遵从目录与主动作为的关系。以学科专业目录修订为标志的一系列学科专业调整管理制度，为各研究生培养单位提供了程度不等的学科专业自主设置空间，但《目录》依然是各单位开展学科专业建设的基本遵循。以《目录》为指引建设高质量的学科专业体系，要求培养单位完善学科专业建设的指导思想、基本程序及发展规划。具体而言，一要处理好学科专业增与减关系，抑制规模扩张的冲动，存量学科专业要重点做好内涵建设，新增学科专业应将国家需要、学校发展定位及已有学科基础等综合因素作为学科专业设置的前提条件。二要建立严格科学的审核程序、调整机制与质量保障体系，对新设学科专业的必要性、可行性、特色优势、资源约束条件及发展前景等进行充分论证，减少人为因素对学科专业设置的影响。三要处理好学科专业的短期调整与长远建设关系，适应目录调整周期缩短变化，培养单位宜将学科发展长期规划与学科专业目录调整有机衔接，保持战略定力，不盲目跟风，构建具有自身特色、优势明显的学科布局，形成特色鲜明的学科专业管理制度。

不同类型培养单位学科专业建设自主探索的路径选择应各有侧重。经过多次学位授权改革，国内 32 所办学水平较高的高校，在学科专业自主设置和动态调整上获得了较大的自主权，这类高校学科专业调整应防止"任性"，重心应聚焦于党和国家重大战略需求，聚焦于知识创新和学科交叉，同时为我国学科专业目录建设提供制度、机制等方面的成功范例。而对其他培养单位而言，应运用好学科专业动态调整及自设二级学科权力，注重学科专业内涵建设，探索促进学科专业特色发展、高质量发展的独特做法和成功经验。在学科专业建设调整过程中要力避唯目录倾向，防止将学科专业的调整简单理解为规模、层级、种类及结构等方面的变化，而仅进行单纯的数量增减。概言之，培养单位在遵从基本目录指引下，既要运用好主管部门提供的政策和条件，在政策空间内大胆探索，发挥好最大的主动性和能动性；同时也要自觉建立有效的自我约束和外部监督机制，有序推进学科专业的健康发展。

（3）有效实施《目录》，还需要加强目录相关的理论研究

目录的编制或修订是对现实和未来的规范。目录修订完成后，通常会保持较长时间的稳定性，在适应环境变化与需求上会有一定滞后性。同时，目录文本在形成或修订中，都面临着理解的不完备性和预见的困难性等困境，成型的目录势必存在一定局限性。新目录实施过程中，目录制度的自我完善与更新影响着政策目标实现，需要我们重视目录及配套制度的持续修订。完善目录制度，首先，要对学科目录形成完整的认识。学科专业目录是按一定逻辑排列以供查考的学科名目，它与围绕学科专业的设置、管理所形成的一系列制度，共同组成了学科专业管理的政策工具箱。学科专业目录作为显性政策工具广受瞩目，但也只是政策工具箱的有机组成部分，其作用的发挥或制度文本的完善均需要与配套政策结合起来同步进行。对目录的解读不

应片面化、绝对化，应将静态的制度文本与动态的政策调整机制结合起来。其次，要重视对目录和配套制度的理论研究。目录的生命力一定程度上来自于理论滋养，目前相关理论研究队伍与成果都较为有限，不足以支撑对目录进行整合性、整体性修订。对学科专业目录研究不应仅是调整时的阶段性热点话题，而应成为长期和系统的研究课题，从而为目录修订提供重要理论支持。第三，修订目录文本和配套制度，完善目录内容与结构，需要理论与实践的相互激荡。这要求政府与不同主体间构建相互认同、相互依存又相互影响的平等协商机制，给予行业产业等市场主体和专家学者更多的参与机会，为目录及配套制度的未来改进奠定基础。

总之，新发布的学科专业目录遵循了学科自身发展和人才培养规律，更好地响应了服务国家重大战略、推进产业变革及新时代国家治理需求，在构建中国特色的研究生学科专业目录体系方面迈出了重要步伐。期待《目录》实施中进一步明晰功能定位、优化实施策略、强化目录制度自我完善，在构建更加开放、更加灵活、更加高效、更加科学合理的学科专业目录和治理体系方面取得新进展。

（四）运用评估、评优等手段，加强研究生教育质量管理

2021年和2022年，我国主管部门和各培养单位继续加强研究生培养质量保障建设，通过质量巡查与专项合格评估等手段，进一步监督与保障各研究生培养单位学位授予水准。

1. 开展2021年学位与研究生教育质量专项巡查

为贯彻落实《深化新时代教育评价改革总体方案》和全国研究生教育会议精神，根据《关于加快新时代研究生教育改革发展的意见》中关于完善质量评价机制、加强外部质量监督的要求，国务院学位委员会办公室在2021年开展了学位与研究生教育质量专项巡查。巡查范围包括数学一级学科博士学位授权点，以及教育、工商管理、公共管理、艺术专业学位硕士学位授权点。此次质量巡查突出立德树人根本目的，强调问题导向，对各单位研究生教育制度和执行情况，特别是人才培养关键环节突出问题进行专门诊断。专项巡查以过程性评价为主，针对具体巡查问题，以查阅材料、随堂听课、师生访谈、实地走访等为主要形式。

专项巡查委托国务院学位委员会数学学科评议组和相关的全国专业学位研究生教育指导委员会具体实施。相关专家组织根据本学科（专业学位类别）特点及研究生培养的若干突出问题，分别制订巡查工作方案，随机抽取部分学位授权点进行巡查。如全国教育专业学位研究生教育指导委员会在本次巡查中确定选派巡查专家组对天津师范大学等30所院校的教育硕士专业学位研究生实践教学质量进行专项实地巡查。同时要求其他所有教育硕士培养院校都要上报自查报告。而艺术硕士专业学位研究生教育指导委员会则是随机抽取15%左右艺术硕士专业学位授权单位进行专项巡查，共巡查了35个学位授予单位的52个专业领域。质量专项巡查对于提高培养单位质量保证的底线思维和自觉意识，强化培养条件，确保课程教学、科研指导和实践实训水平，持续提高研究生教育质量具有积极作用。

2. 公布学位授权点专项合格评估处理意见

专项合格评估是国务院学位委员会对全国获得博士或硕士学位授权满3年、且不满6年的学位授权点开展的审核性评估，根据学位授权点专项评估结果，分别做出继续授权、限期整改或撤销学位授权的处理决定。2021年，国务院学位委员会、教育部公布了2020和2021年学位授权点专项合格评估处理意见。在2020年专项合格评估中，有48所学位授予单位的61个博士学位授权一级学科可以继续行使学位授权，1所学位授予单位的1个二级学科可以继续行使博士学位授权；119 所学位授予单位的 165 个硕士学位授权一级学科可以继续行使学位授权，2 所学位授予单位 2 个硕士学位授权一级学科被要求限期整改，分别是沈阳航空航天大学的数学学位授权点、佳木斯大学的中国语言文学学位授权点。这些授权点需进行为期 2 年的整改，2021 年招生工作结束后暂停招生。整改结束后接受复评，复评结果认定为"合格"的恢复招生，复评结果认定为"不合格"的撤销学位授权；74 所学位授予单位的 102 个硕士专业学位类别可继续行使授权，2 所学位授予单位的 2 个学位点被要求限期整改。撤销授权的单位及学科包括学位授予单位主动提出放弃授权的学位授权点和"撤销授权"的学位授权点，6 所学位授予单位的 6 个硕士专业学位类别被撤销学位授权，分别是沈阳建筑大学的艺术类别，长春理工大学的会计类别，长春工业大学的法律类别，景德镇陶瓷大学的会计类别，华北水利水电大学的艺术类别，河南工业大学的法律类别；此外，重庆大学的艺术学理论一级学科硕士学位授权点主动提出放弃授权。在 2021 年学位授权点专项合格评估的处理意见中，中国传媒大学等 38 个学位授权单位的相关硕士专业学位授权点可以继续授权；辽宁石油化工大学的公共管理硕士专业学位授权点被撤销授权；天津医科大学和陆军工程大学主动提出放弃应用统计硕士专业学位授权。[①]

专项合格评估从 2014 年开始组织第一次实施，截至 2022 年已实行了 7 次。这一评估方式有利于促进培养单位重视学位点建设，有利于管理部门及时发现学位点建设中存在的突出问题，有效保障了我国学位授予的总体水平。

此外，2021—2022 年，各培养单位着力构建贯穿培养全过程的思想政治教育体系，研究生思政教育协同育人模式进一步完善。2021 年共有 99 门研究生教育课程、99 个教学名师和团队入选研究生课程思政示范项目，100 个研究生党支部和 100 名研究生党员入选教育部第二批"百个研究生样板党支部"和"百名研究生党员标兵"创建名单。通过系列评优创建活动，为保障和提高研究生培养质量提供了重要支持。

（五）交叉学科建设取得新进展，交叉学科建设管理制度进一步完善

学科交叉融合是当前科学技术发展的重大特征，是培养复合型创新人才的有效路径，是经济社会发展的内在需求。党中央、国务院高度重视交叉学科发展，2016 年，习近平总书记在全国科技创新大会、两院院士大会、中国科协第九次全国代表大会上提出"厚实学科基础，培育新兴交叉学科生长点。"2018 年，习近平总书记在北京大学考察时指出"要下大气力组建交叉学科群。"在国家相关主管部门的大力支持和各研究生培养单位积极探索下，我国交叉学科在管理制度与发展水平等方面建设取得了积极进展。

1. 重视制度建设，为交叉学科发展提供明确指引

早在 2009 年，国务院学位委员会和教育部印发《学位授予和人才培养学科目录设置与管理办法》，赋予所有学位授予单位二级学科设置权，支持各单位自主设置目录外按二级学科管理的交叉学科。2018 年，国务院学位委员会印发《关于高等学校开展学位授权自主审核工作的意见》，进一步扩大 32 所高校办学自主权，支持这些高校自主设置目录外按一级学科管理的交叉学科。2021 年 11 月，国务院学位委员会印发《交叉学科设置与管理办法（试行）》（以下简称《管理办法》），进一步构建了规范有序、相互衔接的交叉学科发展制度体系。《管理办法》

---

① 国务院学位委员会，教育部．关于下达 2020 年学位授权点专项合格评估处理意见的通知，2021-04-18.

明确了交叉学科门类下一级学科的设置条件、设置程序、学位授予、评价机制等，建立了先探索试点、成熟后再进目录的管理机制，并从招生培养、学位授予要求、评估评价等方面建立了全方位的质量保证体系。

新的交叉学科管理政策在五个方面实现新的突破：一是在有关学科学位的政策文件中首次明确对交叉学科的内涵进行了界定。《管理办法》明确提出，交叉学科是在学科交叉的基础上，通过深入交融，创造一系列新的概念、理论、方法，展示出一种新的认识论，构架出新的知识结构，形成一个新的更丰富的知识范畴，已经具备成熟学科的各种特征。二是建立了交叉学科放管结合的设置机制。坚持高起点设置，高标准培育，建立了先探索试点、成熟后再进目录的机制，由学位授权自主审核单位依程序自主开展交叉学科设置试点，先试先行，探索复合型创新人才培养的新路径。在此基础上，还明确了试点交叉学科编入《目录》的申请条件和论证程序，严把质量关。三是建立了交叉学科的调整退出机制。针对试点阶段和进《目录》后两种情况，分别建立了相应的退出机制。同时，对于退出《目录》但还有社会需求的交叉学科，提出了过渡衔接办法。四是明确了交叉学科学位授予和基本要求。分试点阶段和进《目录》后两种情况授予学位，分别制定学位授予基本要求。试点交叉学科由学位授权自主审核单位按审定该学科设置时所确定的学科门类授予学位，并制定学位授予基本要求；列入《目录》的交叉学科按《目录》中规定的学科门类授予学位，并由相关学科评议组制定学位授予基本要求。五是构建了交叉学科的质量保证体系。结合交叉学科特点，从招生、培养等方面提出了具体要求，明确了所有交叉学科学位授权点均须参加周期性合格评估，可不参加专项合格评估。同时，为优化发展环境，提出试点交叉学科可不参加第三方组织的评估。[①]

2. 交叉学科建设取得新进展

2020 年 12 月 30 日，国务院学位委员会、教育部发布《关于设置"交叉学科"门类、"集成电路科学与工程"和"国家安全学"一级学科的通知》，决定设置"交叉学科"门类（门类代码为"14"）、"集成电路科学与工程"一级学科（学科代码为"1401"）和"国家安全学"一级学科（学科代码为"1402"）。在 2022 年 9 月公布的《研究生教育学科专业目录（2022 年）》中，交叉学科门类下新增设了遥感科学与技术、智能科学与技术、纳米科学与工程及水土保持与沙漠防治学四个交叉学科，同时将设计学调整至交叉学科门类。在学科专业目录上直接体现交叉学科，为培育新学科提供了重要契机，可有效解决当前学科专业设置老化问题和学科壁垒障碍，同时也进一步增强了学术界、行业企业、社会公众对交叉学科的认同度，为培养交叉学科研究生提供更好的发展通道和平台。此外，《目录》外交叉学科建设也取得了积极进展。据统计，截至 2021 年底，北京大学、浙江大学、中国科学技术大学等高校已自主设置了人工智能、量子科学与技术、新能源与储能工程、非物质文化遗产学等 18 个《目录》外按一级学科管理的交叉学科，另有近 200 家单位自主设置了人文医学、数据科学、法经济学等 700 余个《目录》外按二级学科管理的交叉学科。[②]一些研究生培养单位在交叉学科建设和人才培养方面做了积极探索，取得成功经验。如北京大学成立了全国第一个交叉学科研究院，在学校层面上

① 教育部. 国务院学位委员会办公室负责人就《交叉学科设置与管理办法（试行）》答记者问. 教育部网站，2021-12-06.

② 洪大用. 在学科交叉的基础上推进交叉学科健康发展［J］. 大学与学科，2022，3（01）：5-8.

布局和建设了四个学科交叉的大平台——"区域与国别研究""临床医学+X""碳中和核心科学与技术""数智化+"，促进学科交叉研究。同时，在交叉学科师资队伍建设、招生计划制定及研究生培养方案设置等方面进行改革创新。北京大学支持不以"署名文章"和"到院项目"进行绩效考核，吸引了一批交叉学科师资人才在交叉学科研究院进行科学研究和指导学生。对交叉学科单列招生计划，制定专门的培养方案为交叉学科学生提供整合性跨学科训练。①

交叉学科建设有利于高校适应时代发展要求，集中优势学科资源解决国家和区域重大问题，积极回应国家战略和经济社会发展需求，培育学科新的增长点，形成充满活力的学科发展生态。值得注意的是，交叉学科快速发展的同时也面临着学科交叉质量不高、人才培养成效不明显、与国家重大战略需求对接不紧密、管理机制不健全、组织制度存在较大障碍等问题。为科学有效地推进交叉学科建设，需要主管部门和研究生培养单位形成合力，全面检视学科布局、资源配置、考核评价和建设管理等方面的制度壁垒和发展短板，以适切的举措促进交叉学科健康发展。

（六）严格规范研究生培养单位异地培养研究生

高校异地培养研究生，主要依托异地成立的研究生院、研究院、产教融合联合培养基地、医师规培基地等机构开展。高校异地设立研究生培养机构兴起于21世纪初，近20年来呈现出无序而快速生长的态势。据不完全统计，"双一流"建设高校共设立了166个异地办学机构。②有一部分"双一流"建设高校，如北京大学、清华大学设立了异地全过程研究生培养机构，在当地直接招收培养研究生，还有一大部分"双一流"建设高校，设立了异地非全过程研究生培养机构进行研究生培养工作。

1. 高校异地培养研究生存在的问题

异地举办的研究生培养机构客观上充实了所在地高等教育资源、促进了地方经济发展。但随着大部分高校扎堆到东部发达地区办学，也逐渐显露出一些弊端：部分高校出现了资源分散、管理分散等问题；异地培养机构缺乏稳定的高水平师资队伍，影响了研究生培养质量；高校设立异地研究生培养机构还涉及高等教育布局和财政支撑能力等重大问题。基于上述原因，教育部在2019年回复政协十三届全国委员会相关提案时指出，由于异地校区在办学定位、师资队伍建设、办学经费保障、办学质量和水平、校园文化传承等方面存在诸多问题，教育部历来不赞成高校举办异地校区，原则上不予审批。③但由于没有明确的禁止性规定，部分高校异地设立研究生培养机构的现象并未禁绝。

2. 主管部门出台系列政策"组合拳"，遏止高校设立异地机构培养研究生

2021年，教育部印发《关于"十四五"时期高等学校设置工作的意见》，要求从严控制高校异地办学，不鼓励、不支持高校跨省开展异地办学，特别是严控部委所属高校、中西部高校在东部地区跨省开展异地办学，原则上不审批设立跨省异地校区。同年，又相继印发系列文件对异地研究生培养提出了新要求。

2021年5月，教育部下发通知对异地培养研究生提出了明确规定。要求各研究生培养单

①　程婷. 北大实行交叉学科招生计划单列，保证交叉学科人才培养规模. 澎湃新闻，2022-06-14.
②　秦志伟. 高校异地办学该规范了［N］. 中国科学报，2021-05-18（06）.
③　何利权. 教育部：历来不赞成高校举办异地校区，原则上不予审批［N］. 澎湃新闻，2019-02-21.

位切实落实培养质量保证主体责任。研究生必须在学校章程载明的注册和办学地的相应学位授权点进行培养并进行严格管理。除已获国务院教育行政部门批准外，凡高等学校章程载明的注册和办学地所属市域范围之外的其他地点，不得新开展全过程研究生培养。[①] 教育部在有关文件中指出，研究生院、研究生学院等承担研究生教育组织管理的机构，仅可在本校注册和办学地按相关规定和程序设置。要求一律停止新设异地研究生院、研究生学院及其他类似机构。异地设立的、主要承担创新创业、技术转移、产业孵化、成果转化等功能的研究院及其他类似机构，研究生可在导师的指导下，按照产教融合的要求到此类机构开展课题研究，实行科研攻关、产教融合、实习实训等部分学段的培养。教育部要求各高等学校特别是"双一流"建设高校开展异地研究生培养的自查工作。教育部将对异地培养研究生行为进一步规范管理。"双一流"建设高校异地培养研究生情况纳入"双一流"建设监测。

2021 年 11 月，教育部和国务院学位委员会联合发文，再次明确强调研究生院是高等学校负责研究生培养管理的内设工作机构，不得异地单独设立。高等学校异地举办具有研究生教育功能的机构，不得冠以诸如含有研究生院、研究生学院、研究生院分院等字样的名称。[②] 同时，对异地承担研究生部分培养任务的研究院、基地、医院、学院等各类机构提出了具体要求。研究生培养高校可根据科教融合、产教融合培养研究生的要求，在异地进行部分环节的培养。异地承担研究生部分培养任务的研究院、基地、医院、学院等各类机构，应具备培养研究生所需的研发实验条件、科学研究平台、稳定的经费保障，能满足指导研究生培养要求的导师和专业技术人员等师资力量。

3. 异地培养研究生问题得到有效解决

在教育主管部门的明令要求下，各研究生培养高校进行了积极整改。如哈尔滨工业大学开展了全面推进校名清理规范工作，对现有地方研究院实施了减量提质增效计划，撤销异地研究院 4 个。西南交通大学决定撤销深圳、青岛、唐山三地的异地研究生院。有些高校则通过更名改制以求合乎规范。如中北大学德州研究生分院更名为中北大学德州产业技术研究院。西安交通大学将西安交通大学研究生院（苏州）更名为西安交通大学产教融合协同育人基地（苏州）。[③] 在国家教育主管部门的明令禁止下，存在问题的高校都进行了积极整改，持续多年的高校异地培养研究生问题得到了有效解决。异地培养研究生问题的出现，表明培养单位的治理体系和治理能力仍有待加强，这也提示国家教育主管部门在放权高等学校的同时，仍需制定必要和明确的政策来引导、监督高等学校科学定位发展目标，走内涵式、高质量发展之路。

二、年度专题主要调查结论及对策建议

2021 与 2022 年度专题聚焦博士生培养，分列博士研究生的科研能力、兴趣与抱负，学术型博士生学术成长环境及其效应，博士生按期完成学业及影响因素，博士生未来职业选择及影响因素，导师科研信念与指导方式等专题，进行了较为系统的调研，相关研究结论及对策建议

① 教育部办公厅. 关于加强普通高等学校异地培养研究生管理的通知，2021-05-28.

② 国务院学位委员会. 关于进一步规范高等学校异地研究生培养的意见，2021-12-29.

③ 青塔. 动真格！大批高校异地研究院更名、撤销. 青塔微信公众号，2022-07-20.

综述如下。

（一）博士研究生的科研能力、兴趣与抱负调查研究

培养学者是博士生教育的首要任务。即使在博士生读博动机和就业取向多元化的国际趋势下，提升博士生的科研能力依然是各国博士生教育的核心。本专题旨在了解我国高校博士生科研能力、科研兴趣与学术抱负的现状及其影响因素，进而提出有关博士生培养制度改革方面的对策建议。本研究采用问卷调查法，调查工具为自编问卷"博士研究生科研能力、兴趣与抱负调查"；量表题皆采用六点正向计分，若题项得分均值高于 3 分，则视为偏正向得分。本研究采用分层抽样的调查方式，于 2022 年 3 月至 5 月对全国 147 所高校发放电子问卷，最终共有 55 所高校参与调查，收到问卷 2662 份。最终纳入分析的有效问卷 2300 份。具体研究结论如下：

1. 研究结论

（1）博士生的综合科研能力较强，科研兴趣较高，但学术抱负相对偏弱

本次调研显示，我国高校博士生的综合科研能力较强，科研兴趣较高，但学术抱负相对偏弱。整体而言，博士生的综合科研能力均值为 4.53，科研能力四个维度的均值由高到低分别为沟通能力（4.64）、基本科研素养（4.60）、创新意识和批判思维（4.56）、抗挫折能力（4.31）。由此可见，我国博士生科研能力虽然整体表现较好，但创新意识和批判思维还需要进一步加强，这也是被学术界和管理者普遍诟病的制约我国博士生教育质量的重要因素。需要注意的是，博士生的抗挫折能力在四个维度中表现最弱，也是唯一低于科研能力均值的维度。总体上，我国博士生的科研兴趣普遍较高，均值为 4.73，高于科研能力。本次调研中关于科研兴趣的题目共有五项，在题项"发现新事物的体验使我更喜欢学术工作"中，有 89.6% 的博士生的回答得分高于 3 分。在其他四个题项中，皆有超过 90.0% 的博士生给出了偏正向的回答。这说明我国高校博士生普遍能从科学研究中获得正向的情绪支持。最后，相对于科研能力和科研兴趣，博士生的学术抱负偏弱，均值为 4.47。比如，在题项"我愿意一直从事学术研究"上，博士生的得分均值仅为 4.30。随着博士生规模的扩大，博士生学术抱负水平的整体降低势所难免，这也大致符合国际趋势。

（2）不同博士生群体在科研能力、科研兴趣和学术抱负上存在显著差异

关于不同博士生群体在科研能力、科研兴趣和学术抱负上的差异，描述性统计分析结果显示，综合科研能力方面，男性、大龄、通过"申请 – 考核"制方式入学、四年级、人文学科、就读于一流学科建设高校的博士生表现较好。具体而言，男博士生显著高于女博士生；高年龄段的博士生显著高于低年龄段的博士生；通过"申请 – 考核"制方式入学的博士生显著高于其他方式入学的博士生。但差异分析结果显示，不同年级间博士生的科研能力差异不具有显著性。

在科研兴趣和学术抱负方面，不同群体在多个方面的差异呈现较为一致的情况，男性、大龄、通过"申请 – 考核"制方式入学、一年级、人文学科、就读于一流学科建设高校博士生的均值较高。具体而言，对于科研兴趣和学术抱负而言，皆表现为男博士生显著高于女博士生；高年龄段博士生显著高于低年龄段博士生；通过"申请 – 考核"制方式入学的博士生显著高于其他方式入学的博士生。另外，不同年级间差异显著，一年级博士生的科研兴趣和学术抱负最高；学科类型间具有异质性，其中人文学科博士生的科研兴趣和学术抱负最高；一流学科建设高校博士生的科研兴趣和学术抱负高于一流大学建设高校。但差异分析结果显示，不同

院校类型间博士生的科研兴趣差异不显著，而学术抱负差异显著。

（3）博士生科研能力、科研兴趣和学术抱负的影响因素复杂多元化

关于影响博士生综合科研能力、科研兴趣和学术抱负的因素，研究发现，博士生的读博动机、导师指导情况、院校条件、学术环境四类变量均会影响博士生在以上三方面的表现，但不同具体变量的作用有所差异。

在综合科研能力方面，出于科研兴趣读博的博士生，其综合科研能力显著高于其他动机的博士生；博士生每月与导师的交流频率与其综合科研能力并不显著相关，但导师有效支持度及导师指导管控度与博士生综合科研能力显著正向相关，且前者的积极作用大于后者；博士生对课程的认可度与博士生的综合科研能力显著正相关，院校提供的学术活动、奖助政策和学位论文评审制度影响不显著；博士生对期刊投稿和审稿制度的认可度与其综合科研能力显著正相关。

在科研兴趣方面，当博士生出于内生动机读博，其科研兴趣较高，而当博士生的读博动机仅为获得博士学位，其科研兴趣较低；博士生每月与导师的交流频率与其科研兴趣并不显著相关，但导师有效支持度和导师指导管控度与博士生科研兴趣显著正向相关，且前者的积极作用大于后者；学位论文评审制度满意度和期刊投稿、审稿制度认可度对博士生科研兴趣具有显著正向影响，院校条件和学术环境的其他因素影响不显著。

在学术抱负方面，只有读博动机为科研兴趣和获得博士学位，才会影响博士生的学术抱负水平；博士生每月与导师的交流频率与其科研兴趣并不显著相关，但导师有效支持度和导师指导管控度与博士生科研兴趣显著正向相关；院校条件和学术环境维度的因素中，只有学位论文评审制度认可度对博士生学术抱负具有较显著的正向影响。

2. 对策建议

基于本次调研、现有文献和近些年我国博士生教育的改革措施和存在的问题，我们认为，政府、高校应该从以下五个方面着手，进一步提升博士生培养质量。

第一，教育主管部门及相关部门要进一步优化年轻学者和博士生的成长环境。近年来，党和国家加大了对青年人才的重视程度，采取多种方式支持其发展。但是，相关方面的落实情况和政策预期存在较大的差距，还需要各部门采取实际举措。一是要督导高校破"五唯"等相关政策的落实情况；二是进一步提高博士生的资助力度，让更多的博士生能安于科研。

第二，高校要进一步完善博士生招生制度。博士生的生源水平决定了培养质量，而科学有效且公平公正地选拔博士生是我国博士生招生改革一直面临的困境。近些年来，"申请–考核"制已经成为一种主流招生方式。我们的调查数据证实了通过这一方式入学的群体的优势，但是二者的因果关系并未被证实。学界对这一制度的科学性也尚未达成共识，不乏学者对这一制度提出了质疑。

数据显示，出于科研兴趣读博的博士生在各个方面的表现均较优。因此，未来博士生招生制度的改革要聚焦于识别、吸引既有科研潜力、又有科研兴趣的生源。本次调研中的本科直博生群体的整体表现均弱于其他群体，这一方面可能和样本量较少有关；另一方面也揭示了这个群体本身存在的问题。因此，高校在实施这一政策时要更为慎重，探索有效的分流机制。未来博士生招生制度的改革方向应该是逐渐将多种模式打通，尤其是在本科直博和硕博连读招生的范围不能局限于本校。

第三，院系要提高多元化的支持力度。我国高校博士生的创新意识和批判思维不强，制约了高水平人才的培养。要解决这一问题，一方面需要整个学术界营造相对宽容和鼓励批判的学术氛围；另一方面需要院系提供实质性支持，确保博士生能够安心学业。

第四，激励导师切实参与博士生的指导。本次调研和已有大量研究均证明了导师对博士生成长的重要性。这些年，教育主管部门和高校出台了一系列政策来规范导师行为，但这些政策绝大多数带有指令性和惩罚性倾向，对导师的正向激励不够。再加上行政方面过多的事务性工作要求分散了导师的精力，削弱了导师对博士生指导的投入。因此，需要将激励和惩罚机制相结合。一是在课程教学、学生评价等方面赋予导师更多的自主权，并加强内外部学术共同体的监督；二是建立明晰的标准，帮助导师知晓指导的边界；三是加强师生反馈机制，及时解决存在的问题；四是搭建内部交流平台，鼓励导师之间共享切实可行的指导方法。

第五，关心博士生的心理状态。博士生的成长和学者的养成均具有不确定性。这些年，我国教育主管部门和高校加强了博士生质量保障机制建设，强化问责机制，增加了博士学位获得的难度，如此难免导致博士生群体中普遍存在焦虑现象，甚至出现心理健康危机。本次调研显示，博士生的抗挫折能力在科研能力四个维度中表现最差。因此，高校和导师要引以为戒，加强对博士生心理健康状态的重视。一方面，应该加强专门的心理健康咨询和教育领域的师资队伍建设；另一方面，要发挥好师门、课题组等的作用，及时发现问题并进行有效干预。

（二）学术型博士生成长环境及其效应调查

本次调研采用网络电子问卷形式，共 39 所高校的博士生参与调研，获得 2415 份问卷，剔除无效问卷 267 份，最终获得有效问卷 2148 份，回收率为 88.94%。在性别上，男女博士生所占比重基本持平。在年级上，一年级博士生占比最大。在婚恋状况上，未婚有恋人的博士生人数最多。在入学方式上，通过"申请–考核"制入学的博士生占比 45.5%。

1. 研究结论

本专题围绕博士生成长环境，利用差异性分析方法及回归分析方法，描述博士生对成长环境的感知，检验博士生成长环境对科研创新能力及职业选择意向的影响，得到如下结论：

第一，单一导师指导模式占主流地位，师生科研方向保持一致，科研训练环境相对优渥。调查结果显示，78.6% 的博士生认为自己科研方向与导师保持一致。师生科研方向一致为博士生提供了一个较为安全的研究保障。导师和博士生能在智力与认知上达成协作，降低博士生科研失败、延期毕业乃至学业半途而废的风险。调研发现，按时毕业博士生与导师科研的一致性显著高于延期毕业博士生，该结论也从侧面证实：师生科研一致有利于博士生的学业发展。63.9% 的博士生由单一导师指导，说明单一导师指导模式是当前博士生培养过程中的主流指导模式。接近五成（47.6%）的博士生能够自主决定学位论文选题，说明近半数的导师在博士生培养过程中能够充分尊重博士生的科研自主性。此外，76% 的博士生参与过导师的科研项目，说明导师为博士生提供了较多的科研机会及较为充裕的科研训练环境。然而，在院校层面，博士生自主申报并获批校内创新科研项目的比例却不到两成。由此观之，相对于导师而言，院校为博士生提供的科研训练机会仍有待扩充。

第二，博士生对"关键社会化代理人"的认可呈现显著差异，相比任课教师而言，博士生对导师及同伴的评价更积极。在博士生成长过程中，导师、任课教师及同伴是博士生互动较为频繁的三类"社会化代理人"。但是调研发现，博士生对导师指导及同伴支持的满意度明显高于任课教师，对三者的认可呈现显著差异。博士生对任课教师的认可度低于导师指导和同伴支持。从目前来看，科研发表成为教师日常生活的中心，而课程教学却未能得到各方面足够的重视。加之任课教师个人注意力的分散及资源投入的失衡，导致教师难以将课程教学提升到与科研发表同等的地位，教学效果未达到博士生预期。博士生对导师指导认可度较高，说明当下有关导师队伍建设的制度改革逐渐释放出积极效应。同伴支持是博士生学术社会化过程中不可缺少的核心要素。从学习过程来看，同伴支持让具有不同文化背景的博士生在专业交流过程中不断分享信息、相互学习，增加博士生在特定学科领域中应用新思想的机会，这对提升博士生的就读体验具有重要意义。

第三，院系为博士生提供了较好的支持性环境，学习资源供给与博士生需求的契合度较高，但博士生的学术关系网络相对薄弱。院系支持性环境为博士生的学业发展提供帮助，博士生在院系支持下积极融入组织结构，从而获得多样化的成长机会及学习资源，并进一步形成内部人身份。院系支持还可以提升博士生的学习效能感，特别是院系成员间的情感支持及专业互助，能有效促进知识传播与共享，缓解博士生的科研压力感及挫败感。调研发现，博士生对院系支持满意度较高，博士生对学习资源的整体评价较高。学习资源是衡量博士生成长过程中的基本条件，培养单位只有满足博士生最基本的物质需求，才能激励其追求更高的科研成就，充足的学习资源也对增强博士生的科研信心及科研韧性具有重要意义。相对于院系支持和学习资源，博士生对院系提供的发展机会满意度较低，特别是对"加入高水平科研团队的机会较多""接触到本专业领域的优秀学者"满意度最低，这反映博士生在建构学术社交网络时面临着困境。

第四，良好的考核评价体系对博士生学业发展具有明显的促进作用。调研发现，良好的考核评价体系不仅对博士生发展型科研创新能力具有显著的促进作用，而且能显著降低博士生的延期毕业率。院校对博士生进行严格考核的优点在于：院校考核评价体系预设了博士生的行动方向及成果形式，故而，理性、科学的考核评价体系能够减少博士生学术生活的无序性；其次，分流筛选能够优化博士生的培养质量。院校利用课程考核制、中期考核制、论文预答辩制等考核评价方式对博士生进行全面考察，并据此及时分流淘汰不适合继续培养的博士生，不仅能够缓解大量延期毕业博士生给培养单位造成的资源紧张，而且能有效促进博士生的学业发展，达到提升博士生培养质量的目的。

第五，成长环境对博士生发展型科研创新能力的影响超过了对任务型科研创新能力的影响。调研发现，成长环境对博士生发展型科研创新能力的影响更为显著。回归分析发现，博士生科研经历对发展型科研创新能力提升的贡献率是15.3%，对博士生任务型科研创新能力提升的贡献率仅有6.4%。在导师指导上，导师定期与博士生交流学习、探讨科研问题，能够显著地提升博士生的发展型科研创新能力，但是对博士生任务型科研创新能力的提升却无显著影响。在院系支持上，博士生融入院系环境对发展型科研创新能力和任务型科研创新能力均产生显著影响，回归系数分别是0.192、0.077，表明院系环境对任务型科研创新能力的作用小于发展型科研创新能力。以上结论在考核评价体系、课程教学、学习资源、发展机会及同伴支持等方面同样适用。

第六，科研自主性、导师指导、发展机会能显著预测博士生未来的学术职业选择。调研发现，博士生学位论文选择自主性、导师指导模式及指导满意度、发展机会对博士生未来的学术职业选择产生积极影响。首先，博士生的学位论文选题鼓励探究自由，自主决定论文选题可促使博士生自愿承担更多职责。其次，导师指导对博士生从事学术职业起着至关重要的作用，它能有效提高博士生的自我效能感，进而促进博士生追求学术职业的信心。因此，导学匹配度越高，越有利于博士生未来的学术职业选择。最后，博士生就读期间获得的发展机会越多，建构的学术关系网络越密集，其专业能力提升速度就越明显，这为今后从事学术职业奠定了良好基础。

2. 对策建议

第一，完善博士生科研训练环境。首先，大学应向各培养单位划拨专门用于资助博士生科研项目的年度经费，利用科研项目资助形式，增加博士生参与科研项目的数量及质量。其次，导师与博士生在学术交往及科研合作过程中应形成平等互助关系，并在科研实践上给予针对性指导。导师在指导研究生过程中应充分关注研究生的兴趣和特点，注重因材施教。具体而言，导师要根据博士生的学科基础、科研特长、学习风格，提供个性化指导。导师也可利用组会、读书会等方式加强与博士生的互动交流；此外，院系可以根据学科属性及博士生的科研需求，推行导师组指导模式，为博士生搭配主、副导师，发挥不同导师的专业特长并为博士生提供全方位指导。最后，院校应基于自身定位与发展目标，为博士生搭建便于知识共享和学术交流的平台，创建多元性科研参与渠道，营造宽容、自由的科研氛围，提升科研激励力度，培养博士生远大的学术志向。

第二，提升任课教师教学有效性。为提升教学有效性，任课教师可以从课程反馈、课程内容设置、课程与博士生科研关联度等方面入手。在反馈目的上，任课教师要根据课程教学目标向博士生反馈改进未来学习方向的信息，缩短当前进度与学习目标之间的差距。在反馈形式上，任课教师要根据学习任务，采取多样化包括评价性反馈、结果性反馈、过程性反馈和学生自我调节反馈等形式。在反馈内容上，教师向博士生提供的反馈应具有全面性、启发性。为强化课程内容与博士生科研需求的一致性，任课教师一方面要提高课程开设质量，结合院系课程准入、退出机制及学生评教结果，及时调整授课内容及授课方式；另一方面，任课教师可以组建跨学科教学团队，团队教学内容及方向要紧密结合博士生的科研需求及兴趣。

第三，不断丰富博士生的专业发展机会，拓展博士生学术交流合作网络。首先，大学及院系应积极引导博士生以科研助理身份加入创新团队，鼓励博士生与团队成员建立良好的合作关系，拓展博士生与学术共同体之间的网络关系。其次，院校应积极资助博士生参与国内及国际会议、短期访学，开阔博士生的学术视野，提升博士生专业认同感与组织归属感。院系也可通过开展持续性、规范性的学术沙龙、工作坊、讲座等学术活动，鼓励博士生积极主动与知名专家学者对话交流。院系还可实施博士生"学术汇报"制度，定期组织博士生汇报、展示科研成果，不断激发博士生的科研热情。最后，院校应积极与政府机构及产业组织合作，利用产学研一体化平台、挂职锻炼、实习、课题委托等方式，为博士生创设多样化的实践锻炼机会，拓展博士生学术交流合作网络。

第四，持续优化博士生成长环境，培养博士生科研创新能力，提升博士生对学术职业的选择承诺。良好的学术天赋和内隐资质是博士生成为优秀科研工作者的基础，如果成长环境不完善或者缺乏支持性资源，博士生内隐资质的发展和功能实现就会大打折扣。第一，为了优化博士生的成长环境，推动博士生将环境资源转化为学术论文、专利技术和著作，培养单位应该以博士生发展为中心，依据博士生的学科专业背景、科研偏好差异性，尽量营造个性化的成长环境。第二，大学要重视博士生成长过程中的软环境建设。为了提升成长环境对博士生科研发表及学术职业选择意向的影响，大学要努力营造允许科研失败的宽容氛围，发展科研容错纠错的长效机制，减少博士生科研发表压力，让博士生体验到学术职业的安全性。

（三）博士毕业生的职业选择及影响因素调查

通过分析 40 所"双一流"建设高校 1333 名博士毕业生的调查数据，探究了当前博士毕业生的职业选择现状、不同背景博士毕业生的职业选择差异及影响其职业选择的关键因素，最终得到了以下结论与对策建议：

1. 研究基本结论

（1）学术职业是博士毕业生的首要选择，只有近两成博士生毕业时选择从事非研究职业。学术职业是博士毕业生的首要选择，七成博士生毕业后选择进入高等院校或科研机构从事与科学研究密切相关的工作；而在放弃高校从教的博士毕业生中，近两成选择从事与科研活动无关的非研究职业（17.7%），选择从事非学术研究职业的博士生相对较少（11.5%）。值得注意的是，并非所有进入高等院校或科研机构就业的博士毕业生均从事与科研活动相关的工作，有小部分毕业生进入高等院校或科研机构主要从事行政或管理工作。

（2）大部分博士生毕业时选择的职业类型与入学初的意向职业保持一致。通过对比博士生入学初的意向职业和毕业时的职业选择，将其划分成学术职业坚守者、学术职业逃离者、学术职业回归者和学术职业外围者四类。与入学初的意向职业相比，博士生毕业时选择学术职业的比例下降了 9.3%，选择非学术研究职业和非研究职业的比例分别增长了 6.2% 和 3.1%。大部分博士生毕业时选择的职业类型与入学初的意向职业保持一致，其中学术职业坚守者占多数（65.6%），学术职业外围者相对较少（14.7%）。在职业选择发生变化的博士毕业生中，学术职业逃离者的比例较高（14.5%），学术职业回归者的比例较少（5.2%）。在四类博士毕业生中，学术职业坚守者的比例最高，学术职业逃离者和学术职业外围者的比例居中，学术职业回归者的比例最少。

（3）不同背景博士毕业生的职业选择及职业选择变化存在显著差异。本科或硕士就读于一流大学建设高校的博士毕业生，对学术职业的偏好程度较低，更倾向于选择非研究职业。人文学科和社会学科的博士毕业生倾向于选择学术职业，且成为学术职业坚守者的可能性较大，成为学术职业外围者的可能性较小。理科和工科博士毕业生倾向于选择非学术研究职业，医科博士毕业生对非研究职业的偏好程度更高，且成为学术职业外围者的可能性较大。本科直博和硕博连读博士毕业生对学术职业的偏好程度较低，其成为学术职业坚守者的可能性较小。"申请－考核"制博士毕业生倾向于选择学术职业、对非研究职业的偏好程度较低，其成为学术职业坚守者的可能性较大。延期博士毕业生倾向于选择学术职业，其对非学术研究职业的偏好程度较低。男性博士毕业生倾向于选择非学术研究职业，其成为学术职业回归者的可能性较大。年龄在 30 岁以上的博士毕业生倾向于选择学术职业，且成为学术职业坚守者的可能性较大，成为学术职业逃离者的可能性较小。

（4）没有直接证据表明具有学术潜能的博士毕业生更愿意留在学术界。本研究没有直接证据表明，具有学术潜能的博士毕业生更愿意留在学术界。倾向于选择学术职业的博士毕业生仅在学术发表上显著高于非学术研究职业偏好者，在科研能力、科研热情、学术动机、学术品位、科研情感承诺、科研经历、科研压力、科研投入和授权专利等方面并没有显著优势，且其通用能力显著低于非研究职业偏好者。研究发现，目前高校凭借供求同一体特征吸引和保留高层次优质人才的先天优势正逐步弱化，高校人才争夺已逐步超越了高等教育系统内部而转向学术界与非学术界之间的竞争，如何吸引高质量的博士毕业生回归学术职业不仅事关师资队伍和高等教育的生态优化，而且在一定程度上决定着高校能否向社会输送高质量的人力资本。

（5）物质偏好、家庭维护观念及科研持续承诺是影响博士毕业生职业选择的重要因素。职业价值观中的物质偏好和家庭维护观念，是影响博士毕业生职业选择及职业选择变化的关键。物质偏好每增加一个单位，博士毕业生选择非学术研究职业的概率发生比是选择学术职业的2.019倍，成为学术职业逃离者和外围者的概率发生比分别是成为学术职业坚守者的1.616倍和1.734倍。家庭维护观念每增加一个单位，博士毕业生选择非研究职业、成为学术职业逃离者和外围者的概率发生比分别下降30.4%和51.2%。博士毕业生在择业时将工作的薪资待遇和职业晋升等物质回报，以及工作能够为社会带来的意义和价值放在首位，其次比较注重工作与家庭的关系，对工作的创造性、独立性和自主性等内容的重视程度相对较低。此外，科研承诺中的持续承诺也是影响博士毕业生职业选择及职业选择变化的重要因素。持续承诺每增加一个单位，博士毕业生选择非学术研究职业、非研究职业的概率发生比分别下降51.2%和60.8%，成为学术职业逃离者和外围者的概率发生比分别下降66.9%和53.9%。

（6）学术从业环境恶化、非学术职业吸引力提升是导致博士毕业生逃离科研的关键。在影响博士毕业生职业选择及其变化的因素中，职业获得及职业前景等职业认知因素产生的影响较大，且职业前景中的非学术职业投入回报比发挥的作用尤为突出。非学术职业投入回报比每增加一个单位，博士毕业生选择非研究职业的概率发生比是选择学术职业的40.815倍，成为学术职业逃离者和外围者的概率发生比分别是成为学术职业坚守者的15.095倍和24.499倍；学术职业投入回报比每增加一个单位，博士毕业生选择非研究职业的概率发生比下降87.8%；学术职业获得难度每增加一个单位，博士毕业生选择非学术研究职业、非研究职业的概率发生比分别是选择学术职业的2.190倍和1.670倍；其成为学术职业逃离者和外围者的概率发生比是成为学术职业坚守者的2.385倍和1.439倍。

总体而言，博士毕业生对学术职业的兴趣远高于非学术职业，但普遍认为学术职业的获得难度较大、学术制度环境一般、学术工作环境较差，且学术职业的投入回报比远低于其他职业。这表明当前学术生态不良、非学术职业吸引力提升是导致博士毕业生选择非学术职业、成为学术职业逃离者和外围者的关键诱因。

（7）导师就业支持及其职业榜样在博士毕业生回归科研过程中扮演重要角色。导师在博士毕业生的职业选择及职业选择变化过程中发挥着重要作用。导师职业榜样作用每增加一个单位，博士毕业生选择非学术研究职业及非研究职业的概率发生比分别下降35.1%和11.1%，成为学术职业逃离者的概率发生比下降24.6%。在博士毕业生回归科研的过程中，导师发挥的作用相对突出。导师就业支持和职业榜样作用每增加一个单位，其成为学术职业回归者的概率发生比分别是成为学术职业坚守者的2.061倍和1.655倍。与此同时，博士毕业生对培养单位提供的科研训练环境满意度较高，认为读博期间的科研条件、学术氛围和科研活动等能满足自身的科研需求；但对组织提供的就业支持满意度较低，认为培养单位在帮助自己为从事未来职业，尤其是非学术职业做好准备方面存在不足。博士毕业生普遍认为导师为自己提供了充分的科研指导和就业支持，将导师视为自己的职业榜样。

（8）校外社会化经历在博士毕业生成为学术职业外围者的过程中发挥重要作用。在博士毕业生成为学术职业外围者的过程中，除了受自我认知因素、职业认知因素和就业环境的影响外，社会化因素也在其中发挥了重要作用。学术发表越多的博士毕业生成为学术职业外围者的概率发生比越小，学术发表每增加一个单位，其成为学术职业外围者的概率发生比下降9.7%；读博期间有实习经历、读博前有工作经历的博士毕业生成为学术职业外围者的概率发生比分别是没有实习经历和没有工作经历博士毕业生的2.235倍和1.892倍。可以看出，校外社会化经历在博士毕业生成为学术职业外围者的过程中发挥了重要作用。在接受调查的博士毕业生中，读博前有工作经历和读博期间有实习经历的博士毕业生比例较少，分别占总体样本的28.1%和28.4%。

2.对策建议

（1）优化学术从业环境，提升学术职业吸引力。工资水平和福利待遇等物质回报是当前博士毕业生择业时的首要考量因素，而持续走低的学术职业投入回报比与不断提升的非学术职业投入回报比之间的张力是导致部分具有学术潜能的博士毕业生离开学术圈的关键。虽然薪资向来不是学术职业的核心竞争力，但相对稳定的工作和生活保障乃是保持学术活动相对独立、追求精神自由、获得同行及社会认可的基础和前提，也是高校吸引、稳定和激励学术人才、提升科研生产力的重要手段。而当前层级森严的学术系统和"非升即走"、评聘协调、聘任后评价、末位淘汰的晋升及评价方式使得学术道路具有更大的不确定性。在学术职业稳定性和安全性等传统职业优势不断弱化的背景下，提升学术职业薪酬待遇、优化学术从业环境、提升学术职业吸引力刻不容缓。

（2）健全就业支持体系，帮助博士生理性应对不断变化的就业环境。随着博士生招生规模的扩张及知识生产模式的变革，博士劳动力市场发生着巨大的变化，"学历贬值""下沉式就业"等现象屡见不鲜，信息不对称、信息错配及就业准备不足等问题更是加剧了博士生的就业焦虑。本研究样本中37.9%的博士毕业生对当前的职业前景持悲观态度，并不认为博士学位能帮助自己改善职业前景，且时常陷入紧张、焦虑和抑郁等负面情绪。因而，健全就业支持体系，帮助博士生理性看待与应对当前的就业环境迫在眉睫。例如，通过开设职业生涯规划课程、充分发挥院系内教职人员对博士生的职业支持、建立博士毕业生职业发展追踪调查、邀请各行业毕业生分享求职经验等方式，丰富博士生的就业信息，提供针对博士生的职业支持，提升博士生的就业能力，以更系统和全面的就业支持体系帮助博士生正确认识自我、客观洞察就业市场，尽早明确职业方向及未来职业规划，以更积极的姿态走向未来职场。

（3）加强师资队伍建设，发挥导师的榜样作用。导师作为博士生社会化过程中的重要他人，其对待特定职业的态度和行为会在潜移默化中形塑博士生的自我认知、职业认知、职业态度和职业行为。博士生对学术职业的期待往往在观察导师职业行为及个人生活中得到反馈，严谨科研、认真教学、努力服务社会的导师形象能在一定程度上满足博士生对学术职业的期待，进一步强化博士生的学术职业意向；而一味追求学术发表、苛待或放任学生、以自我为中心的导师形象则会造成职业期待和现实的冲突和紧张，进而削弱博士生的学术职业意向。此外，导师对待相关职业的态度及就业支持也在博士生确定职业方向的过程中发挥重要作用。当导师将学术职业视为博士生的责任和义务时，博士生也会窄化自身的职业道路，将学术职业视为自己的唯一选择。为发挥导师的榜样作用，有必要加强师资队伍建设、明确导师职责、规范导师言行、引导导师树立正确的职业价值观、加强导师对博士生的就业支持等。

（4）提供校外交流机会，丰富博士生社会化经验。博士生的直接经验在形塑博士生自我认知、职业认知及环境认知的过程中扮演着重要角色。人文社科博士毕业生选择学术职业的比例远高于理工科，其重要原因之一在于学科与市场的交互程度。那些与校外组织或单位有过合作与交流的博士毕业生，对学术以外的相关职业了解更多，其选择非学术职业的可能性更大。在当前学术劳动力市场日渐饱和的背景下，为博士生提供与校外组织或单位进行交流合作的机会，对丰富博士生的校外社会化经验、发展可迁移技能、拓宽职业视野、缓解学术劳动力市场的就业压力具有重要意义。具体而言，可以在博士生培养过程中适当引入社会力量，以多样化的培养方式，在保证博士生科研训练和基础研究能力的基础上，让博士生体验不同的实践文化；搭建校企合作或校政合作的交流平台，为博士生提供参与非学术组织交流与合作的机会，通过更广泛的社会化学习，帮助博士生为从事非学术职业做好准备。

（四）博士生未按期完成学业状况及影响因素调查

通过分析 53 所"双一流"建设高校 2641 名博士生的调查数据，探究了当前博士生未按期完成学业的基本情况、不同背景博士生未按期完成学业的群体差异以及影响博士生未按期完成学业的关键因素，最终得出如下结论与对策建议：

1. 研究结论

（1）大多数博士生都能在规定的学制内完成学业。在本次调查中，未按期完成学业博士生占全体博士生的 12.7%。在所有未按期完成学业的博士生中，延期半年的学生占 33.1%，延期一年的学生占 24.5%，延期两年的学生占 22.4%，延期三年及以上的博士生占极少数。由此观之，大多数博士生都能在规定的学制内完成学业，未按期完成学业的博士生也多在延期一年之内顺利毕业。

（2）女性、已婚博士生的未按期完成学业率更高。与男性博士生相比（11.9%），女性博士生的未按期完成学业率略高（13.6%）。虽然已婚博士生的未按期完成学业率显著低于未婚博士生，但当加入性别因素时，已婚女性博士生的未按期完成学业率却明显上升。

（3）入学年龄较长、有工作经历博士生的未按期完成学业率更高。在所有入学年龄段中，41 岁及以上博士生的未按期完成学业率最高（27.3%），随后依次为 26~30 岁（20.6%）、31~40 岁（19.2%）、25 岁及以下（11.8%）。在已有研究中，关于年龄对学业发展起何种作用的结论并不一致。有研究认为，年龄对科研产出的作用受调查群体年龄段的直接影响，当调查对象跨度较小，年龄集中在 20~30 岁时，科研绩效与年龄呈正相关关系。当调查对象跨度较大，年龄分布广泛时，就会呈现出负相关关系。本研究调查对象的年龄集中在 25 ~ 41 岁之间，年龄跨度范围较大，因此呈现出入学年龄越大越容易未按期完成学业的结果。

（4）接受普通培养方式博士生的未按期完成学业率明显更高。就培养类型而言，普通博士生未按期完成学业发生比（13.2%）明显高于贯通制博士生（11.9%）。在本次调查中，贯通制培养方式包括硕博连读和本科直博。究其原因，接受贯通制培养方式的博士生具有更扎实的学术基础，该类学生目标明确且受过更为系统的学术训练，因而更可能在基本学制内完成学业。

（5）人文学科、社会学科博士生未按期完成学业率高于理科和工科。从学科差异来看，博士生未按期完成学业率从高到低依次为社会学科（15.8%）、人文学科（14.4%）、理科

（13.8%）和工科（10.0%）。人文学科和社会学科博士生的就读时间明显高于理科和工科博士生，原因在于人文社会学科的知识生产方式和人才培养模式具有以下特殊性：人文社会学科的研究对象具有主观性；人文社会学科的研究方法强调内省；人文社会学科的研究结果强调长远性和非功利性。因此，人文社会学科博士生所需要的就读时间更长。

（6）有访学经历博士生的未按期完成学业率显著高于无访学经历博士生。与按期毕业博士生相比，未按期完成学业博士生群体中出国学习的人数显著较多。调查结果指出，随着出国学习时间的增加，博士生未按期完成学业率也随之上升。其中，出国访学 0.5~1 年时间的博士生未按期完成学业率最高（35.4%）。这在一定程度上表明，虽然出国学习可以拓宽博士生的学术视野，但也伴随着无法按期完成学业的风险。

（7）没有证据表明不同前置院校、导师头衔博士生的未按期完成学业率有差异。在本次调查中，前置院校指博士生本科和硕士期间的就读院校。调查结果显示，硕士就读于"双一流"建设高校博士生的未按期完成学业率与硕士就读于普通高校的博士生并无显著差异。本科就读于"双一流"建设高校博士生的未按期完成学业率反而高于普通高校。因此，将前置院校视为衡量博士生科研能力的标准，可能存在一定偏差。其次，导师头衔为院士、国家级、省部级、市级或其他的博士生未按期完成学业情况也无显著差异。

（8）个体投入程度越高的博士生按期完成学业的可能性越高。从个体综合投入看，博士生的能力投入、情感投入、行为投入都显著影响博士生未按期完成学业情况，科研能力越强、学术动机越高、科研时间越长的博士生越倾向于按期完成学业。在学业压力维度，论文发表压力也显著影响博士生未按期完成学业情况，那些论文压力越小的博士生按期完成学业的可能性越高。除此之外，认知投入、专业课程压力和中期考核压力对博士生未按期完成学业没有显著影响。因此，在不发表就出局（publish or perish）的现实环境下，高校应充分考虑博士生科研产出的时滞性和积累度。

（9）院系学术资源越丰富的博士生按期完成学业的可能性越高。课程设置、学术支持和院系制度都对博士生未按期完成学业有显著影响。具体而言，从课程设置情况来看，课程结构合理性每增加一个单位，博士生未按期完成学业发生比降低 0.7 倍。从学术支持情况来看，博士生科研项目参与收获每增加一个单位，其未按期完成学业发生比降低 0.8 倍。除此之外，虽然导师指导未通过显著性检验，但是导师指导质量和导师指导频率都在一定程度上预测了博士生未按期完成学业情况。

（10）院系管理制度越完善的博士生按期完成学业的可能性越高。院系制度的执行效率也对未按期完成学业情况具有显著影响。在所有院系制度中，中期考核制度对博士生未按期完成学业具有显著影响。中期考核制度有效性每增加一个单位，博士生未按期完成学业发生比降低 1.3 倍。换言之，对中期考核制度越满意的博士生，其未按期完成学业的可能性明显越低。该结论验证了已有假设：中期考核制度的执行不力可能会对博士生的学业发展产生消极影响。

2. 对策建议

（1）优化博士生筛选制度，严格把控博士生源质量关。为严格把控博士招生环节，从源头降低未按期完成学业的发生几率，应将实质正义和分配正义作为博士招生制度改革的指导方针。首先，弱化"出身"对博士申请人的硬性限制。在已有研究中，前置院校和学科排名对博士生未按期完成学业的影响并不一致。本次调查也证实，硕士毕业于"双一流"建设高校的博士生未按期完成学业几率反而更大。因此，将前置院校视为衡量博士生科研能力的标准可能存在一定偏差。此外，研究生能否进入博士生教育系统的核心标准应是学术素养之高低和培养潜能之大小，而院校层次和学科排名并不能直接反映学术水平，因而此举可能涉嫌侵犯学生平等升学的机会。其次，细化申请考核制度的具体流程。学界对申请考核制度本身并无非议，遭受诟病的是制度执行过程。由于缺少明晰的考核指标和加权标准，人才选拔的科学性和客观性难以保障，招生中出现权力滥用在所难免。为制衡各方学术权力，资料审核应由导师组共同执行。复试可结合笔试和面试两种形式，但笔试成绩权重不宜超过总成绩的三分之一。面试考核可由校内、校外导师组共同执行，被报考导师可占据四成的评分权重。在此基础上，导师组根据资料审核、笔试成绩及面试表现进行加权计算，最终得出考核总分。最后，还要加强过程监管及考核力度，保障人才选拔的公平、公正和公开。如管理部门可以通过录像、录音等方式强化对博士生筛选过程的监管。与此同时，也要畅通考生申诉渠道，减少博士招生中的"灰色地带"。

（2）整合入学教育、课程学习及学术交流资源，为科研能力储备提供便利通道。在入学教育方面，为避免博士生入学教育沦为形式，高校首先应强化入学教育的核心目标，帮助学生适应新环境，实现博士生角色的顺利转化，为学术素养内化奠定基础。其次，要规范入学教育的基本内容，其中应包括生活服务、学业指导、心理疏导、行为督促、思想教育和职业引导等。概览多所"双一流"建设高校的入学教育计划，发现我国的博士生入学教育集中在思想政治教育和学术规范普及，忽视了学术生涯规划、学术资源获取、个性化查缺补漏及学业压力疏导，但后者才是影响博士生按时毕业的重要因素。最后，可适当延长入学教育时间，切勿将入学教育变为"走马观花"的行政任务。

在课程学习方面，为提高课程开设的整体质量，高校应从以下方面着手改善：首先，应明确博士生教育的本质功能——培养学者。对学者的养成而言，能力拓展比知识累积更重要。但以往的博士生课程仅注重学术知识的传授，忽略自主科研能力、学术实践能力及论文写作能力的培养；其次，丰富课程内容和层次，提高课程设置的系统性。早在2014年，国家就发文强调博士生课程体系建设的重要性。其中，《关于改进和加强研究生课程建设的意见》特别强调要进一步增强博士生课程的系统性，尽可能满足博士生能力发展的切实需求。而据最新调查研究显示，博士生的课程设置与实际需求仍相距甚远。为此，各博士生培养单位应继续明确专业基础课、专业核心课、专业选修课及跨学科选修课的详细名录，全方位提升博士生的科研素养。再次，为提高各类课程资源的利用效率，高校应打破硕博和院系之间的壁垒，增强博士生课程选择的个性化和自主性。最后，加大对博士生课程质量的考核力度，定期淘汰"水课"，给予"金课"建设者应有的表彰和奖励。

在学术交流方面，为降低未按期完成学业的机率，博士生应首先端正学术交流价值观，提高学术交流活动参与的积极性、主动性。其次，高校应继续加强学术交流平台建设，促进博士生学术交流类型的多元化。除此之外，知识生产方式转变也影响着博士生的学业发展。与传统学术研究相比，如今的博士论文多采取"以问题解决为导向"、基于多学科视角、综合运用多种研究方法、以此解决某一学术难题的研究路径，这对博士生的学术视野提出了更高要求。鉴于此，高校应进一步整合不同院系、不同层次、不同类型的学术交流资源，为博士生的跨学科交流提供便利平台。

（3）加强过程监管及考核力度，将博士生的分流淘汰落到实处。为提升中期考核的实施效率，高校应做好以下保障举措：第一，分流淘汰的本质不是污名化，而是博士生与学院的双向选择。因此，双方在最初都应明确课程学习是试读期，中期考核也是常规的筛选程序。不适合继续攻读学位的博士生不必等到"强制淘汰"，可在第一轮考核时选择退出。第二，考核标准的明细化与公开化是制度落地的重要前提，因此，高校应在充分调研的基础上建立指导性强、适应面广的考核体系，各博士生培养点可在此指引下拓展二级、三级指标体系。第三，院系的态度直接决定博士生的重视程度，因此，高校应结合"绝对制"与"相对制"的考核方式，对极端差生采取坚决淘汰，对相对差生采取末位分流。借此将危机意识植入学生头脑，充分调动博士生的学业积极性。第四，被分流的博士生可选择降级培育，将硕士学位作为分流淘汰后的补偿性举措。

（五）研究生导师科研信念与指导方式的调查研究

基于2973份研究生导师问卷与2300份博士生问卷，本研究通过分析研究生导师的科研信念、科研信念与导师研究生指导方式的关联、导师指导方式对研究生科研能力与科研抱负的影响等，探究了研究生导师科研信念与指导方式对研究生培养的作用，得到如下研究结论与建议：

1. 研究结论

（1）研究生导师的最大特点是追求学术乐趣与自我价值甚于物质回报，不同背景的导师职业价值观存在显著差异。这从导师选择学术职业最重要的原因是"符合自身兴趣和专长"，最不重要的原因是"薪酬福利较好"可以看出。导师的学术职业价值观主要体现为其对"工作回报""工作环境"和"工作成就感"的追求，不同背景的导师对三者的追求不同。来自一流大学建设高校的导师和博士生导师群体对"工作环境"和"工作成就感"的追求更高；年龄较小的导师对三者的追求较高；对于不同学科的导师而言，工科的导师对"工作环境"的追求最高，社会学科的导师对工作成就感的追求最低；担任行政职务的导师对"工作回报"和"工作成就感"的追求较高，无行政职务的导师则对"工作环境"的追求较高。

（2）大部分导师热爱科研工作，导师最认可自身的"学科专业知识与技能"，但普遍认为其"获取外部资源与支持"的能力较弱。被调查的导师普遍表达了其对科研工作的热爱。来自一流大学建设高校、指导博士生、男性、年龄较小、担任行政职务的导师和工科、理科与交叉学科的导师的科研热情更高、科研认同感更强。导师的科研自我效能感通过"资源获取与维护能力""创新能力""科研成果转化能力"和"工作协调能力"得以体现。来自一流大学建设高校的导师群体的"创新能力"更强；博士生导师、男导师的四类科研自我效能均更高；36 ~ 40岁导师的创新能力最强，但资源获取与维护能力最弱，35岁及以下导师的工作协调能力最弱；工科和交叉学科导师的创新能力显著强于社会学科的导师，科研成果转化能力也显著强于其他三个学科；导师担任行政职务等级越高，其科研自我效能越强。

（3）相对于"研究生的科研能力主要取决于天赋"，更多导师认同"研究生的科研能力主要取决于努力程度"；导师认为工作投入与工作偏好是成为一名成功学者最重要的因素。博士生导师对将研究生科研能力归因于"天赋"和"努力程度"的认同度均显著高于硕士生导师；男性、年龄较大的导师和人文学科的导师更加认同"天赋"对于研究生科研能力养成的重要性；担任行政职务的导师则对"研究生的科研能力主要取决于努力程度"的认可度更高。导师们认为，工作投入与工作偏好是形塑一名成功学者最重要的因素，但人际网络和导师的社会支持也在其中发挥着不可或缺的作用，而家庭成长环境的相对作用较小。

（4）导师与研究生的交流较频繁，不同背景的导师对研究生的指导风格存在差异。大部分导师与学生的交流频率为每月 4～6 次或 10 次及以上，同时，约 20% 的导师每月与研究生的交流频率等于或少于 3 次。仅指导硕士生和年龄较大的导师、来自人文学科和社会学科的导师与研究生的交流频率更低。不同背景的导师对研究生的指导风格存在差异。来自一流学科建设高校的导师、男导师、年龄较小和工科的导师更频繁运用"权威型指导风格"；女导师和年龄较大的导师更经常运用"仁慈型指导风格"；担任行政职务的导师则更善于同时运用"仁慈型指导风格"和"权威型指导风格"；博士生导师的三类指导风格都比硕士生导师更突出，意味着其对研究生的帮助与关心及指挥与监督程度均更强，且更注重以身作则的德育作用。

（5）导师的研究生指导方式尚未受当前管理与评价、资源分配等各项制度的直接影响，更多受作用于导师的科研信念与性格特点等因素。在科研信念上，导师的科研热情最能显著预测其与研究生的交流频率，对其"仁慈型指导风格"和"德行型指导风格"影响也最大，且越是具有创新精神和尽责的导师，对学生的培育具有越高的责任感与使命感，越愿意呵护学生的创造力，同时也更希望学生能在自己的研究领域有所建树，进而给予积极指导与帮助。研究生科研能力归因是导师"权威型指导风格"最大的影响因素。当导师将科研能力养成归因于后天努力程度时，导师对学生的指导与鞭策力度越强。在性格特点上，导师的外倾性水平对导生交流频率影响最大，而比较敏感和焦虑的导师对研究生科研实践过程的指挥与监督程度更强。

（6）导生交流频率对研究生科研能力和科研抱负的影响有限，三种指导风格的作用更显著。基于研究生视角探究导师指导方式对其科研能力与科研抱负的影响，结果显示，导师与研究生对导师指导风格的评价在趋势上总体保持一致，研究生的科研能力和科研抱负并不受导生交流频率的影响，而是受导师三种指导风格的共同作用影响。导师的"仁慈型指导风格"是研究生科研能力和科研抱负最重要的影响因素；"权威型指导风格"对研究生的科研能力存在次级影响，但其对研究生科研抱负的影响却相对小得多；"德行型指导风格"对研究生科研抱负的影响显著强于"权威型指导风格"。

2. 对策建议

（1）关注青年导师的职业需求与工作困境，呵护其学术热情与创造力。调查显示，年龄较小的导师职业追求与科研热情较高、创新能力较强，但工作协调能力、资源获取与维护能力相对较弱。组织应考虑到青年导师面临平衡不同类型学术活动与日常生活的困境，并根据青年导师能力发展的阶段性特征和工作重点，为其提供符合需求且便捷的培训、更多科研资源与机会；合理规定青年导师的教学工作量，避免青年导师在最具创造力的人生阶段，因身体与精神长期高负荷运转而丧失对科研的热情与好奇心，最终沦为"为生活而挣扎"的平庸者。高校应遵循科学研究的内在逻辑，理解创新的风险性、不确定性、长期性与艰巨性，为青年导师营造宽松自由平等的研究氛围，给予教师足够的空间从事原创性与基础性研究，发挥其研究潜力；完善"代表作"评价制，关注对青年导师学术成果"质"的考察，引导其将精力投入最有价值与意义的研究之中。

（2）顺应导师工作偏好，完善教师分类管理与评价制度。对于导师而言，除了工作投入程度，"对工作的兴趣和热爱"是形塑一名"成功学者"最重要的因素。学术生涯的流动性应该允许导师于不同阶段在研究、教学与行政管理等角色间有所侧重甚至转换。如果这种流动性未能被考虑、重视或者奖励，教师的智力与才能就会被浪费，这将是高校乃至社会的重大损失。因此，高校需要在分类设岗的背景与趋势下，不断完善教师分类管理与评价制度，绩效评估和奖励制度应该考虑不同类型教师和教师在不同阶段的生产力多样化等特点，让个体能够流畅地转换角色或者放弃特定角色，在正确的时间段找到最适合自己的位置，且不会感到耻辱或失败，进而以最有意义的方式为高等教育提供服务。与此同时，组织应落实"破五唯"政策，包容不同学科教师教学与科研成果的多样性，关心其个人成长与发展，让他们能够顺应自身学术偏好，开展真正具有学术意义和满足人类福祉的学术工作。

（3）导师应加强对研究生的关心与帮助，反思并调整其指导风格。"仁慈型指导风格"对研究生科研能力与科研抱负的影响最大，表明导师适时的关心与帮助对研究生培养过程与培养结果发挥着不可或缺的作用。因此，导师应在研究生培养过程中提供切实指导与人文关怀，在把握导生交流频率"量"的基础上，提高指导的"质"；积极向学生提供与分享学术资源，耐心倾听学生的意见与诉求，帮助学生解决在科研过程中遇到的困难与挑战。其次，导师应反思并调整其对研究生的指导风格，导师的指导风格深受其职业价值观、性格特点和自我效能等各类因素影响，这些因素同时也影响着导师的个人职业发展、自我诊断与人际交往技能的养成。因此，高校的教师发展中心需要为导师提供个性化支持，引发导师自我反思，完善其指导理念与性格特点。最后，导师应把握好"权威型指导风格"的运用程度与频率，虽然该类指导风格能对研究生的科研能力产生较大影响，但高强度的监督与指挥不利于研究生科研兴趣、科研志向与抱负的发展。来自一流学科建设高校的导师、男导师、年龄较小和工科的导师需要特别注意自身对"权威型指导风格"的运用，根据不同学生的特点与能力调整期待和指导风格，尊重学生的感受，构建和谐的导生关系，以便有效提高人才培养效率与质量。

三、年 度 小 结

本年度我们聚焦的主题还是博士生教育。鉴于在当前国际复杂形势中国家科技发展对原始创新的迫切性诉求，博士生培养质量不仅在当下而且在长远的未来都将是学位与研究生教育中的核心议题。本次调查表明，相对而言，我国博士生的招生选拔与遴选质量、成长环境、学术职业选择及按期毕业率等，整体情况比较乐观。但是，其中潜在的某些似乎并不起眼的迹象，例如学术抱负的相对偏弱、研究主题选择的自主性相对不足、学术职业对更具学术潜能优秀人才的吸引力不足，如此等等，更有必要引起我们的关注及重视。

无论是在国际还是国内学术界，都存在一个基本常识：科技创新尤其是理论上的原始创新，主要取决于是否拥有智力、个性与行动力三方面的能力特征。智力与个性带有一定先赋性，但更多来自后天的培养与呵护。行动力则主要取决于环境，即环境是否具备把个人创造潜能转化为具体行动的条件。

结合上述三个维度，审视我国当前的博士生教育：智力因素关联到是否能够遴选出最具有天赋且受过良好训练的优秀人才，主要体现在招生选拔环节。近些年来通过不断扩大本科直博与硕博连读招生规模，以及实行申请－考核制度等招生改革，向学科与导师赋权，的确在很大程度上改善了入学博士生选拔质量。但是，多次调查数据均表明，我们往往认为最具天赋的本科直博生在学术兴趣和抱负上，相对其他招生形式并不具优势，甚至有随年级增加而衰减现象；从个性角度而言，学术与科研创新往往需要敢于打破常规、具有独立思考和自主控制型人格的人才。简短回顾科学史，不难发现：越是顺从型人格，越难以在理论特别是重大理论上取得突破，人类历史上几乎每次重大科学成果的缔造者，多是有些桀骜甚至在人性人格上表现较弱的怪才。然而，我们的多次调查表明，越是分担导师项目的博士生按期毕业率越高，即学业进展越具有安全性和稳定性。这究竟是一种可喜还是令人忧心的现象？

智力与个性代表一种潜能，这种潜能的挖掘和活力的释放，无疑在于我们的教育方式、管理制度及整体学术环境。环境不仅是激发或抑制人的智力潜能、形塑或保护人的个性的主要外源因素，而且也是付诸创新行动的基本条件。从这个维度审视，客观而言，我们当下博士生培养的整体环境并不乐观。学术评价目标的具体化与导向功利化、导师科研项目的任务型取向、为满足上述目的的博士生发表制度、博士生培养过程中过多繁文缛节的规范约束等，所有这些都多多少少地抑制了博士生自主性研究的动力和活力，也是整个学术界学术职业吸引力下降、优秀人才流失、博士生科研兴趣与学术抱负减退等众多现象的根本缘由。近些年来，如教育评价的"破五唯"措施的落实，跟班式科研倾向的转变，都还面临众多现实困境尤其是观念与制度障碍。

因此，多年来虽然本年度报告更多关注中观和微观层面的调查数据获取和分析，希望揭示研究生教育日常运行中存在的问题，但是，报告更高的立意还在于透过这些细微问题，反省和检视研究生教育的整体环境，包括国家的高等教育及科研体制、项目制度与人才政策、教育与研究文化，等等。调查的目的不仅仅是监测研究生教育运行状态，更关注问题的诊断，特别是通过一些细微现象的观察和分析，为我国学位与研究生教育发展与改革提供启发。

（执笔：李海生　马臣吉　阎光才）

中国研究生教育基本数据（2020年）

表 1-2-1　2020 年中国研究生教育基本数据统计表

单位：人

学位类型	毕业生数	招生数	在校生数
总计	728 627	1 106 551	3 139 598
博士	66 176	116 047	466 549
硕士	662 451	990 504	2 673 049

数据来源：教育部 2020 年教育统计数据。

表 1-2-2　2020 年全国研究生分部门、分计划基本数据统计表

单位：人

	学校（机构）数/所	毕业生数			招生数			在校生数		
		合计	博士	硕士	合计	博士	硕士	合计	博士	硕士
总计	827	728 627	66 176	662 451	1 106 551	116 047	990 504	3 139 598	466 549	2 673 049
一、中央部门所属	301	348 201	51 174	297 027	488 575	86 406	402 169	1 553 075	356 571	1 196 504
教育部	76	282 315	37 997	244 318	387 667	65 470	322 197	1 255 342	272 421	982 921
其他部门	225	65 886	13 177	52 709	100 908	20 936	79 972	297 733	84 150	213 583
二、地方所属	526	380 426	15 002	365 424	617 976	29 641	588 335	1 586 523	109 978	1 476 545
教育部门	455	372 798	14 854	357 944	603 146	29 325	573 821	1 551 961	108 843	1 443 118
其他部门	64	6983	148	6835	13 481	316	13 165	31 651	1135	30 516
地方企业	1	4	0	4	0	0	0	3	0	3
民办	5	560	0	560	1260	0	1260	2556	0	2556

续表

	学校（机构）数 / 所	毕业生数			招生数			在校生数		
		合计	博士	硕士	合计	博士	硕士	合计	博士	硕士
具有法人资格的中外合作办	1	81	0	81	89	0	89	352	0	352

数据来源：教育部 2020 年教育统计数据。

表 1-2-3　2020 年全国普通高校分部门、分计划研究生基本数据统计表

单位：人

	学校数 / 所	毕业生数			招生数			在校生数		
		合计	博士	硕士	合计	博士	硕士	合计	博士	硕士
总计	594	720 799	64 860	655 939	1 096 124	114 195	981 929	3 108 935	458 832	2 650 103
一、中央部门所属	111	341 788	49 903	291 885	480 249	84 616	395 633	1 527 975	349 102	1 178 873
教育部	76	282 315	37 997	244 318	387 667	65 470	322 197	1 255 342	272 421	982 921
其他部门	35	59 473	11 906	47 567	92 582	19 146	73 436	272 633	76 681	195 952
二、地方所属	483	379 011	14 957	364 054	615 875	29 579	586 296	1 580 960	109 730	1 471 230
教育部门	455	372 798	14 854	357 944	603 146	29 325	573 821	1 551 961	108 843	1 443 118
其他部门	23	5653	103	5550	11 469	254	11 215	26 443	887	25 556
地方企业	0	0	0	0	0	0	0	0	0	0
民办	5	560	0	560	1260	0	1260	2556	0	2556
具有法人资格的中外合作办	0	0	0	0	0	0	0	0	0	0

数据来源：教育部 2020 年教育统计数据。

表 1-2-4　2020 年全国科研机构分部门、分计划研究生基本数据统计表

单位：人

	学校数 / 所	毕业生数			招生数			在校生数		
		合计	博士	硕士	合计	博士	硕士	合计	博士	硕士
总计	233	7828	1316	6512	10 427	1852	8575	30 663	7717	22 946

续表

	学校数/所	毕业生数			招生数			在校生数		
		合计	博士	硕士	合计	博士	硕士	合计	博士	硕士
一、中央部门所属	190	6413	1271	5142	8326	1790	6536	25 100	7469	17 631
教育部	0	0	0	0	0	0	0	0	0	0
其他部门	190	6413	1271	5142	8326	1790	6536	25 100	7469	17 631
二、地方所属	43	1415	45	1370	2101	62	2039	5563	248	5315
教育部门	0	0	0	0	0	0	0	0	0	0
其他部门	41	1330	45	1285	2012	62	1950	5208	248	4960
地方企业	1	4	0	4	0	0	0	3	0	3
民办	0	0	0	0	0	0	0	0	0	0
具有法人资格的中外合作办	1	81	0	81	89	0	89	352	0	352

数据来源：教育部 2020 年教育统计数据。

表 1-2-5　2020 年全国分学科研究生基本数据统计表

单位：人

	毕业生数			招生数			在校生数		
	合计	博士	硕士	合计	博士	硕士	合计	博士	硕士
总计	728 627	66 176	662 451	1 106 551	116 047	990 504	3 139 598	466 549	2 673 049
其中：女	392 730	27 444	365 286	580 484	49 593	530 891	1 599 447	195 361	1 404 086
学术学位	356 502	63 510	292 992	490 337	102 328	388 009	1 470 149	431 884	1 038 265
专业学位	372 125	2666	369 459	616 214	13 719	602 495	1 669 449	34 665	1 634 784
哲　学	3955	729	3226	4560	1005	3555	15 233	4808	10 425
经济学	33 901	2193	31 708	47 990	3311	44 679	115 998	16 200	99 798
法　学	49 523	3134	46 389	67 253	5620	61 633	183 018	24 241	158 777
教育学	52 120	1199	50 921	77 950	2750	75 200	217 103	10 530	206 573
文　学	35 676	2149	33 527	45 669	3122	42 547	118 887	14 505	104 382

续表

	毕业生数			招生数			在校生数		
	合计	博士	硕士	合计	博士	硕士	合计	博士	硕士
历史学	5614	775	4839	7565	1260	6305	22 820	6027	16 793
理　学	58 399	13 975	44 424	89 211	21 517	67 694	260 470	84 632	175 838
工　学	250 282	24 084	226 198	393 734	47 898	345 836	1 176 528	195 850	980 678
农　学	29 977	3147	26 830	55 974	4993	50 981	149 685	19 662	130 023
医　学	80 405	10 634	69 771	130 740	17 948	112 792	336 215	57 501	278 714
军事学	75	24	51	38	8	30	204	76	128
管理学	104 769	3467	101 302	150 146	5343	144 803	447 898	27 880	420 018
艺术学	23 931	666	23 265	35 721	1272	34 449	95 539	4637	90 902

数据来源：教育部 2020 年教育统计数据。

表 1-2-6　2020 年全国普通高校分学科研究生基本数据统计表

单位：人

	毕业生数			招生数			在校生数		
	合计	博士	硕士	合计	博士	硕士	合计	博士	硕士
总计	720 799	64 860	655 939	1 096 124	114 195	981 929	3 108 935	458 832	2 650 103
其中：女	389 202	26 950	362 252	575 504	48 791	526 713	1 585 494	192 565	1 392 929
学术学位	350 516	62 199	288 317	482 728	100 556	382 172	1 447 173	424 345	1 022 828
专业学位	370 283	2661	367 622	613 396	13 639	599 757	1 661 762	34 487	1 627 275
哲　学	3855	704	3151	4466	989	3477	14 900	4715	10 185
经济学	33 373	2120	31 253	47 235	3212	44 023	113 941	15 643	98 298
法　学	48 840	3026	45 814	66 453	5536	60 917	180 686	23 831	156 855
教育学	52 120	1199	50 921	77 950	2750	75 200	217 103	10 530	206 573
文　学	35 641	2149	33 492	45 595	3122	42 473	118 697	14 505	104 192
历史学	5570	775	4795	7504	1260	6244	22 652	6027	16 625
理　学	57 752	13 781	43 971	88 264	21 281	66 983	257 638	83 563	174 075
工　学	247 542	23 627	223 915	390 105	47 237	342 868	1 165 841	192 838	973 003
农　学	28 845	2935	25 910	54 667	4689	49 978	145 457	18 584	126 873

续表

	毕业生数			招生数			在校生数		
	合计	博士	硕士	合计	博士	硕士	合计	博士	硕士
医　学	79 695	10 506	69 189	129 391	17 665	111 726	332 925	56 712	276 213
军事学	74	24	50	36	8	28	197	76	121
管理学	103 759	3411	100 348	149 077	5273	143 804	444 395	27 473	416 922
艺术学	23 733	603	23 130	35 381	1173	34 208	94 503	4335	90 168

数据来源：教育部 2020 年教育统计数据。

表 1-2-7　2020 年全国科研机构分学科研究生基本数据统计表

单位：人

	毕业生数			招生数			在校生数		
	合计	博士	硕士	合计	博士	硕士	合计	博士	硕士
总　计	7828	1316	6512	10 427	1852	8575	30 663	7717	22 946
其中：女	3528	494	3034	4980	802	4178	13 953	2796	11 157
学术学位	5986	1311	4675	7609	1772	5837	22 976	7539	15 437
专业学位	1842	5	1837	2818	80	2738	7687	178	7509
哲　学	100	25	75	94	16	78	333	93	240
经济学	528	73	455	755	99	656	2057	557	1500
法　学	683	108	575	800	84	716	2332	410	1922
教育学	0	0	0	0	0	0	0	0	0
文　学	35	0	35	74	0	74	190	0	190
历史学	44	0	44	61	0	61	168	0	168
理　学	647	194	453	947	236	711	2832	1069	1763
工　学	2740	457	2283	3629	661	2968	10 687	3012	7675
农　学	1132	212	920	1307	304	1003	4228	1078	3150
医　学	710	128	582	1349	283	1066	3290	789	2501
军事学	1	0	1	2	0	2	7	0	7
管理学	1010	56	954	1069	70	999	3503	407	3096
艺术学	198	63	135	340	99	241	1036	302	734

数据来源：教育部 2020 年教育统计数据。

表 1-2-8　2011—2020 年研究生指导教师数据统计表

单位：人

导师	年份									
	2011 年	2012 年	2013 年	2014 年	2015 年	2016 年	2017 年	2018 年	2019 年	2020 年
博士生导师 其中：女	17 548 2496	16 598 2419	18 280 2675	16 028 2365	14 844 2360	18 677 3093	20 040 3299	19 238 3152	19 341 3076	19 854 3621
硕士生导师 其中：女	210 197 65 787	229 453 73 067	241 200 78 448	256 790 84 468	276 629 93 658	289 127 100 200	307 271 108 542	324 357 116 083	346 686 126 156	374 452 138 099
博硕士导师 其中：女	44 742 6722	52 387 8455	56 335 9479	64 321 11 234	71 745 12 790	71 143 13 088	75 824 14 629	86 638 17 328	96 072 19 432	106 600 22 135
总计 其中：女	272 487 75 005	298 438 83 941	315 815 90 872	337 139 98 067	363 218 108 808	378 947 116 381	403 135 126 470	430 233 136 563	462 099 148 664	500 906 163 855

数据来源：教育部历年教育统计数据。

表 1-2-9　2020 年全国研究生指导教师基本情况统计表

单位：人

导师		年龄									
		合计	29 岁及以下	30~34 岁	35~39 岁	40~44 岁	45~49 岁	50~54 岁	55~59 岁	60~64 岁	65 岁及以上
专业技术职务	正高级	230 159	144	2287	13 230	31 638	45 284	52 479	63 504	15 234	6359
	副高级	221 369	551	16 521	53 536	65 212	44 263	24 123	15 061	1676	426
	中级	49 378	1533	19 145	16 065	7579	3062	1161	637	97	99
指导关系	博士生导师	19 854	11	430	1591	2652	3087	3855	4855	1948	1425
	硕士生导师	374 452	2104	33 946	68 398	83 568	70 838	55 422	50 159	7781	2236
	博硕士生导师	106 600	113	3577	12 842	18 209	18 684	18 486	24 188	7278	3223

数据来源：教育部 2020 年教育统计数据。

表 1-2-10　2020年全国高等学校（机构）研究生基本数据统计表

单位：人

地区	毕（结）业生数 合计	其中：女	博士	硕士	授予学位数	招生数 合计	其中：女	博士	硕士	在校生数 合计	其中：女	博士	硕士
总计	728 627	392 730	66 176	662 451	767 984	1 106 551	580 484	116 047	990 504	3 139 598	1 599 447	466 549	2 673 049
北 京	107 084	55 605	20 064	87 020	114 046	143 482	72 665	29 405	114 077	430 285	209 293	121 730	308 555
天 津	21 741	12 594	1965	19 776	22 294	28 260	15 814	3388	24 872	83 307	44 847	12 940	70 367
河 北	15 916	8956	515	15 401	16 726	25 264	13 785	1095	24 169	65 959	35 561	4299	61 660
山 西	11 850	7040	554	11 296	12 493	17 709	10 102	825	16 884	45 612	25 996	3354	42 258
内蒙古	7213	4726	263	6950	7976	11 875	7159	510	11 365	32 057	18 996	2066	29 991
辽 宁	36 925	20 784	2396	34 529	37 590	53 727	28 779	3772	49 955	146 365	77 752	17 296	129 069
吉 林	22 647	14 008	2051	20 596	23 308	29 585	17 493	3210	26 375	84 974	50 659	13 576	71 398
黑龙江	23 099	11 864	1884	21 215	24 243	35 943	17 896	4142	31 801	93 764	45 926	17 036	76 728
上 海	52 202	28 034	6061	46 141	55 873	74 989	38 497	11 267	63 722	226 180	112 941	42 631	183 549
江 苏	56 976	29 053	5028	51 948	61 033	89 512	43 069	9006	80 506	266 489	123 856	37 541	228 948
浙 江	23 743	12 086	1951	21 792	24 779	43 064	21 515	4694	38 370	116 610	56 146	17 173	99 437
安 徽	18 348	8843	1473	16 875	18 738	33 955	15 390	3284	30 671	87 156	38 234	11 621	75 535
福 建	15 455	8423	1076	14 379	16 334	24 985	13 141	1974	23 011	69 470	36 126	8281	61 189
江 西	13 261	7136	368	12 893	13 325	20 093	10 522	857	19 236	52 416	27 433	2754	49 662
山 东	32 795	18 678	1716	31 079	34 841	50 518	28 175	3346	47 172	141 783	76 010	13 391	128 392
河 南	16 189	9246	495	15 694	17 070	28 228	16 479	1082	27 146	69 359	39 997	4017	65 342

续表

地区	毕（结）业生数				授予学位数	招生数				在校生数			
	合计	其中：女	博士	硕士	位数	合计	其中：女	博士	硕士	合计	其中：女	博士	硕士
湖　北	44 934	22 577	4381	40 553	48 019	66 049	33 614	6904	59 145	204 459	98 106	29 637	174 822
湖　南	24 815	13 218	1972	22 843	25 846	34 585	18 236	3534	31 051	112 501	57 294	16 106	96 395
广　东	36 011	19 185	3393	32 618	38 350	59 918	31 113	6394	53 524	154 748	78 867	22 127	132 621
广　西	11 137	6178	298	10 839	11 525	19 857	10 972	774	19 083	47 803	25 933	2459	45 344
海　南	2132	1310	69	2063	2325	4236	2374	298	3938	11 583	6422	788	10 795
重　庆	19 309	11 070	1144	18 165	21 286	30 724	17 897	2107	28 617	89 768	51 010	8139	81 629
四　川	33 574	17 092	2506	31 068	34 568	48 199	24 629	4472	43 727	144 737	70 233	18 319	126 418
贵　州	6942	4153	133	6809	7363	11 078	6747	468	10 610	28 750	16 936	1469	27 281
云　南	12 872	7529	419	12 453	13 445	21 243	12 140	1017	20 226	57 604	32 612	4132	53 472
西　藏	694	323	22	672	687	1432	819	74	1358	3138	1736	200	2938
陕　西	37 388	19 286	2942	34 446	39 391	59 041	29 217	5681	53 360	173 400	84 543	24 886	148 514
甘　肃	11 861	6422	733	11 128	12 258	18 377	9991	1479	16 898	49 852	26 396	5456	44 396
青　海	1656	1061	16	1640	1754	3149	1968	133	3016	7416	4586	413	7003
宁　夏	2218	1397	47	2171	2293	4228	2568	209	4019	9561	5962	526	9035
新　疆	7640	4853	241	7399	8205	13 246	7718	646	12 600	32 492	19 038	2186	30 306

数据来源：教育部 2020 年教育统计数据。

表 1-2-11 2020 年全国各地区普通高校研究生基本数据统计表

单位：人

地区	毕（结）业生数				授予学位数	招生数				在校生数			
	合计	其中:女	博士	硕士		合计	其中:女	博士	硕士	合计	其中:女	博士	硕士
总计	720 799	389 202	64 860	655 939	759 987	1 096 124	575 504	114 195	981 929	3 108 935	1 585 494	458 832	2 650 103
北 京	101 944	53 190	18 892	83 052	108 743	136 933	69 414	27 787	109 146	409 927	199 753	115 090	29 4837
天 津	21 728	12 592	1965	19 763	22 281	28 249	15 811	3388	24 861	83 276	44 838	12 940	70 336
河 北	15 878	8950	515	15 363	16 688	25 225	13 779	1095	24 130	65 849	35 544	4299	61 550
山 西	11 777	7013	554	11 223	12 420	17 599	10 037	825	16 774	45 346	25 860	3354	41 992
内蒙古	7209	4724	263	6946	7972	11 869	7159	510	11 359	32 044	18 995	2066	29 978
辽 宁	36 881	20 771	2395	34 486	37 546	53 661	28 759	3766	49 895	146 190	77 702	17 271	128 919
吉 林	22 578	13 962	2051	20 527	23 236	29 526	17 463	3210	26 316	84 807	50 555	13 576	71 231
黑龙江	22 845	11 745	1866	20 979	23 988	35 422	17 623	4111	31 311	92 597	45 361	16 894	75 703
上 海	51 587	27 719	6017	45 570	55 264	74 235	38 132	11 203	63 032	224 038	111 904	42 349	181 689
江 苏	56 828	29 004	5014	51 814	60 885	89 259	42 995	8951	80 308	265 769	123 634	37 286	228 483
浙 江	23 644	12 046	1951	21 693	24 678	42 825	21 389	4693	38 132	116 100	55 908	17 166	98 934
安 徽	18 341	8842	1473	16 868	18 731	33 947	15 390	3284	30 663	87 139	38 234	11 621	75 518
福 建	15 417	8404	1076	14 341	16 287	24 846	13 048	1974	22 872	69 088	35 883	8281	60 807
江 西	13 255	7135	368	12 887	13 319	20 087	10 521	857	19 230	52 399	27 429	2754	49 645
山 东	32 722	18 642	1716	31 006	34 768	50 381	28 109	3346	47 035	141 458	75 852	13 391	128 067
河 南	16 122	9233	494	15 628	17 004	28 150	16 459	1079	27 071	69 157	39 946	4004	65 153

续表

地区	毕（结）业生数				授予学位数	招生数				在校生数			
	合计	其中：女	博士	硕士		合计	其中：女	博士	硕士	合计	其中：女	博士	硕士
湖 北	44 634	22 477	4375	40 259	47 719	65 684	33 469	6897	58 787	203 433	97 750	29 596	173 837
湖 南	24 729	13 182	1972	22 757	25 760	34 481	18 186	3534	30 947	112 191	57 150	16 106	96 085
广 东	35 904	19 137	3386	32 518	38 243	59 785	31 049	6386	53 399	154 352	78 690	22 100	132 252
广 西	11 137	6178	298	10 839	11 525	19 857	10 972	774	19 083	47 803	25 933	2459	45 344
海 南	2132	1310	69	2063	2325	4236	2374	298	3938	11 583	6422	788	10 795
重 庆	19 270	11 050	1144	18 126	21 247	30 664	17 859	2107	28 557	89 589	50 907	8139	81 450
四 川	33 245	16 945	2481	30 764	34 238	47 741	24 421	4445	43 296	143 551	69 671	18 195	125 356
贵 州	6933	4152	133	6800	7354	11 061	6746	468	10 593	28 717	16 930	1469	27 248
云 南	12 848	7524	418	12 430	13 421	21 210	12 127	1013	20 197	57 504	32 587	4117	53 387
西 藏	694	323	22	672	687	1432	819	74	1358	3138	1736	200	2938
陕 西	37 188	19 233	2922	34 266	39 194	58 804	29 164	5660	53 144	172 723	84 379	24 770	147 953
甘 肃	11 815	6408	726	11 089	12 212	18 332	9976	1472	16 860	49 698	26 355	5426	44 272
青 海	1656	1061	16	1640	1754	3149	1968	133	3016	7416	4586	413	7003
宁 夏	2218	1397	47	2171	2293	4228	2568	209	4019	9561	5962	526	9035
新 疆	7640	4853	241	7399	8205	13 246	7718	646	12 600	32 492	19 038	2186	30 306

数据来源：教育部 2020 年教育统计数据。

中国研究生教育基本数据（2021 年）

表 1-3-1　2021 年中国研究生教育基本数据统计表

单位：人

学位类型	毕业生数	招生数	在校学生数
总计	772 761	1 176 526	3 332 373
博士	72 019	125 823	509 453
硕士	700 742	1 050 703	2 822 920

数据来源：教育部 2021 年教育统计数据。

表 1-3-2　2021 年全国研究生分部门、分计划基本数据统计表

单位：人

	学校（机构）数/所	毕业生数			招生数			在校生数		
		合计	博士	硕士	合计	博士	硕士	合计	博士	硕士
总计	827	772 761	72 019	700 742	1 176 526	125 823	1 050 703	3 332 373	509 453	2 822 920
一、中央部门所属	301	362 516	55 468	307 048	505 985	92 837	413 148	1 552 952	385 347	1 167 605
教育部	76	292 068	41 036	251 032	399 482	70 172	329 310	1 240 800	293 898	946 902
其他部门	225	70 448	14 432	56 016	106 503	22 665	83 838	312 152	91 449	220 703
二、地方所属	526	410 245	16 551	393 694	670 541	32 986	637 555	1 779 421	124 106	1 655 315
教育部门	454	401 306	164 301	384 876	653 934	32 606	621 328	1 737 727	122 723	1 615 004
其他部门	65	8115	121	7994	15 109	380	14 729	38 126	1383	36 743
地方企业	1	3	0	3	0	0	0	0	0	0
民办	5	752	0	752	1369	0	1369	3162	0	3162

续表

	学校（机构）数 / 所	毕业生数			招生数			在校生数		
		合计	博士	硕士	合计	博士	硕士	合计	博士	硕士
具有法人资格的中外合作办	1	69	0	69	129	0	129	406	0	406

数据来源：教育部 2021 年教育统计数据。

表 1-3-3　2021 年全国普通高校分部门、分计划研究生基本数据统计表

单位：人

	学校数 / 所	毕业生数			招生数			在校生数		
		合计	博士	硕士	合计	博士	硕士	合计	博士	硕士
总计	594	764 603	70 689	693 914	1 165 569	123 862	1 041 707	3 299 770	501 346	2 798 424
一、中央部门所属	111	355 838	54 179	301 659	497 313	90 938	406 375	1 526 633	377 502	1 149 131
教育部	76	292 068	41 036	251 032	399 482	70 172	329 310	1 240 800	293 898	946 902
其他部门	35	63 770	13 143	50 627	97 831	20 766	77 065	285 833	83 604	202 229
二、地方所属	483	408 765	16 510	392 255	668 256	32 924	635 332	1 773 137	123 844	1 649 293
教育部门	454	401 306	16 430	384 876	653 934	32 606	621 328	1 737 727	122 723	1 615 004
其他部门	24	6707	80	6627	12 953	318	12 635	32 248	1121	31 127
地方企业	0	0	0	0	0	0	0	0	0	0
民办	5	752	0	752	1369	0	1369	3162	0	3162
具有法人资格的中外合作办	0	0	0	0	0	0	0	0	0	0

数据来源：教育部 2021 年教育统计数据。

表 1-3-4　2021 年全国科研机构分部门、分计划研究生基本数据统计表

单位：人

	学校数/所	毕业生数			招生数			在校生数		
		合计	博士	硕士	合计	博士	硕士	合计	博士	硕士
总计	233	8158	1330	6828	10 957	1961	8996	32 603	8107	24 496
一、中央部门所属	190	6678	1289	5389	8672	1899	6773	26 319	7845	18 474
教育部	0	0	0	0	0	0	0	0	0	0
其他部门	190	6678	1289	5389	8672	1899	6773	26 319	7845	18 474
二、地方所属	43	1480	1367	113	2285	2094	191	6284	5616	668
教育部门	0	0	0	0	0	0	0	0	0	0
其他部门	41	1408	1367	41	2156	2094	62	5878	5616	262
地方企业	1	3	0	3	0	0	0	0	0	0
民办	0	0	0	0	0	0	0	0	0	0
具有法人资格的中外合作办	1	69	0	69	129	0	129	406	0	406

数据来源：教育部 2021 年教育统计数据。

表 1-3-5　2021 年全国分学科研究生基本数据统计表

单位：人

	毕业生数			招生数			在校生数		
	合计	博士	硕士	合计	博士	硕士	合计	博士	硕士
总计	772 761	72 019	700 742	1 176 526	125 823	1 050 703	3 332 373	509 453	2 822 920
其中：女	422 398	30 639	391 759	607 362	53 831	553 531	1 717 458	214 877	1 502 581
学术学位	363 572	67 889	295 683	509 435	107 708	401 727	1 575 340	460 145	1 115 195
专业学位	409 189	4130	405 059	667 091	18 115	648 976	1 757 033	49 308	1 707 725
哲　学	3931	679	3252	4675	1038	3637	15 707	4942	10 765
经济学	35 267	2250	33 017	50 733	3427	47 306	129 141	16 653	112 488
法　学	50 410	3278	47 132	70 423	5879	64 544	197 811	26 183	171 628
教育学	56 666	1200	55 466	80 739	3292	77 447	227 879	12 499	215 380

续表

	毕业生数			招生数			在校生数		
	合计	博士	硕士	合计	博士	硕士	合计	博士	硕士
文 学	36 205	2132	34 073	47 555	3338	44 217	129 072	15 484	113 588
历史学	5816	835	4981	7818	1325	6493	24 420	6342	18 078
理 学	61 454	14 906	46 548	95 211	22 977	72 234	285 066	91 999	193 067
工 学	267 399	26 659	240 740	418 893	52 433	366 460	1 194 599	215 273	979 326
农 学	33 592	3254	30 338	59 679	5408	54 271	160 093	21 416	138 677
医 学	89 257	12 546	76 711	142 549	19 846	122 703	387 806	65 181	322 625
军事学	81	16	65	91	8	83	257	51	206
管理学	106 435	3517	102 918	159 358	5509	153 849	473 201	28 259	444 942
艺术学	26 248	747	25 501	38 776	1317	37 459	107 295	5145	102 150
交叉学科	0	0	0	26	26	0	26	26	0

数据来源：教育部 2021 年教育统计数据。

表 1-3-6　2021 年全国普通高校分学科研究生基本数据统计表

单位：人

	毕业生数			招生数			在校生数		
	合计	博士	硕士	合计	博士	硕士	合计	博士	硕士
总计	764 603	70 689	693 914	1 165 569	123 862	1 041 707	3 299 770	501 346	2 798 424
其中：女	418 518	30 162	388 356	602 130	52 943	549 187	1 702 355	211 695	1 490 660
学术学位	357 690	66 586	291 104	501 435	105 864	395 571	1 550 811	452 306	1 098 505
专业学位	406 913	4103	402 810	664 134	17 998	646 136	1 748 959	49 040	1 699 919
哲 学	3827	656	3171	4576	1022	3554	15 386	4859	10 527
经济学	34 679	2196	32 483	49 986	3337	46 649	126 989	16 089	110 900
法 学	49 699	3178	46 521	69 584	5797	63 787	195 401	25 798	169 603
教育学	56 666	1200	55 466	80 739	3292	77 447	227 879	12 499	215 380
文 学	36 165	2132	34 033	47 484	3338	44 146	128 854	15 484	113 370
历史学	5763	835	4928	7764	1325	6439	24 252	6342	17 910
理 学	60 793	14 737	46 056	94 162	22 716	71 446	281 949	90 887	191 062

续表

	毕业生数			招生数			在校生数		
	合计	博士	硕士	合计	博士	硕士	合计	博士	硕士
工 学	264 719	26 175	238 544	415 092	51 755	363 337	1 183 151	212 213	970 938
农 学	32 393	3042	29 351	58 226	5079	53 147	155 733	20 226	135 507
医 学	88 442	12 374	76 068	141 084	19 512	121 572	383 878	64 227	319 651
军事学	80	16	64	87	8	79	245	51	194
管理学	105 408	3471	101 937	158 325	5435	152 890	469 830	27 829	442 001
艺术学	25 969	677	25 292	38 434	1220	37 214	106 197	4816	101 381
交叉学科	0	0	0	26	26	0	26	26	0

数据来源：教育部 2021 年教育统计数据。

表 1-3-7 2021 年全国科研机构分学科研究生基本数据统计表

单位：人

	毕业生数			招生数			在校生数		
	合计	博士	硕士	合计	博士	硕士	合计	博士	硕士
总计	8158	1330	6828	10 957	1961	8996	32 603	8107	24 496
其中：女	3880	477	3403	5232	888	4344	15 103	3182	11 921
学术学位	5882	1303	4579	8000	1844	6156	24 529	7839	16 690
专业学位	2276	27	2249	2957	117	2840	8074	268	7806
哲 学	104	23	81	99	16	83	321	83	238
经济学	588	54	534	747	90	657	2152	564	1588
法 学	711	100	611	839	82	757	2410	385	2025
教育学	0	0	0	0	0	0	0	0	0
文 学	40	0	40	71	0	71	218	0	218
历史学	53	0	53	54	0	54	168	0	168
理 学	661	169	492	1049	261	788	3117	1112	2005
工 学	2680	484	2196	3801	678	3123	11 448	3060	8388
农 学	1199	212	987	1453	329	1124	4360	1190	3170
医 学	815	172	643	1465	334	1131	3928	954	2974

续表

	毕业生数			招生数			在校生数		
	合计	博士	硕士	合计	博士	硕士	合计	博士	硕士
军事学	1	0	1	4	0	4	12	0	12
管理学	1027	46	981	1033	74	959	3371	430	2941
艺术学	279	70	209	342	97	245	1098	329	769
交叉学科	0	0	0	0	0	0	0	0	0

数据来源：教育部 2021 年教育统计数据。

表 1-3-8　2012—2021 年研究生指导教师数据统计表

单位：人

导师	年份									
	2012 年	2013 年	2014 年	2015 年	2016 年	2017 年	2018 年	2019 年	2020 年	2021 年
博士生导师 其中：女	16 598 2419	18 280 2675	16 028 2365	14 844 2360	18 677 3093	20 040 3299	19 238 3152	19 341 3076	19 854 3621	11 769 1892
硕士生导师 其中：女	229 453 73 067	241 200 78 448	256 790 84 468	276 629 93 658	289 127 100 200	307 271 108 542	324 357 116 083	346 686 126 156	374 452 138 099	424 547 157 769
博硕士导师 其中：女	52 387 8455	56 335 9479	64 321 11 234	71 745 12 790	71 143 13 088	75 824 14 629	86 638 17 328	96 072 19 432	106 600 22 135	120 197 25 106
总计 其中：女	298 438 83 941	315 815 90 872	337 139 98 067	363 218 108 808	378 947 116 381	403 135 126 470	430 233 136 563	462 099 148 664	500 906 163 855	556 513 184 767

数据来源：教育部历年教育统计数据。

表 1-3-9　2021 年全国研究生指导教师基本情况统计表

单位：人

导师		年龄								
		29 岁及 以下	30~34 岁	35~39 岁	40~44 岁	45~49 岁	50~54 岁	55~59 岁	60~64 岁	65 岁及 以上
专业 技术 职务	正高级	97	2703	14 634	36 611	49 846	53 952	71 022	15 775	8156
	副高级	963	18 405	54 853	72 676	48 102	27 031	17 124	1899	693
	中级	2145	23 160	19 743	10 210	3988	1715	786	123	101
指导 关系	博士生 导师	47	238	715	1157	1620	1773	3340	1397	1482

续表

导师		年龄								
		29 岁及以下	30~34 岁	35~39 岁	40~44 岁	45~49 岁	50~54 岁	55~59 岁	60~64 岁	65 岁及以上
指导关系	硕士生导师	2647	39 901	74 834	97 606	79 394	61 869	57 331	7911	3054
	博硕士生导师	511	4129	13 681	20 734	20 922	19 056	28 261	8489	4414

数据来源：教育部 2021 年教育统计数据。

表 1-3-10　2021 年全国高等学校（机构）研究生基本数据统计表

单位：人

地区	毕（结）业生数			招生数			在校生数		
	合计	博士	硕士	合计	博士	硕士	合计	博士	硕士
总计	772 761	72 019	700 742	1 176 526	125 823	1 050 703	3 332 373	509 453	2 822 920
北　京	110 995	21 301	89 694	150 583	31 349	119 234	446 966	130 306	316 660
天　津	21 465	2057	19 408	30 040	3616	26 424	86 320	14 210	72 110
河　北	17 518	569	16 949	27 041	1204	25 837	72 913	4808	68 105
山　西	12 285	558	11 727	18 928	951	17 977	50 254	17 838	139 087
内蒙古	7992	257	7735	12 700	550	12 150	33 926	46 970	186 298
辽　宁	39 634	2420	37 214	56 495	4128	52 367	156 925	40 876	230 593
吉　林	23 271	2068	21 203	31 360	3431	27 929	91 053	19 447	110 413
黑龙江	23 011	2082	20 929	38 055	4560	33 495	102 619	8969	67 623
上　海	56 088	6539	49 549	77 879	11 971	65 908	233 268	15 001	134 076
江　苏	62 620	5502	57 118	94 607	9613	84 994	271 469	25 020	149 289
浙　江	25 512	2375	23 137	47 505	5014	42 491	129 860	1086	11 732
安　徽	20 530	2009	18 521	36 847	3693	33 154	98 600	3732	46 522
福　建	16 543	1271	15 272	26 816	2129	24 687	76 592	14 581	76 472
江　西	14 061	342	13 719	21 980	983	20 997	59 005	18 738	83 881
山　东	34 454	1861	32 593	53 567	3726	49 841	149 077	13 486	85 114
河　南	17 397	536	16 861	30 546	1201	29 345	79 744	3407	55 598

续表

地区	毕（结）业生数			招生数			在校生数		
	合计	博士	硕士	合计	博士	硕士	合计	博士	硕士
湖 北	43 762	4714	39 048	68 720	7504	61 216	198 569	4607	75 137
湖 南	26 590	2268	24 322	36 179	3806	32 373	110 493	31 729	166 840
广 东	38 911	3735	35 176	64 501	7023	57 478	174 309	17 307	93 186
广 西	12 015	337	11 678	21 554	868	20 686	55 806	2253	31 673
海 南	2372	75	2297	4737	376	4361	12 818	2963	52 843
重 庆	22 291	1359	20 932	33 147	2280	30 867	97 402	8905	88 497
四 川	35 505	2798	32 707	50 662	4864	45 798	146 476	19 370	127 106
贵 州	7468	195	7273	12 166	550	11 616	31 675	1543	30 132
云 南	13 648	463	13 185	23 011	1133	21 878	63 559	4720	58 839
西 藏	732	27	705	1826	91	1735	4255	272	3983
陕 西	40 759	3225	37 534	62 770	6331	56 439	185 421	26 951	158 470
甘 肃	12 834	732	12 102	19 734	1678	18 056	54 704	6296	48 408
青 海	1896	36	1860	3443	167	3276	8800	544	8256
宁 夏	2611	92	2519	4536	249	4287	11 527	804	10 723
新 疆	7991	216	7775	14 591	784	13 807	37 968	2714	35 254

数据来源：教育部 2021 年教育统计数据。

表 1-3-11 2021 年全国各地区普通高校研究生基本数据统计表

单位：人

地区	毕（结）业生数			招生数			在校生数		
	合计	博士	硕士	合计	博士	硕士	合计	博士	硕士
总计	764 603	70 689	693 914	1 165 569	123 862	1 041 707	3 299 770	501 346	2 798 424
北 京	105 655	20 138	85 517	143 629	29 614	114 015	425 696	123 286	302 410
天 津	21 442	2057	19 385	30 015	3616	26 399	86 244	14 210	72 034
河 北	17 456	569	16 887	27 037	1204	25 833	72 868	4808	68 060
山 西	39 590	2417	37 173	18 813	951	17 862	156 728	17 810	138 918
内蒙古	55 427	6502	48 925	12 685	550	12 135	231 074	46 670	184 404

续表

地区	毕（结）业生数			招生数			在校生数		
	合计	博士	硕士	合计	博士	硕士	合计	博士	硕士
辽　宁	62 470	5476	56 994	56 428	4122	52 306	270 647	40 594	230 053
吉　林	25 385	2375	23 010	31 287	3431	27 856	129 183	19 439	109 744
黑龙江	16 443	1271	15 172	37 506	4529	32 977	76 214	8969	67 245
上　海	34 364	1861	32 503	77 141	11 907	65 234	148 701	15 001	133 700
江　苏	38 795	3724	35 071	94 347	9558	84 789	173 884	24 996	148 888
浙　江	2372	75	2297	47 200	5013	42 187	12 818	1086	11 732
安　徽	12 210	558	11 652	36 839	3693	33 146	49 952	3732	46 220
福　建	23 221	2068	21 153	26 678	2129	24 549	90 864	14 581	76 283
江　西	22 745	2062	20 683	21 976	983	20 993	101 190	18 592	82 598
山　东	20 526	2009	18 517	53 426	3726	49 700	98 579	13 486	85 093
河　南	14 055	342	13 713	30 464	1198	29 266	58 990	3407	55 583
湖　北	17 352	534	16 818	68 356	7497	60 859	79 505	4593	74 912
湖　南	43 448	4705	38 743	36 060	3806	32 254	197 496	31 692	165 804
广　东	26 502	2268	24 234	64 355	7015	57 340	110 153	17 307	92 846
广　西	7992	257	7735	21 554	868	20 686	33 897	2253	31 644
海　南	12 015	337	11 678	4737	376	4361	55 806	2963	52 843
重　庆	22 232	1359	20 873	33 079	2280	30 799	97 216	8905	88 311
四　川	35 232	2773	32 459	50 216	4837	45 379	145 184	19 268	125 916
贵　州	7460	195	7265	12 147	550	11 597	31 631	1543	30 088
云　南	13 615	460	13 155	22 976	1129	21 847	63 457	4704	58 753
西　藏	732	27	705	1826	91	1735	4255	272	3983
陕　西	40 587	3205	37 382	62 531	6316	56 215	184 682	26 844	157 838
甘　肃	12 782	721	12 061	19 691	1673	18 018	54 561	6273	48 288
青　海	1896	36	1860	3443	167	3276	8800	544	8256
宁　夏	2611	92	2519	4536	249	4287	11 527	804	10 723
新　疆	7991	216	7775	14 591	784	13 807	37 968	2714	35 254

数据来源：教育部 2021 年教育统计数据。

博士研究生的科研能力、兴趣与抱负调查研究

一、问题的提出

"硕士""博士"和"教授"均源于拉丁文，起初这三个词含义相近。到了中世纪末期，"博士"这个头衔赋予其持有者以真正的社会尊严，使他易于接近特权阶层和贵族社会。[①] 也就是说，这个头衔本身就是一种荣誉和地位的象征。中世纪大学的教学活动是在经院哲学指导下进行的，即使有一些自然科学的课程，但宗教色彩很浓。即使在近代早期，大学对科学研究依然不重视。甚至到了 19 世纪早期，"大学仍然不能被看作进行科学研究的场所。"[②] 现代意义上的博士生教育制度启萌于 19 世纪的德国大学，培养学者是博士生教育的核心，甚至是唯一目标，研讨班成为博士生教学和科学训练的基本方式。

20 世纪后半叶以来，随着学术职业岗位的饱和及其他领域对高水平专业人才需求的增加，博士就职于非学术领域愈加普遍。据统计，21 世纪初，美国、加拿大、阿根廷等很多国家中，博士在高校就业的比例均低于 40%[③]，博士就业的多元化趋势已经成为一个普遍现象。比较而言，由于我国博士生教育起步比较晚，学术职业目前依然是多数博士毕业生的首要选择。2017年，北京大学教育学院与教育部学位与研究生教育发展中心联合主持的"中国博士毕业生调查分析课题"的调查数据显示，"我国博士毕业生从事学术职业的比例达到 69.14%，其中高等院校占 36.32%，科研机构占 9.25%，国内外从事博士后研究占 23.57%。博士毕业生进入非学术职业部门就业的比例为 30.86%。"[④] 当然，我们同样不能忽视，博士生教育自身和博士生读博动

---

① 希尔德·德·里德·西蒙斯. 欧洲大学史（第一卷）：中世纪大学 [M]. 张斌贤，程玉红，和震，等，译. 保定：河北大学出版社，2008：159.

② 米歇尔·布莱，埃夫西缪斯·尼古拉依迪斯. 科学的欧洲：科学地域的建构 [M]. 高煜，译. 北京：中国人民大学出版社，2007：173.

③ ALURIOL L. Labour Market Characteristics and International Mobility of Doctorate Holders: Results for Seven Countries OECD [R]. Science, Technology and Industry Working Papers, 2007: 1–37.

④ 李澄锋，陈洪捷，沈文钦. 博士研究生学术职业选择的群体差异：基于中国博士毕业生调查数据 [J]. 学位与研究生教育，2019（8）：36–41.

机的变化。有学者指出，随着博士生规模的扩大和博士就业的多元化，很多学术训练不够格的学生在攻读博士学位①，而许多有科研潜质的学生却放弃了这一选择②，科研兴趣和学术抱负不再是众多读博者的首要动机，学术职业也不再是许多博士的第一选择。一项基于我国38所研究生院高校1729名学术型博士生的调查研究显示，"博士生最为重视的是与财务自足抱负、自我承认和人际归属抱负相关的人生目标，高财务自足抱负者、高自我承认和人际归属抱负者已成为博士生中所占比例最高的群体。博士生对社群贡献抱负的重视程度相对较低，其中仅有略超过半数博士生重视社群贡献抱负中与学术密切相关的人生目标——为知识的增长和技术的进步做贡献、传递知识给学生。"③

尽管博士生读博动机和就业选择的多元化趋势不可阻挡，但我们依然不能否认，科研能力仍是博士生培养的核心素质。而博士生的科研能力与其科研兴趣、学术抱负有着密切关系，这些因素又会影响博士生的就业选择。本次调查旨在了解我国高校博士生科研能力、科研兴趣与学术抱负等方面的现状，分析影响这三个方面表现的主要因素，并提出有关博士生培养制度改革等方面的政策建议。

二、研 究 设 计

（一）研究方法与工具

本研究采用问卷调查法，调查工具采用自编问卷"博士研究生科研能力、兴趣与抱负调查"。问卷包括三部分，第一部分为学术背景与学术积累的基本情况，共20道题。主要包括录取方式、本科毕业院校、硕士毕业院校、导师特征、课题参与特征、论文发表特征、读博动机、学科门类、学位类型、年级、学制、跨学科状况、与导师交流频率和经济压力等。第二部分为就读体验状况，共8道题。其中5道题为量表题，3道题为选择题，包括性格特征、基本科研素养、创新意识和批判思维、抗挫折能力、学术抱负、科研兴趣、导师指导情况、院校支持、学术环境、就业意向、择业标准和读博满意度等变量。第三部分为人口学变量等学生基本信息，共10道题。主要包括性别、年龄、婚姻状况、户籍所在地、家庭经济状况、父母亲职业和受教育水平等变量。量表题皆采用六点正向计分法，量表题1—3的答案为"不符合""比较不符合""有点不符合""有点符合""比较符合""符合"，其中"不符合"记为1，"符合"记为6；量表题4和5的答案为"不同意""比较不同意""有点不同意""有点同意""比较同意""同意"，其中"不同意"记为1，"同意"记为6。

本研究采用分层抽样的调查方式，于2022年3月至5月对全国147所高校发放电子问卷，最终共有55所高校参与调查，共收到问卷2662份。由于非"双一流"建设高校的样本仅有9份，故予以删除；根据参与者的答题时间和答题的有效性，我们对数据进行了进一步的清理，

---

① TAYLOR S E. Changes in doctoral education: implications for supervisors in developing early career researchers [J]. International Journal for Researcher Development, 2012, 3 (2):118–138.

② MATHIEU J E ,TAYLOR S R. A framework for testing meso–mediational relationships in organizational behavior [J]. Journal of Organizational Behavior, 2007, 28 (2):141–172.

③ 王海迪. 学术型博士生抱负与科研能力关系的实证研究：基于我国研究生院高校的分析 [J]. 高等教育研究, 2018, 39（1）: 61.

最终共剔除无效问卷 362 份，共得到有效问卷 2300 份。本研究所涉及的有效样本的基本人口学特征如表 2-1-1 所示。

表 2-1-1　有效样本的基本人口学信息统计表（N=2 300）

变量	分类	频数 / 人	百分比 /%	变量	分类	频数 / 人	百分比 /%
性别	女	1053	45.8	学校类型	一流学科建设高校	1654	71.9
	男	1247	54.2		一流大学建设高校	646	28.1
年龄	25 岁及以下	332	14.4	入学方式	普通招考	398	17.3
	26 ～ 30 岁	1498	65.1		"申请 – 考核"制	1013	44.0
	31 ～ 35 岁	348	15.1		硕博连读	745	32.4
	36 ～ 40 岁	82	3.6		本科直博	144	6.3
	41 岁及以上	40	1.8	学制	3 年制	695	30.2
婚姻状况	已婚	528	23.0		4 年制	1366	59.4
	未婚	1772	77.0		5 年制及以上	239	10.4
户籍所在地	省会城市	468	20.3	本科院校类型	原"985"工程高校	206	9.0
	除省会外地级市	501	21.8		原"211"工程高校	655	28.5
	县级市 / 县城	426	18.5		境内其他高校	1421	61.7
	乡镇 / 农村	905	39.4		境外高校	18	0.8
学科类型	人文学科	163	7.1	硕士院校类型	原"985"工程高校	425	18.5
	社会学科	482	21.0		原"211"工程高校	1157	50.3
	理科	457	19.9		境内其他高校	683	29.7
	工科	937	40.7		境外高校	35	1.5
	医科	261	11.3	博导性别	女	477	20.7
年级	一年级	850	37.0		男	1823	79.3
	二年级	661	28.7	导师职称	讲师 / 助理教授 / 助理研究员	17	0.7
	三年级	415	18.1		副教授 / 副研究员	112	4.9
	四年级	242	10.5		教授 / 研究员	2171	94.4
	四年级以上	132	5.7				

（二）信效度检验

根据现有研究中对博士生科研能力、兴趣与抱负的界定和分类，以及博士生教育的核心特征，我们编制了调查量表。对量表题目进行信效度检验，结果显示，整体量表的 Cronbach's Alpha 系数为 0.972，问卷信度较好；同时效度检验结果显示，量表的 KMO 值为 0.966，Bartlett's 球形检验的卡方值为 40661.849，自由度为 190，相应的 p 值为 0.000，问卷结构效度较好，各个维度题项间具有较好区分度，数据结果能较好地反映测量内容。

（三）分析维度

本研究将博士生科研能力量表 20 道题项的均值得分作为博士生综合科研能力变量。为提高描述统计结果的准确性和科学性，我们进一步对博士生科研能力量表进行探索性因子分析，如表 2-1-2 所示，博士生科研能力量表的 20 个题项共可提取出 4 个公因子，相关系数的特征值解释了原始变量标准化方差的 75.664%，对原始变量具有较好的解释力。根据不同公因子所包含题项的指涉，分别将其命名为创新意识和批判思维、基本科研素养、抗挫折能力和沟通能力，并将其因子得分保存为变量，作为博士生综合科研能力的二维指标。如表 2-1-2 所示，创新意识和批判思维由题项 1 至题项 8 组成；基本科研素养由题项 9 至题项 14 组成；抗挫折能力由题项 15 至题项 18 组成；沟通能力由题项 19 和题项 20 组成。

表 2-1-2　博士生科研能力因子载荷

题项	均值	创新意识和批判思维	基本科研素养	抗挫折能力	沟通能力
1. 我会在不经意间产生新的想法，并随时记录	4.56	0.778	0.258	0.202	0.233
2. 我喜欢探索新的研究问题	4.58	0.752	0.344	0.263	0.197
3. 我经常反思自己的研究	4.72	0.73	0.236	0.125	0.386
4. 我能提出有价值的研究问题	4.44	0.726	0.390	0.259	0.166
5. 我能够主动学习新的研究方法和工具	4.66	0.705	0.313	0.206	0.358
6. 我敢于质疑权威学者的观点	4.18	0.696	0.303	0.318	−0.026
7. 我能够有理有据地对他人的研究提出质疑	4.58	0.673	0.446	0.245	0.220
8. 我能够独立思考，并提出独到见解	4.73	0.631	0.450	0.212	0.354
9. 我了解自身研究领域或相关领域的前沿动态	4.67	0.379	0.784	0.203	0.196
10. 我掌握本学科或相关领域的研究方法	4.64	0.376	0.782	0.203	0.227
11. 我掌握本学科或相关领域的基础知识	4.70	0.345	0.767	0.184	0.228
12. 我具备较好的学术写作能力	4.36	0.324	0.670	0.289	0.190
13. 我具备较好的文献和数据检索能力	4.76	0.383	0.631	0.169	0.424
14. 我能够有效地管理自己的时间	4.45	0.290	0.502	0.313	0.446

题项	均值	创新意识和批判思维	基本科研素养	抗挫折能力	沟通能力
15. 其他同学的科研进度不会影响我的情绪	4.13	0.187	0.205	**0.854**	0.066
16. 即使投稿不顺，我也不会怀疑自我	4.09	0.202	0.219	**0.846**	0.057
17. 我能够应对读博期间的焦虑	4.35	0.215	0.146	**0.745**	0.345
18. 即使遇到挫折，我也能一直坚持下去	4.66	0.344	0.187	**0.647**	0.369
19. 我能够和导师进行有效的讨论	4.55	0.247	0.342	0.293	**0.685**
20. 我能够和其他同辈进行有效的讨论	4.73	0.360	0.365	0.184	**0.663**

注：提取方法：主成分分析法；旋转方法：凯撒正态化最大方差法；Bartlett= 40 661.849，p<0.000 1，KMO=0.966。

接着，我们对问卷反映博士生科研兴趣和学术抱负的量表进行探索性因子分析。如表2-1-3所示，8个题项共提取2个公因子，相关系数的特征值解释了原始变量标准化方差的80.054%，对原始变量的解释力较好。如表2-1-3所示，科研兴趣维度由题项1至题项5组成；学术抱负维度由题项6至题项8组成。依据因子分析结果所得的分类维度，我们分别对博士生科研能力、科研兴趣和学术抱负各自包含的题项进行加总平均，共生成博士生科研能力、创新意识和批判思维、基本科研素养、抗挫折能力、沟通能力、科研兴趣和学术抱负7个变量，进而对其现状展开描述性分析。

表2-1-3　博士生科研兴趣和学术抱负因子载荷

题项	均值	科研兴趣	学术抱负
1. 想到有意思和有价值的问题让我很兴奋	4.81	0.876	0.332
2. 我很享受探索未知的过程	4.68	0.824	0.416
3. 科学研究能给我带来成就感	4.72	0.820	0.398
4. 发现新事物的体验使我更喜欢学术工作	4.65	0.810	0.458
5. 我希望我的研究能指导实践	4.78	0.686	0.526
6. 我希望成为一个有影响力的学者	4.46	0.407	0.859
7. 我愿意一直从事学术研究	4.30	0.344	0.845
8. 我希望我的研究能够推动本领域的发展	4.64	0.582	0.691

注：提取方法：主成分分析法；旋转方法：凯撒正态化最大方差法；Bartlett = 19 925.725，p<0.000 1，KMO=0.92。

三、博士生科研能力、兴趣与抱负的现状

（一）博士生科研能力现状分布

尽管研究者和管理者均认可科研能力在博士生教育中的核心地位，但对如何衡量这一能力并未达成较为一致的共识。目前，学术界对科研能力的评价方式主要包括三种：科研产出评价法、科研活动测评法、加权综合评定法。[①] 本次调研基于博士生对多个方面科研能力的自我评估来分析博士生的科研能力。

我们首先来看博士生综合科研能力和四个二维指标的得分情况。如表 2-1-4 和图 2-1-1 所示，博士生综合科研能力的得分均值为 4.53，处于中上层次。其中，沟通能力得分最高，抗挫折能力最低，也是唯一低于综合科研能力均值的维度。

表 2-1-4   博士生科研能力统计表

	综合科研能力	创新意识和批判思维	基本科研素养	抗挫折能力	沟通能力
均值	4.53	4.56	4.60	4.31	4.64
标准差	0.763	0.835	0.800	1.001	0.908

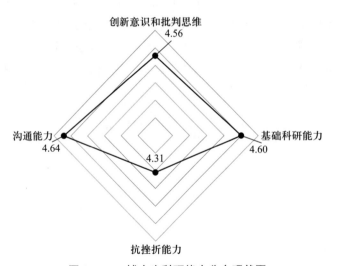

图 2-1-1   博士生科研能力分布现状图

需要说明的是，博士生的创新意识和批判思维的得分并不高，且处于四个维度中的第三位。如表 2-1-2 所示，在题项"我敢于质疑权威学者的观点"，博士生的得分仅为 4.18，在有关科研能力的 20 个子维度中位列倒数第三位。李永刚等基于 2017 年我国 36 所研究生院高校调研数据的研究同样显示，理工科博士生在批判性思维、提出研究问题等方面的能力相对较

---

① 巩亮，张万红，程会强，等. 研究生科研能力的结构与评估 [J]. 江苏高教，2015（4）：84-88.

弱；低于沟通交往能力。① 虽然本研究与已有研究采取不同的量表测量博士生的科研能力，但结论类似，即博士生的批判性思维较弱。当然，我们并不能将其简单地归因为博士生教育的问题，因为我国本科生的批判性思维能力也相对较弱。沈红等对我国本科生能力水平的测量显示，"人际交往能力得分 66.4，批判性思维能力得分 54.2"。② 事实上，学生缺乏创新意识和批判思维一直是制约我国高水平人才培养的重要因素。

具备基本的科研素养是成为研究者的前提。本次调研显示，尽管博士生的创新意识和批判思维不强，但基本科研素养相对较高，均值为 4.60，位列第二位。如表 2-1-2 所示，博士生在学术前沿的了解程度、基础知识和研究方法的掌握程度及文献和数据检索能力等方面的表现均处于较高水平。这说明博士生接受了扎实、规范的学术训练，为成为研究者打下了坚实的基础。但是，博士生的学术写作能力和时间管理能力相对较弱。博士生"提出有价值的研究问题"的能力也偏弱，得分均值仅为 4.44。论文写作和发表是研究生培养的基本环节，由于缺乏专门的、足够的训练，使得研究生的学位论文存在一系列问题③，这一问题一直延续至博士生阶段。因此，我们一方面要开展专门的课程，更重要的是要发挥师门和课题组的作用，切实提高博士生学术写作的同行意识、问题意识和文献意识。④

此外，本次调查发现，博士生的抗挫折能力较弱。如表 1-2 所示，虽然在题项"即使遇到挫折，我也能一直坚持下去"上得分较高，但在抗挫能力的另外三个子维度上，得分均较低。在有关科研能力的 20 个子维度中，抗挫折能力的三个子维度在均值上占据了倒数后四位中的三位，其中，题项"即使投稿不顺，我也不会怀疑自我"的得分均值仅为 4.09，位列倒数第一；题项"其他同学的科研进度不会影响我的情绪"的得分仅为 4.13，位列倒数第二。

（二）博士生科研兴趣现状分布

科研道路从来都不是一条坦途，想要在这个过程中取得一定的成就，又不至于经常处于焦虑状态，兴趣是重要的调节因素。科研兴趣反映了博士生对从事科研活动的热爱程度，有学者指出，"科研兴趣对研究生培养至关重要，具体表现在三个方面，规范研究行为、激发研究热情、拓展研究思维等。"⑤ 科研兴趣在博士生教育中的重要作用，得到了国内⑥和国外⑦相关实证研究的证明。本研究通过观测博士生对科研活动的主观感受来反映其科研兴趣程度。

表 2-1-5 反映了博士生在科研兴趣相关题项的具体作答情况，图 2-1-2 反映了博士生

① 李永刚，王海英. 理工科博士生科研能力的养成状况及其影响因素研究：基于对我国研究生院高校的调查［J］. 研究生教育研究，2019（4）：38.

② 沈红，张青根. 我国大学生的能力水平与高等教育增值：基于"2016 全国本科生能力测评"的分析［J］. 高等教育研究，2017，38（11）：72.

③ 李忠. 研究生学术写作与训练的困境及其纾困——基于学位论文写作规范问题的分析［J］. 学位与研究生教育，2022（4）：12-19.

④ 吴国盛. 学术写作的三大意识［J］. 学位与研究生教育，2021（7）：1-6.

⑤ 赵小丽，蔡国春. 试论研究生科研兴趣的培养：以"解放兴趣"为旨归［J］. 学位与研究生教育，2020（8）：52-53.

⑥ 黄欢，李福林，程哲. "乐知"的博士生培养质量更高吗？——职业倾向的中介效应［J］. 研究生教育研究，2022（2）：81-90.

⑦ PYHALTO K, PELTONEN J, CASTELLO M, et al. What sustains doctoral students' interest? comparison of Finnish, UK and Spanish doctoral students' perceptions［J］. Compare: A Journal of Comparative and International Education, 2019:1-16.

在科研兴趣各子维度的得分均值。总体而言，博士生的科研兴趣得分均值为 4.73，处于中上层次，各子维度均高于前文提及的科研能力均值。在"想到有意思和有价值的问题让我很兴奋"这一问题中，有 93.4% 的博士生给出了偏正向（量表题选项中后三个选项之和，下同）的回答，有 91.2% 的博士生享受探索未知的过程。简言之，大多数博士生在博士就读期间切身感受到了科学研究带来的精神喜悦，说明对科研具有浓厚兴趣使得博士生有较大可能能够成长为一名合格的研究者。此外，子维度"我希望我的研究能指导实践"的均值也达到 4.78，说明博士生从事科学研究的一个重要目标是希望能够解决实践问题。当前国际局势复杂多变，个别国家出台各类限制政策，中国的社会经济发展面临严峻挑战。面对科技等方面的"卡脖子"问题，博士研究生教育需重视所培养人才的实践能力，充分发挥自身的社会服务功能。

表 2-1-5　博士生科研兴趣程度

单位：%

科研兴趣题项	不符合	比较不符合	有点不符合	有点符合	比较符合	符合
想到有意思和有价值的问题让我很兴奋	1.6	0.9	4.1	28.8	37.8	26.8
我很享受探索未知的过程	1.6	1.1	6.1	32.6	35.9	22.7
科学研究能给我带来成就感	1.8	1.5	5.9	29.0	36.9	24.9
发现新事物的体验使我更喜欢学术工作	1.8	1.8	6.8	31.1	35.6	22.9
我希望我的研究能指导实践	1.9	1.4	4.3	29.0	36.3	27.1

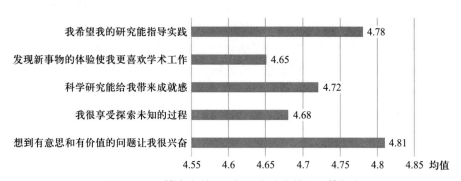

图 2-1-2　博士生科研兴趣程度（均值，六等级）

（三）博士生学术抱负现状分布

　　尽管学术劳动力市场在过去发生了明显的变化，博士生教育的主要目的依然是培养下一代学者。[①] 米勒（Miller）将博士生的抱负分为内在抱负（Intrinsic goal aspirations）和外在抱负

---

①　SEO G, AHN J, HUANG W H, et al. Pursuing careers inside or outside academia? factors associated with doctoral students' career decision making [J]. Journal of Career Development, 2021, 48 (6): 957–972.

（Extrinsic goal aspirations），分析了这两种抱负与博士生学术活动的关系。[①]王海迪将博士生抱负分为四种，自我承认与人际归属抱负、社群贡献抱负、财务自足抱负及社会认可抱负，并进一步分析了博士生抱负与科研能力之间的关系。[②]本研究只聚焦于博士生的学术抱负，即在多大程度上想投身于科学研究事业。

本次调研显示，博士生的学术抱负得分均值为4.47。表2-1-6反映了博士生在学术抱负相关题项的具体作答情况，图2-1-3反映了博士生在学术抱负各子维度的得分均值。如表2-1-3所示，在题项"我希望成为一个有影响力的学者"上，博士生的得分均值为4.46，在题项"我愿意一直从事学术研究"上的得分均值仅为4.3，均低于其在科研兴趣上的得分。比较来看，89.6%的博士生面对题项"发现新事物的体验使我更喜欢学术工作"，给出了偏正向的回答，而在科研兴趣的其他子维度的正向回答均超过90.0%。而就学术抱负而言，分别有82.0%和78.5%的博士生在题项"我希望成为一个有影响力的学者""我愿意一直从事学术研究"中给出了偏正向的回答。此外，博士生在题项"我希望我的研究能够推动本领域的发展"中的得分均值达到了4.64，说明学生有强烈的愿望来推动本领域的发展。换言之，尽管绝大多博士生目前对从事科学研究感兴趣，但不少同学并未考虑将其作为长久的事业。

伴随着全球学术劳动力市场的变革和"预聘—长聘"制度的引入，中国"学术职业的稳定性、压力及工作强度均发生了深刻变化。"[③]即使博士生对从事科学研究感兴趣，甚至兴趣浓厚，但在面对学术职业的不确定性时，部分同学仍会犹豫甚至放弃。当然，这种现象在全球范围内均较为普遍，我们也不必过度担忧。

表2-1-6　博士生学术抱负程度

单位：%

学术抱负题项	不符合	比较不符合	有点不符合	有点符合	比较符合	符合
我希望成为一个有影响力的学者	3.2	4.1	10.7	29.0	31.9	21.1
我愿意一直从事学术研究	4.5	4.6	12.4	30.8	30.4	17.3
我希望我的研究能够推动本领域的发展	2.2	2.2	7.7	29.7	33.7	24.5

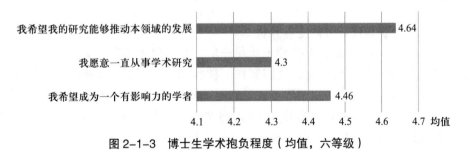

图2-1-3　博士生学术抱负程度（均值，六等级）

①　MILLER H H. An analysis of the relationship between the scholarly activity of counselor education doctoral students and intrinsic versus extrinsic goal aspirations［D］. Ohio :Ohio University, 2006.

②　王海迪. 学术型博士生抱负与科研能力关系的实证研究：基于我国研究生院高校的分析［J］. 高等教育研究, 2018，39（1）：56-63.

③　沈文钦，谢心怡，郭二榕. 学术劳动力市场变革及其对博士生教育的影响［J］. 教育研究, 2022（5）：72.

四、博士生科研能力、兴趣与学术抱负的差异分析

本部分通过实证调查数据分析博士生科研能力、科研兴趣和学术抱负分别在性别、年级、年龄段、学科类型、入学方式和学校类型上的差异分布情况。对博士生科研能力、科研兴趣和学术抱负分布情况进行异质性探讨有助于加深对博士生培养情况的具体了解，并为后续回归分析部分提供研究基础。

（一）博士生科研能力的差异分析

1. 不同性别博士生科研能力的差异分析

从性别来看，博士生的综合科研能力在 1% 的显著性水平上存在差异。如表 2-1-7 所示，女博士生综合科研能力的均值为 4.41，比男博士生低 0.22。纵向来看，女博士生的创新意识和批判思维的均值为 4.42，比男博士生低 0.25；女博士生的基本科研素养均值为 4.51，比男博士生低 0.17；女博士生的抗挫折能力均值为 4.16，比男博士生低 0.27；女博士生的沟通能力均值为 4.58，比男生低 0.11，该差异在 5% 的显著性水平上存在。就各维度而言，男、女博士生科研能力间的差异由大到小依次排序为：抗挫折能力、创新意识和批判思维、基本科研素养、沟通能力；男、女博士生的抗挫折能力在四项能力中皆为最低，沟通能力皆为最高。

表 2-1-7　不同性别博士生科研能力差异分析

性别		综合科研能力	创新意识和批判思维	基本科研素养	抗挫折能力	沟通能力
女	平均值	4.41	4.42	4.51	4.16	4.58
	标准差	0.720	0.789	0.768	0.972	0.868
男	平均值	4.63	4.67	4.68	4.43	4.69
	标准差	0.779	0.840	0.811	1.012	0.927
差异检验 t 值		0.045***	0.067***	0.155***	0.025***	0.010*

注：* 代表 p<0.05，** 代表 p<0.01，*** 代表 p<0.001。

2. 不同年级博士生科研能力的差异分析

从年级分布来看（见表 2-1-8），博士生科研能力在年级上不存在显著差异。为了更直观地呈现博士生科研能力的年级分布，我们制作了柱状图，如图 2-1-4 所示。具体来看，沟通能力和抗挫折能力从一至三年级逐渐降低，于四年级升至新的高峰，创新意识和批判思维与基本科研素养在二年级有所降低后逐渐升高，同样于四年级达到最高；四年级以上博士生群体的各项能力均低于四年级博士生，尤其沟通能力和抗挫折能力明显低于其他年级博士生；对比发现，各年级博士生的抗挫折能力在四项能力中皆为最低。

对于一、二年级的博士生而言，各项能力的均值排序由高到低为：沟通能力、基本科研素养、创新意识和批判思维和抗挫折能力；对于三、四年级的博士生而言，各项能力的均值排序由高到低为：基本科研素养、沟通能力、创新意识和批判思维和抗挫折能力，说明相较其他能力，基本科研素养在博士前两年里得到较明显的提升；四年级以上的博士生各项能力的均值排

序由高到低为：基本科研素养、创新意识和批判思维、沟通能力和抗挫折能力，可以发现，创新意识和批判能力的提升在四年级得到凸显，这一结果在一定程度上反映出，相比其他科研能力，创新意识和批判能力的提升更加具有滞后性和长期性。

表 2-1-8　不同年级博士生科研能力差异分析

年级		综合科研能力	创新意识和批判思维	基本科研素养	抗挫折能力	沟通能力
一年级	均值	4.55	4.57	4.59	4.40	4.70
	标准差	0.758	0.820	0.782	0.974	0.874
二年级	均值	4.50	4.52	4.56	4.28	4.64
	标准差	0.752	0.822	0.775	1.003	0.864
三年级	均值	4.49	4.53	4.59	4.23	4.57
	标准差	0.786	0.857	0.846	1.036	0.976
四年级	均值	4.59	4.63	4.71	4.27	4.67
	标准差	0.766	0.825	0.827	1.005	0.942
四年级以上	均值	4.53	4.59	4.68	4.20	4.49
	标准差	0.707	0.785	0.754	1.041	0.928
差异检验 F 值		1.102	1.008	1.877	3.006	2.516

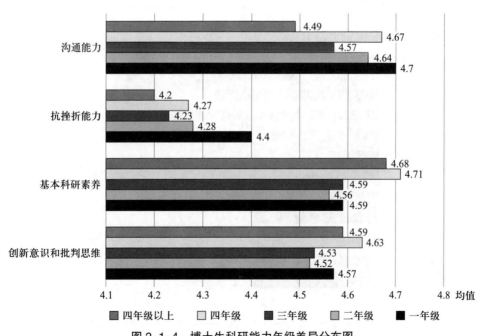

图 2-1-4　博士生科研能力年级差异分布图

3. 不同年龄段博士生科研能力的差异分析

从年龄来看（见表2-1-9），不同年龄段的博士生综合科研能力的差异在1%的水平上显著存在。图2-1-5直观地呈现了不同年龄段博士生科研能力的差异分布。纵向来看，25岁及以下年龄段博士生各项科研能力的均值均低于其他年龄段，41岁及以上年龄段博士生各项科研能力的均值均明显高于其他年龄段，26~40岁年龄段间的差异较小。攻读博士学位是一个漫长且充满焦虑的过程，学生的阅历、成熟程度有可能会影响其就读体验，进而影响科研能力。当然，这一结果可能与25岁及以下年龄段和41岁及以上年龄段博士生的样本量较少有较大关系。不同年龄段博士生的抗挫折能力在四项科研能力中皆为最低，沟通能力则为最高。

表 2-1-9   不同年龄段博士生科研能力差异分析

年龄		综合科研能力	创新意识和批判思维	基本科研素养	抗挫折能力	沟通能力
25 岁及以下	均值	4.41	4.45	4.45	4.18	4.58
	标准差	0.816	0.856	0.844	1.104	0.946
26~30 岁	均值	4.54	4.56	4.62	4.30	4.65
	标准差	0.735	0.802	0.763	0.976	0.890
31~35 岁	均值	4.55	4.56	4.61	4.40	4.60
	标准差	0.771	0.865	0.821	0.946	0.893
36~40 岁	均值	4.56	4.60	4.55	4.41	4.70
	标准差	0.818	0.859	0.959	1.116	0.952
41 岁及以上	均值	5.00	5.06	5.05	4.76	5.09
	标准差	0.782	0.886	0.805	1.155	0.854
差异检验 F 值		5.999***	5.098***	6.452***	4.440***	3.084*

注：* 代表 $p<0.05$，** 代表 $p<0.01$，*** 代表 $p<0.001$。

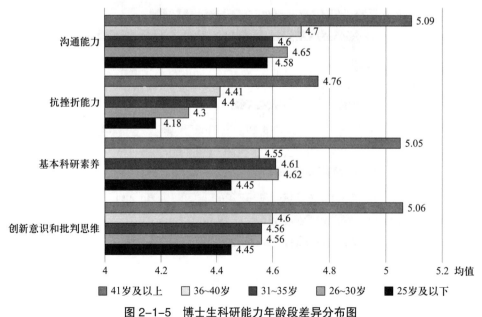

图 2-1-5   博士生科研能力年龄段差异分布图

4. 不同学科类型博士生科研能力的差异分析

从学科类型来看（见表 2-1-10），博士生的综合科研能力在 5% 的显著性水平上存在差异，基本科研素养在 1% 的显著性水平上存在学科差异，而不同学科类型间博士生的创新意识和批判思维、抗挫折能力和沟通能力的学科不存在显著差异。如图 2-1-6 所示，五种学科类型博士生综合科研能力的均值由高到低排序为人文学科、工科、医科、理科和社会学科。各学科类型博士生的沟通能力皆为最高，其次是基本科研素养、创新意识和批判思维，抗挫折能力最低。

表 2-1-10　不同学科类型博士生科研能力差异分析

学科类型		综合科研能力	创新意识和批判思维	基本科研素养	抗挫折能力	沟通能力
人文学科	均值	4.59	4.63	4.65	4.37	4.67
	标准差	0.732	0.776	0.744	1.018	0.834
社会学科	均值	4.45	4.51	4.48	4.24	4.56
	标准差	0.736	0.833	0.792	0.944	0.892
理科	均值	4.46	4.48	4.55	4.25	4.58
	标准差	0.809	0.864	0.827	1.035	0.946
工科	均值	4.58	4.62	4.65	4.36	4.69
	标准差	0.762	0.820	0.805	1.020	0.919
医科	均值	4.54	4.52	4.66	4.33	4.70
	标准差	0.706	0.781	0.720	0.969	0.806
差异检验 F 值		3.477**	3.070**	4.564**	1.769	2.408*

注：* 代表 $p<0.05$，** 代表 $p<0.01$，*** 代表 $p<0.001$。

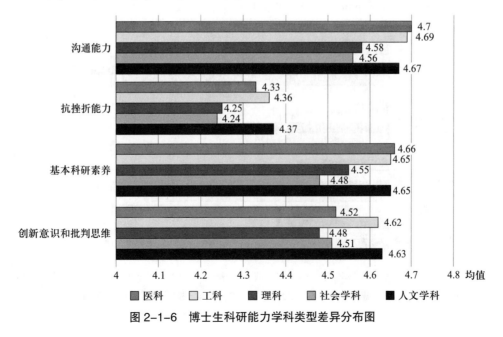

图 2-1-6　博士生科研能力学科类型差异分布图

5. 不同入学方式博士生科研能力的差异分析

从入学方式（见表 2-1-11）来看，不同入学方式博士生的综合科研能力在 1% 的水平上显著存在差异。如图 2-1-7 所示，具体而言，通过"申请 – 考核"制方式入学的博士生群体在创新意识和批判思维、基本科研素养、抗挫折能力和沟通能力上皆明显高于其他入学方式的博士生。普通招考和硕博连读入学博士生的创新意识和批判思维、基本科研素养和沟通能力均值十分相近，而通过普通招考入学博士生的抗挫折能力在均值上明显高于硕博连读入学的博士生。本科直博生的四项能力均值皆明显低于其他入学方式的博士生，这可能与该群体样本较少有关；横向来看，四类入学方式博士生的各项能力排序由高到低依次为：沟通能力、基本科研素养、创新意识和批判思维、抗挫折能力。

表 2-1-11　不同入学方式博士生科研能力差异分析

入学方式		综合科研能力	创新意识和批判思维	基本科研素养	抗挫折能力	沟通能力
普通招考	均值	4.51	4.53	4.58	4.29	4.61
	标准差	0.785	0.878	0.844	0.998	0.925
"申请 – 考核"制	均值	4.60	4.62	4.66	4.42	4.71
	标准差	0.719	0.771	0.747	0.939	0.845
硕博连读	均值	4.49	4.54	4.59	4.21	4.61
	标准差	0.764	0.836	0.792	1.047	0.941
本科直博	均值	4.23	4.27	4.22	4.05	4.44
	标准差	0.857	0.929	0.907	1.116	0.979
差异检验 F 值		11.545***	8.395***	13.207***	9.938***	4.842**

注：* 代表 $p<0.05$，** 代表 $p<0.01$，*** 代表 $p<0.001$。

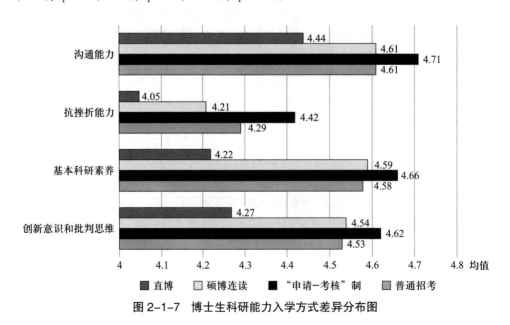

图 2-1-7　博士生科研能力入学方式差异分布图

6. 不同学校类型博士生科研能力的差异分析

从学校类型来看（见表 2-1-12），一流学科建设高校博士生的综合科研能力在 10% 的显著性水平上高于一流大学建设高校博士生。各维度来看，博士生的创新意识和批判思维、基本科研素养在学校类型上不具有显著差异，一流学科建设高校博士生的抗挫折能力在 10% 的显著性水平上高于一流大学建设高校；一流学科建设高校博士生的沟通能力在 5% 的显著性水平上高于一流大学建设高校。在统计上，一流学科建设高校博士生各项能力的均值皆高于一流大学建设高校。

表 2-1-12　不同学校类型博士生科研能力差异分析

学校类型		综合科研能力	创新意识和批判思维	基本科研素养	抗挫折能力	沟通能力
一流学科建设高校	均值	4.55	4.57	4.61	4.34	4.67
	标准差	0.765	0.829	0.806	0.999	0.900
一流大学建设高校	均值	4.48	4.52	4.56	4.23	4.56
	标准差	0.744	0.816	0.767	1.008	0.902
差异检验 t 值		0.836*	0.433	0.281	0.704*	0.859**

注：* 代表 $p<0.05$，** 代表 $p<0.01$，*** 代表 $p<0.001$。

（二）博士生科研兴趣的差异分析

1. 不同性别博士生科研兴趣的差异分析

从不同性别分析博士生的科研兴趣分布发现（见表 2-1-13），男博士生科研兴趣的均值为 4.819，比女博士生科研兴趣均值高 0.197，T 检验结果显示，博士生科研兴趣水平在 1% 的显著性水平上具有性别差异，女博士生的科研兴趣整体上显著低于男博士生。

表 2-1-13　性别博士生科研兴趣状况差异分析

性别	科研兴趣
女	4.62
男	4.82
差异检验 t 值	0.292***

注：* 代表 $p<0.05$，** 代表 $p<0.01$，*** 代表 $p<0.001$。

2. 不同年级博士生科研兴趣的差异分析

分析博士生科研兴趣的年级分布差异发现（见表 2-1-14），博士生科研兴趣的年级差异在 1% 的水平上显著存在。比较发现，一年级是博士生科研兴趣水平的"高峰"，二年级是博士生科研兴趣的"凹陷低地"，三年级博士生的科研兴趣水平重新升高，并于四年级达到第二个"高峰"，四年级以上博士生群体的科研兴趣水平略低于四年级博士生。不同年级博士生科研兴趣的均值变化刻画了博士生的科研兴趣从入学时兴致盎然、到认清现实时的激情衰退、再到长期磨合后的理性重建，最后到毕业前夕形成较高学术认同的动态演变历程。

表 2-1-14　不同年级博士生科研兴趣状况差异分析

年级	科研兴趣
一年级	4.85
二年级	4.65
三年级	4.65
四年级	4.69
四年级以上	4.68
差异检验 F 值	5.888***

注：* 代表 p<0.05，** 代表 p<0.01，*** 代表 p<0.001。

3. 不同年龄段博士生科研兴趣的差异分析

从博士生科研兴趣的年龄段分布来看（见表 2-1-15），不同年龄段博士生的科研兴趣在 5% 的显著性水平上存在差异。具体而言，博士生的科研兴趣呈现随着年龄增加而升高的特征。

表 2-1-15　不同年龄段博士生科研兴趣状况差异分析

年龄	科研兴趣
25 岁及以下	4.67
26~30 岁	4.71
31~35 岁	4.77
36~40 岁	4.91
41 岁及以上	5.19
差异检验 F 值	3.800**

注：* 代表 p<0.05，** 代表 p<0.01，*** 代表 p<0.001。

4. 不同学科类型博士生科研兴趣的差异分析

从学科类型来看（见表 2-1-16），博士生科研兴趣分布在 10% 的显著性水平上存在差异。具体而言，不同学科博士生科研兴趣的均值分布由高到低为：人文学科、工科、社会学科、理科和医科。

表 2-1-16　不同学科博士生科研兴趣状况差异分析

学科类型	科研兴趣
人文学科	4.83
社会学科	4.71
理科	4.68
工科	4.78
医科	4.59
差异检验 F 值	2.943*

注：* 代表 $p<0.05$，** 代表 $p<0.01$，*** 代表 $p<0.001$。

5. 不同入学方式博士生科研兴趣的差异分析

从入学方式来看（见表 2-1-17），不同入学方式博士生的科研兴趣在 1% 的显著性水平上存在差异。具体而言，"申请–考核"制博士生的科研兴趣均值相较最高，其次为普通招考入学博士生的科研兴趣均值，硕博连读入学博士生位列第三，本科直博生的科研兴趣均值相较最低。

表 2-1-17　不同入学方式博士生科研兴趣状况差异分析

入学方式	科研兴趣
普通招考	4.75
"申请–考核"制	4.81
硕博连读	4.65
本科直博	4.47
差异检验 F 值	7.929***

注：* 代表 $p<0.05$，** 代表 $p<0.01$，*** 代表 $p<0.001$。

6. 不同学校类型博士生科研兴趣的差异分析

比较不同学校类型博士生的科研兴趣水平发现（见表 2-1-18），一流学科建设高校和一流大学建设高校博士生的科研兴趣不存在显著差异。比较均值发现，一流学科建设高校博士生科研兴趣的均值比一流大学建设高校高出 0.07。

表 2-1-18   不同学校类型博士生科研兴趣状况差异分析

学校类型	科研兴趣
一流学科建设高校	4.75
一流大学建设高校	4.68
差异检验 t 值	0.885

（三）博士生学术抱负的差异分析

1. 不同性别博士生学术抱负的差异分析

从不同性别分析博士生的学术抱负分布发现（见表 2-1-19），男博士生的学术抱负均值为 4.57，比女博士生的学术抱负均值高出 0.23，T 检验结果显示，博士生学术抱负水平在 1% 的显著性水平上存在性别差异，女博士生的学术抱负整体显著低于男博士生。

表 2-1-19   不同年级博士生科学术抱负状况差异分析

性别	学术抱负
女	4.34
男	4.57
差异检验 t 值	0.170***

注：* 代表 p<0.05，** 代表 p<0.01，*** 代表 p<0.001。

2. 不同年级博士生学术抱负的差异分析

如表 2-1-20 所示，博士生学术抱负的年级差异在 1% 的水平上显著存在。具体而言，博士生的学术抱负在一年级处于博士阶段的顶峰，二年级迅速跌落至最低点，三年级开始小幅回升，并于四年级达到博士阶段的第二高峰。总体而言，博士生的学术抱负水平呈现出一年级"高峰"，二年级"洼地"，三年级"回暖"，四年级"理性上升"的动态演变态势。而四年级以上博士生的学术抱负低于三年级水平，同时高于二年级水平，反映出四年级以上博士生群体学术抱负水平整体相对较低。

表 2-1-20   不同年级博士生学术抱负状况差异分析

年级	学术抱负
一年级	4.62
二年级	4.35
三年级	4.39
四年级	4.41

年级	学术抱负
四年级以上	4.38
差异检验 F 值	6.858***

注：* 代表 p<0.05，** 代表 p<0.01，*** 代表 p<0.001。

3. 不同年龄段博士生学术抱负的差异分析

从博士生学术抱负的年龄段分布来看（见表 2-1-21），不同年龄段博士生的学术抱负在 1% 的显著性水平上存在差异。具体而言，博士生的学术抱负整体呈现出随年龄增加而升高的特征，其中 31 ~ 34 岁与 41 岁及以上两个年龄段博士生的学术抱负水平相较上一年龄段的增幅较大。

表 2-1-21　不同年龄段博士生学术抱负状况差异分析

年龄	学术抱负
25 岁及以下	4.33
26~30 岁	4.43
31~35 岁	4.62
36~40 岁	4.74
41 岁及以上	4.95
差异检验 F 值	6.388***

注：* 代表 p<0.05，** 代表 p<0.01，*** 代表 p<0.001。

4. 不同学科类型博士生学术抱负的差异分析

从博士生学术抱负的学科类型分布来看（见表 2-1-22），不同学科类型间博士生的学术抱负在 1% 的显著性水平上存在差异。具体而言，五类学科中博士生学术抱负水平的均值排序由高到低为：人文学科、工科、社会学科、理科和医科，该学科类型分布与博士生科研兴趣相一致。

表 2-1-22　不同学科类型博士生学术抱负状况差异分析

学科类型	学术抱负
人文学科	4.58
社会学科	4.50
理科	4.39

续表

学科类型	学术抱负
工科	4.53
医科	4.23
差异检验 F 值	4.788***

注：* 代表 p<0.05，** 代表 p<0.01，*** 代表 p<0.001。

5. 不同入学方式博士生学术抱负的差异分析

从入学方式来看（见表 2-1-23），不同入学方式博士生的学术抱负水平在 1% 的显著性水平上存在差异。具体而言，不同入学方式博士生的学术抱负水平由大到小排序为："申请－考核"制、普通招考、硕博连读、本科直博。其中，"申请－考核"制与普通招考博士生学术抱负间差值较小，硕博连读和本科直博士生与"申请－考核"制及普通招考博士生学术抱负间的差值较大。

表 2-1-23　不同入学方式博士生学术抱负状况差异分析

入学方式	学术抱负
普通招考	4.52
"申请－考核"制	4.60
硕博连读	4.32
本科直博	4.16
差异检验 F 值	13.220***

注：* 代表 p<0.05，** 代表 p<0.01，*** 代表 p<0.001。

6. 不同学校类型博士生学术抱负的差异分析

从学校类型来看（见表 2-1-24），一流学科建设高校与一流大学建设高校间的差异在 5% 的水平上显著。从均值来看，一流学科建设高校博士生的学术抱负水平比一流大学建设高校高出 0.135。这与博士生科研兴趣的院校差异分布相一致。

表 2-1-24　不同年级博士生学术抱负状况差异分析

学校类型	学术抱负
一流学科建设高校	4.50
一流大学建设高校	4.37
方差检验 t 值	0.855**

注：* 代表 p<0.05，** 代表 p<0.01，*** 代表 p<0.001。

五、博士生科研能力、兴趣与学术抱负的影响因素分析

前文描述了博士生在科研能力、科研兴趣与学术抱负三个维度上的基本表现，并进一步分析了不同博士生群体在这三个维度上的差异分布。这一节我们将分析影响博士生这三个方面表现的因素。具体而言，我们将以博士生综合科研能力、科研兴趣和学术抱负为因变量，首先纳入个体背景信息变量构建基准模型，其次在基准模型的基础上逐步纳入博士生读博动机、导师指导情况、院校条件和学术环境四个维度的变量，通过多元线性回归分别深入系统地探讨博士生综合科研能力、兴趣和学术抱负的影响因素。

（一）博士生综合科研能力的影响因素分析

接受规范的科研训练、提高科研能力，是博士生培养的基本要求。但是，在现实中，不同博士生群体的科研能力却千差万别。根据已有研究成果显示，博士生的以往学术背景、所在高校和学科水平、导师水平和指导模式、受到的组织支持等多种因素均会影响博士生培养质量。本研究主要分析四类因素对博士生综合科研能力的影响，分别包括个体特征、读博动机、导师指导情况、院校条件和学术环境。

如表 2-1-25 所示，以博士生综合科研能力为因变量，在基准模型 1 的基础上，模型 2 到 4 依次加入读博动机、导师指导情况、院校条件和学术环境三个维度的自变量进行多元线性回归。估计结果表明，博士生综合科研能力与个体特征、读博动机、导师指导情况、院校条件维度的部分变量显著相关，与宏观制度层面上的学术环境变量关联明显。

表 2-1-25　博士生科研能力影响因素的逐步回归结果

变量		科研能力			
		模型 1	模型 2	模型 3	模型 4
个体特征	性别 （以"女"为参照）	0.203*** （0.033）	0.140*** （0.028）	0.147*** （0.026）	0.149*** （0.025）
	年龄	0.058** （0.029）	0.045* （0.026）	0.038* （0.023）	0.022 （0.022）
	年级	−0.008 （0.014）	0.005 （0.012）	0.033*** （0.011）	0.036*** （0.010）
	人文学科 （以"医科"为参照）	0.013 （0.072）	−0.096 （0.062）	−0.092 （0.057）	−0.013 （0.057）
	社会学科 （以"医科"为参照）	−0.095 （0.059）	−0.123** （0.050）	−0.109** （0.045）	−0.049 （0.044）
	理科 （以"医科"为参照）	−0.089 （0.059）	−0.164*** （0.049）	−0.112** （0.045）	−0.106** （0.044）

续表

变量		科研能力			
		模型 1	模型 2	模型 3	模型 4
个体特征	工科 （以"医科"为参照）	0.018 （0.057）	−0.036 （0.049）	−0.020 （0.043）	−0.010 （0.042）
	入学方式 （以"普通招考"为参照）	−0.048* （0.025）	0.002 （0.020）	0.013 （0.018）	0.013 （0.018）
	学校类型 （以"一流学科建设高校"为 参照）	−0.042 （0.036）	−0.042 （0.031）	0.015 （0.028）	0.011 （0.028）
	导师学术头衔 （以"国家级及以上"为参照）	−0.025 （0.016）	−0.013 （0.014）	0.013 （0.012）	0.016 （0.012）
读博动机	科研兴趣		0.301*** （0.020）	0.225*** （0.019）	0.211*** （0.018）
	提高就业竞争力		0.075*** （0.020）	0.038** （0.017）	0.030* （0.017）
	暂时不想就业		−0.010 （0.011）	−0.014 （0.010）	−0.015 （0.009）
	他人期望		0.012 （0.011）	−0.001 （0.010）	−0.007 （0.010）
	获得博士学位		−0.047*** （0.012）	−0.030*** （0.011）	−0.027*** （0.011）
导师指导	与导师交流频率（每月）			−0.000 （0.012）	0.007 （0.011）
	有效支持度			0.270*** （0.020）	0.191*** （0.021）
	导师指导管控度			0.158*** （0.016）	0.116*** （0.017）

续表

变量		科研能力			
		模型 1	模型 2	模型 3	模型 4
院校条件及学术环境	院校学术活动认可度				0.000
					（0.022）
	院校课程认可度				0.083***
					（0.021）
	院校奖助政策认可度				0.000
					（0.018）
	学位论文评审制度认可度				0.025
					（0.020）
	期刊投稿和审稿制度认可度				0.075***
					（0.018）
常数项		4.518***	2.856***	3.315***	2.737***
		（0.066）	（0.150）	（0.137）	（0.146）
N		2300	2300	2300	2300
Adjusted R^2		0.030	0.290	0.432	0.462

注：* 代表 $p<0.05$，** 代表 $p<0.01$，*** 代表 $p<0.001$；括号中的数为标准误。

1. 博士生个体特征因素与博士生综合科研能力

具体来说，就个体特征变量而言，博士生的性别、年龄、年级、学科类型等因素均会影响其综合科研能力。四个模型中性别变量的结果系数皆与博士生综合科研能力显著相关，女博士生综合科研能力的自评得分显著低于男博士生群体，这与国内外已有的研究结论相一致。美国科学院 2007 年出版的调查报告显示，无论是被邀做论文口头报告还是论文发表，理工科女博士生的表现均不如男博士生。[1] 李澄锋和陈洪捷基于"2017 年中国博士毕业生调查课题"的 8207 份博士生数据的研究显示，女博士生在国际和国内期刊论文数量及专利数量等方面的学术产出均比男博士生显著更低[2]。由此可见，无论是主观自我评价还是客观的学术表现，女博士生均不如男博士生。正如沃德（Ward）和本西蒙（Bensimon）所言，"高等教育一直是，并

---

① National Academies of Sciences. Beyond Bias and Barriers: Fulfilling the Potential of Women in Academic Science and Engineering[M]. Washington D C: National Academies Press, 2007:117–123.

② 李澄锋，陈洪捷. 女博士生学术表现比男博士生好还是差? ——基于全国博士毕业生调查数据的分析[J]. 研究生教育研究，2021（1）: 63–71+84.

将继续是男性主导的事业。因此，学术文化和随之而来的社会化反映的是男性的经历。"[1]

年级变量在模型 3 和模型 4 中与博士生综合科研能力皆呈显著正相关关系，模型 4 统计结果显示，年级每提升一个单位，博士生综合科研能力在 1% 的显著性水平上提升 3.6%，即高年级博士生的综合科研能力显著高于低年级博士生群体，这一点与常识相符。一方面，博士生培养本身就是一个学术社会化的过程，即获取一定的知识和技能，不断投入和融入学术组织的过程；[2] 另一方面，学术发表和科研能力的提升需要积累，无论是主观的自我评判还是客观的学术发表，高年级博士生的表现普遍较高。《中国研究生教育年度报告（2016）》的数据同样显示，"随着年级的不断升高，博士生的科研产出逐渐增加，即读博期间，博士生的科研创新能力随着年级的增加不断得到提高。"[3]

学科类型自变量中，人文学科、社会学科、理科和工科博士生综合科研能力低于医科类博士生，其中社会学科和理科更加具有显著性。不同学科具有不同的学科文化，遵循不同的范式，建立了不同的组织模式和评价体系[4]，故不同学科的学者和博士生群体无论在主观评价，还是在客观学术产出上均具有明显差异。由于医学研究者和医生的培养周期较长，而且具有延续性，到了博士生阶段的医学学生，往往比其他学科类型的学生经过了更为规范和扎实的学术训练，故其科研能力相对较强。

学者的学术生命周期是波动的，不同年龄阶段的学者往往具有不一样的科研创新活力和学术发表的活跃度。在不同国家和不同学科，学者的科研峰值[5] 和学者科研活力的变动趋势[6] 目前尚未达成共识。本次调研显示，博士生的年龄变量在模型 1 至模型 4 中影响的显著性和相关度逐渐降低，系数稳定在 0.02 左右，说明年龄与博士生科研能力的相关性较低。这可能与我国博士生年龄差异较小有关，也能反映出不同年龄阶段的在读博士生对目前的博士生培养模式均较为适应。

此外，与部分已有研究不同，就本研究的样本群体而言，博士生的入学方式、学校类型和导师学术头衔等变量对其综合科研能力没有显著影响。刘宁宁基于我国 33 所研究生院高校的调查显示，以发表在高水平期刊上的论文数作为博士生科研创新的测量方式，硕博连读生在读期间的科研创新能力显著高于本科直博生和公开招考生，三类博士生群体的科研创新能力均值分别为 2.32、1.97、1.95。[7] 王海迪基于 38 所研究生院高校 1729 个博士生样本的调查研究发现，

①   WARD K A, BENSIMON E M. Socialization［M］// ALEMAN A M,MARTINEZ, RENNKA. Women in Higher Education: an Encyclopedia. Santa Barbara, CA: ABC-CLIO, 2002: 432.

②   WEIDMAN J C, TWALE D J, STEIN E L. Socialization of Graduate and Professional Students in Higher Education: a Perilous Passage?［R］.San Francisco: Jossey-Bass, 2001:24-36.

③   刘宁宁. 不同招考方式博士生的科研创新能力存在差异吗？——基于 33 所研究生院高校的调查［J］. 学位与研究生教育，2018（4）：61.

④   托尼·比彻，保罗·特罗勒尔德. 学术部落与学术领地：知识探索与学科文化［M］. 唐跃勤，蒲茂华，陈洪捷，译. 北京：北京大学出版社，2018.

⑤   鲁世林，杨希，李侠. 理工科高层次人才的科研峰值年龄及其影响因素分析［J］. 科学与管理，2021，41（5）：1-6.

⑥   阎光才. 学术生命周期与年龄作为政策的工具［J］. 北京大学教育评论，2016，14（4）：124-138，188.

⑦   刘宁宁. 不同招考方式博士生的科研创新能力存在差异吗？——基于 33 所研究生院高校的调查［J］. 学位与研究生教育，2018（4）：60-66.

"申请考核生和普通招考生在科研产出方面并无显著差异，但申请考核生的科研能力增值显著低于普通招考生"[①]。刘宁宁在另一项关于博士生生源、就读院校与科研发表的研究发现，"显示不同等级高校博士生的平均发表论文数存在显著性差异（p=0.044<0.05）。"[②] 闵韡和李永刚基于 35 所高校 1746 名理工科博士生的问卷调查研究发现，"导师为院士、长江学者等的博士生在科研产出上具有较大优势。"[③] 本研究结论与已有研究矛盾的原因可能在于，本次调研中一流大学建设高校的博士生比例相对较低，不足以反映"双一流"建设高校的全貌。

2. 博士生的读博动机与博士生综合科研能力

随着劳动力市场的变革和博士生规模的扩大，学生的读博动机越来越多元化。本次调研将博士生的读博动机划分为：科研兴趣、提高就业竞争力、暂时不想就业、他人期望、获得博士学位五大类型。数据分析结果显示，四个模型中，科研兴趣变量的系数在 1% 的显著性水平上与博士生综合科研能力正向相关，学生出于科研兴趣而选择读博的动机程度每提高一个单位，其科研能力可能显著提高 21.1 个百分点。提高就业竞争力变量与博士生综合科研能力的正向相关程度和显著性从模型 1 到模型 4 逐渐降低，这说明，虽然提高就业竞争力的读博动机对博士生综合科研能力有正向影响，但作用相对较弱。暂时不想就业和出于他人期待而读博这两个变量对博士生综合科研能力具有不显著的消极作用。为获得博士学位而读博的动机在三个模型中皆与博士生综合科研能力显著负向相关，学生出于获得博士学位而选择读博的动机程度每增加一个单位，博士生综合科研能力将在 1% 的显著性水平上降低约 2.7 个百分点，说明若仅为了一纸文凭而选择读博对学生的综合科研能力具有较大消极作用。

由此可见，不同的读博动机对博士生综合科研能力的影响差异显著，出于科研兴趣而读博的博士生的综合科研能力相对更高。黄欢等基于全国 112 个院校培养单位 10 223 名博士生的调研显示，"科研兴趣对博士生培养质量具有正向的影响，且在 1% 的水平上显著。这说明，具有科研兴趣的博士生在学期间的培养质量提升更高。"[④] 一般而言，读博动机会影响博士生的专业认同[⑤]，而有科研兴趣的学生往往愿意投入更多的时间，自主性也更强。母小勇指出，"如果学术拔尖人才没有强烈的学术探究冲动，就不可能在艰难的探究中取得成就。"[⑥] 因此，如何识别有科研兴趣的博士生是未来博士生招生改革的重要方向。

3. 导师指导情况与博士生综合科研能力

博士生教育的目的是培养具备独立从事科学研究能力的未来学者，全体教师（Faculty）

① 王海迪. 院校出身、科研能力与学术激情：申请考核生与普通招考生的比较研究 [J]. 教育发展研究，2018，38（9）：45.

② 刘宁宁. 不同高校生源博士生科研创新能力差异研究：基于 1007 名工科博士生的分析 [J]. 中国高教研究，2017（11）：57.

③ 闵韡，李永刚. "好学者"是否是"好导师"？——导师学术身份对理工科博士生指导效果的影响 [J]. 学位与研究生教育，2018（8）：25.

④ 黄欢，李福林，程哲. "乐知"的博士生培养质量更高吗？——职业倾向的中介效应 [J]. 研究生教育研究，2022（2）：85.

⑤ 赵嘉路，贾晓明. 不同读博动机对博士生专业认同的影响机制研究：基于博士生专业社会化理论视角 [J]. 学位与研究生教育，2022（3）：74-81.

⑥ 母小勇. "强基计划"：激发与保护学生学术探究冲动 [J]. 教育研究，2020，41（9）：95.

在博士生社会化中扮演着重要角色[①]，其中，导师无疑是最为重要的。已有研究从导师指导风格[②]、导师指导内容[③]、导师指导规模[④]等角度分析导师指导情况与研究生培养质量之间的关系。本文主要聚焦导师指导情况中的三个维度，包括导师交流频率（每月）、导师有效支持度和导师指导管控度。有效支持度和指导管控度两个变量是采用主成分因子分析法从导师指导情况量表提取而得，其中导师有效支持度由"导师激发了我的学术兴趣""导师为我提供了充足的科研资源""导师经常鼓励并帮助我"等8个题项生成，导师指导管控度由"导师希望我在学术上听从他的安排"和"导师为我设定科研目标并定期检查进度"两个题项生成。

研究结果显示，博士生每月与导师的交流频率与其综合科研能力不显著相关。导师有效支持度和导师指导管控度与博士生综合科研能力皆在1%的显著性水平上正向相关，其中导师有效支持度对博士生综合科研能力的积极作用大于指导管控度，这反映出导师制定合适的培养规划，提供切实的支持，比过于严苛和死板的指导方式更有利于博士生科研能力的提高。李澄锋和陈洪捷基于126所博士生培养院校8940个有效博士生样本的研究发现，"导师指导频率的回归系数为0.066，在p<0.001水平显著，说明指导频率对博士生科研能力增值有显著的正向影响。"[⑤]徐冶琼基于2019年Nature全球博士生调查研究发现，"我国博士生对出版发表、合作机会、资金支持的满意度略高于或接近于发达国家，但在导师学术指导频次，给予心理支持和职业发展指导方面与发达国家存在一定差距。"[⑥]

4. 院校条件、学术环境与博士生综合科研能力

博士生培养是一项系统性工程，不仅与个人天赋、努力程度及导师有关，也与所在培养单位提供的多元化支持和整体的学术环境分不开。就院校支持而言，本研究聚焦三个维度：院校提供的学术活动、开设的课程和奖助政策、学位论文评审制度。就学术环境而言，本文聚焦于期刊论文投稿和审稿制度和学术生态是否有利于年轻人成长两个维度。调查数据显示，在院校条件的四个维度上，仅有院校课程认可度与博士生综合科研能力显著正向相关，说明课程学习对博士生科研能力具有显著积极影响。这表明提供高质量的课程对博士生科研能力的提升大有裨益。这与已有相关研究的结论一致。

包志梅基于48所研究生院8064名博士生的问卷调查研究发现，"在控制相关变量的情况下，课程学习与科研训练关系密切度对博士生学术兴趣、研究伦理、学科知识、方法技能、科

①　WEIDMAN J C, LINDA D A. Socialization in Higher Education and the Early Career: Theory, Research and Application [M]. Switzerland: Springer Nature Switzerland AG, 2020:104.

②　苏荟，白玲，张继伟. 导师家长式指导风格对研究生创新行为的影响研究 [J]. 学位与研究生教育，2021（6）：57-66.

③　李莞荷，李锋亮. 立德树人视角下导师指导与博士生科研能力发展关系的实证研究 [J]. 学位与研究生教育，2021（6）：67-74.

④　鲍威，吴嘉琦，何峰. 如何适度布局博士生规模：基于导师指导规模与博士生培养质量的关联性分析 [J]. 中国高教研究，2021（4）：75-81.

⑤　李澄锋，陈洪捷. 主动选择导师何以重要：选择导师的主动性对博士生指导效果的调节效应 [J]. 高等教育研究，2021，42（4）：79-80.

⑥　徐冶琼. 博士生对导师指导满意吗？——基于 Nature 全球博士生调查 [J]. 中国高教研究，2021（1）：96.

学思维与学习能力、研究实施与呈现能力等具有显著正向预测作用。"[1]论文发表是博士生培养中的重要环节，良好的学术期刊运行机制和学术环境对于博士生这一初学者而言，是十分重要的。调查结果显示，在学术环境维度，博士生对期刊投稿和审稿制度的认可度每增加一个单位，其综合科研能力将在 1% 的显著性水平上提高 7.5 个百分点。

（二）博士生科研兴趣的影响因素分析

博士生的科研兴趣不仅是个人内在的感受，同时也受到一些结构性因素的影响。本研究主要分析四类因素对博士生科研能力的影响，分别是个体特征、读博动机、导师指导情况、院校条件和学术环境。如表 2-1-26 所示，以博士生科研兴趣为因变量，在基准模型 5 的基础上，模型 6 到模型 8 依次加入读博动机、导师指导情况、院校条件和学术环境维度的自变量进行多元线性回归。估计结果在大部分变量上与博士生科研能力的影响因素具有一致性，但在少数变量和影响程度上又有所不同。

表 2-1-26　博士生科研兴趣影响因素的逐步回归结果

变量			科研兴趣			
			模型 5	模型 6	模型 7	模型 8
个体特征	性别（以"女"为参照）		0.166***	0.082**	0.106***	0.097***
			（0.041）	（0.034）	（0.032）	（0.031）
	年龄		0.093***	0.072**	0.056**	0.053**
			（0.034）	（0.030）	（0.027）	（0.026）
	年级		−0.072***	−0.053***	−0.020	−0.022*
			（0.017）	（0.015）	（0.013）	（0.013）
	人文学科（以"医科"为参照）		0.169*	0.020	−0.020	0.043
			（0.088）	（0.069）	（0.066）	（0.067）
	社会学科（以"医科"为参照）		0.084	0.045	0.038	0.089*
			（0.075）	（0.060）	（0.054）	（0.054）
	理科（以"医科"为参照）		0.080	−0.026	0.028	0.035
			（0.075）	（0.058）	（0.053）	（0.053）
	工科（以"医科"为参照）		0.181**	0.104*	0.104*	0.127**
			（0.074）	（0.059）	（0.053）	（0.053）

续表

变量			科研兴趣			
			模型 5	模型 6	模型 7	模型 8
个体特征	入学方式 （以"普通招考"为参照）		−0.083*** （0.032）	−0.014 （0.026）	−0.002 （0.024）	−0.003 （0.023）
	院校类型 （以"一流学科建设高校"为 参照）		−0.029 （0.047）	−0.030 （0.038）	0.036 （0.035）	0.022 （0.035）
	导师学术头衔 （以"国家级及以上"为参照）		−0.033* （0.020）	−0.018 （0.016）	0.012 （0.015）	0.015 （0.015）
读博动机	科研兴趣			0.411*** （0.024）	0.325*** （0.024）	0.310*** （0.023）
	提高就业竞争力			0.076*** （0.023）	0.038* （0.021）	0.027 （0.020）
	暂时不想就业			−0.012 （0.013）	−0.016 （0.012）	−0.015 （0.012）
	他人期望			0.013 （0.014）	−0.001 （0.013）	−0.003 （0.013）
	获得博士学位			−0.077*** （0.015）	−0.056*** （0.014）	−0.054*** （0.014）
导师指导	与导师交流频率（每月）				−0.020 （0.013）	−0.010 （0.013）
	有效支持度				0.335*** （0.027）	0.272*** （0.028）
	导师指导管控度				0.102*** （0.019）	0.069*** （0.020）
院校条件及 学术环境	院校学术活动认可度					0.022 （0.031）

续表

变量		科研兴趣			
		模型 5	模型 6	模型 7	模型 8
院校条件及学术环境	院校课程认可度				0.018
					（0.031）
	院校奖助政策认可度				0.011
					（0.023）
	学位论文评审制度认可度				0.091***
					（0.030）
	期刊投稿和审稿制度认可度				0.082***
					（0.024）
常量		4.628***	2.541***	3.097***	2.530***
		（0.084）	（0.174）	（0.165）	（0.176）
N		2300	2300	2300	2300
Adjusted R^2		0.027	0.332	0.440	0.462

注：* 代表 $p<0.05$，** 代表 $p<0.01$，*** 代表 $p<0.001$；括号中的数为标准误。

1. 博士生个体特征因素与博士生科研兴趣

具体来看，在个人特征方面，博士生的性别、年龄和学科类型三个变量对其科研兴趣影响显著。博士生科研兴趣具有显著的性别差异，整体上男博士生科研兴趣的自评得分显著高于女博士生。此外，与表 2-1-25 的数据分析结果相比可以发现，博士生科研兴趣的性别异质性低于博士生科研能力。已有研究显示，"因为对学术研究有兴趣而读博的女博士生有 38%，显著低于男博士生（约为 50%）。"[①]

年龄变量与博士生科研兴趣的相关程度高于博士生综合科研能力，即年龄越大，博士生科研兴趣显著越高。这可能在于年龄较大的群体往往是工作了一段时间之后再决定读博，是一种更为理性的选择。由于目前我国的全日制博士生基本已经取消了在职读博的可能，如果不是出于个人兴趣和明确的目的，这个群体很难选择放弃已有的工作。

就不同学科类型而言，社会学科和工科博士生科研兴趣显著高于医科类博士生。这可能由于医学博士生的培养具有延续性，往往在同一个学校，甚至同一个课题组待多年时间，降低了对科研的兴趣和新鲜感。其他博士生特征变量，包括年级、入学方式、院校类型、导师头衔等，在纳入完整自变量后皆不显著，但入学方式变量的系数在四个模型中皆为负数，说明相对

---

① 马缨. 博士毕业生的性别差异与职业成就 [J]. 妇女研究论丛，2009（6）：40.

于普通招考入学，硕博连读和本科直博生群体的科研兴趣更低，但在统计上不显著。

2. 博士生读博动机与博士生科研兴趣

博士生的读博动机会影响其入学之后的时间投入、对科研的兴趣，进而会影响博士生培养质量。我们的实证分析显示，不同读博动机对博士生的科研兴趣的影响不同。具体而言，博士生出于科研兴趣选择读博的程度每提高一个单位，其科研兴趣在1%的显著性水平上增加约30个百分点。换言之，出于科研兴趣而选择读博的同学，其在读期间的科研兴趣明显要高。而读博动机为获得博士学位的程度每提高一个单位，博士生科研兴趣在1%的显著性水平上降低约5.4个百分点。这说明对于那些并未想好读博是为了什么的同学而言，其在读期间的科研兴趣往往要低于本来就出于科研兴趣的博士生。这一结论与已有研究相似。

赵祥辉和王洪国基于2019年Nature全球博士生调查的研究发现，"在控制其他变量的情况下，出于学术动机读博的博士生相较于出于非学术动机读博的博士生，他们的学术热情一般和博士生学术热情上升的优势比均有所提高，分别为原来的139.5%（1+e0.333 ≈ 1.395，p<0.001）和163.5%（1+e0.491 ≈ 1.635，p<0.001）。"[①] 此外，读博动机为提高就业竞争力与博士生科研兴趣正向相关，但在总模型中效果不显著。暂时不想就业和他人期望两项读博动机变量同样与博士生科研兴趣负相关，同样不显著。

3. 导师指导与博士生科研兴趣

从导师指导情况来看，博士生每月与导师的交流频率同样与其科研兴趣不显著相关。导师有效支持度和导师指导管控度与博士生科研兴趣皆在1%的显著性水平上正向相关，其中导师有效支持度对博士生科研兴趣的积极影响大于指导管控度，反映出导师的有效支持相比管控指导更有利于增加博士生的科研兴趣。

4. 院校条件、学术环境与博士生科研兴趣

从院校条件来看，仅有学位论文评审制度认可度对博士生科研兴趣具有显著积极影响，其他学术活动和制度政策皆无显著作用，说明博士生的科研兴趣较少受外部院校活动和奖助政策的影响。从学术环境来看，期刊投稿、审稿制度认可度对博士生科研兴趣的显著正向影响大于博士生科研能力。

（三）博士生学术抱负的影响因素分析

1917年11月7日，受德国自由学生联盟巴伐利亚分会的邀请，马克斯·韦伯在慕尼黑坦尼克艺术厅作了《科学作为天职》的演讲。韦伯在此次演讲中多次提到学术生活的不确定性。韦伯告诫大家，"学术生活就是一场疯狂的赌博"，个人学术生命中，有时"是运气，而非才华本身，起了更大的作用。"[②] 韦伯的这一演讲一直激励着后世学人，而韦伯的告诫同样也非空穴来风。学术职业发展至今，面临着更多的不确定性。因此，不同博士生群体在面对是否将"科学作为职业"时，其选择往往是不同的。下面我们将进一步分析什么因素影响了博士生的学术抱负。

---

① 赵祥辉，王洪国. 什么影响了博士生的学术热情变化：读博动机、师生关系还是院系培养——基于2019年Nature全球博士生调查的实证分析［J］. 当代教育论坛，2021（4）：37.

② 马克斯·韦伯. 科学作为天职［M］// 李猛. 科学作为天职：韦伯与我们时代的命运. 北京：生活·读书·新知三联书店，2018：3–62.

如表 2-1-27 所示，我们以博士生学术抱负为因变量，在基准模型 9 的基础上，模型 10 到模型 12 依次加入读博动机、导师指导情况、院校条件和学术环境维度的自变量进行多元线性回归。相比综合科研能力和科研兴趣，博士生学术抱负与个体特征变量的关联更为明显，与院校条件和学术环境变量的关联性更低。

表 2-1-27　博士生学术抱负影响因素的逐步回归结果

变量			学术抱负			
			模型 9	模型 10	模型 11	模型 12
个体特征		性别 （以"女"为参照）	0.182*** （0.048）	0.081** （0.040）	0.107*** （0.038）	0.114*** （0.038）
		年龄	0.159*** （0.040）	0.145*** （0.035）	0.129*** （0.032）	0.116*** （0.031）
		年级	−0.094*** （0.020）	−0.075*** （0.017）	−0.038** （0.016）	−0.033** （0.016）
		人文学科 （以"医科"为参照）	0.260** （0.108）	0.065 （0.084）	0.029 （0.079）	0.102 （0.080）
		社会学科 （以"医科"为参照）	0.243*** （0.091）	0.174** （0.074）	0.171** （0.067）	0.224*** （0.067）
		理科 （以"医科"为参照）	0.176* （0.090）	0.036 （0.072）	0.092 （0.067）	0.098 （0.067）
		工科 （以"医科"为参照）	0.331*** （0.089）	0.234*** （0.074）	0.235*** （0.067）	0.243*** （0.066）
		入学方式 （以"普通招考"为参照）	−0.103*** （0.036）	−0.028 （0.031）	−0.014 （0.028）	−0.011 （0.028）
		院校类型 （以"一流学科建设高校"为参照）	−0.073 （0.055）	−0.076* （0.045）	−0.003 （0.042）	0.002 （0.042）
		导师学术头衔 （以"国家级及以上"为参照）	−0.027 （0.023）	−0.010 （0.019）	0.021 （0.018）	0.024 （0.018）
读博动机		科研兴趣		0.497*** （0.026）	0.402*** （0.026）	0.385*** （0.025）

续表

变量		学术抱负			
		模型 9	模型 10	模型 11	模型 12
读博动机	提高就业竞争力		0.009	−0.032	−0.037
			（0.027）	（0.025）	（0.025）
	暂时不想就业		0.009	0.005	0.002
			（0.015）	（0.014）	（0.014）
	他人期望		0.029*	0.013	0.008
			（0.016）	（0.015）	（0.015）
	获得博士学位		−0.092***	−0.068***	−0.066***
			（0.017）	（0.016）	（0.016）
导师指导	与导师交流频率（每月）			−0.004	0.004
				（0.016）	（0.016）
	有效支持度			0.363***	0.282***
				（0.028）	（0.030）
	导师指导管控度			0.119***	0.074***
				（0.023）	（0.025）
院校条件及学术环境	院校学术活动认可度				−0.007
					（0.039）
	院校课程认可度				0.033
					（0.039）
	院校奖助政策认可度				0.026
					（0.026）
	学位论文评审制度认可度				0.062*
					（0.033）
	期刊投稿和审稿制度认可度				0.051*
					（0.028）
常数项		4.252***	2.034***	2.595***	1.983***
		（0.102）	（0.198）	（0.188）	（0.200）

变量	学术抱负			
	模型 9	模型 10	模型 11	模型 12
N	2300	2300	2300	2300
Adjusted R^2	0.040	0.329	0.427	0.440

注：* 代表 p<0.05，** 代表 p<0.01，*** 代表 p<0.001；括号中的数为标准误。

1. 博士生个体特征与博士生学术抱负

具体而言，个体特征方面，性别、年龄、年级变量对博士生学术抱负均有显著影响。与科研能力和科研兴趣相同，博士生学术抱负存在性别异质性，整体上男博士生的学术抱负高于女博士生，且异质性高于科研兴趣，低于科研能力。已有研究同样有类似的结论，在马缨等人的调研中，面对"希望自己在今后的工作中能够'在某领域有一定影响'，乃至'成为某领域的领军人物'"这一问题，男博士持肯定回答的比例均大大超过女博士，"说明男博士对未来职业发展的预期高于女博士。"[1] 究其原因，一方面可能因为女性自身受传统的性别角色所限制，自我效能感较低；另一方面，虽然学术界中的性别不平等现象虽然比起 20 世纪取得了很大的进步，但目前仍然是一个由男性主导的社会，女性的话语权依然很小。有学者在研究中指出，女学生知晓教师招聘中的性别歧视问题，担心会影响其未来的求职。[2] 因此，女性的学术抱负会受到这些外在的结构性因素的制约。

在其他条件相同的情况下，年龄每增加一个单位，博士生学术抱负将在 1% 的显著性水平上提高约 11.6 个百分点。而在其他条件相同的情况下，年级每增加一个单位，博士生学术抱负将在 5% 的显著性水平上降低约 3.3 个百分点。这说明随着年级的增加，博士生对博士生教育和学术职业的认知更加深刻，也了解其背后的艰辛，故原有的学术激情和抱负均随之减弱。

学科类型变量上，社会学科和工科类博士生的学术抱负水平显著高于医科博士生，文科、理科博士生学术抱负水平相对医科同样更高，但不具有显著性。国外一项基于生命科学、物理学和化学的博士生的研究发现，博士生从事学术职业的意愿在降低，尽管教师和管理者均鼓励其从事学术职业而非其他。[3]

2. 博士生读博动机与博士生学术抱负

从读博动机来看，博士生选择读博出于科研兴趣的程度每提高一个单位，其学术抱负在 1% 的显著性水平上增加约 38.5 个百分点。读博动机为获得博士学位的程度每提高一个单位，博士生科研兴趣在 1% 的显著性水平上降低约 6.6 个百分点。这两个变量与博士生学术抱负的相关程度皆大于博士生科研兴趣，说明读博动机与博士生学术抱负的相关性最高。另外，读博

① 马缨. 博士毕业生的性别差异与职业成就 [J]. 妇女研究论丛，2009（6）: 41.

② GARDNER S K. Fitting the mold of graduate school: a qualitative study of socialization in doctoral education [J]. Innovative Higher Education, 2008, 33 (2): 125–138.

③ SAUERMANN H, ROACH M. Science PhD career preferences: levels, changes, and advisor encouragement [J]. PloS One, 2012, 7 (5): e36307.

动机为提高就业竞争力与博士生学术抱负呈不显著的负向相关，而暂时不想就业和他人期望两项读博动机变量与博士生学术抱负呈不显著的正向相关。这与博士生科研能力和科研兴趣相比有较大差异。概言之，秉持内在动机或学术动机来读博的学生，其未来从事学术职业的意愿更强，更希望做出有影响力的研究，成长为有影响力的学者。

3. 导师指导与博士生学术抱负

博士生是学术之路上的初学者，教师，尤其是导师则是引路人。有学者将研究生教师，尤其是导师的角色比喻为 GPS 装置[①]，可谓十分生动和准确。本次调研显示，从导师指导情况来看，博士生每月与导师的交流频率仍然与博士生的学术抱负不显著相关，反映出导师与学生的交流频率与博士生的科研发展并不必然地存在显著相关关系。导师有效支持度和导师指导管控度皆在 1% 的显著性水平上与博士生的学术抱负呈正向相关。其中，导师有效支持对博士生学术抱负的积极影响高于博士生科研兴趣和科研能力，导师指导管控度与博士生学术抱负的正向相关性高于博士生科研兴趣，低于博士生科研能力。

4. 院校条件、学术环境与博士生学术抱负

从院校条件来看，仅有学位论文评审制度认可度对博士生学术抱负具有较显著的积极影响，其他学术活动和制度政策皆无显著作用，说明相比博士生科研兴趣，博士生的学术抱负更少地受外部因素左右。从学术环境来看，期刊投稿和审稿制度对博士生的学术抱负皆无显著影响，即相比综合科研能力和科研兴趣与这两个变量间的紧密相关关系，博士生学术抱负水平是一个更加具有内在稳定性的个体变量，较多地受到个体特征因素的影响，而较少受到外部环境因素的左右。已有研究得出不一样的结论，比如邝宏达和李林英的研究显示，科研训练环境正向显著预测研究生学术志趣，学术自我效能、学术角色认同和学术结果期待在其中发挥中介作用。[②] 杨佳乐基于 2019 年 Nature 全球博士生调查的研究发现，"组织高度学术职业支持能够显著提升博士生选择学术职业的概率。"[③]

六、研究结论与对策建议

本文基于全国 55 所一流大学建设高校和一流学科建设高校的 2300 个有效样本，分析了博士生科研能力、科研兴趣和学术抱负三个维度的现状及其不同群体的差异性，并进一步剖析了其影响因素。

（一）研究结论

1. 博士生的综合科研能力较强，科研兴趣较高，但学术抱负相对偏弱

博士生对其综合科研能力自我评价的均值得分为 4.53，处于中上水平。具体而言，综合科研能力四个二级维度的均值由高到低分别为沟通能力（4.64）、基本科研素养（4.60）、创新意

---

①　WEIDMAN J C, LINDA D A. Socialization in Higher Education and the Early Career: Theory, Research and Application [M]. Switzerland: Springer Nature Switzerland AG, 2020:120.

②　邝宏达, 李林英. 高校重大科研项目团队科研训练环境对研究生学术志趣的影响机制 [J]. 学位与研究生教育, 2020（5）: 59—66.

③　杨佳乐. 组织学术职业支持是否影响博士生就业意愿：基于 2019 年 Nature 全球博士生调查的实证分析 [J]. 中国高教研究, 2020（4）: 44.

识和批判思维（4.56）、抗挫折能力（4.31）。博士生的科研能力整体较好，表明了当前学术训练是有效的，但博士生的学术写作能力和时间管理能力还有待加强。需要注意的是，博士生在创新意识和批判思维上表现不佳。面对权威学者的观点，博士生表现出来的质疑意识和能力不足，该维度的得分仅为4.18，在有关科研能力的20个子维度中位列倒数第三位。此外，我们的调研中还涉及到了博士生的抗挫折能力，结果显示，博士生在这个方面的表现最弱，得分均值仅为4.31，是科研能力四个维度中唯一低于综合科研能力均值的变量。在有关抗挫折能力的四个题项中，仅有一个题项得分高于综合科研能力，而另外三项位列有关科研能力的20个子维度中的后四位，反映出博士生群体的抗挫折能力堪忧。但是，这一现象尚未得到研究生教育管理者、导师和研究者的足够重视。

博士生的科研兴趣得分均值为4.73，高于综合科研能力。具体来看，在题项"发现新事物的体验使我更喜欢学术工作"中，89.6%的博士生的回答偏正向，在有关科研兴趣的其他维度中，均有超过90.0%的博士生给出了偏正向的回答。比如，在"想到有意思和有价值的问题让我很兴奋"这一问题中，更是有93.4%的博士生给出了偏正向的回答。这充分说明我国高校博士生的科研兴趣普遍较浓厚，绝大多数博士生能从科研中获得正向的感受和反馈。

比较而言，博士生的学术抱负得分均值为4.47，低于综合科研能力和科研兴趣得分均值。具体来看，在题项"我希望我的研究能够推动本领域的发展"上，博士生的得分均值达到了4.64，但在题项"我希望成为一个有影响力的学者"上，博士生的得分均值为4.46，在题项"我愿意一直从事学术研究"上，博士生的得分均值仅为4.3。这说明，尽管博士生主观上想通过自身的学术研究推动自己研究领域的发展，但是，未来从事学术研究的抱负却偏弱。即部分博士生虽然对科研感兴趣，但并不想以后将其作为职业。当然，博士就业的多元化已经是国际趋势，并影响了我国的博士生教育。[①]

2. 博士生科研能力具有显著的群体差异

本次调研显示，男性、高年龄段、通过"申请－考核"制方式入学、四年级、人文学科、就读于一流学科建设高校的博士生科研能力较强。女博士生无论是综合科研能力还是四个子维度上的表现，均低于男博士生。具体而言，男博士生的综合科研能力均值为4.63，女博士生的综合科研能力均值为4.41，比男博士生低0.22，而且不同性别博士生的综合科研能力在1%的显著性水平上存在差异。男女博士生在抗挫折能力上的差异最大，其次是创新意识和批判思维、基本科研素养，差异最小的是沟通能力。就年龄分段而言，高年龄的博士生的综合科研能力强于低年龄段的。在我们划分的四个年龄段中，博士生的综合科研能力随着年龄的增长在不断提高，不同年龄段间博士生科研能力的差异在1%的水平上显著。

不同入学方式的博士生在科研能力各维度上的表现均存在差异，且在1%的水平上显著。具体而言，通过"申请－考核"制方式入学的博士生的综合科研能力均值最高（4.60），其次是普通招考（4.51）、硕博连读（4.49）、本科直博（4.23）。本科直博生在科研能力的四个维度上的均值均处于末位，这可能与本次调研中这一群体的样本较少有关。但回归分析结果表明，入学方式对综合科研能力没有显著影响。就年级而言，四年级博士生的综合科研能力最强，但各年级的博士生的综合科研能力表现之间的差异不显著。需要注意的是，四年级及以上的博士

① 沈文钦，谢心怡，郭二榕. 学术劳动力市场变革及其对博士生教育的影响 [J]. 教育研究，2022（5）：70-82.

生在科研能力的各维度上的表现均处于最低，需要院系和导师加强指导。此外，虽然四年级博士生的抗挫折能力比起三年级博士生要强，但差距很小，并仍低于一年级博士生。

此外，博士生的综合科研能力和基本科研素养存在学科类型差异，另外三个维度则不存在学科差异。人文学科、工科和医科的博士生综合科研能力强于理科和社会学科，不同学科类型间的科研能力的差异具有显著性，创新意识和批判思维、抗挫折能力、沟通能力在学科类型上不存在显著差异。就学校类型而言，一流大学建设高校的博士生在四个维度的科研能力的均低于一流学科建设高校，但回归分析结果发现，学校类型对其科研能力并没有显著影响。

3. 博士生科研兴趣具有显著的群体差异

本次调研显示，男性、高年龄段、通过"申请－考核"制方式入学、一年级、人文学科、就读于一流学科建设高校的博士生科研兴趣较高。男博士生科研兴趣的均值为4.819，比女博士生科研兴趣均值高0.197，且在1%的显著性水平上存在差异。就年龄而言，处于较高年龄段的博士生的科研兴趣均值高于较低年龄段的博士生，在5%的显著性水平上存在差异。就入学方式而言，"申请－考核"制博士生的科研兴趣均值最高，为4.813，其次是普通招考（4.750）、硕博连读（4.653），本科直博生的科研兴趣最低，仅为4.471，且在10%的显著性水平上存在差异。就年级而言，一年级和四年级博士生的科研兴趣均值较高，分别为4.853、4.687；二、三年级博士生的科研兴趣均值最低，分别为4.647、4.648，五年级及以上的博士生的科研兴趣均值高于二、三年级，但低于一、四年级，为4.670，且在1%的显著性水平上存在差异。就学科类型而言，人文学科博士生的科研兴趣均值最高，为4.833，其次是工科（4.783）、社会学科（4.706）、理科（4.683），医科最低，仅为4.592，且在10%的显著性水平上存在差异。一流学科建设高校博士生的科研兴趣均值为4.748，高于一流大学建设高校（4.678），但不具有显著性。

4. 博士生学术抱负具有显著的群体差异

本次调研显示，男性、高年龄段、通过"申请－考核"制方式入学、一年级、人文学科、就读于一流学科建设高校的博士生学术抱负较高。男博士生的学术抱负均值为4.570，女博士生的学术抱负均值为4.343，比男博士生低0.227，且在1%的显著性水平上存在差异。就年龄而言，处于较高年龄段的博士生的科研兴趣均值高于较低年龄段的博士生，在1%的显著性水平上存在差异。与科研能力、科研兴趣的高低排序一致，"申请－考核"制博士生的学术抱负均值最高，为4.598，其次是普通招考（4.518）、硕博连读（4.319），本科直博生的科研兴趣最低，仅为4.164，且在1%的显著性水平上存在差异。就年级而言，科研兴趣均值从高到低依次为一年级（4.622）、四年级（4.415）、三年级（4.390）、四年级以上（4.384）、二年级（4.350），且在1%的显著性水平上存在差异。就学科类型而言，人文学科博士生的学术抱负均值最高，为4.579，其次是工科（4.533）、社会学科（4.497）、理科（4.392），医科最低，仅为4.232，且在1%的显著性水平上存在差异。一流学科建设高校博士生的学术抱负均值为4.504，高于一流大学建设高校（4.369），且在5%的显著性水平上存在差异。

5. 博士生科研能力受个体、导师、院校、学术环境等因素综合影响

第一，出于科研兴趣读博的博士生，其综合科研能力显著高于其他动机博士生。博士生的读博动机不仅受个人特征的影响，也受到劳动力市场，尤其是学术劳动力市场的影响。和世界发达国家一样，我国博士生的读博动机也早已多元化。本研究将博士生的读博动机分为科研兴

趣、提高就业竞争力、暂时不想就业、他人期望、获得博士学位五大类型。本次调研显示，不同读博动机对博士生综合科研能力的影响不同。具体而言，科研兴趣变量的系数在 1% 的显著性水平上与博士生综合科研能力正向相关，博士生出于科研兴趣而选择读博的动机程度每提高一个单位，其综合科研能力可能显著提高 21.1 个百分点；博士生的读博动机为提高就业竞争力时，对综合科研能力的影响是正向的，但作用较小；博士生的读博动机为暂时不想就业和他人期待时，对综合科研能力的影响是负向的，但不显著；博士生的读博动机为获得博士学位时，对综合科研能力的影响是负向的，且是显著的。学生出于获得博士学位而选择读博的动机程度每增加一个单位，博士生综合科研能力将在 1% 的显著性水平上降低约 2.7 个百分点。由此可见，积极的读博动机，无论是出于科研兴趣还是提高其就业竞争力，皆有助于提高博士生的综合科研能力。

第二，导师有效支持比管控型指导更有利于提高博士生综合科研能力。结构化培养虽然已经成为全球博士生培养的重要模式[①]，但导师指导在博士生成长过程中的作用依然是不可替代的。本研究主要分析导师交流频率（每月）、有效支持程度和指导管控度三个有关导师指导的变量对博士生综合科研能力的影响。结果显示，博士生每月与导师的交流频率与其综合科研能力并不显著相关，即交流频率并不会影响博士生的综合科研能力。导师有效支持度和导师指导管控度在 1% 的显著性水平上与博士生综合科研能力正向相关，且前者的积极作用大于后者。

第三，博士生期间的课程质量、学术环境均会影响博士生的综合科研能力。博士生培养不仅需要个人努力和导师指导，同样也离不开院校和宏观的学术环境的支持。就院校层面而言，本研究聚焦四个维度，分别是院校提供的学术活动、开设的课程、奖助政策和学位论文评审制度。本次调研显示，博士生对课程的认可度与博士生的综合科研能力显著正相关，另外三项不显著。就学术环境而言，本研究主要聚焦期刊投稿、审稿制度。研究显示，博士生对期刊投稿和审稿制度的认可度每增加一个单位，其综合科研能力将在 1% 的显著性水平上提高 7.5 个百分点。

6. 博士生科研兴趣受个体、导师、院校、学术环境等因素综合影响

第一，读博动机为科研兴趣时，当前的科研兴趣显著更高。博士生怀有不同的读博动机，其科研兴趣也会不同。具体而言，博士生的读博动机为科研兴趣时，其科研兴趣显著要高；当博士生的读博动机为获得博士学位时，对其科研兴趣的影响则是显著负向的。

第二，导师有效支持程度和指导管控程度均对博士生科研兴趣有正向影响。导师是博士生的学术引路人，也是博士生成长中最为重要的角色。博士生社会化过程中，学习和模仿是其最为重要的路径，而导师则往往是学术模范。本次调研显示，虽然博士生每月与导师的交流频率不会影响其科研兴趣，但导师有效支持程度和导师指导管控度均在 1% 的显著性水平上与博士生科研兴趣正向相关，且前者的积极作用大于后者。

第三，学位论文评审制度满意度和期刊投稿、审稿制度满意度对博士生科研兴趣有显著正向影响。博士生的就读体验和对科研的理解不仅会受到个人、导师的影响，还与其所处的环境有关。本次调研涉及院校条件中的院校提供的学术活动、开设的课程、奖助政策和学位论文评

[①] 王东芳，沈文钦，李素敏. 美国博士生培养的结构化模式及其全球扩散：以经济学科为案例 [J]. 学位与研究生教育，2014（8）: 61–66.

审制度，以及期刊投稿和审稿制度。结果显示，只有学位论文评审制度满意度和期刊投稿、审稿制度认可度对博士生科研兴趣具有显著正向影响。

7. 博士生学术抱负受个体、导师、院校等因素综合影响

第一，读博动机出于科研兴趣和获得博士学位时，才会影响博士生学术抱负。本研究分析了博士生的五种读博动机对其学术抱负的影响。结果显示，只有博士生出于科研兴趣和获得博士学位时，才会影响其学术抱负。具体而言，博士生选择读博出于科研兴趣的程度每提高一个单位，其学术抱负在 1% 的显著性水平上增加约 38.5 个百分点；读博动机为获得博士学位的程度每提高一个单位，博士生科研兴趣在 1% 的显著性水平上降低约 6.6 个百分点。而读博动机为提高就业竞争力、暂时不想就业、他人期望时，对其学术抱负的影响不显著。

第二，导师有效支持度和指导管控度显著正向影响博士生学术抱负。博士生对学术职业的最初设想和理解往往都来自对导师的观察和在与导师的相处中逐渐形成的。因此，导师不只是影响博士生科研能力和科研兴趣的重要因素，更会影响博士生是否愿意将学术作为未来的职业选择。本次调研显示，虽然博士生每月与导师的交流频率仍然与其学术抱负不显著相关，但导师有效支持度和导师指导管控度均在 1% 的显著性水平上与其学术抱负正向相关。

第三，博士生对学位论文评审制度的认可度较显著地正向影响博士生的学术抱负。一些外在的支持和宏观的学术环境也是博士生考虑未来职业的重要因素。本次调研显示，院校条件维度上，仅有学位论文评审制度认可度与博士生学术抱负呈较显著的正向相关关系；而其他学术环境变量对博士生的学术抱负影响不显著。反映出博士生学术抱负的高低较不易受外部因素左右。

（二）对策建议

习近平总书记指出，"综合国力竞争说到底是人才竞争。人才是衡量一个国家综合国力的重要指标。人才是自主创新的关键，顶尖人才具有不可替代性。国家发展靠人才，民族振兴靠人才。我们必须增强忧患意识，更加重视人才自主培养，加快建立人才资源竞争优势。"[①] 博士生教育是高层次人才培养最为重要的途径，博士生培养质量决定了我国科学、技术等各个领域的竞争力。王传毅等基于 2019 年全球 6812 名博士生调查数据的研究发现，"从国际比较情况来看，中国的博士生培养质量整体上低于全球平均水平，特别是学术能力的提升显著低于所对比的发达国家。"[②] 因此说，我国学术生态和博士生培养制度需要系统性的改革。

1. 教育主管部门及相关部门要进一步优化博士生的成长环境

年轻学者和博士生的学术水平决定了未来我国科学技术领域的国际竞争力。读博和做科研都是一个漫长的过程，同时也充满着不确定性[③]，因此，博士生在考虑将学术作为未来的职业选择时，往往比较慎重。近年来，党和国家加大了对青年人才的重视程度，采取多种方式支持其发展。从本次调研可以看出，目前外在的学术环境对博士生的科研能力的影响是负面的。因

———————

①   习近平. 深入实施新时代人才强国战略 加快建设世界重要人才中心和创新高地［J］. 求是，2021（24）：5.

②   王传毅，杨佳乐，辜刘建. 博士生培养质量及其影响因素研究：基于 Nature 全球博士生调查的实证分析［J］. 宏观质量研究，2020，8（1）：77.

③   SKAKNI I, CALATRAVA MORENO M C, SEUBA M C, et al. Hanging tough: post-PhD researchers dealing with career uncertainty［J］. Higher Education Research & Development, 2019, 38 (7): 1489-1503.

此，需要各部门拿出实际的政策来加以落实，高校和科研院所要结合自身的实际情况，打造适合青年博士生成长的学术生态。具体而言，一是要督导高校破"五唯"等相关政策的落实情况；二是进一步提高博士生的资助力度，让更多的博士生能安于科研。

2. 高校要进一步完善博士生招生制度

选拔优质的生源是提高博士生培养质量的关键环节。如何识别出有学术潜力的学生，是博士生招生中一直面临的困境。为了进一步优化博士生招生方式，提高招生的科学性，各大高校纷纷引入博士生招生"申请－考核"制。[①] 但是，目前的不少相关研究对该制度的有效性和公平性均提出了质疑。[②] 本研究也发现，虽然不同入学方式的博士生科研能力存在差异，但二者并没有因果关系。但是，本研究同时也发现，五种读博动机中，只有出于科研兴趣，才对博士生科研能力有较强的显著正向影响。因此，博士生培养单位一方面要加强宣传，吸引那些对科研感兴趣的本科生和硕士生攻读博士学位；另一方面在考核时要了解考生的读博动机，博士生导师理应在其中发挥积极作用。本次调研中的本科直博生群体的整体表现均弱于其他群体，这一方面可能和样本量较少有关；另一方面也揭示了这个群体本身可能存在的问题。因此，高校在实施这一政策时要慎重，探索有效的分流机制。我们认为，未来博士生招生制度的方向应该是逐渐将多种模式打通，尤其是本科直博和硕博连读招生方式不应局限于本校。

3. 院系要提高多元化的支持力度

博士生教育决定了未来我国高层次人才的竞争力，创新意识和批判思维是高层次人才的必备素质。因此，未来博士生培养改革的重心要放在提高质量上，尤其是创造宽容的学术氛围，营造敢于批判和质疑，敢为人先的学术环境。此外，由于博士生就业多元化已经成为一个全球趋势，且不可避免，各国对此开启了一系列的应对策略。[③] 但是，我国无论是教育主管部门还是研究生培养单位，尚有待做出实质改变。2019 年 Nature 全球博士生调查显示，"71.33% 的被调查博士生表示所在博士培养单位为其从事学术职业提供了高度支持。值得注意的是，除亚洲国家外，其余各大洲的这一比例均高于总体平均值，其中北美或中美洲、非洲的比例在80% 左右，而中国仅有 43.44% 的博士生认为所在博士培养单位为其从事学术职业提供了高度支持。"[④] 因此，各培养单位一方面要为博士生继续提供充足的学术支持，包括经费、课程、学术活动等，以及提供助教岗位，提高博士生的教学能力，以应对博士生毕业后进入以教学为主的高校的胜任力；另一方面要积极加强校企合作、学校与政府合作，充分利用好各行各业校友的优势资源，为那些毕业后从事非学术职业的博士生提供就业指导，提供与非学术机构沟通的求职桥梁。

---

① 周文辉，贺随波. 博士生招生"申请－考核"制在我国"双一流"建设高校中扩散的制度分析 [J]. 中国高教研究，2019（1）：72-78+85.

② 王海迪. 院校出身、科研能力与学术激情：申请考核生与普通招考生的比较研究 [J]. 教育发展研究，2018，38（9）：43-49.

③ 沈文钦，王东芳，赵世奎. 博士就业的多元化趋势及其政策应对：一个跨国比较的分析 [J]. 教育学术月刊，2015（2）：35-45.

④ 杨佳乐. 组织学术职业支持是否影响博士生就业意愿：基于 2019 年 Nature 全球博士生调查的实证分析 [J]. 中国高教研究，2020（4）：46-47.

4.激励导师切实参与博士生的指导

诸多已有研究及本文研究均证明了导师指导对博士生成长的重要价值。近年来，教育主管部门和高校内部出台了一系列促进导师立德树人的指导性文件，通过职称晋升制度改革和强化论文抽检，进一步加强了导师管理。但是，目前的这些政策和措施都是被动的要求，缺乏正向的激励，甚至是加重了导师的负担。学者对学术和学生有天然的使命，需要得到更多的尊重和信任。因此，教育主管部门和高校要减少直接的管控，根据高校和学科特征，出台与激励和惩罚机制相结合的措施。一是在课程教学、学生评价等方面赋予导师更多的自主权，并加强内外部学术共同体的监督；二是建立明晰的标准，让导师知晓边界在哪里；三是加强师生反馈机制，及时解决存在的问题；四是搭建内部交流平台，让学术共同体分享好的指导方式。

5.关心博士生的心理状态

本次调研揭示了以往国内研究和管理中尚未被重视的问题，即博士生的抗挫折能力。在我们调研的四个维度的能力中，博士生的抗挫折能力是最低的，且与其他三个维度的能力差距较大。尤其是女性、四年级及以上和25岁及以下的博士生群体更需要关注。程猛等人的综述研究指出了全球范围内博士生群体面临精神健康危机的普遍性。[1] 我国高校中这些年发生的博士生自杀现象也印证了这一问题的严峻性。因此，院系和导师在关注博士生学术发展的同时，不应忽视其心理状态。一方面，我们应该加强专门的心理健康咨询和教育领域的师资队伍建设；另一方面，发挥好师门、课题组等的作用，关心博士生心理健康，及时发现问题，进行有效干预。

（执笔：贺随波　张玉丹）

---

[1]　程猛，吴慧敏，马啸.读博：一场精神赌博——国外关于博士生抑郁风险的研究述评 [J]. 比较教育研究，2020，42（8）：26-33.

学术型博士生成长环境及其效应调查

一、调查背景

研究生招生规模扩张给博士生成长环境带来一定影响。据教育部统计数据，2020年，我国研究生共招生110.6万人，其中博士生招收11.6万人。[①] 近年来，研究生招生规模平均增长率为12.92%。[②] 博士生规模不断扩张，但资源配置并未完全跟上。具体而言，其一，高等教育配套设施增长幅度缓慢，2000—2019年高等教育校舍建筑面积增幅仅为3.35%，其中，图书馆、教室、实验室及实习场所和学生宿舍建筑面积增幅分别为4.51%、4.29%、4.60%、5.80%。[③] 其二，高等教育经费总量持续增加，但基本建设经费投入却存在波动，部分年份甚至出现减少情况。[④] 其三，实际的生师比与合理的生师比之间有很大差别。研究生生师比从1984年1.55：1增长到2005年6.64：1，之后一直维持在6：1以上[⑤]，研究生生师比过大，导致导师在博士生指导过程中投入的时间、精力大打折扣。[⑥] 有学者对4所研究型大学1436位在读博士生的进行抽样问卷调查，从博士生的个体特征、学习与生活状况、导师指导、现行培养制度四个方面探讨了高等教育普及化背景下我国博士生的成长环境，发现当前我国博士生的成长环境依旧存在不足，包括培养经费投入不足、博士生生活待遇偏低、导师指导方式较为单一、入学方式和学制不够灵活。[⑦]

博士生成长环境的不完善造成博士生面临着多源性压力，这些压力涉及收入压力、就业压力、科研压力、婚恋压力、课程学习压力。博士研究生作为初级学术研究人员，科研压力一直居高不下。博士生因为面临巨大科研压力而遭受不同程度的抑郁、焦虑、恐惧等心理困扰。这些压力使博士生在潜移默化中规避风险大、创新性高的科研课题。"博士生的研究不敢逾越已有的学术框架，只是在既有理论框架内修修补补，因为一旦逾越，就可能面临学术质疑甚至批

① 中华人民共和国教育部发展规划司. 中国教育统计年鉴2020 [M]. 北京：中国统计出版社，2021:190.

② 王应密，叶丽融. 我国研究生教育规模扩张失衡与应对 [J]. 黑龙江高教研究，2020，38（11）：77-83.

③ 王应密，叶丽融. 我国研究生教育规模扩张失衡与应对 [J]. 黑龙江高教研究，2020，38（11）：77-83.

④ 李梦琢，刘善槐. 如何回归"适度规模"——基于美国研究生培养规模调节机制的比较分析 [J]. 研究生教育研究，2019，54（6）：82-88.

⑤ 苌庆辉，闫广芬. 扩招后影响研究生教育质量的主体因素——对生源、生师比、师生关系的考察 [J]. 现代大学教育，2010（5）：49-52.

⑥ 江平. 我国高校硕士研究生教育的生师比问题研究 [D]. 苏州大学硕士论文，2009：1.

⑦ 王蔚红. 我国博士生培养现状——基于四所高等学校的调查 [J]. 大学（研究与评价），2008（11）：42-48.

评，这是博士生最不想面对的结果。"[①] 为避免陷入学术界"平庸表演者"的尴尬处境，博士生不断逃离科研，"街道办博士"也开始见诸媒体。这从侧面映射出博士生对未来学术职业的选择正在被逐渐消解。

政府机构及学界已经重视到博士生成长环境的重要性。教育部、国家发展改革委、财政部联合印发《关于加快新时代研究生教育改革发展的意见》，要求培养单位不断完善研究生成长环境，提升研究生学习投入及科研专注。学界从研究生招生方式、师生关系、课程设置、专业发展、导师素养等角度分析博士生成长环境及其影响。但是已有研究对博士生成长环境的分析缺乏完整性，鉴于创设优质的、完整的成长环境是提高博士生培养质量的重要前提，故而有必要从整体角度分析成长环境在博士生专业化发展过程中的重要作用。

为了对当前博士生的成长环境及其效应有更为清晰的了解，本专题对 39 所一流大学建设高校、一流学科建设高校博士生（学术型）进行问卷调查。调查的主要内容包括：（一）博士生成长环境现状；（二）博士生成长环境在人口背景上的差异性；（三）博士生成长环境带来的效应；（四）为改善博士生成长环境提出相应的建议。

二、研究方法及样本信息

（一）研究方法与工具

本专题主要采用问卷调查法，问卷题项内容主要改编自美国《研究生研究经历问卷（PRES）》、澳大利亚《研究生课程学习体验问卷（CEQ）》、英国《研究生教与学经历调查问卷（PTES）》、李永刚《研究者素养问卷》。问卷结构及内容主要包括以下部分（见：表 2-2-1）：

第一部分，人口基本信息。该部分主要包括博士生性别（男、女）、年级（博一、博二、博三、博四、博五、博六及以上）、入学方式（本科直博[②]、硕博连读、普通招考、"申请 – 考核"制）、院校类型（一流大学建设高校、一流学科建设高校）、学科（人文学科、社会学科、自然学科、工科、交叉学科）、导师职称（教授、副教授、讲师[③]）、研究领域（基础研究、开发研究、应用研究）、婚恋状况（已婚已育、已婚未育、未婚有恋人、未婚无恋人）、延期毕业（是、否）、职业意向（学术性职业、非学术性职业）、读博动机（学术性动机、非学术性动机）。

第二部分，博士生成长环境。该部分包括科研经历（以分类变量为主）、导师指导、院校支持、考核评价体系、课程教学、学习资源、发展机会、同伴支持，采用李克特五分度量方法（1= 非常不符合；5= 非常符合）。

博士生科研经历包括：与导师科研方向一致性、导师指导模式、参与导师科研项目、学位论文选题自主性、自主申报并获批校内科研创新项目、科研发表。与导师科研方向一致性采用连续变量的方式测量（1= 完全不一致；5= 完全一致）。学位论文选题自主性有两个选项，分

---

① 缪学超，易红郡. 博士生"研究者"身份意识的缺失与重建 [J]. 杭州师范大学学报（社会科学版），2014，36（5）：126–130.

② 本科直博生是指本科毕业后直接攻读博士学位。

③ 教授、副教授、讲师分别对应研究员、副研究员、助理研究员。

别是自主决定论文选题、导师指定论文选题。导师指导模式有两个选项，分别是单一导师指导、导师组指导。参与导师科研项目，包括是与否两个选项。自主申报校内科研创新项目，包括是与否两个选项，并且又为选择"是"的博士生提供三个选项，分别是重点项目、一般项目、其他项目。科研发表主要是让博士生自我报告入学以来以第一作者身份发表的 SCI/SSCI 期刊论文、CSSCI/CSSCI 期刊（扩展版）论文、中文核心期刊论文篇数、出版专著部数、申请专利项数。

导师指导包括：导师有很强的学术能力、导师定期与我联系、导师为我提供发展机会、导师在选题上为我提供指导、导师对我学习提供有效反馈五个观测题项。

院系支持包括：院系为跨学科学习提供便利、我能够融入院系环境、院系科研氛围激发我的学术激情三个观测题项。

考核评价包括：所学课程有完整评价体系、中期考核标准严格、学位论文评价体系严格三个观测题项。

课程教学包括：教师及时反馈我的学习、教师重视师生互动、教师积极投入课堂教学、课堂教学方法多样、课程内容激发我的科研兴趣五个观测题项。

学习资源包括：我拥有充足的学习工作场所、我拥有研究所需的专业资源（软件、设备）、我可以便利使用网络设施与服务、我可以获得必需的期刊文献四个观测题项。

发展机会包括：加入高水平科研团队的机会较多、能够接触本专业领域优秀学者、所在专业有广泛的学术交流网络三个观测题项。

同伴支持包括：我与同学相互鼓励、同学协助我解决科研难题、同学之间相互分享经验三个观测题项。

第三部分，科研创新能力。该部分主要是从发展型科研创新能力和任务型科研创新能力角度调查博士生的知识储备、研究技能、学术志趣、科研论文发表情况。

博士生发展型科研创新能力涵盖知识储备、研究技能、学术志趣，采用李克特五分度量方法（1= 非常不符合；5= 非常符合），博士生任务型科研创新能力通过论文发表数量来表征，并将发表的论文数量进行加权计算。

知识储备包括：深入理解所学专业的基础理论知识、熟悉本学科前沿知识发展趋势、熟悉交叉学科的知识三个观测题项。

研究技能包括：可以熟练操作专业软件、乐于使用新的研究方法与技术、具备熟练的数据收集与分析能力三个观测题项。

学术志趣包括：有强烈的自主学习动机、外部环境很难扰乱我对科研的兴趣、对学术的热情从未减退三个观测题项。问卷内容如表 2-2-1 所示。

表 2-2-1　问卷结构维度及定义

维度	类别	定义	题量	变量类型
人口基本信息	性别	男、女	11	分类变量
	年级	博一、博二、博三、博四、博五、博六及以上		

续表

维度	类别	定义	题量	变量类型
人口基本信息	入学方式	本科直博、硕博连读、普通招考、"申请–考核"制	11	分类变量
	院校类型	一流大学建设高校、一流学科建设高校		
	学科	人文学科、社会学科、自然学科、工科、交叉学科		
	导师职称	教授（研究员）、副教授（副研究员）、讲师（助理研究员）		
	研究领域	基础研究、开发研究、应用研究		
	婚恋状况	已婚已育、已婚未育、未婚有恋人、未婚无恋人		
	延期毕业	是、否		
	职业意向	学术性职业、非学术性职业		
	读博动机	学术性动机、非学术性动机		
博士生成长环境	科研经历	与导师科研方向一致性	6	连续变量
		导师指导模式		分类变量
		参与导师科研项目		分类变量
		学位论文选题自主性		分类变量
		自主申报并获批校内科研创新项目		分类变量
		科研成果产出		分类变量
	导师指导	导师有很强的学术能力	5	连续变量
		导师定期与我联系		
		导师为我提供发展机会		
		导师在选题上为我提供指导		
		导师对我学习提供有效反馈		
	院系支持	院系为跨学科学习提供便利	3	连续变量
		我能够融入院系环境中		
		院系科研氛围激发我的学术激情		
	考核评价体系	所学课程有完整评价体系	3	连续变量
		中期考核标准严格		
		学位论文评价体系严格		
	课程教学	任课教师及时反馈我的学习	5	连续变量
		教师重视师生交流互动		

续表

维度	类别	定义	题量	变量类型
博士生成长环境	课程教学	教师积极投入课堂教学 课堂教学方法多样 课程内容激发我的科研兴趣	5	连续变量
	学习资源	我拥有充足的学习工作场所 我拥有研究所需的专业资源 我可以便利使用网络设施与服务 我可以获得必需的期刊文献	4	连续变量
	发展机会	加入高水平科研团队的机会较多 能够接触本专业领域优秀学者 所在专业有广泛的学术交流网络	3	连续变量
	同伴支持	我与同学相互鼓励 同学协助我科研解决难题 同学之间相互分享经验	3	连续变量
发展型科研创新能力	知识储备	深入理解所学专业的基础理论知识 熟悉本学科前沿知识发展趋势 熟悉交叉学科的知识	3	连续变量
	研究技能	可以熟练操作专业软件 乐于使用新研究技术与方法 具备熟练的数据搜集与分析能力	3	连续变量
	学术志趣	有强烈的自主学习动机 外部环境很难扰乱我对科研的兴趣 对学术的热情从未减退	3	连续变量
任务型科研创新能力		按照博士生发表的不同期刊类型的论文数量来计算，计算公式为： 人文社科博士生的任务型科研创新能力 = 国外期刊 ×1+ 国内核心期刊 ×0.8；理工科博士生的任务型科研创新能力 = 国外期刊 ×1+ 国内核心期刊 ×0.4。①	1	—

———————

①　王思遥，蔡红红. 培养环境是否影响博士生的科研信念与科研绩效——基于37所"双一流"建设高校的调查［J］. 中国高教研究，2022（4）：91-96.

本专题主要是从科研经历、导师指导、院系支持、考核评价体系、学习资源、课程教学、同伴支持、发展机会等维度分析博士生成长环境。每个维度的观测指标均改编自成熟问卷,为了保证题项的信效度,首先,利用主成分分析法对每个维度的观测指标进行效度分析;其次,利用克隆巴赫系数检验每个维度的信度。结果如表 2-2-2 所示,博士生成长环境各因子载荷系数、克隆巴赫值均在适配值区间范围内,说明博士生成长环境问卷的信效度较好。

表 2-2-2　量表信效度

维度	类别	定义	因子载荷系数	Cronbach's alpha
成长环境	科研经历	与导师科研方向一致性	以分类变量为主,无需效度检验	以分类变量为主,无需信度检验
		导师指导模式		
		参与导师科研项目		
		学位论文选题自主性		
		自主申报并获批校内科研创新项目		
		科研成果产出		
	导师指导	导师有很强的学术能力	0.910	0.952
		导师定期与我联系	0.859	
		导师为我提供发展机会	0.909	
		导师在选题上为我提供指导	0.945	
		导师对我学习提供有效反馈	0.956	
	院系支持	院系为跨学科学习提供便利	0.917	0.907
		我能够融入院系环境中	0.922	
		院系科研氛围激发我的学术激情	0.921	
	考核评价体系	所学课程有完整评价体系	0.908	0.903
		中期考核标准严格	0.923	
		学位论文评价体系严格	0.917	
	课程教学	教师及时反馈我的学习	0.920	0.963
		教师重视师生交流互动	0.934	
		教师积极投入课堂教学	0.942	
		课堂教学方法多样	0.940	
		课程内容激发我的科研兴趣	0.934	

维度	类别	定义	因子载荷系数	Cronbach's alpha
成长环境	学习资源	我拥有充足的学习工作场所	0.824	0.847
		我拥有研究所需的专业资源	0.831	
		我可以便利使用网络设施与服务	0.860	
		我可以获得必需的期刊文献	0.809	
	发展机会	加入高水平科研团队的机会较多	0.898	0.900
		能够接触本专业领域优秀学者	0.924	
		所在专业有广泛的学术交流网络	0.918	
	同伴支持	我与同学相互鼓励	0.954	0.932
		同学协助我解决科研难题	0.955	
		同学之间相互分享经验	0.912	
科研能力	知识储备	深入理解所学专业的基础理论知识	0.905	0.849
		熟悉本学科前沿知识发展趋势	0.908	
		熟悉交叉学科的知识	0.832	
	研究技能	可以熟练操作专业软件	0.816	0.856
		乐于使用新研究技术与方法	0.901	
		具备熟练的数据搜集与分析能力	0.886	
	学术志趣	有强烈的自主学习动机	0.799	0.722
		外部环境很难扰乱我对科研的兴趣	0.823	
		对学术的热情从未减退	0.871	
适配值区间			>0.5	>0.7

（二）调查样本基本信息

本调查通过问卷星发放电子问卷，采用分层调查法，调查对象是我国"双一流"建设高校，调研时间是从 2022 年 3 月至 4 月。本次调研共有 39 所高校博士生参与，得到 2415 份问卷，剔除无效问卷 267 份，得到 2148 份有效问卷，回收率为 88.94%。

从表 2-2-3 可知，在调查样本中，男女博士生所占比重基本持平；一年级博士生占比 35.3%，高于其他年级博士生；未婚有恋人的博士生偏多；从事基础研究的博士生占六成；交叉学科的博士生数量最少；导师随着职称的提升，占比也随之提升；一流学科建设高校的博士生占比偏高；四成博士生是通过"申请-考核"制入学；按时毕业博士生数量高于延期毕业博士生。

表 2-2-3　调查样本基本信息（N=2148）

变量名称	选项	N	百分比 /%	变量名称	选项	N	百分比 /%
性别	男	1092	50.8	学科	人文学科	127	5.9
	女	1056	49.2		社会学科	421	19.6
年级	博一	758	35.3		自然学科	665	31.0
	博二	585	27.2		工科	911	42.4
	博三	431	20.1		交叉学科	24	1.1
	博四	220	10.2	导师职称	教授（研究员）	2037	94.8
	博五	112	5.2		副教授（副研究员）	107	5.0
	博六及以上	42	2.0		讲师（助理研究员）	4	0.2
				院校类型	一流大学建设高校	441	34.6
婚恋状况	已婚已育	314	14.6		一流学科建设高校	1404	65.4
	已婚未育	242	11.3	入学方式	本科直博	119	5.5
	未婚有恋人	821	38.2		硕博连读	601	28.0
	未婚无恋人	771	35.9		普通招考	451	21.0
研究领域	基础研究	1373	63.9		"申请－考核"制	977	45.5
	开发研究	70	3.3	延期毕业	是	154	1.2
	应用研究	705	32.8		否	1994	98.8
读博动机	学术动机	750	34.9	职业意向	学术性职业	1352	62.9
	非学术动机	1398	65.1		非学术性职业	796	37.1

三、博士生成长环境现状

　　早期科学社会学对科研人员成长环境的分析主要是从宏观层面的学术共同体、中观层面的大学组织结构、微观层次的个人特质、偏好及家庭层阶等方面入手。就科研人员成长的宏观层面，学者主要分析科研人员在学术共同体内社会网络关系的建构、层阶地位获致及社群文化习得如何影响科研人员从籍籍无名的"小人物"发展成为扬名立万的"学术明星"。但是不少研究也聚焦中观的组织层面，如通过对高校及院系内部的制度与环境研究，分析人才成长环境与支持条件。[①] 博士生作为学术部落的初级科研人员，成长过程无法脱离大学组织资源供给及相应的制度引导。因此，本专题中的博士生成长环境是指博士生在学习及科研过程中获得的支持

---

　　① 阎光才. 学术团队的运作与人才成长的微环境分析 [J]. 高等教育研究，2013，34（1）：32–41.

性条件及资源。

（一）科研经历

1. 博士生与导师科研方向一致性

本专题通过"您与导师研究方向一致性"题项，采用李克特五分测量方式（1= 完全不一致；5= 完全一致）分析博士生科研方向与导师保持一致性程度。从调查数据来看，5.4% 的博士生认为自己研究方向和导师完全不一致，13.5% 的博士生认为自己的研究方向与导师研究方向有点不一致，2.3% 的博士生不确定自己研究方向是否和导师方向一致，52% 的博士生认为自己研究方向和导师研究方向相对一致，26.6% 的博士生认为自己研究方向和导师完全一致。从调查结果可知，我国博士生科研方向与导师研究方向保持相对一致性。博士生与导师科研方向相对一致可以让博士生在科研团队中更好地与导师及其他成员相互沟通、协调，进行知识共享，充分利用导师学术网络资源及专业支持，降低科研失败风险。[①] 但是，导师与博士生科研方向相一致也容易诱致学术近亲繁殖，限制博士生拓展科研边界。

本专题通过单因素方差分析法，发现博士生与导师科研方向一致性因学校、年级、学科、延期毕业等因素的不同，呈现显著性差异。从表 2-2-4 可知，一流大学建设高校的博士生与导师科研方向一致性相对较低。在层次越高的大学中，博士生科研方向会稍微偏离导师研究领域，这种偏离可能是因为一流大学建设高校的博士生科研兴趣较为宽泛，轻易不受导师研究范围的限制与约束。博士生随着年级逐渐提升，与导师科研方向一致性呈现下降趋势，即博士生随着知识储备扩大，科研视野逐渐开阔，研究方向会逐渐发生改变。

学科差异也会造成博士生与导师科研方向一致性发生分化。自然学科、工科的博士生与导师科研方向的一致性比人文学科、社会学科、交叉学科的博士生与导师科研一致性高。按时毕业的博士生与导师科研方向保持一致性的均值是 3.82，显著高于延期毕业博士生的均值。博士生偏离导师研究方向有可能会造成师生两者认知错位，致使导师无法为博士生的学位论文提供建设性意见，博士生难以按时毕业。[②]

表 2-2-4　博士生与导师科研一致性在背景变量上的差异分析

背景变量		均值	F	p 值
学校	一流大学建设高校	3.73（0.043）	6.013	0.014
	一流学科建设高校	3.85（0.030）		
年级	博一	3.89（0.038）	3.801	0.002
	博二	3.79（0.047）		
	博三	3.79（0.055）		
	博四	3.74（0.082）		

① 杨文采. 科研团队认知匹配、团队协同、协同生态效能的因子分析 [J]. 科技管理研究，2016，36（24）：106-110.

② ORELLANA M L, DARDER A, PÉREZ A, et al. Improving doctoral success by matching PhD students with supervisors [J]. International Journal of Doctoral Studies, 2016 (11) : 87-103.

续表

背景变量		均值	F	p 值
年级	博五	3.76（0.116）	3.801	0.002
	博六及以上	3.17（0.213）		
学科	人文学科	3.72（0.101）	6.820	0.000
	社会学科	3.60（0.056）		
	自然学科	3.95（0.043）		
	工科	3.82（0.037）		
	交叉学科	3.46（0.269）		
延期毕业	是	3.60（0.104）	5.736	0.017
	否	3.82（0.025）		

2. 导师对博士生的指导模式

导师指导模式主要包括单一导师指导与多导师指导两种模式。多导师指导模式认为需要为博士生配置学术导师、临床导师、研究导师、同行导师、职业导师。[①] 学术导师主要职责是确保学生成功完成研究生课程。在学术领域，学术导师和研究生建立相互尊重的动态关系，为研究生排忧解难。临床导师的职责主要为医学专业领域的研究生提供临床实习经验及临床管理技能、知识。研究导师主要职责是投入必要的时间来培养研究生的研究能力、专业自信与自尊，鼓励研究生通过演讲、论文发表来传播自己的研究成果。同行导师主要是与研究生有相同的专业背景，鼓励研究生从事具有挑战性的科研项目，及时分享专业知识和经验，帮助新生克服就读障碍。职业导师主要是为研究生提供职业发展建议，让研究生熟悉未来职业环境及求职渠道。

调查数据显示，63.9%的博士生是由单一导师指导，36.1%的博士生由导师组指导。本专题利用卡方分析法检验导师指导模式在博士生背景变量上的差异性，结果见表2-2-5所示。在性别上，女性博士生倾向接受单一导师指导，男性博士生则倾向选择导师组指导。在年级上，一年级的博士生人数在单一导师指导模式上分布最多。在学科上，工科博士生在单一导师指导、导师组指导上的人数分布显著高于人文学科、自然学科、社会学科、交叉学科的博士生人数。在入学方式上，通过"申请 – 考核"制入学的博士生在单一导师指导及导师组指导上的占比均显著高于通过其余三类方式入学的博士生占比。在延期毕业上，按时毕业的博士生不论是由单一导师指导，还是由导师组指导，人数占比均显著高于延期毕业博士生占比。在导师职称上，博士生接受单一导师指导且导师具有教授职称（研究员）占93.7%，显著高于博士生

① WRIGHT-HARP W, COLE P A. A mentoring model for enhancing success in graduate education [J]. Communication Science and Disorders, 2008 (35) :4–16.

的导师是副教授（副研究员）、讲师（助理研究员）的占比。在婚恋上，未婚有恋人的博士生不论是接受单一导师指导，还是由导师组指导，占比均显著高于其他婚恋类型的博士生占比。在职业意向上，未来从事学术职业的博士生在单一导师指导上的占比最大。

表 2-2-5　导师指导模式在背景变量上的差异分析

背景变量			导师指导模式		χ^2	p 值
			单一导师指导	导师组指导		
性别		男	673（49%）	419（54.1%）	5.261	0.022
		女	701（51%）	355（45.9%）		
年级		博一	459（33.4%）	299（38.6%）	22.140	0.000
		博二	380（27.7%）	205（26.5%）		
		博三	267（19.4%）	164（21.2%）		
		博四	147（10.7%）	73（9.4%）		
		博五	92（6.7%）	20（2.6%）		
		博六及以上	29（2.1%）	13（1.7%）		
学科		人文学科	110（8.0%）	17（2.2%）	112.580	0.000
		社会学科	340（24.7%）	81（10.5%）		
		自然学科	361（26.3%）	304（39.3%）		
		工科	548（39.9%）	363（46.9%）		
		交叉学科	15（1.1%）	9（1.1%）		
入学方式		本科直博	52（3.8%）	67（8.7%）	42.553	0.000
		硕博连读	348（25.3%）	253（32.7%）		
		普通招考	301（21.9%）	150（19.4%）		
		"申请－考核"制	673（49%）	304（39.2%）		

续表

背景变量		导师指导模式		x^2	p 值
		单一导师指导	导师组指导		
延期毕业	是	121（8.8%）	33（4.3%）	15.352	0.000
	否	1253（91.2%）	741（95.7%）		
导师职称	教授（研究员）	1287（93.7%）	750（96.9%）	11.389	0.003
	副教授（副研究员）	83（6.0%）	24（3.1%）		
	讲师（助理研究员）	4（0.3%）	0（0%）		
婚恋状况	已婚已育	219（15.9%）	95（12.3%）	11.818	0.008
	已婚未育	170（12.4%）	72（9.3%）		
	未婚有恋人	505（36.8%）	316（40.8%）		
	未婚无恋人	480（34.9%）	291（37.6%）		
职业意向	学术性职业	899（65.4%）	453（58.5%）	10.112	0.001
	非学术性职业	475（34.6%）	321（41.5%）		

本专题利用均值比较法检验博士生在不同导师指导模式下科研成果产出的差异性，结果如图 2-2-1 所示。单一导师指导的博士生在 CSSCI/CSSCI 期刊（扩展版）论文、中文核心期刊论文、专著等方面的科研成果产出明显高于由导师组指导的博士科研成果产出。导师组指导的博士生在 SCI/SSCI 期刊论文发表、专利技术申请上更出色。由此可见，单一导师指导的博士生科研发表聚焦于国内期刊，具有本土性，而导师组指导的博士生科研发表主要倾向于外文期刊，科研发表具有外向性及国际性。

3. 博士生参与导师科研项目

博士生科研参与是其学术社会化发展的主要路径，在科研参与过程之中，博士生逐渐习得相应学科术语、文化惯习，形成特定职业身份。调查数据显示，76% 的博士生参与过导师科研项目，24% 的博士生尚未参与过导师科研项目。本专题利用卡方检验分析博士生参与导师科研项目在背景变量上的差异性，结果如表 2-2-6 所示。在性别上，52.9% 的男性博士生参与过导师科研项目，显著高于女性博士生占比（47.1%）。在年级上，博士生随着年级提升，参与导师科研项目的占比逐渐下降。在学科上，工科博士生参与过导师科研项目占比最大。在入学方式上，通过"申请—考核"制入学的博士生参与过导师科研项目的占比 42.9%，显著高于通过其他三种方式入学的博士生占比。在婚恋状况上，未婚有恋人的博士生参与过导师科研项目占比 39.4%，显著高于其他婚恋类型的博士生占比。

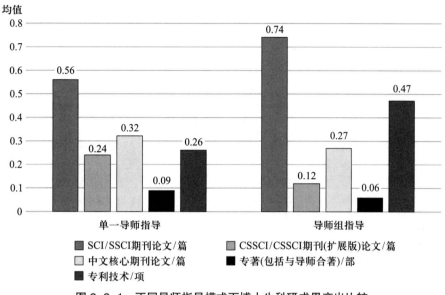

图 2-2-1　不同导师指导模式下博士生科研成果产出比较

表 2-2-6　博士生参与导师科研项目的在背景变量上的差异性分析

背景变量		博士生参与导师科研项目		χ²	p 值
		是	否		
性别	男	864（52.9%）	228（44.3%）	11.686	0.001
	女	769（47.1%）	287（55.7%）		
年级	博一	509（31.1%）	249（48.3%）	62.503	0.000
	博二	447（27.4%）	138（26.8%）		
	博三	366（22.4%）	65（12.6%）		
	博四	186（11.4%）	34（6.6%）		
	博五	91（5.6%）	21（4.1%）		
	博六及以上	34（2.1%）	8（1.6%）		
学科	人文学科	56（3.4%）	71（13.8%）	84.916	0.000
	社会学科	305（18.7%）	116（22.5%）		
	自然学科	531（32.5%）	134（26%）		

续表

背景变量		博士生参与导师科研项目		χ^2	p 值
		是	否		
学科	工科	723（44.3%）	188（36.5%）	84.916	0.000
	交叉学科	18（1.1%）	6（1.2%）		
学校	一流大学建设高校	572（35%）	172（33.4%）	0.459	0.498
	一流学科建设高校	1061（65%）	343（66.6%）		
入学方式	本科直博	87（5.3%）	32（6.2%）	32.923	0.000
	硕博连读	506（31%）	95（18.4%）		
	普通招考	340（20.8%）	111（21.6%）		
	"申请 – 考核"制	700（42.9%）	277（53.8%）		
研究领域	基础研究	1030（63%）	343（66.6%）	3.190	0.203
	开发研究	58（3.6%）	12（2.3%）		
	应用研究	545（33.4%）	160（31.1%）		
延期毕业	是	125（7.7%）	29（5.6%）	2.409	1.121
	否	1508（92.3%）	486（94.4%）		
导师职称	教授（研究员）	1544（94.5%）	493（95.7%）	2.003	0.367
	副教授（副研究员）	85（5.3%）	22（4.3%）		
	讲师（助理研究员）	4（0.2%）	0（0%）		
婚恋状况	已婚已育	215（13.2%）	99（19.2%）	17.252	0.001
	已婚未育	198（12.1%）	44（8.5%）		
	未婚有恋人	643（39.4%）	178（34.6%）		
	未婚无恋人	577（35.3%）	194（37.7%）		

4. 博士生学位论文选题自主性

调查数据表明，47.6% 的博士生学位论文选题是由博士生自主决定，52.4% 的博士生学位论文选题是由导师指定。博士生在学位论文选题上具有一定的自主权，体现了导师对博士生科研选题的尊重与信任。博士生根据自己的科研兴趣，自主选择擅长的研究方向与研究领域，但是博士生作为科研"新手"，对学位论文选题的价值、意义、研究难易程度很难有整体性把握。博士生一旦对学位论文选题盲目求"大"、求"新"、求"异"，很容易导致研究课题流于空泛、猎奇，而导致没有价值。[①] 导师作为某一特定研究领域的"深耕者"，能对选题的价值性、前沿性及可行性作出准确的识别和判断，为博士生选题提供有效建议。[②]

表 2-2-7　博士生学位论文选题自主权在背景变量上的差异性分析

背景变量		博士生学位论文选题自主权		x^2	p 值
		自主决定选题	导师指定选题		
学科	人文学科	99（9.7%）	28（2.5%）	127.200	0.000
	社会学科	267（26.1%）	154（13.7%）		
	自然学科	241（23.5%）	424（37.7%）		
	工科	405（39.6%）	506（45%）		
	交叉学科	12（1.1%）	12（1.1%）		
入学方式	本科直博	53（5.2%）	66（5.9%）	10.572	0.014
	硕博连读	256（25%）	345（30.7%）		
	普通招考	219（21.4%）	232（20.6%）		
	"申请－考核"制	496（48.4%）	481（42.8%）		
婚恋状况	已婚已育	182（17.8%）	132（11.7%）	16.404	0.001
	已婚未育	115（11.2%）	127（11.3%）		
	未婚有恋人	382（37.3%）	439（39.1%）		
	未婚无恋人	345（33.7%）	426（37.9%）		

　　本专题利用卡方分析方法，检验博士生学位论文选题自主权在背景变量上的差异性，结果如表 2-2-7 所示，博士生学位论文选题自主权因学科、入学方式、婚恋状况不同，呈现显著性差异。工科博士生由导师指定学位论文选题的占比最大；通过"申请－考核"制入学的博士生更倾向自主决定学位论文选题；未婚有恋人的博士生更依赖导师指定论文选题。

5. 博士生自主申报校内科研创新项目

　　调查数据显示，13.8% 的博士生自主申报并获批校内科研训练项目，但是 86.2% 的博士生未申报校内科研训练项目。有研究表明，博士生通过自主申报科研创新训练项目比参与导师科研项目更能提升博士生科研产出，因为科研创新训练项目通常有课题结项要求，"参与式

---

　　① 郭士豪，余秀兰. 研究生为什么会"选题难"——基于 6 个前因变量的模糊集定性比较分析［J］. 学位与研究生教育，2021（4）：6-13.

　　② 李澄锋，陈洪捷. 学位论文选题会影响博士按期毕业吗？——基于全国博士毕业生离校调查数据的分析［J］. 中国高教研究，2020（4）：26-32.

科研"的成果压力主要集中在导师，而"自主式科研"的成果压力主要集中于博士生，"自主式科研"有利于激发研究生自觉开展科研创新活动的积极性，对成果产出数量的影响优于"参与式科研"。[1] 本专题利用卡方检验分析博士生自主申报并获批校内科研训练项目类型在背景因素上的差异性，结果见表 2-2-8 所示。在入学方式上，通过"申请 – 考核"制方式入学的博士生自主申报并获批"一般项目"占四成，显著高于通过其他三类方式入学的博士生占比，硕博连读的博士生自主申报并获批"重点项目"占比最大。博士生自主申报并获批科研项目类型在性别、年级、学科、研究领域、导师职称、延期毕业等背景因素上不存在显著性差异。

表 2-2-8　博士生自主申报并获批校内科研训练项目类型在背景变量上的差异分析

背景变量		博士生自主申报并获批校内科研训练项目类型			x^2	p 值
		一般项目	重点项目	其他项目		
入学方式	本科直博	5（2.3%）	2（5.5%）	4（10%）	20.992	0.002
	硕博连读	62（28.2%）	18（48.6%）	11（27.5%）		
	普通招考	61（27.7%）	3（8.1%）	16（40%）		
	"申请 – 考核"制	92（41.8%）	14（37.8%）	9（22.5%）		

6. 博士生的科研成果产出

本专题通过均值比较分析博士生科研成果产出，结果见图 2-2-2 所示。博士生平均发表 SCI/SSCI 期刊论文是 0.63 篇、CSSCI/CSSCI 期刊（扩展版）论文是 0.2 篇、中文核心期刊论文 0.3 篇，出版专著（与导师合著）0.08 部、申报专利技术 0.34 项。

本专题利用均值比较法分析博士生科研成果产出在背景因素上的差异性，结果见表 2-2-9 所示。在性别上，男性博士生平均发表 SCI/SSCI 论文篇数，申报专利技术数量显著高于女性博士生。在年级上，一年级博士生各类科研成果产出最低。在学科上，自然学科的博士生人均发表 SCI/SSCI 期刊论文数量最多，交叉学科的博士生人均发表 CSSCI/CSSCI 期刊（扩展版）期刊论文数量最少，人文学科的博士生更倾向发表中文核心期刊论文，工科的博士生擅长申报专利技术。在入学方式上，硕博连读的博士生倾向发表 SCI/SSCI 期刊论文，通过普通招考入学的博士生发表 CSSCI/CSSCI 期刊（扩展版）论文、中文核心论文，出版的专著数量最多。在研究领域上，基础研究领域的博士生申报专利数量最少。在婚恋状况上，未婚无恋人的博士生发表 CSSCI/CSSCI 期刊（扩展版）论文、中文核心论文，出版专著数量最少。在延期毕业上，按时毕业的博士生产出的 SCI/SSCI 期刊论文、CSSCI/CSSCI 期刊（扩展版）论文、中文核心论文、专著均显著高于延期毕业博士生。

---

① 柳璎，王宇航，苏丽锋. 研究生创新能力培养模式的比较分析：自主式还是参与式——基于 X 大学的实证研究 [J]. 社会科学家，2020（5）：144–149.

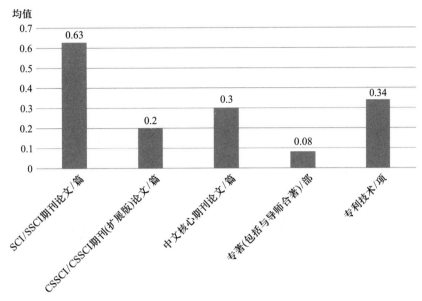

图 2-2-2　博士生科研成果产出

（二）导师指导

导师指导是导师利用自身的知识和经验指导博士生，并将知识和经验传授给博士生的过程。[1] 在博士生学习及科研过程中，导师向博士生提供建设性或者批判性建议、真诚的关怀，与博士生联合开展研究项目，充当学术榜样，指导职业选择，这些均是博士生最关键的发展性资源。[2]

调查表明，87.7% 的博士生对导师指导感到满意，总体满意度均值是 4.10。博士生对"导师有很强的学术能力"这一题项的满意度最高，均值是 4.16，但是博士生对"导师为我提供发展机会"的满意度相对较低，均值是 4.01。本专题利用单因素方差分析法检验博士生对导师指导满意度在背景变量上的差异性，结果如表 2-2-10 所示。一年级的博士生对导师指导满意度最高，博士生随着年级提升，对导师指导满意度逐渐降低；一流学科建设高校的博士生对导师指导的满意度均值是 4.15，显著高于一流大学建设高校博士生对导师指导满意度（$F=16.424$，$p=0.000<0.001$）；按时毕业的博士生更认可导师指导质量；未婚无恋人的博士生对导师指导评价更低。

①　JONES I S, BLANKENSHIP D. Mentoring as seen through the lens of doctoral students［J］. Research in Higher Education Journal, 2020 (38) :1–9.

②　YOB I M, CRAWFORD L. Conceptual framework for mentoring doctoral students［J］. Higher Learning Research Communications, 2012 (2) :37–50.

表 2-2-9　博士生科研产出在背景因素上的差异检验

背景变量		博士生科研成果产出										
		SCI/SSCI 期刊论文 / 篇		CSSCI/CSSCI 期刊（扩展版）论文 / 篇		中文核心期刊论文 / 篇		专著 / 部		专利技术 / 项	
		均值	F 值	均值	F 值	均值	F 值	均值	F 值	均值	F 值
性别	男	0.71	11.800**	0.22	2.614	0.32	0.635	0.08	0.743	0.47	46.565***
	女	0.54		0.17		0.29		0.09		0.20	
年级	博一	0.18	71.189***	0.03	24.882***	0.11	18.773***	0.03	7.022***	0.13	16.518***
	博二	0.43		0.16		0.28		0.09		0.36	
	博三	1.23		0.31		0.51		0.12		0.49	
	博四	1.16		0.45		0.44		0.11		0.65	
	博五	1.07		0.50		0.60		0.19		0.39	
	博六及以上	1.12		0.45		0.45		0.10		0.55	
学科	人文学科	0.05	25.420***	0.40	35.954***	0.40	2.846*	0.09	7.912***	0.06	39.084***
	社会学科	0.26		0.51		0.37		0.16		0.06	
	自然学科	0.79		0.08		0.33		0.08		0.20	
	工科	0.76		0.11		0.24		0.05		0.61	
	交叉学科	0.37		0.08		0.13		0.17		0.04	
入学方式	本科直博	0.43	28.808***	0.04	4.267**	0.13	10.249***	0.05	4.830**	0.30	28.608***
	硕博连读	1.00		0.15		0.26		0.09		0.62	
	普通招考	0.54		0.25		0.48		0.13		0.27	

博士生科研成果产出

背景变量		SCI/SSCI 期刊论文/篇		CSSCI/CSSCI 期刊（扩展版）论文/篇		中文核心期刊论文/篇		专著/部		专利技术/项	
		均值	F 值	均值	F 值	均值	F 值	均值	F 值	均值	F 值
入学方式	"申请－考核"制	0.46	28.808***	0.21	4.267**	0.27	10.249***	0.06	4.830**	0.20	28.608***
研究领域	基础研究	0.67		0.21		0.29		0.08		0.27	
	开发研究	0.51	2.231	0.01	2.633	0.13	2.824	0.03	1.046	0.54	10.118***
	应用研究	0.56		0.19		0.35		0.09		0.45	
导师职称	教授（研究员）	0.62		0.20		0.31		0.08		0.34	
	副教授（副研究员）	0.79	1.220	0.10	1.220	0.21	1.112	0.05	0.702	0.28	0.240
	讲师（助理研究员）	0.25		0.00		0.00		0.00		0.00	
婚恋状况	已婚已育	0.51		0.30		0.49		0.13		0.30	
	已婚未育	0.71	3.563*	0.37	10.697***	0.48	12.884***	0.14	6.915***	0.42	2.122
	未婚有恋人	0.71		0.17		0.26		0.07		0.38	
	未婚无恋人	0.56		0.13		0.22		0.05		0.29	
延期毕业	是	1.08	25.324***	0.49	30.871***	0.56	16.325***	0.16	8.704**	0.44	1.848
	否	0.59		0.17		0.28		0.08		0.33	

注：* 代表 $p<0.05$，** 代表 $p<0.01$，*** 代表 $p<0.001$。

表 2-2-10　导师指导满意度的差异性分析

背景变量		导师指导		F 值	p 值
		平均值	标准差		
性别	男	3.78	0.929	2.049	0.152
	女	3.72	0.828		
年级	博一	3.92	0.789	10.598	0.000
	博二	3.71	0.913		
	博三	3.64	0.958		
	博四	3.65	0.838		
	博五	3.57	0.876		
	博六及以上	3.40	0.926		
学科	人文学科	3.91	0.855	3.819	0.004
	社会学科	3.72	0.904		
	自然学科	3.75	0.832		
	工科	3.76	0.901		
	交叉学科	3.18	0.952		
学校	一流大学建设高校	3.67	0.889	10.125	0.001
	一流学科建设高校	3.79	0.874		
入学方式	本科直博	3.69	0.868	2.113	0.097
	硕博连读	3.69	0.918		
	普通招考	3.77	0.915		
	"申请—考核"制	3.79	0.841		
研究领域	基础研究	3.75	0.872	0.015	0.985
	开发研究	3.77	0.973		
	应用研究	3.76	0.889		
延期毕业	是	3.52	0.890	11.775	0.001
	否	3.77	0.878		
导师职称	教授（研究员）	3.75	0.877	0.893	0.410
	副教授（副研究员）	3.69	0.959		

背景变量		导师指导		F 值	p 值
		平均值	标准差		
导师职称	讲师（助理研究员）	4.25	0.500	0.893	0.410
婚恋状况	已婚已育	3.91	0.812	4.807	0.002
	已婚未育	3.77	0.811		
	未婚有恋人	3.75	0.869		
	未婚无恋人	3.69	0.934		

（三）院系支持

院系支持主要为博士生专业发展提供帮助，让博士生在就读过程之中获得多样化科研训练机会及资源，帮助博士生形成内部人身份角色，融入系科组织结构中。[1] 从社会交换理论而言，当个体感知到组织的关心和帮助后，会受到激励和鼓舞，主动加入社会交换关系中，以积极的行动来回报组织，使个人和组织获得最大的需求和满足，实现双赢的目的。有研究者发现，院系学术氛围对科研绩效具有显著性预测作用，它会以一种潜移默化的形式影响科研工作者的行为与态度。[2][3]

调查结果显示，66% 的博士生对院系支持感到满意，博士生对院系支持的总体满意度均值是 3.75。相比博士生对"院系为跨学科学习提供便利""能够融入院系环境"两个院校支持性因素的满意度评价，博士生对"院系科研氛围激发我的学术激情"满意度最低（3.70）。

本专题利用单因素方差分析博士生对院系支持的满意度在背景变量上的差异性，结果如表 2-2-11 所示。一年级博士生对院系支持的体验更好；一流学科建设高校的博士生对院系支持的满意度最高；按时毕业的博士生对院系支持的评价更好；已婚已育的博士生对院系支持的认可度更高。

表 2-2-11　院系支持满意度的差异性分析

背景变量		院系支持	F 值	p 值
		平均值（标准差）		
性别	男	4.08（0.893）	1.748	0.186
	女	4.12（0.783）		

① SVERDLIK A, HALL N C, MCALPINE L, et al. The PhD experience: a review of the factors influencing doctoral students' completion, achievement, and well-being［J］. International Journal of Doctoral Studies, 2018 (13):361-388.

② 刘睿，郭云贵. 学术氛围、科研投入对高校科研绩效的影响［J］. 现代管理科学，2016（10）：97-99.

③ ZHOU E, OKAHANA H. The role of department supports on doctoral completion and time-to-degree［J］. Journal of College Student Retention: Research, Theory&Practice，2019,20 (4):511-529.

续表

背景变量		院系支持	F 值	p 值
		平均值（标准差）		
年级	博一	4.22（0.733）	8.529	0.000
	博二	4.11（0.811）		
	博三	4.06（0.909）		
	博四	3.96（0.904）		
	博五	3.84（1.028）		
	博六及以上	3.70（1.054）		
学科	人文学科	4.31（0.771）	3.052	0.160
	社会学科	4.10（0.917）		
	自然学科	4.10（0.796）		
	工科	4.09（0.839）		
	交叉学科	3.77（0.913）		
学校	一流大学建设高校	4.00（0.902）	16.424	0.000
	一流学科建设高校	4.15（0.801）		
入学方式	本科直博	3.96（0.952）	1.720	0.161
	硕博连读	4.08（0.851）		
	普通招考	4.13（0.840）		
	"申请–考核"制	4.12（0.819）		
研究领域	基础研究	4.11（0.834）	0.709	0.492
	开发研究	4.10（0.903）		
	应用研究	4.07（0.848）		
延期毕业	是	3.80（1.033）	21.265	0.000
	否	4.12（0.820）		
导师职称	教授（研究员）	4.10（0.840）	0.157	0.855
	副教授（副研究员）	4.14（0.866）		
	讲师（助理研究员）	4.20（0.541）		

续表

背景变量		院系支持	F 值	p 值
		平均值（标准差）		
婚恋状况	已婚已育	4.22（0.793）	3.037	0.028
	已婚未育	4.02（0.901）		
	未婚有恋人	4.09（0.818）		
	未婚无恋人	4.09（0.860）		

（四）考核评价体系

考核评价是博士生教育必不可少的环节，考核评价旨在强化研究生过程管理，及时分流、淘汰不合格的博士生，保障博士生教育的整体质量。[①] 调查结果显示，77.5% 的博士生对考核评价体系感到满意，总体满意度均值是 4.10。博士生认为在考核评价体系中学位论文评价体系最为严格，均值是 4.20，远远高于课程评价体系及中期考核要求的均值。

本专题利用单因素方差分析法检验博士生对考核评价体系的满意度在背景变量上的差异性，结果见表 2-2-12 所示。六年级及以上的博士生对考核评价体系满意度最低；人文社科类的博士生对考核评价体系认可度更高。但是有研究发现，博士生不仅希望降低中期考核要求，而且还希望能够放宽学位论文评价标准，因为高质量的学术研究需要漫长过程，仅仅一味地强调阶段性评价会挫伤博士生的科研积极性，扰乱学习计划，造成学术功利主义倾向及浮躁心态。[②] 本专题利用相关性分析，发现博士生考核评价体系与博士生延期毕业呈现显著性负相关，表明考核评价体系越严格，博士生延期毕业发生率越低。

表 2-2-12　博士生对考核评价体系满意度的差异性检验

背景变量		考核评价体系	F 值	p 值
		平均值（标准差）		
性别	男	4.09（0.731）	0.192	0.661
	女	4.10（0.569）		
年级	博一	4.18（0.613）	5.455	0.000
	博二	4.09（0.668）		
	博三	4.02（0.736）		

[①] 胡乐乐. 博士研究生中期考核的国策嬗变、实施现状与改革建议 [J]. 教育发展研究，2017，37（1）：19-27.

[②] 许丹东，刘娣. 博士生希望什么样的培养环境：基于博士生意见调查的实证研究 [J]. 研究生教育研究，2019（4）：27-34.

续表

背景变量		考核评价体系 平均值（标准差）	F 值	p 值
年级	博四	3.98（0.707）	5.455	0.000
	博五	4.07（0.615）		
	博六及以上	3.96（0.649）		
学科	人文学科	4.24（0.619）	3.477	0.008
	社会学科	4.06（0.706）		
	自然学科	4.07（0.634）		
	工科	4.12（0.674）		
	交叉学科	3.79（0.832）		
学校	一流大学建设高校	4.00（0.902）	16.424	0.000
	一流学科建设高校	4.15（0.801）		
入学方式	本科直博	4.02（0.660）	0.702	0.551
	硕博连读	4.11（0.680）		
	普通招考	4.08（0.741）		
	"申请－考核"制	4.11（0.626）		
研究领域	基础研究	4.09（0.674）	0.915	0.400
	开发研究	4.20（0.714）		
	应用研究	4.10（0.653）		
延期毕业	是	4.05（0.624）	1.003	0.317
	否	4.10（0.672）		
导师职称	教授（研究员）	4.09（0.664）	0.280	0.756
	副教授（副研究员）	4.13（0.756）		
	讲师（助理研究员）	4.25（0.500）		
婚恋状况	已婚已育	4.16（0.621）	1.463	0.223
	已婚未育	4.10（0.637）		
	未婚有恋人	4.10（0.642）		
	未婚无恋人	4.07（0.721）		

（五）课程教学

2020 年 9 月，国务院学位委员会、教育部发布《关于进一步严格规范学位与研究生教育质量管理的若干意见》，要求研究生培养单位在学位评定委员会指导下，负责落实研究生培养方案、监督培养计划执行、指导课程教学、评价教学质量等工作。加快建立以教师自评为主、教学督导和研究生评教为辅的研究生教学评价机制，对研究生教学全过程和教学效果进行监督和评价。课程教学作为博士生成长过程中的重要一环，多样化的课堂教学对培养博士生高阶学习能力和创新能力具有重要影响。[①]

表 2-2-13　博士生对课程教学的满意度均值

维度	观测指标	平均值（标准差）	总体平均值（标准差）
课程教学	教师及时反馈我的学习	3.77（0.890）	3.85（0.791）
	教师重视师生交流互动	3.88（0.827）	
	教师积极投入课堂教学	3.91（0.810）	
	课堂教学方法多样	3.88（0.849）	
	课程内容激发我的科研兴趣	3.81（0.865）	

调查结果如表 2-2-13 所示，65% 的博士生对课程教学感到满意，总体满意度均值是 3.85。周文辉等人在 2019 年对全国研究生进行调查，发现 69.9% 研究生对课程教学感到满意。[②] 当前博士生对课程教学的满意度有所降低，博士生对课程教学满意度有所降低，可能受疫情影响。高校将线下课程教学转移到线上教学，博士生不适应在线学习，故而对课程教学满意度有所降低。也有可能是由于任课教师的教学效果未达到博士生预期。调查结果显示，博士生对"教师积极投入课程教学""课堂教学方法多样""教师重视师生交流互动"评价相对较高，而对"教师反馈学习情况"的满意度较低（3.77）。

通过单因素方差分析，本专题探讨了博士生对课程教学满意度在背景因素上的差异性，结果如表 2-2-14 所示。一年级的博士生对课堂教学满意度显著高于其他年级的博士生满意度（F=9.623，p=0.000<0.001）；人文社科的博士生对课堂教学评价更高；一流大学建设高校的博士生对课堂教学满意度较低（F=13.277，p=0.000<0.001）；通过"申请-考核"制入学的博士生对课堂教学的评价比通过本科直博、硕博连读、普通招考方式入学的博士生更积极（F=4.202，p=0.006<0.01）；按期毕业的博士生对课堂教学的认可度更高；已婚已育的博士生对课堂教学的体验更好。

[①] 肖敏. 有效教学行为对研究生课程学习收获的影响分析［J］. 学位与研究生教育，2021（4）：80-86.

[②] 周文辉. 2019 年我国研究生满意度调查［J］. 学位与研究生教育，2019（7）：5-12.

表 2-2-14 博士生对课程教学满意度的差异性检验

背景变量		课程教学	F 值	p 值
		平均值（标准差）		
性别	男	3.87（0.844）	0.917	0.338
	女	3.84（0.733）		
年级	博一	3.98（0.732）	9.623	0.000
	博二	3.87（0.804）		
	博三	3.74（0.811）		
	博四	3.70（0.836）		
	博五	3.74（0.806）		
	博六及以上	3.51（0.765）		
学科	人文学科	4.06（0.744）	3.701	0.005
	社会学科	3.82（0.836）		
	自然学科	3.82（0.752）		
	工科	3.86（0.795）		
	交叉学科	3.50（0.963）		
学校	一流大学建设高校	3.77（0.831）	13.277	0.000
	一流学科建设高校	3.89（0.767）		
入学方式	本科直博	3.66（0.906）	4.202	0.006
	硕博连读	3.80（0.818）		
	普通招考	3.86（0.845）		
	"申请–考核"制	3.89（0.728）		
研究领域	基础研究	3.85（0.780）	0.482	0.618
	开发研究	3.94（0.810）		
	应用研究	3.85（0.791）		
延期毕业	是	3.68（0.799）	8.134	0.004
	否	3.86（0.789）		
导师职称	教授（研究员）	3.85（0.790）	0.372	0.690
	副教授（副研究员）	3.90（0.841）		
	讲师（助理研究员）	4.10（0.663）		

续表

背景变量		课程教学	F 值	p 值
		平均值（标准差）		
婚恋状况	已婚已育	4.02（0.685）	6.013	0.000
	已婚未育	3.85（0.731）		
	未婚有恋人	3.84（0.795）		
	未婚无恋人	3.80（0.848）		

（六）学习资源

学习资源对研究生基于问题的学习具有重要影响，充足的学习资源为博士生科研活动提供坚实的物质基础，学习资源是提升博士生科研获得感的保障性因素。[1] 大学里的学习资源包括五类：第一类，人力资源，涵盖行政团队、讲师和支持人员；第二类，学习资源，主要有视听教具，包括投影仪、书籍和期刊；第三类，物理空间资源，包括教室、图书馆、实验室；第四类，财政资源；第五类，时间资源。[2] 对于研究生而言，大学拥有的教学、课程、期刊、实验设备、网络资源都属于公共学术资源。从经济学角度来看，公共资源具有消费上的非竞争性与非排他性，即一个使用者对该资源的消费并不减少它对其他使用者的供应。虽然学习资源会有耗损，但是在耗损过程中会显著地提升研究生科研能力发展水平。[3]

表 2-2-15　博士生对学习资源的满意度均值

维度	观测指标	平均值（标准差）	总体平均值（标准差）
学习资源	我拥有充足的学习工作场所	3.92（0.891）	3.97（0.691）
	我拥有研究所需的专业资源	3.83（0.929）	
	我可以便利使用网络设施与服务	4.03（0.784）	
	我可以获得必需的期刊文献	4.12（0.720）	

从表 2-2-15 可知，70.7% 的博士生对学习资源感到满意，总体满意度均值是 3.97。本专题利用单因素方差分析方法，检验了博士生对学习资源的满意度在背景变量上的差异性，结果如表 2-2-16 所示。工科的博士生对学习资源的满意度显著高于人文学科、社会学科、自然学科、交叉学科的博士生满意度（F=4.103，p=0.003<0.01）。博士生对学习资源的满意度评价在

① 李臣之. 研究生学习获得感影响因素的质性探究［J］. 现代教育管理，2020（11）：102-110.

② NJERU M, KANG'ETHE S, KWENA A, et al. Perceptions of the adequacy of teaching and learning resources for undergraduate medicine and nursing programmes in two kenyan public universities［J］. International Academic Journal of Health, Medicine and Nursing, 2020, 2 (1) :26-35.

③ 孙国强. 研究生创新能力培养的资源观［J］. 山西财经大学学报 (高等教育版)，2008（3）：58-61.

性别、年级等背景因素上并无显著性差异。

表 2-2-16 博士生对学习资源满意度的差异性检验

背景变量		学习资源	F 值	p 值
		平均值（标准差）		
性别	男	3.97（0.762）	0.065	0.799
	女	3.98（0.609）		
年级	博一	4.03（0.669）	2.056	0.680
	博二	3.94（0.699）		
	博三	3.91（0.736）		
	博四	3.97（0.643）		
	博五	3.99（0.728）		
	博六及以上	3.95（0.565）		
学科	人文学科	3.99（0.715）	4.103	0.003
	社会学科	3.87（0.744）		
	自然学科	3.97（0.639）		
	工科	4.02（0.695）		
	交叉学科	3.78（0.618）		
学校	一流大学建设高校	3.96（0.703）	0.395	0.530
	一流学科建设高校	3.98（0.685）		
入学方式	本科直博	3.97（0.739）	0.381	0.767
	硕博连读	3.99（0.708）		
	普通招考	3.94（0.712）		
	"申请－考核"制	3.97（0.665）		
研究领域	基础研究	3.96（0.682）	0.384	0.681
	开发研究	3.98（0.735）		
	应用研究	3.99（0.703）		
延期毕业	是	3.98（0.686）	0.012	0.913
	否	3.97（0.692）		

续表

背景变量		学习资源	F 值	p 值
		平均值（标准差）		
导师职称	教授（研究员）	3.97（0.689）	0.315	0.730
	副教授（副研究员）	3.98（0.739）		
	讲师（助理研究员）	4.25（0.500）		
婚恋状况	已婚已育	4.03（0.661）	1.439	0.230
	已婚未育	4.02（0.617）		
	未婚有恋人	3.95（0.702）		
	未婚无恋人	3.96（0.711）		

（七）发展机会

调查结果如表 2-2-17 所示，65.7% 的博士生对发展机会感到满意，总体满意度是 3.49。在发展机会维度上，博士生对"加入高水平科研团队的机会较多"满意度均值是 3.45，低于对"能够接触本专业领域优秀学者""所在专业有广泛的学术交流网络"的满意度。

本专题利用单因素方差分析法检验博士生对发展机会的满意度在背景变量上的差异性，结果如表 2-2-18 所示。博士生随着年级逐渐提升，发展机会逐渐下降；人文学科的博士生对发展机会的满意度更高；按时毕业的博士生比延期毕业的博士生有更多的发展机会；具有学术性读博动机的博士生比非学术性读博动机的博士生拥有更多的发展机遇；具有学术职业意向的博士生获得的发展机遇比非学术职业意向的博士生更多。

表 2-2-17　博士生对发展机会的满意度均值

维度	观测指标	平均值（标准差）	总体平均值（标准差）
发展机会	加入高水平科研团队的机会较多	3.45（1.048）	3.49（0.944）
	能够接触本专业领域优秀学者	3.47（1.066）	
	所在专业有广泛的学术交流网络	3.58（0.990）	

表 2-2-18　博士生对发展机会满意度的差异性检验

背景变量		发展机会	F 值	p 值
		平均值（标准差）		
性别	男	3.59（0.96）	1.526	0.217
	女	3.39（0.909）		

续表

背景变量		发展机会	F 值	p 值
		平均值（标准差）		
年级	博一	3.63（0.878）	6.949	0.000
	博二	3.48（0.964）		
	博三	3.42（0.991）		
	博四	3.43（0.940）		
	博五	3.29（0.957）		
	博六及以上	3.04（0.983）		
学科	人文学科	3.66（0.892）	4.851	0.001
	社会学科	3.36（0.947）		
	自然学科	3.45（0.918）		
	工科	3.56（0.960）		
	交叉学科	3.30（0.972）		
学校	一流大学建设高校	3.48（0.967）	0.289	0.591
	一流学科建设高校	3.50（0.932）		
入学方式	本科直博	3.35（0.995）	1.285	0.278
	硕博连读	3.47（0.967）		
	普通招考	3.49（0.954）		
	"申请－考核"制	3.52（0.919）		
研究领域	基础研究	3.49（0.939）	0.194	0.824
	开发研究	3.55（1.041）		
	应用研究	3.50（0.946）		
延期毕业	是	3.22（0.967）	14.291	0.000
	否	3.52（0.939）		
导师职称	教授（研究员）	3.50（0.942）	0.158	0.854
	副教授（副研究员）	3.45（0.984）		
	讲师（助理研究员）	3.58（1.067）		

背景变量		发展机会	F 值	p 值
		平均值（标准差）		
婚恋状况	已婚已育	3.59（0.904）	1.472	0.220
	已婚未育	3.49（0.953）		
	未婚有恋人	3.49（0.951）		
	未婚无恋人	3.46（0.949）		
读博动机	学术性动机	3.70（0.941）	54.934	0.000
	非学术性动机	3.39（0.928）		
职业意向	学术职业	3.54（0.921）	7.678	0.006
	非学术职业	3.42（0.979）		

（八）同伴支持

同伴支持是指通过分享情感和心理经验，与人共情，以同理心为他人提供理解和关怀。博士生在同伴支持下，可获得情感、信息及技能上的帮助与支持。同伴支持具有多样性，不仅包括情感支持（彼此相互鼓励）、物质支持、信息支持（通过指导和建议，传递支持）、社会陪伴（一起休闲运动），还包括社交网络中的支持。与导师相比，博士生在与同伴互动之中，更容易获得归属感，建立信任关系。尼基塔（Nikita Margaret John）认为当学生把周围同伴视为支持性环境因素，可以有效减少压力事件造成的心理负担，改善学业成绩。[1] 哈基姆·阿斯兰（Hakime Aslan）等人对医学院护理专业的研究生进行研究，发现研究生与同伴在临床医学实习过程中及时进行交流沟通，相互提供专业知识帮助，能够有效减轻研究生的实习压力，缓解学业焦虑。[2]

表 2-2-19　博士生对同伴支持的满意度均值

维度	观测指标	平均值（标准差）	总体平均值（标准差）
同伴支持	我与同学相互鼓励	3.95（0.772）	3.96（0.724）
	同学协助我解决科研难题	3.98（0.756）	
	同学之间相互分享经验	3.97（0.760）	

调查结果如表 2-2-19 所示，77.2% 的博士生对同伴支持感到满意，总体满意度均值是

---

① JOHN N M, PAGE O, MARTIN S C, et al. Impact of peer support on student mental wellbeing: a systematic review［J］. MedEdPublish, 2018 (1):1–17.

② ASLAN H, ERCI B. The impact of peer support provided to the first-year students of nursing on the clinical stress and psychomotor nursing skills［J］. International Journal of Caring Sciences, 2021 (1) :68–78.

3.96。博士生对"我与同学之间相互鼓励""同学协助我解决科研问题""同学之间相互分享经验"的满意度较为接近。本专题利用单因素方差分析法,探讨了博士生同伴支持满意度在背景变量上的差异性,结果如表 2-2-20 所示。男性博士生对同伴支持的满意度显著高于女性博士生(F=3.964,p=0.047<0.05);一年级博士生对同伴支持的评价更高(F=5.253,p=0.000<0.001);工科的博士生对同伴支持的满意度最高(F=4.597,p=0.001<0.01);按时毕业的博士生从同伴获得的支持更多(F=3.984,p=0.046<0.05)。

表 2-2-20   博士生对同伴支持满意度的差异性检验

背景变量		同伴支持	F 值	p 值
		平均值(标准差)		
性别	男	3.99(0.763)	3.964	0.047
	女	3.93(0.681)		
年级	博一	4.06(0.659)	5.253	0.000
	博二	3.96(0.696)		
	博三	3.87(0.847)		
	博四	3.91(0.710)		
	博五	3.88(0.748)		
	博六及以上	3.77(0.708)		
学科	人文学科	3.99(0.789)	4.597	0.001
	社会学科	3.83(0.771)		
	自然学科	3.97(0.691)		
	工科	4.02(0.709)		
	交叉学科	3.95(0.806)		
学校	一流大学建设高校	3.92(0.725)	3.212	0.073
	一流学科建设高校	3.98(0.724)		
入学方式	本科直博	3.96(0.745)	0.131	0.942
	硕博连读	3.95(0.763)		
	普通招考	3.97(0.779)		

背景变量		同伴支持	F 值	p 值
		平均值（标准差）		
入学方式	"申请－考核"制	3.97（0.671）	0.131	0.942
研究领域	基础研究	3.95（0.728）	1.842	0.159
	开发研究	4.12（0.729）		
	应用研究	3.96（0.717）		
延期毕业	是	3.85（0.736）	3.984	0.046
	否	3.97（0.723）		
导师职称	教授（研究员）	3.96（0.720）	0.938	0.392
	副教授（副研究员）	4.04（0.820）		
	讲师（助理研究员）	4.25（0.500）		
婚恋状况	已婚已育	4.05（0.698）	1.975	0.116
	已婚未育	3.97（0.649）		
	未婚有恋人	3.96（0.733）		
	未婚无恋人	3.93（0.747）		

四、博士生成长环境的影响

　　学界主要是从博士生科研创新能力发展及未来职业选择意向判定博士生的成长环境所带来的效应。本专题基于已有研究，利用回归分析方法检验成长环境是否会对博士生科研创新能力产生影响？在博士生科研创新能力上，已有研究主要是从博士生内隐性科研素养与外显性论文数量来表征博士生的科研创新能力。本专题也采用此方式表征博士生科研创新能力，将博士生的内隐性科研素养命名为"发展型科研创新能力"，将博士生发表的不同期刊类型的论文数量，按照不同的权重进行计算，将计算得出的结果作为博士生"任务型科研创新能力"的表征。本专题主要利用线性回归检验博士生成长环境对科研创新能力的影响。由于博士生职业选择意向（学术职业、非学术职业）是二分变量，因此采用二元逻辑回归方法检验成长环境对博士生职业选择意向的影响。

（一）科研经历对博士生科研创新能力的影响

　　博士生参与科研项目对科研能力发展具有显著促进作用。肖敏等人对西北某高校的博士生进行调研，发现博士生对科研参与的满意度与博士生知识增长、通用型能力提升、学术发表存在显著性正向关系。[1] 学术培训的核心要义是通过学徒模式，采用边做边学的方式，让博士生在导师的指导下从事研究项目并负责研究解决问题。[2] 查尔斯（Charles J. Gelso）在 20 世纪 70 年代提出"科研训练环境理论（RTE）"，认为院校提供足够的研究机会，鼓励博士生积极参与学术研究，强化科研及学习投入，可以有效地提升博士生对科学职业的角色认同感及科研成果产出。[3] 博士生参与高水平科研项目是培养科研创新能力的重要途径，博士生在读期间无论参与国家级项目还是一般项目，都会对科研创新能力起到显著促进作用，但较一般项目而言，博士生参与国家级科研项目对促进其科研创新能力发展更明显。[4] 因为高水平的科研训练能通过挖掘学生的学术兴趣改善其科研投入机制，从而促进其科研创新能力的提升。[5]

从表 2-2-21 可知，在控制背景变量情况下，博士生自主决定学位论文选题、自主申报并获批校内科研创新项目、参与导师课题及研究方向与导师一致性均对博士生科研创新能力产生显著性影响。自主决定学位论文选题的博士生比导师指定选题的博士生有更出众的发展型科研创新能力，前者比后者高 0.059 个单位。相比未申报校内科研创新项目的博士生，那些自主申报并获批校内科研创新项目的博士生的任务型科研创新能力发展更好。相比未参与过导师科研项目的博士生，参与过导师科研项目的博士生的科研创新能力更优秀。博士生研究方向与导师一致性每提升一个单位，发展型科研创新能力会提升 0.115 个单位。

表 2-2-21   科研经历对博士生科研创新能力的影响

因变量：博士生科研创新能力		发展型科研创新能力		任务型科研创新能力	
自变量		β	标准误	β	标准误
背景变量已控制		—	—	—	—
科研经历	自主决定学位论文选题（以"导师指定选题"为参照）	0.059**	0.035	0.033	0.062
	单一导师指导（以"导师组指导"为参照）	−0.016	0.035	0.008	0.064
	自主申报并获批校内科研创新项目（以"否"为参照）	0.025	0.051	0.181***	0.088
	参与导师课题（以"否"为参照）	0.054**	0.042	0.110***	0.073
	研究方向与导师一致性	0.115***	0.016	0.014	0.028

① 肖敏，宁昕. 博士生培养环境满意度对其学习收获的影响：基于某高校 1350 份博士生调查的分析［J］. 研究生教育研究，2021（2）：36-42.

② SHIBAYAMA S. Sustainable development of science and scientists: academic training in life science labs［J］. Research Policy, 2019 (4):676-692.

③ GELSO C J. On the making of a scientist-practitioner: a theory of research training in professional psychology［J］. Professional Psychology: Research and Practice, 1993,24 (4) :468-476.

④ 郝彤亮，杨雨萌. 博士生科研项目参与对科研创新能力影响的实证研究［J］. 高教探索，2020（9）：50-57.

⑤ LAMBIE G W, VACCARO N. Doctoral counselor education students' levels of research self-efficacy, perceptions of the research training environment, and interest in research［J］. Counselor Education and Supervision, 2011,50 (4): 243-258.

因变量：博士生科研创新能力	发展型科研创新能力		任务型科研创新能力	
自变量	β	标准误	β	标准误
常量	3.974		0.116	
R²	0.156		0.067	
Adjusted R²	0.153		0.064	

注：* 代表 p<0.05，** 代表 p<0.01，*** 代表 p<0.001。

（二）导师指导对博士生科研创新能力的影响

导师不仅是研究生学术上的"引路人"，而且也是研究生获得显性与隐性知识的重要来源，导师指导形式、指导质量、指导模式对博士生学术能力发展具有重要影响。[①] 导师对博士生的指导方式并非固定不变，导师面对不同类型的学生，指导类型也会进行相应调整，最大限度地促进学生的成长与发展。支持型的导师倾向于采取多鼓励、交流的方式，为博士生提供学习所需的信息及发展机会，赋予博士生科研自主选择权。[②③]

从表 2-2-22 可知，在控制背景变量的情况下，导师定期与博士生联系每提升一个单位，博士生的发展型科研创新能力就会显著提升 0.126 个单位。导师对博士生的指导力度越强，越有利于研究生科研创新能力发展。[④] 导师为博士生提供发展机会每提升一个单位，博士生的发展型科研创新能力随之提升 0.248 个单位。

表 2-2-22　导师指导对博士生科研创新能力的影响

因变量：博士生科研创新能力		发展型科研创新能力		任务型科研创新能力	
自变量		β	标准误	β	标准误
背景变量已控制		—	—	—	—
导师指导	导师有很强的学术能力	−0.001	0.038	−0.070	0.070
	导师定期与我联系	0.126***	0.032	0.012	0.058
	导师为我提供发展机会	0.248***	0.034	0.025	0.061
	导师在选题上为我提供指导	−0.012	0.052	−0.001	0.094

①　王传毅，王宇昕. 博士生自我认知、培养环境与学术职业选择：基于 2019 年 Nature 全球博士生调查数据的实证研究［J］. 国家教育行政学院学报，2020（3）：86-95.

②　王楠楠，李天鹰. 博士生培养环境对培养质量影响的实证研究：基于研究机会的中介作用［J］. 研究生教育研究，2016（2）：6-13.

③　毛丹，沈文钦. 控制抑或支持：博士生学术指导模式及其影响因素分析［J］. 教育发展研究，2022（3）：77-84.

④　潘炳茹，顾建民. 在培养过程中影响研究生创新能力的因素有哪些［J］. 江苏高教，2022（2）：74-81.

续表

因变量：博士生科研创新能力		发展型科研创新能力		任务型科研创新能力	
自变量		β	标准误	β	标准误
导师指导	导师对我学习提供有效反馈	0.088	0.054	0.010	0.099
常量		3.806		1.103	
R^2		0.175		0.002	
Adjusted R^2		0.173		−0.001	

注：* 代表 $p<0.05$，** 代表 $p<0.01$，*** 代表 $p<0.001$。

（三）院系支持对博士生科研创新能力的影响

根据大学影响力模型的观点，学生的发展是院系多种因素综合作用的结果，因为院系提供的学业环境、人际关系环境、职业环境、多元文化氛围等支持条件，能够促使学生更多地参与沉浸式学习，提升学生学习收获。[①] 根据激励 – 保健理论，组织只有同时满足成员的激励性需求和保健性需求，才能调动成员的工作投入与内在行为动机。[②] 院系提供的成果奖励、课题资助、交流平台、心理疏解及科研氛围是促进博士生学业发展的激励性资源，有助于激发其科研创造力，增加博士生科研产出。[③] 除此之外，博士生在院系支持下，积极融入院系环境，能够提升博士生对大学组织的归属感，也会对博士生的学术自我概念产生积极影响，进而提升博士生的保留率及就读满意度。[④]

从表 2-2-23 可知，在控制背景变量下，博士生融入院系环境每提升一个单位，发展型科研创新能力提升 0.192 个单位，任务型科研创新能力提升 0.077 个单位。院系科研氛围越浓厚，越能提升博士生的发展型科研创新能力水平。这与巩亮等人的研究结论具有一致性，科研氛围对博士生的科研能力提升具有较大促进作用。[⑤] 博士生在学习专业课程及科研参与过程中，会不断提升集体认知感和内部人身份感知，博士生一旦形成内部人身份，将会获得来自学术共同体的帮助、关心、认可，可以有效提高博士生的学习积极性，促进科研能力发展。[⑥]

---

① 孟倩，许晓东. 院校环境支持对大学生学习收获的影响研究：基于变化评定模型的链式中介［J］. 华南师范大学学报（社会科学版），2022（2）：132-141.

② 罗英姿，陈小满. 基于培养过程的博士生科研绩效提升策略［J］. 教育发展研究，2018（9）：50-55.

③ 马立超，姚昊. 高校组织支持体系对博士后科研创造力的影响研究［J］. 中国高教研究，2022（5）：88-94.

④ VAN ROOIJ E, FOKKENS-BRUINSMA M, JANSEN E. Factors that influence PhD candidates' success: the importance of PhD project characteristics［J］. Studies in Continuing Education, 2021,43 (1) :48-67.

⑤ 巩亮，张万红. 研究生科研能力影响因素实证研究［J］. 学位与研究生教育，2014（12）：50-57.

⑥ 马永红，杨雨萌. 博士生内部人身份感知如何以影响其创新能力：基于学习投入和导师督导的视角［J］. 中国高教研究，2019（9）：80-86.

表 2-2-23　院系支持对博士生科研创新能力的影响

因变量：博士生科研创新能力		发展型科研创新能力		任务型科研创新能力	
自变量		β	标准误	β	标准误
背景变量已经控制		—	—	—	—
院系支持	院系为跨学科学习提供便利	0.030	0.027	0.011	0.052
	我能够融入院系环境中	0.192***	0.032	0.077*	0.063
	院系科研氛围激发我的学术激情	0.342***	0.029	0.049	0.056
常量		3.526		1.079	
R^2		0.281		0.002	
Adjusted R^2		0.280		0.001	

注：* 代表 $p<0.05$，** 代表 $p<0.01$，*** 代表 $p<0.001$。

（四）考核评价体系对博士生科研创新能力的影响

高校对博士生的考核评价主要包括课程学习评价、中期考核、学位论文评价。博士生中期考核是考核学生在课程学习与论文选题阶段养成的能力，以判断能否完成学位论文。从博士生中期考核制度设计而言，大学是利用"竞争机制"，达到"能者上，庸者下，平者让"筛选分流的目的。但是，博士生中期考核制度在院系层面执行时发生漂移。院系对博士生的中期考核主要是检查博士生对知识、技能和方法的掌握及应用情况，研判博士生是否具备分析问题、解决问题的能力，进而为博士生在科研中遇到的瓶颈及障碍提供指导与帮扶，而分流并非中期考核的首要目标。[①]中期考核制度会对博士生起到督促引导作用，让博士生在就读期间积极投入科研及学术训练之中。

博士生课程考核评价体系对博士生科研创新能力具有重要影响。不同类型和性质的课程，考核评价标准、形式存在千差万别。[②]课程考核评价体系越完善，越能引起博士生对课程学习的重视，进而影响到博士生的科研能力发展。

从表 2-2-24 可知，在控制背景变量下，博士生"所学课程有完整考核评价体系""中期考核标准严格"会显著影响博士生发展型科研创新能力提升。博士生所学课程具有完整评价体系每提升一个单位，博士生的发展型科研创新能力将会提升 0.336 个单位。博士生中期考核严格程度每提升一个单位，其相应的发展型科研创新能力将会提升 0.206 个单位。

① 徐岚，陶涛. 督促还是淘汰：博士生中期考核机制形成及其实施效果［J］. 高等教育研究，2018，39（5）：74-81.
② 熊华军，何学斌. 美国大学博士生课程考核的内在特质：基于哈佛大学 35 门博士生课程教学大纲的分析［J］. 学位与研究生教育，2019（2）：70-77.

表 2-2-24   考核评价体系对博士生科研创新能力的影响

因变量：博士生科研创新能力		发展型科研创新能力		任务型科研创新能力	
自变量		β	标准误	β	标准误
背景变量已经控制		—	—	—	—
考核评价体系	所学课程有完整评价体系	0.336***	0.035	−0.014	0.068
	中期考核标准严格	0.206***	0.038	−0.028	0.073
	学位论文评价体系严格	0.001	0.041	0.008	0.078
常量		2.950		1.162	
R^2		0.261		0.001	
Adjusted R^2		0.260		0.000	

注：* 代表 $p<0.05$，** 代表 $p<0.01$，*** 代表 $p<0.001$。

（五）课程教学对博士生科研创新能力的影响

研究生教育的目标决定了研究生课程教学具有教育性、学术性、研究性。课程教学的内容突出研究性，引导学生从实际问题出发，自主探究，体验知识的发生过程，不断激发学生的学术志趣，培养创新能力。[①] 研究生科研主要聚焦前沿学术问题，而学科前沿课程的目标是培养学生对学科前沿的认识和兴趣，落脚点是锻炼研究生的科研技能与实践能力。[②]

从表 2-2-25 可知，教师及时反馈博士生学习、课堂教学方法多样、课程内容激发博士生的科研兴趣能够显著正向预测博士生发展型科研创新能力的提升。教师及时反馈博士生的学习每提升一个单位，博士生发展型科研创新能力会提升 0.154 个单位。教师对博士生课程学习的反馈至关重要，因为教师提供的反馈能够让博士生不断反思学习过程，在反思性学习过程中形成研究者身份。[③] "课堂教学方法多样" 每提升一个单位，博士生发展型科研创新能力随之提升 0.097 个单位。课程内容激发博士生的科研兴趣每提升一个单位，博士生的发展型科研创新能力将会提升 0.198 个单位。

表 2-2-25   课程教学对博士生科研创新能力的影响

因变量：博士生科研创新能力	发展型科研创新能力		任务型科研创新能力	
自变量	β	标准误	β	标准误
背景变量已经控制	—	—	—	—

① 胡莉芳. 教育性与研究性：一流大学研究生课程建设的内在逻辑 [J]. 清华大学教育研究，2022，43（1）：62-69.

② 刘畅，吴瑞林. 国际一流大学研究生学科前沿课程组织形式及其对我国的启示 [J]. 研究生教育研究，2022（1）：88-97.

③ LAMAR M R, CLEMENS E, DUNBAR A S. Promoting doctoral student researcher development through positive research training environments using self-concept theory [J]. Professional Counselor, 2019, 9（4）：298-309.

因变量：博士生科研创新能力		发展型科研创新能力		任务型科研创新能力	
自变量		β	标准误	β	标准误
课程教学	教师及时反馈我的学习	0.154***	0.038	−0.015	0.075
	重视师生交流互动	0.071	0.044	−0.020	0.086
	教师积极投入课堂教学	0.043	0.049	−0.004	0.096
	课堂教学方法多样	0.097*	0.046	−0.036	0.091
	课程内容激发我的科研兴趣	0.198***	0.042	0.035	0.082
常量		3.303		1.181	
R^2		0.277		0.002	
Adjusted R^2		0.276		−0.001	

注：* 代表 $p<0.05$，** 代表 $p<0.01$，*** 代表 $p<0.001$。

（六）学习资源对博士生科研创新能力的影响

培养单位为博士生提供的研究设备、实验室、工作场所、计算机资源、图文仪器设备诸多资源对博士生学业发展起到保护与激励作用。[1] 从工作要求 – 资源理论而言，充足的学习资源不仅为博士生创造了良好的学术环境，而且能够激发博士生参与高挑战性科研项目的积极性。有研究指出，资源供给与科研产出存在"递归关系"，机构提供的资源类型越丰富，资源供给连续性越强，学者的科研生产力就会越高。[2]

从表 2-2-26 可知，在控制背景变量下，博士生获得的专业资源、网络设施与服务、期刊文献能够显著正向地预测博士生发展型科研创新能力。具体而言，博士生拥有研究所需的专业资源每提升一个单位，相应的发展型科研创新能力将会提升 0.212 个单位。博士生可以便利使用网络设施与服务每提升一个单位，其发展型科研创新能力将会提升 0.073 个单位。博士生可以获得必需的期刊文献每提升一个单位，其发展型科研创新能力将会提升 0.259 个单位。

表 2-2-26　学习资源对博士生科研创新能力的影响

因变量：博士生科研创新能力	发展型科研创新能力		任务型科研创新能力	
自变量	β	标准误	β	标准误
背景变量已经控制	—	—	—	—

① HADI N U, MUHAMMAD B. Factors influencing postgraduate students' performance: a high order top down structural equation modelling approach［J］. Educational Sciences:Theory&Practice, 2019 (2) :58-73.

② DUNDAR H, LEWIS D R. Determinants of research productivity in higher education［J］. Research in Higher Education, 1998,39 (6) :607-628.

续表

因变量：博士生科研创新能力		发展型科研创新能力		任务型科研创新能力	
自变量		β	标准误	β	标准误
学习资源	我拥有充足的学习工作场所	0.045	0.026	0.005	0.049
	我拥有研究所需的专业资源	0.212***	0.025	−0.006	0.048
	我可以便利使用网络设施与服务	0.073*	0.031	0.016	0.060
	我可以获得必需的期刊文献	0.259***	0.032	0.038	0.202
常量		2.932		0.482	
R^2		0.248		0.050	
Adjusted R^2		0.246		0.003	

注：* 代表 $p<0.05$，** 代表 $p<0.01$，*** 代表 $p<0.001$。

（七）发展机会对博士生科研创新能力的影响

有研究表明，初级科研人员加入科研团队之中能够加速个人成长。[1] 博士生作为初级科研人员加入科研团队，与高水平专家学者及时进行学术对话，听取专家意见，与同侪开展更多合作和交流，可以填补博士生的知识盲区，帮助博士生对研究问题形成新的见解及观点。根据优势累积理论的观点，学界认为那些与诺贝尔奖获得者一起工作学习的人，未来也有可能获得诺贝尔奖，因为在同一个学术社区之中，他们掌握了最前沿的技术及第一手信息资源，为今后突破性科研成就奠定基础。[2] 学术界存在等级森严的层阶性，博士生作为学术场域中的边缘角色，接触到本专业领域的"学术明星"，会逐渐融入科研网络，不断从学术"利基市场"获益。

博士生加入高水平科研团队，与优秀学者建立学术联系是博士生社会性整合经历不可或缺的体验，整合经历就是博士生加入学术社区之中，将自己视为学术共同体中的一员，积极与他人进行协作交流，进行有意义的学习，避免成为孤立者。[3] 从表 2-2-27 可知，博士生拥有的发展机会对发展型科研创新能力具有显著正向影响。博士生"加入高水平科研团队的机会较多"每提升一个单位，发展型科研创新能力随之提升 0.170 个单位。博士生接触到本专业领域内优秀学者越多，发展型科研创新能力提升越明显。博士生所在专业的学术交流网络越广泛、越密集，博士生的发展型科研创新能力提升越明显。

---

① 季小天，赵文华. 研究型大学一流科研创新团队的影响因素分析 [J]. 科学管理研究，2021，39（6）：43-53.

② 马来平. 科学界的马太效应：范围与限度 [J]. 贵州社会科学，2020（11）：4-10.

③ PYHÄLTÖ K, STUBB J, LONKA K. Developing scholarly communities as learning environments for doctoral students [J]. International Journal for Academic Development, 2009,14 (3) :221-232.

表 2-2-27　发展机会对博士生科研创新能力的影响

因变量：博士生科研创新能力		发展型科研创新能力		任务型科研创新能力	
自变量		β	标准误	β	标准误
背景变量已经控制		—	—	—	—
发展机会	加入高水平科研团队的机会较多	0.236***	0.024	0.026	0.047
	能够接触本专业领域优秀学者	0.097**	0.026	0.008	0.052
	所在专业有广泛的学术交流网络	0.258***	0.028	0.001	0.054
常量		3.722		0.746	
R^2		0.542		0.001	
Adjusted R^2		0.293		0.000	

注：＊代表 p<0.05，＊＊代表 p<0.01，＊＊＊代表 p<0.001。

（八）同伴支持对博士生科研创新能力的影响

同伴支持属于社会支持的组成部分，博士生在与同伴互动过程中，基于非正式性渠道向对方提供信息支持、情绪支持、工具支持、社交陪伴，这些支持可以让博士生及时获得相关的信息和资源，确定研究中的行动方案，迅速解决难题。[1]

从表 2-2-28 可知，同伴支持会显著影响博士生科研创新能力发展。博士生与同学相互鼓励对发展型科研创新能力具有显著提升作用，但是对任务型科研创新能力有抑制效应。博士生相互协助解决科研难题每提升一个单位，发展型科研创新能力将会提升 0.198 个单位。博士生相互分享经验每提升一个单位，发展型科研创新能力随之提升 0.223 个单位。博士生与同伴相互支持可以让彼此建立并维持良好的社会关系，获取社会资本的支持，达到优势互补、知识交流、资源分享，攻克科研难题的目的。[2]博士生进行互动交流是其学术社会化赖以发展的根基。[3]薇薇安娜（Viviana Meschitti）认为同伴支持是一种互惠式学习关系，这种关系使博士生积极参与协助活动，不断地给予、接受彼此的反馈，培养批判性思维，发展新技能。[4]

① SUFYAN M, ALI GHOURI A. Why fit in when you were born to stand out? the role of peer support in preventing and mitigating research-related stress among doctoral researchers [J]. Social Epistemology, 2020,34 (1):12-30.

② 郭世豪，任可欣. 研究生同辈科研"合作难"的现状、成因与破解 [J]. 中国高教研究，2022（3）：74-80.

③ 王坦. 论合作学习的基本理念 [J]. 教育研究，2002（2）：68-72.

④ MESCHITTI V. Can peer learning support doctoral education? evidence from an ethnography of a research team [J] .Studies in Higher Education, 2019,44 (7):1209-1221.

表 2-2-28   同伴支持对博士生科研创新能力的影响

因变量：博士生科研创新能力		发展型科研创新能力		任务型科研创新能力	
自变量		β	标准误	β	标准误
背景变量已经控制		—	—	—	—
同伴支持	我与同学相互鼓励	0.166***	0.039	−0.085*	0.078
	同学协助我解决科研难题	0.198***	0.034	0.070	0.068
	同学之间相互分享经验	0.223***	0.042	0.033	0.084
常量		2.943		0.831	
R^2		0.302		0.003	
Adjusted R^2		0.301		0.001	

注：* 代表 $p<0.05$，** 代表 $p<0.01$，*** 代表 $p<0.001$。

（九）成长环境对博士生学术性职业选择意向的影响

已有研究发现，影响博士生职业选择的因素主要有内部因素与外部因素，内部因素包括博士生个人特征及职业偏好，外部因素包括院系环境及就业市场供需情况。霍兰德的职业选择理论认为每一个人倾向选择与自己性格特质相吻合的职业。从性格特征来看，学者的性格属于艺术类型，以自主、智力发展和声誉为动力，而对权力、创业和高薪无动于衷。[1] 从外部因素来看，博士生在学术社会化发展过程之中接触到的环境对其学术职业选择具有重要影响。学术社会化主要是让博士生习得与特定地位和角色相关的规范和标准、价值观和态度，以及知识、技能和行为模式，为未来学术工作奠定基础。从导师指导来看，当导师和博士生之间建立积极的合作关系，导师为博士生提供重要反馈，包括博士生学业表现、情感上的鼓励、职业信息，这些反馈信息能够提升博士生对学术职业的承诺。[2] 从科研参与来看，在科研工作中具有自主性的博士生，毕业后更有可能留在学术界。[3] 博士生参与职业发展相关的研究训练，本身就是为今后成为独立的科研工作者做准备，博士生参与的训练项目越多，越能推动博士生学术社会化发展过程中所需的经验、技能及规范。[4] 从院系支持来看，院校提供的制度性环境，包括院校

① EREZ M, SHNEORSON Z. Personality types and motivational characteristics of academics versus professionals in industry in the same occupational discipline[J].The Journal of Vocational Behavior, 1980,17 (1) :95–105.

② CURTIN N, MALLEY J, STEWART A J. Mentoring the next generation of faculty: supporting academic career aspirations among doctoral students[J].Research in Higher Education, 2016,57 (6) :714–738.

③ KIM E, BENSON S, ALHADDAB T A. A career in academia? determinants of academic career aspirations among PhD students in one research university in the US[J]. Asia Pacific Education Review, 2018,19 (2) :273–283.

④ PYHÄLTÖ K,STUBB J,LONKA K. Developing scholarly communities as learning environments for doctoral students[J]. International Journal for Academic Development, 2009,14 (3) :221–232.

文化氛围、专业课程体系、同伴支持、学习环境对博士生学术职业选择都会产生一定的影响。[①]

利用二元逻辑回归方法，检验成长环境对博士生职业选择意向的影响，结果如表 2-2-29 所示。在科研经历上，博士生就读期间自主决定学位论文选题，未来更有可能从事学术职业。导师指导模式对博士生学术职业选择有显著性影响，单一导师指导的博士生未来从事学术职业的发生比是由导师组指导的博士生的 1.326 倍。导师指导满意度对博士生未来学术职业选择具有积极影响，博士生对导师指导满意度每提升一个单位，未来选择学术职业将会提升 0.138 个单位。博士生获得的发展机会越多，未来从事学术职业的概率就越高。

表 2-2-29　成长环境对博士生学术职业选择意向的影响

自变量	因变量：博士生学术性职业选择意向（以"非学术性职业意向"为参照）			
	β	Wald 值	标准误	Exp(B)
背景变量已控制	—	—	—	—
自主决定论文选题（以"导师指定选题"为参照）	0.254**	6.943	0.092	0.784
单一导师指导（以"导师组指导"为参照）	0.317**	1.217	0.095	0.728
自主申报并获批校内科研创新项目（以"否"为参照）	0.096	0.570	0.134	0.904
参与导师课题（以"否"为参照）	0.138	1.964	0.109	0.859
研究方向与导师一致性	−0.070	2.670	0.043	0.932
导师指导	0.153*	4.275	0.074	1.166
院系支持	0.134	2.440	0.086	1.143
考核评价	−0.060	0.375	0.100	0.940
课程教学	0.084	0.825	0.093	1.088
学习资源	−0.062	0.544	0.084	0.940
发展机会	0.016***	0.050	0.070	1.016
同伴支持	−0.048	0.317	0.086	0.953
常量	0.353			
−2Loglikelihood	2789.842			
Cox&Snell R^2	0.020			
Nagelkerke R^2	0.027			

注：*代表 $p<0.05$，**代表 $p<0.01$，***代表 $p<0.001$。

① ZHENG X, ZHOU W, NI C, et al. The influencing mechanism of research training on Chinese STEM PhD students' career interests [J]. Asia Pacific Education Review, 2022 (3) :1–17.

五、结论及建议

（一）研究结论

本专题围绕博士生成长环境，利用差异性分析方法及回归分析方法，描述了博士生对成长环境的感知，检验博士生成长环境对科研创新能力及职业选择意向的影响，得到如下结论：

第一，单一导师指导模式占主流地位，师生科研方向保持一致，博士生科研训练环境相对完善。

调查发现，63.9%的博士生是由单一导师指导，说明单一导师指导模式是当前博士生培养中的主流指导模式。单一导师负责博士生的学习、科研活动，这种"点对点"的指导模式能够保障师生双方良性互动，形成带有私人性质的"师生交互"方式，推动师生关系的亲密发展。

调研发现，78.6%的博士生认为自己科研方向与导师保持一致。师生科研一致性为博士生提供了一个安全的学术环境，导师和博士生能够形成智力与视域上的协作，减少博士生科研失败、延期毕业、学业半途而废的风险。调研也表明，按时毕业博士生与导师科研的一致性显著高于延期毕业博士生，该结论从侧面证实了师生科研一致性的益处。接近五成（47.6%）的博士生能够自主决定学位论文选题，说明导师在博士生培养过程之中尊重博士生的科研自主性，赋予了博士生自由探索的权利。76%的博士生参与过导师的科研项目，说明导师为博士生提供的科研训练机会相对优渥。然而，在院校层面，院校为博士生提供的科研训练机会有待提升，调研发现，博士生自主申报并获批校内创新科研项目的比例不到两成。

第二，博士生对"关键社会化代理人"的认可呈现显著差异，相比任课教师而言，博士生对导师及同伴的评价更积极。

在博士生成长过程中，导师、任课教师及同伴是博士生互动较为频繁的三类"社会化代理人"，博士生对导师指导及同伴支持的满意度明显高于任课教师，对三者的认可呈现显著差异。博士生对任课教师的认可度低于对导师指导和同伴支持，可能与大学制度环境有关。大学组织及学术晋升机制时刻向教师传递"不发表就出局"的竞争信号，教师被迫卷入学术锦标赛道之中，科研发表成为教师日常生活的重心，作为教师职责的教学工作被各方面有意识地忽视了。[①] 此外，任课教师个人注意力的漂移及资源投入的失衡，导致教师难以将课堂教学提升到与科研发表同等地位，致使课程教学效果未达到博士生预期，博士生对任课教师评价低也在情理之中。

博士生对导师指导认可度更高，说明当下有关导师队伍建设的制度理性逐渐释放出积极效应。近年来，高校利用肯定性政策与否定性规定，进一步严格规范导师的师德师风管理，提升导师准入标准，细化导师岗位职责，规范导师岗位培训及退出机制，让导师全身心投入到博士生指导过程，引导博士生树立科研信念，杜绝导师对博士生指导的"放羊现象"。

同伴支持是博士生学术社会化过程中不可缺少的核心要素。从学习过程来看，同伴支持让具有不同文化背景的博士生在专业交流过程中不断分享信息、相互学习，增加博士生在特定学

---

① 任可欣，余秀兰，王世岳. "先生存后发展"：N大学文科青年教师行动逻辑分析 [J]. 高教探索，2020（7）：106–113.

科领域中应用新思想的机会，提升博士生的就读体验。[①]

第三，院系为博士生提供了较好的支持性环境，学习资源供给与博士生需求相契合，但是博士生的学术网络关系相对薄弱。

院系支持性环境主要为博士生专业发展提供帮助，博士生在院系支持下积极融入系科组织结构中，可以获得多样化的成长机会及学习资源，形成内部人身份。此外，院系支持还可以提升博士生学习效能感，特别是院系成员之间形成的情感支持及专业互助能够促进前沿知识在博士生群体之间传播与共享，有效缓解博士生科研信息匮乏。[②]调研发现，博士生对院系支持满意度较高，博士生认可院系提供的支持性条件及环境。但是博士生对"院系科研氛围激发我的学术激情"评价最低。院系科研氛围是院系内的成员感知到的工作环境，是院系组织成员一致性的体验，对成员的行为、动机及态度具有重要影响。[③]院系科研氛围对博士生学术激情提升作用小，可能在于院系成员在科研上存在竞争关系，彼此之间学术交流匮乏、科研合作关系薄弱，难以激发学术灵感，无法点燃博士生的学术激情。[④]

调查显示，博士生对学习资源的总体评价较高，说明大学供给的学习资源与博士生需求相契合。学习资源是衡量博士生成长环境的基本条件，培养单位只有满足博士生对物质资源的需求，才能激励博士生追求更高的科研成就，充足的学习资源对提升博士生的科研信心及面对学术困难的韧性和毅力具有重要意义。但是，相比博士生对院系支持、学习资源的满意度，博士生对发展机会的整体满意度不高，特别是对"加入高水平科研团队的机会较多""接触到本专业领域的优秀学者"满意度较低，说明博士生在建构学术社交网络时面临着困境。

第四，考核评价体系对博士生学业发展起到较为明显的促进作用。

调研发现，考核评价体系对博士生发展型科研创新能力具有显著促进作用，并能显著降低博士生的延期毕业率，说明考核评价体系对博士生学业发展具有引导促进作用。院校对博士生进行严格考核评价的益处在于：首先，通过制度来激发博士生对学业及科研的投入力度。新制度主义认为制度中含有的文化、习俗、角色、规则在具体情境之中划分行动者的角色与义务，使得行动者在彼此互动之中形成具有约束性的关系网络，这种关系网络的最终目的是满足行动者预定目标的实现。院校考核评价体系已经预设博士生的行动方向及成果形式，理性、科学的考核评价体系减少了博士生学术生活的无序性。其次，利用制度对博士生进行分流筛选，进而优化博士生培养质量。院校通过课程考核制、中期考核制、论文预答辩制等考核评价机制对博士生进行筛选，及时将不适合继续培养的博士生进行分流淘汰，这不仅能够缓解大量延期毕业博士生给培养单位造成的资源紧张状况，而且可以有效促进博士生的学业发展、提升博士生培养质量。

第五，成长环境对博士生发展型科研创新能力的影响超过了对任务型科研创新能力的

---

① JARA M. Research-based doctoral supervision development programme: learning through peer learning, reflection and case studies [J]. Innovations in Education and Teaching International, 2021,58 (4) :441-450.

② 王传毅，王宇昕. 博士生自我认知、培养环境与学术职业选择——基于 2019 年 Nature 全球博士生调查数据的实证研究 [J]. 国家教育行政学院学报，2020（3）：86-95.

③ 赵富强，陈耘，张光磊. 心理资本视角下高校学术氛围对教师科研绩效的影响——基于全国 29 所高校 784 名教师的调查 [J]. 高等教育研究，2015，36（4）：50-60.

④ 陈青. 学术氛围对高校教师科研绩效的影响研究 [D]. 上海交通大学硕士学位论文，2018：15.

影响。

调研发现，博士生成长环境对博士生发展型科研创新能力影响更为显著。在科研经历上，从回归模型可知，博士生科研经历对发展型科研创新能力提升的贡献度是 15.3%，但是对博士生任务型科研创新能力提升的贡献度仅有 6.4%。在导师指导上，导师定期与博士生联系并交流学习及科研问题，为博士生提供发展机会，博士生发展型科研创新能力明显得以提升，但是这些因素对博士生任务型科研创新能力发展并无显著性影响。在院系支持上，博士生融入院系环境对发展型科研创新能力和任务型科研创新能力均产生显著性影响，其回归系数分别是 0.192、0.077，回归系数前者大于后者。

由此可知，博士生融入院系环境之中对发展型科研创新能力影响更大。除此之外，在考核评价体系、课程教学、学习资源、发展机会及同伴支持对博士生科研创新能力发展的影响上均呈现类似特征。之所以会出现此种情境，我们根据"输入——过程——输出"模型会得到一些可能的解释，博士生从成长环境之中汲取营养，经过个体内在心理认知机制的加工整合，物化为显性科研成果，需要漫长的时间累积，短时间内不能呈现成果也在情理之中。

第六，博士生科研自主性、导师指导、发展机会能够显著预测其未来学术职业选择。

从上述二元逻辑回归分析结果可知，博士生学位论文选择自主性、导师指导模式及指导满意度、发展机会对博士生未来学术职业选择产生积极影响。博士生学位论文选题自主性属于专业自主，博士生能够自主决定论文选题，意味着博士生对专业领域的科研拥有一定自主权，自主性让博士生为学术工作承担更多职责。[1]詹妮弗·M·布莱尼（Jennifer M. Blaney）认为博士生被赋予的专业及科研自主权是其建构学术意义的内在驱动力，学生将自主性和能动性视为科学发展的理想特征会无形之中会塑造对学术职业的认知及选择。[2]

从自我决定理论角度而言，博士生根据研究兴趣和研究专长自主决定学位选题的可能性越高，越能激发博士生科研探索的内在求知动机与科研兴趣，而研究兴趣是博士生科研动机的一种外在表现形式，研究兴趣强的博士生科研动机也更加强烈，而动机又决定了个体未来愿意从事某项活动的性质和强度。[3]有学者发现，导师指导对博士生回归学术职业起着至关重要作用，一方面，导师的支持会有效提高博士生学术能力的自我效能感，进而提升博士生追求学术职业的信心；另一方面，导师和博士生之间存在无形的心理契约关系，即博士生的职业兴趣和活动应与导师的期望一致，从而换取培训、资源和职业发展援助。[4]

（二）相关建议

第一，完善博士生科研训练环境。

良好的科研训练环境是提升博士生科研创新素养的重要基础。努力向博士生提供一个良好科研训练环境：首先，大学向各培养单位划拨专门用于资助博士生科研项目的年度专项经费，

① MANATHUNGA C, PITT R, CRITCHLEY C. Graduate attribute development and employment outcomes: tracking PhD graduates［J］. Assessment & Evaluation in Higher Education, 2009,34 (1) :91-103.

② BLANEY J M, WOFFORD A M, JEONG S, et al. Autonomy and privilege in doctoral education: an analysis of stem students' academic and professional trajectories［J］. The Journal of Higher Education, 2022 (5) :1-27.

③ 李澄锋，陈洪捷. 学位论文选题会影响博士生按期毕业吗？——基于全国博士毕业生离校调查数据的分析［J］. 中国高教研究，2020（7）：26-32.

④ 刘宁宁. 导师指导如何影响博士生学术职业取向的变化［J］. 研究生教育研究，2021（5）：17-24.

利用科研项目资助形式，提高博士生校内科研训练项目的资助数量。其次，导师与博士生在学术交往及科研合作过程中形成平等互助关系，为遇到科研难题及学习困难的博士生给予针对性指导。导师在指导研究生的过程中要充分关注研究生的兴趣和特点，注重因材施教，根据博士生的知识基础、科研特长、学习风格，提供个性化指导，利用组会、读书会等方式加强与博士生日常互动交流。[①] 院系可以根据学科属性及博士生科研需求，推行导师组指导模式，为博士生搭配主、副导师，发挥不同导师的专业特长，向博士生提供全方位指导，在潜移默化中强化博士生的科研抱负。除此之外，大学博士生招生指标的分配要向具有重大科研项目的导师及科研团队倾斜，这样不仅能为博士生创建良好的科研条件与平台，还可以让导师及团队获得更多科研助手。最后，院校基于自身定位与发展目标，为博士生搭建知识共享、学术交流平台，创建多元性科研参与渠道，营造宽容、自由的科研氛围，提升科研激励力度，培养博士生远大的学术志向。

第二，任课教师提升教学有效性。

博士生之所以对任课教师认可度低，一方面，教师的教学工作被科研任务挤压，教师对教学工作缺乏重视；另一方面，师生互动不足，教师对学生学习反馈匮乏，课程内容与博士生科研需求脱节，导致课堂教学效果未达到博士生预期。任课教师为提升教学有效性，可以从为博士生课程学习提供反馈，不断完善课程内容设置，强化课程与博士生科研方向的关联性等方面入手。教师及时评价、反馈博士生对课程内容的掌握及理解情况，对提升博士生学习收获具有重要影响。[②]

任课教师可以通过以下方式为博士生提供课程学习反馈：在反馈目的上，要根据课程教学目标，向博士生反馈能够改进未来学习方向的信息，缩短当前学习进度与学习目标之间差距。在反馈形式上，任课教师要根据学习任务采取多样化的反馈形式，包括评价性反馈、结果性反馈、过程性反馈和学生自我调节的反馈。在反馈的内容上，教师向博士生提供的反馈应具有全面性、启发性。[③] 教师为强化课程内容与博士生科研需求的一致性，一方面，任课教师要提高课程开设质量，结合院系课程准入、退出机制及学生评教结果及时调整授课内容及授课方式；另一方面，任课教师可以组建跨学科教学团队，教学内容及方向紧密结合博士生的科研需求及学习兴趣。

第三，大学不断丰富博士生专业发展机会，拓展博士生学术交流合作网络。

首先，大学为博士生专业发展创造更多机会，引导博士生以科研助理身份加入创新团队，鼓励博士生与团队成员建立良好的合作关系，拓展博士生与学术共同体之间的网络关系。其次，导师可利用课题资金，资助博士生参与国内及国际会议、短期访学，开阔博士生学术视野，培养博士生专业认同感与组织归属感。最后，院系通过开展持续性、规范性的学术沙龙、工作坊、讲座等学术活动，鼓励博士生积极与知名专家学者对话交流。

博士生通过学术交流契机，可以弥补思维的局限，拓宽知识领域，开阔眼界，催生创新思

① 刘博涵，赵璞. 学术型研究生学术志趣的影响因素探讨［J］. 研究生教育研究，2019（6）：35-41.

② 薛欣欣，胡莉芳. 研究生课程教学中的自主学习：内涵、作用与实践策略［J］. 研究生教育研究，2020：(4)：35-40.

③ 邵朝友. 论有效的学习反馈：指向四个基本议题［J］. 当代教育科学，2012（2）：20-24.

想。[①] 院系也可实施博士生"学术汇报"制度，定期组织博士生汇报、展示科研成果，不断激发博士生的科研热情。[②] 除此之外，为了顺应博士生未来多样性就业趋势，提升博士生专业应用范围，院校积极与政府机构、产业组织、公益社团可开展合作，利用产学研一体化平台、挂职锻炼、实习、课题委托等多种方式，为博士生创设多样化实践锻炼机会，拓展博士生学术交流合作网络。

第四，大学持续优化博士生成长环境，培养博士生科研创新能力，提升博士生对学术职业选择承诺。

良好的学术天赋和内隐资质是博士生成为优秀学术工作者的基础，如果外在成长环境的不完善或者支持性资源匮乏，博士生内隐资质的发展和功能实现就会大打折扣[③]，因此大学要不断优化博士生成长环境。虽然成长环境中的院系支持、学习资源、同伴支持在统计上未对博士生学术职业选择产生显著性影响，并且对博士生任务型科研创新能力提升的作用较小，但是在现实情境之中并不意味着这些支持性条件对博士生学术职业选择及科研产出不起作用，院校要创造性地推动这些因素在博士生发展过程中的作用。

为了优化博士生成长环境，促使博士生将大学提供的支持性资源及环境要素经过思维加工，物化为显性学术论文、专利技术、著作，最终使博士生认可学术职业，可从以下方面着手：首先，大学需要将博士生成长环境的建设契合博士生的需求。大学需站在博士生立场考量博士生培养过程中的资源供给，成长环境的建设应该以博士生为中心。大学在优化博士生成长环境时也需要考虑博士生学科专业背景、科研偏好的差异性，尽可能营造个性化成长环境。其次，大学要重视博士生成长过程中的软环境建设。为提升成长环境对博士生的科研发表及学术职业选择的作用，大学需要形成一种允许科研失败的宽容文化氛围，发展科研容错纠错的长效机制，以此来减少博士生科研发表压力，让博士生体验到学术职业的安全性。

（执笔：朱华伟）

――――――――――

①　张睦楚. 学术活动何以沦为"学术赶集"：以西部地区新增教育学博士点院校为中心之理性分析［J］. 江苏高教，2021（9）：35-42.

②　徐滢珺. 学术氛围对青年教师科研绩效的影响［J］. 中国高校科技，2015（12）：27-29.

③　郭卉，姚源. 中国青年学术精英生成的资质与资本因素影响探究：基于生物学科教师的调查［J］. 高等教育研究，2019，40（10）：46-58.

博士毕业生的职业选择及影响因素调查

一、研　究　背　景

现代博士生教育制度肇始于 19 世纪初的德国，在"探究深邃博大学问"的"洪堡精神"的影响下，培养大学教授及从事基础理论研究的科学家成为了博士生教育的主要目标。[①] 在此背景下，学术职业成为了博士生毋庸置疑的职业选择，其职业道路亦被形象地称为"线性管道"（Linear pipe），选择"非学术职业"的博士生则被视为是"管道的泄露"（Leakage from the desired pipeline）。[②] 然而，20 世纪 80 年代之后，随着博士生招生规模的扩大及知识生产模式的变革，博士学位获得者从事学术职业的比例逐渐下降，越来越多的博士毕业生开始涌向非学术职业。20 世纪初，美国博士学位获得者从事学术职业的比例达 70%~80%[③]，而美国国家科学基金会（National Science Foundation，NSF）公布的 2020 年博士学位获得者调查（the Survey of Earned Doctorates，SED）结果显示，从事学术职业的博士占比已经下降为 39.6%。[④] 澳大利亚研究生就业去向调查（Graduate Destinations Survey，GDS）数据表明，2000 年至 2007 年博士学位获得者从事学术职业的平均比例不到一半，为 44.4%。[⑤] 此外，从 2010 年博士学位获得者职业生涯项目（Careers of Doctorate Holders，CDH）的调查数据可以看出，英国（44.7%）、法国（44.6%）和日本（49.3%）等博士生教育大国的博士学位获得者从事学术职业的比例均小于 50%，分别有 33.5%、27.1% 和 25% 的博士生进入工商界。与此同时，我国博士毕业生的职业选择也呈现出相似特征。20 世纪 80 年代初期，我国博士毕业生选择教育和科研系统的比例超过九成，到 20 世纪 80 年末期，该比例仍然稳定维持在 80% 左右。1995—2008 年期间，在高等院校就业的博士毕业生比例由 59.8%（1995 年）下降至 46.1%（2008 年）；进入科研院所

① 李澄锋，陈洪捷，沈文钦. 博士研究生学术职业选择的群体差异——基于中国博士毕业生调查数据［J］. 学位与研究生教育，2019（8）：36-41.

② 顾剑秀，罗英姿. 是"管道的泄露"还是"培养的滞后"：从博士毕业生的职业选择反思我国博士生培养变革［J］. 高等教育研究，2013，34（9）：46-53.

③ 沈文钦，王东芳，赵世奎. 博士生就业的多元化趋势及其政策应对：一个跨国比较的分析［J］. 教育学术月刊，2015（2）：35-45.

④ NATIONAL SCIENCE FOUNDATION. 2020 doctorate recipients from U.S. universities［R］. National Science Foundation，2019：1-15.

⑤ NEUMANN R，TAN K. From PhD to initial employment: the doctorate in a knowledge economy［J］. Studies in Higher Education，2011，36（5）：601-614.

就业的博士毕业生占比由 16.9%（1995 年）下降至 8.3%（2008 年）；而在政府、企业和事业单位就业的博士毕业生比例均有不同程度的提升。① 总之，各方数据表明，博士毕业生职业道路的多元化已成既定事实。

随着全球化和知识经济社会的到来，教育和经济的关系愈发紧密，社会发展对知识的依赖程度空前提高，处在学历教育最高层次、以知识创造和科技创新为使命的博士生教育在社会经济发展中的重要性愈发突出，其培养的高层次创新人才在劳动力市场上的就业去向和初次配置成为了世界各国政府、高校、企业及公共关注的焦点。对国家而言，如何提升和保持其在全球科技中心的领先地位越来越取决于各国的教育和科技发展水平，博士生教育培养的高层次创新人才成为了实现国家可持续发展、提升国家竞争力的重要武器。在我国，博士学位获得者更是践行科教兴国和人才强国战略、建设创新型国家的关键力量。从某种程度上来说，博士生教育肩负着促进我国政治、经济和文化发展上的重任，而其价值是否能够得到充分的实现，关键之一在于其所培养的博士生能否实现充分就业、得到合理配置。② 从高等教育系统内部来看，博士生的就业去向与学术事业的活力和持续健康发展息息相关，能否吸引充足且优质的博士生选择学术职业不仅事关当前的学术人才队伍建设，而且在很大程度上影响着下一代学术人员的质量与水平。③ 如果说目前大学凭借供求同一体特征，具备吸引和保留高层次优质人才的先天优势，那么对大学来说，未来最严峻的挑战之一则是高校人才争夺已逐步超越了高等教育系统内部而转向学术界与非学术界之间的竞争。④ 如何在愈加开放的劳动力市场上提升学术职业的吸引力，是"双一流"建设时代背景下需要迫切思考和解决的问题。从高等教育系统外部来看，随着新一轮科技革命和产业革命的兴起，知识的生产和传播、科技的组合和应用都在发生深刻转型，这场以信息和知识为基础的技术变革为整个社会带来了前所未有的改变，复杂性、多样性和不确定性成为了时代的重要特征，而对知识重要载体——高层次创新人才的占有和利用成为了在这个复杂多变的社会中保持生机与活力的重要途径。⑤ 总之，作为国家科技创新人才后备军，博士毕业生的职业选择和就业去向牵动着社会各界的神经。基于此，本研究以职业选择为切入点，探究影响博士毕业生职业选择的相关因素，分析不同因素对博士毕业生职业选择的作用关系，挖掘博士毕业生职业选择背后的深层机理，揭示博士毕业生职业选择过程中的现实问题，努力为政府、高校、产业界等提供优化博士资源配置的对策建议。

① 范巍，蔡学军，成龙. 我国博士毕业生就业状况与趋势分析［J］. 教育发展研究，2010，30（7）：79-81.

② 程诗婷，廖文武. 多元化就业与博士生教育：基于 C9 高校数据的实证分析［J］. 研究生教育研究，2020（5）：24-30.

③ 张英丽. 学术职业与博士生教育［M］. 武汉：华中科技大学出版社，2009：3.

④ 刘宁宁. 回归还是逃离：博士学术职业取向的变化及其影响因素——基于 2019 年 Nature 全球博士调查的分析［J］. 重庆高教研究，2021，9（4）：1-12.

⑤ 迈克尔·吉本斯. 知识生产的新模式：当代社会科学与研究的动力学［M］. 陈洪捷，沈文钦等，译. 北京：北京大学出版社，2011：47-50.

二、研究设计

（一）研究对象

本研究的调查对象为"双一流"建设高校的博士毕业生，样本覆盖 40 所高校，其中一流大学建设高校 10 所，一流学科建设高校 30 所，共回收问卷 2096 份，剔除非博士毕业生问卷及其他无效问卷 763 份，剩余有效问卷 1333 份，问卷有效率为 64.6%。从表 2-3-1 可以看出，调查样本主要呈现出以下特征：男性毕业生比例较高，年龄集中于 30 岁及以下，三成左右处于已婚状态，来自工科的博士毕业生比例较高，其年级主要分布于三年级和四年级，延期毕业生占三成左右，本科直博的毕业生较少，导师为院士的毕业生比例较少，来自一流学科建设高校的毕业生比例较高，且在教育背景方面呈现出就读学校层级随着学历层级的提高而逐步提高的现象（详见表 2-3-1）。

表 2-3-1　样本分布情况（N=1333）

变量名		N	百分比 /%	变量名		N	百分比 /%
性别	男	707	53.0	学科类型	人文学科	99	7.4
	女	626	47.0		社会学科	299	22.4
年龄	小于等于 30 岁	877	65.8		理科	207	15.6
	大于 30 岁	456	34.2		工科	543	40.7
婚姻状态	已婚已育	225	16.9		医科	185	13.9
	已婚未育	195	14.6	入学方式	本科直博	77	5.8
	未婚未育	913	68.5		硕博连读	457	34.3
博士高校	一流大学建设高校	575	43.1		"申请－考核"制	459	34.4
	一流学科建设高校	758	56.9		普通招考	340	25.5
硕士高校	一流大学建设高校	315	23.6	年级	三年级	553	41.4
	一流学科建设高校	567	42.6		四年级	454	34.1
	其他高校	451	33.8		五年级及以上	326	24.5
本科高校	一流大学建设高校	182	13.6	导师头衔	院士	39	2.9
	一流学科建设高校	374	28.1		国家级	402	30.2
	其他高校	777	58.3		省部级	437	32.8
毕业生类型	延期毕业生	412	30.9		其他	455	34.1
	非延期毕业生	921	69.1				

注："博士高校"为博士毕业生当前所在高校；"硕士高校"为博士毕业生硕士就读高校；"本科高校"为博士毕业生本科就读高校；导师头衔中"国家级"主要包括长江、万人计划、百千万人才工程、杰青、优青等。

（二）研究工具

本研究的调查问卷包含三部分内容：第一部分为博士毕业生的背景信息，包括学校、学科、性别和年龄等；第二部分为博士毕业生的入职单位和岗位类型，以及其入学初的意向单位和岗位类型；第三部分为博士毕业生职业选择的影响因素，包括自我效能感、职业价值观、科研承诺、科研志趣等自我认知因素，职业兴趣、职业获得、职业前景等职业认知因素，就业环境、培养环境、家庭环境等环境因素，以及校内社会化经历及校外社会化经历等社会化因素（详见表 2-3-2）。

表 2-3-2　相关变量及变量说明

变量名		变量类型	题项数	变量范例
因变量				
博士毕业生的职业选择		分类变量	1	1=学术职业，2=学术非研究职业，3=非研究职业
博士毕业生职业选择的变化类型		分类变量	1	1=学术职业坚守者，2=学术职业逃离者，3=学术职业回归者，4=学术职业外围者
自变量				
一、自我认知				
自我效能感	科研能力	连续变量	3	如"我能独立分析和解决研究问题"
	通用能力	连续变量	3	如"我有较强的沟通协调能力"
职业价值观	学术品位	连续变量	4	如"工作能够让我发挥创造力"
	物质偏好	连续变量	4	如"工作的薪资水平较高"
	社会促进	连续变量	3	如"工作能够为社会发展做出贡献"
	家庭维护	连续变量	3	如"工作是方便照顾家庭的"
科研承诺	持续承诺	连续变量	3	如"科研活动已经成为了我生活的一部分"
	情感承诺	连续变量	3	如"我能在科研活动中找到满足感与成就感"
	规范承诺	连续变量	3	如"我觉得我有责任从事与科研相关的工作"
科研志趣	科研热情	连续变量	1	如"比起入学初，我的科研热情大幅度提升"
	科研志向	连续变量	1	如"我希望在学术领域做出有影响力的成就"
	读博动机	分类变量	1	0=学术动机，1=非学术动机

变量名		变量类型	题项数	变量范例
二、职业认知				
职业兴趣	学术职业兴趣	连续变量	2	如"若不考虑工作的可获得性，您对进入高校从事研究相关工作的兴趣程度是"
	非学术职业兴趣	连续变量	3	如"若不考虑工作的可获得性，您对进入企业就业的兴趣程度是"
职业获得	学术职业获得难度	连续变量	2	如"进入高校从事研究相关工作的难度是"
	非学术职业获得难度	连续变量	3	如"进入企业就业的难度是"
职业前景	学术职业投入回报比	连续变量	6	努力投入 *2/（物质回报＋精神回报）
	非学术职业投入回报比	连续变量	9	
三、就业环境				
博士劳动力市场环境	就业地区	分类变量	1	0= 东部，1= 中西部
	就业环境	连续变量	3	如"当前博士劳动力市场的竞争非常激烈"
学术劳动力市场环境	学术制度环境	连续变量	3	如"当前的学术制度有利于创新"
	学术工作环境	连续变量	3	如"当前学术界的工作稳定性下降"
四、培养环境				
组织支持	科研训练环境	连续变量	3	如"学校提供的科研条件满足我的科研需求"
	组织就业支持	连续变量	3	如"培养单位为我提供了有效的就业支持"
学科文化	学科文化	连续变量	3	如"我所在学科与高校外的组织接触密切"
导师培养	导师科研指导	连续变量	3	如"导师为我提供了有效的科研指导"
	导师就业支持	连续变量	2	如"导师为我的职业选择和发展提供了有效建议"
	导师职业榜样	连续变量	2	如"导师以身作则，是我的职业榜样"
五、家庭环境				
经济压力		连续变量	1	如"我当前的经济压力很大"
户籍所在地		分类变量	1	0= 非农村，1= 农村

变量名	变量类型	题项数	变量范例
父母最高学历	分类变量	1	0= 初中及以下学科，1= 高校及以上学历
父亲职业	分类变量	1	0= 非农民，1= 农民
六、社会化经历			
校内社会化经历	科研经历	连续变量	5	如"我对我的论文发表经历感到满意"
	科研压力	连续变量	4	如"读博让我有快要崩溃的感觉"
	科研投入	连续变量	1	如"我每天在科研上投入的时间是"
	学术发表	连续变量	1	人文社科博士毕业生 = 国外期刊 ×1+ 国内核心期刊 ×0.8；理工科博士毕业生 = 国外期刊 ×1+ 国内核心期刊 ×0.4
	授权专利	连续变量	1	已获授权专利数量
校外社会化经历	工作经历	分类变量	1	0= 读博前有工作经历，1= 读博前无工作经历
	实习经历	分类变量	1	0= 读博期间有实习经历，1= 读博期间无实习经历
七、其他背景变量			
博士高校、硕士高校、本科高校、学科类型、年级、毕业生类型、入学方式、导师头衔、性别、年龄、婚姻状态			

本研究根据就业单位性质、岗位类型和工作内容，将可供博士毕业生选择的职业划分为学术职业、非学术研究职业和非研究职业三类。具体而言，进入高校或科研机构从事与科研活动密切相关工作的博士毕业生被视为选择了学术职业；进入高校和科研机构外其他单位从事与科研活动密切相关工作的博士毕业生被视为选择了非学术研究职业；进入高校或科研机构从事行政工作或者进入高校和科研机构外其他单位从事管理或营销等非研究工作的博士毕业生则被视为选择了非研究职业（详见表 2-3-3）。

表 2-3-3　与博士毕业生密切相关的职业类型

职业类型	单位性质	岗位类型	工作内容
学术职业	高校或科研机构	科研岗、教学科研岗	与科研活动有关
非学术研究职业	企业、党政机关、其他事业单位等	研发岗	与科研活动有关
非研究职业	高校、科研机构、企业、党政机关、其他事业单位等	行政岗、管理岗、营销岗等	与科研活动无关

此外，为了解博士毕业生职业选择的形成和发展过程，本研究通过对比其入学初的意向职业和毕业时的职业选择，将博士毕业生划分成学术职业坚守者、学术职业逃离者、学术职业回归者和学术职业外围者四类。具体来说，入学初意向职业为学术职业、毕业时依旧选择学术职业的博士毕业生为学术职业坚守者；入学初意向职业为学术职业、毕业时选择非学术职业的博士毕业生为学术职业逃离者；入学初意向职业为非学术职业、毕业时选择学术职业的博士毕业生为学术职业回归者；入学初意向职业为非学术职业、毕业时依旧选择非学术职业的博士毕业生为学术职业外围者（详见图 2-3-1）。

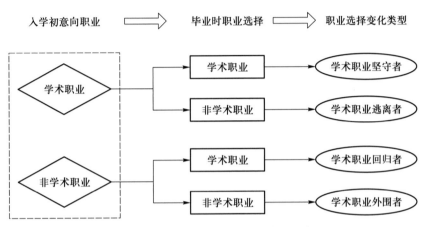

图 2-3-1　博士毕业生职业选择的变化类型

为了解上述变量的信效度，本研究对测量题项在三个及以上的变量进行验证性检验。结果显示（表 2-3-4），各变量题项的因素载荷量在 0.550 至 0.954 之间，符合大于 0.5 的建议标准。各变量的组成信度（Composite reliability，CR）在 0.756 和 0.944 之间，符合大于 0.6 的建议标准。各变量的平均方差萃取量（Average of variance extracted，AVE）在 0.515 至 0.850 之间，且各变量平均方差萃取量的开根号值大于与之对应的皮尔逊相关系数，表明本研究变量具有良好的区别效度。综合而言，本研究相关变量的信效度良好。

（三）研究方法

鉴于因变量博士毕业生的职业选择及职业选择变化均为多分类变量，本研究主要采用多元逻辑斯特回归模型（Multinomial logistic regression model）探讨相关因素对其职业选择及职业选择变化的影响。

$$\text{Mlogit(Y)} = \ln \frac{p_i}{p_j} = \alpha_i + \sum_{k=1}^{n} \beta_{ik} x_k + \mu_i$$

p_i 为博士毕业生选择某种职业或成为某种职业选择变化类型的概率；α 为常数项；β 为回归系数，表示当其他自变量取值保持不变的情况下，某一自变量取值变化所引起的比数或自然对数值的变化量；x 为自变量和控制变量；μ 为干扰项。在博士毕业生职业选择影响因素模型中，i 分别为"非学术研究职业"和"非研究职业"两项；j 等于 2，以"学术职业"为参照项。在博士毕业生职业选择变化影响因素模型中，i 分别为"学术职业逃离者""学

表2-3-4 各变量的信度与效度

	因子载荷量	组成信度 CR	收敛效度 AVE	1	2	3	4	5	6	7	8	9	10	11	12	13	14	15	16	17	18
1. 科研能力	0.826-0.875	0.888	0.726	0.852																	
2. 通用能力	0.721-0.903	0.873	0.697	.648***	0.835																
3. 学术品位	0.568-0.855	0.840	0.573	.502***	.375***	0.757															
4. 物质偏好	0.661-0.952	0.889	0.672	.316***	.352***	.397***	0.820														
5. 社会促进	0.842-0.954	0.919	0.791	.454***	.438***	.580***	.528***	0.889													
6. 家庭维护	0.795-0.890	0.876	0.702	.261***	.274***	.343***	.576***	.490***	0.838												
7. 持续承诺	0.556-0.922	0.798	0.583	.398***	.314***	.399***	.270***	.330***	.233***	0.764											
8. 情感承诺	0.877-0.902	0.914	0.779	.511***	.401***	.440***	.147***	.361***	.128***	.652***	0.883										
9. 规范承诺	0.763-0.980	0.882	0.716	.341***	.262***	.341***	.102***	.285***	.147***	.650***	.653***	0.846									
10. 就业环境	0.776-0.912	0.889	0.727	.164***	.156***	.215***	.368***	.237***	.267***	.176***	.053	.023	0.853								
11. 学术制度环境	0.854-0.907	0.913	0.778	.115***	.128***	.099***	.013	.077***	.031	.182***	.285***	.262***	-.088***	0.882							
12. 学术工作环境	0.709-0.783	0.785	0.550	.232***	.205***	.247***	.390***	.254***	.293***	.215***	.107***	.094***	.453***	-.015	0.742						
13. 科研训练环境	0.767-0.877	0.861	0.675	.261***	.294***	.232***	.200***	.270***	.189***	.263***	.332***	.253***	.052	.426***	.090***	0.822					
14. 组织就业支持	0.867-0.907	0.916	0.785	.197***	.223***	.132***	.051	.148***	.073***	.255***	.310***	.304***	-.044	.396***	.007	.587***	0.886				
15. 学科文化	0.577-0.851	0.756	0.515	.180***	.225***	.114***	.049	.096***	.074***	.175***	.234***	.209***	-.049	.290***	-.018	.434***	.660***	0.718			
16. 导师指导	0.898-0.949	0.944	0.850	.241***	.240***	.191***	.209***	.236***	.190***	.235***	.287***	.239***	.065*	.346***	.089***	.663***	.441***	.343***	0.922		
17. 科研满意度	0.590-0.806	0.863	0.560	.354***	.295***	.191***	.122***	.188***	.129***	.245***	.360***	.264***	-.021	.398***	.048	.634***	.536***	.449***	.586***	0.748	
18. 科研压力	0.550-0.890	0.851	0.595	-.130***	-.047	-.018	.146***	-.005	.136***	.002	-.205***	-.061*	.196***	-.198***	.145***	-.173***	-.106***	.003	-.242***	-.307***	0.771
建议值	>0.5	>0.6	>0.5	—	—	—	—	—	—	—	—	—	—	—	—	—	—	—	—	—	—

注：* 代表 p<0.05，** 代表 p<0.01，*** 代表 p<0.001；区别效度区间对角粗体字为收敛效度（AVE）之开根号值，下三角为因素之皮尔逊相关。

术职业回归者"和"学术职业外围者"三项；j 等于 3，以"学术职业坚守者"为参照项。

三、博士毕业生的职业选择现状

（一）博士毕业生职业选择的现状分析

1. 就业单位与岗位类型

从表 2-3-5 可知，本研究调查样本中的博士生毕业时进入高等院校就业的比例最高（59.6%），进入企业就业的比例其次（13.8%），接下来是科研机构（13.0%）和其他事业单位（11.4%），进入党政机关就业的比例最少（2.2%）。进入高等院校和科研机构就业的博士毕业生主要从事教学科研或科研工作，进入企业就业的博士毕业生选择研发岗的比例约为非研发岗的两倍，进入党政机关和其他事业单位就业的博士毕业生则以非研发岗为主。

值得注意的是，并非所有进入高等院校和科研机构就业的博士毕业生均从事与科研相关的工作，有小部分毕业生进入高等院校和科研机构主要从事行政或管理工作。可以看出，现有研究直接将就业单位等同于职业类型的测量方式存在一定误差，例如，将进入高等院校和科研机构就业的博士毕业生视为选择了学术职业的测量方式在一定程度上忽视了进入高等院校和科研机构从事非研究工作的毕业生群体。

从博士毕业生的回溯性调查（表 2-3-5）可以看出，其毕业时的就业单位和岗位类型及入学初的意向单位和岗位类型存在较大差异。本研究调查样本中，毕业生入学初的意向单位以高等院校为主，其比例达 71.7%，远高于毕业时实际进入高等院校的比例（59.6%）；入学初倾向于科研机构、企业、党政机构和其他事业单位的比例则均低于毕业时的实际选择。就岗位类型而言，比起入学初，博士生毕业时除了选择高等院校教学科研岗的比例出现了大幅度地下降、进入科研机构行政或管理岗的比例保持不变外，进入其他单位所有岗位的比例均出现了不同程度的增长，其中选择企业研发岗的增长幅度最大，为 4.7%。

2. 职业选择类型

从表 2-3-6 可以看出，本研究调查样本中博士毕业生以选择学术职业为主，其比例达 70.8%，选择非研究职业的比例其次，为 17.7%，选择非学术研究职业的比例最小，为 11.6%。根据各大高校公布的就业质量报告，我国 2013 年至 2020 年选择学术职业的博士毕业生比例维持在 45% 至 60% 之间，且在 2016 年之后呈现出逐年递增的趋势。对比上述情况，此次调查中选择学术职业的博士毕业生比例较高，该结果从侧面印证了我国博士毕业生选择学术职业的比例有逐年增长的趋势。与博士毕业生入学初的意向职业相比，其毕业时选择学术职业的比例下降了 9.3%，选择非学术研究职业和非研究职业的比例分别增长了 6.2% 和 3.1%。

3. 职业选择的变化类型

从表 2-3-7 可知，本研究调查样本中职业选择没有发生变化，即入学初的意向职业和毕业时的职业选择保持一致的比例较高，达 80.3%。其中，学术职业坚守者，即始终选择学术职业的博士毕业生比例最多，为 65.6%；学术职业外围者，即始终选择非学术职业的博士毕业生比例较少，为 14.7%。此外，在职业选择发生变化的博士毕业生中，学术职业逃离者的比例较高，为 14.5%；学术职业回归者的比例较少，为 5.2%。总之，在四类博士毕业生中，学术职业坚守者的比例最高，学术职业逃离者和学术职业外围者的比例居中，学术职业回归者的比例最少。

表 2-3-5　博士毕业生的就业单位与岗位类型及入学初的意向单位与岗位类型（N=1333）

单位性质	岗位类型	毕业时		入学初	
		数量	百分比 /%	数量	百分比 /%
高等院校	教学科研岗	780	58.5	944	70.8
	行政或管理岗	15	1.1	12	0.9
科研机构	科研岗	164	12.3	124	9.3
	行政或管理岗	10	0.7	9	0.7
企业	研发岗	127	9.5	64	4.8
	非研发岗	57	4.3	46	3.5
党政机关	行政或管理岗	29	2.2	24	1.8
其他事业单位	研发岗	21	1.6	6	0.4
	非研发岗	130	9.8	104	7.8

表 2-3-6　博士生毕业时的职业选择及入学初的意向职业（N=1333）

	毕业时的职业选择		入学初的意向职业	
	频率	百分比 /%	频率	百分比 /%
学术职业	944	70.8	1068	80.1
非学术研究职业	154	11.5	70	5.3
非研究职业	235	17.7	195	14.6

表 2-3-7　博士毕业生职业选择的变化类型

职业选择变化类型		频率	百分比 %
学术职业 → 学术职业	学术职业坚守者	875	65.6
学术职业 → 非学术职业	学术职业逃离者	193	14.5
非学术职业 → 学术职业	学术职业回归者	69	5.2
非学术职业 → 非学术职业	学术职业外围者	196	14.7

（二）博士毕业生职业选择的差异性分析

1. 不同背景博士毕业生职业选择的差异性分析

为了解不同背景的博士毕业生职业选择及其变化的差异，本研究围绕毕业生所在博士高校类型、硕士高校类型、本科高校类型、学科类型、年级、毕业生类型、导师头衔、入学方式、性别、年龄和婚姻状态这几个变量进行卡方检验。当变量类型为三个及以上时，本研究主要根据调整后的残差值进行事后检验和多重比较。若调整后的残差大于 2.58，表明该数值的观测值与期望值存在显著差异；若调整后的残差值小于或等于 2.58，表明该数值的观测值与期望值无显著差异。[①]

结果显示（表 2-3-8），毕业于一流大学建设高校和一流学科建设高校博士生的职业选择无显著差异。硕士就读于一流大学建设高校的博士毕业生倾向于选择非研究职业，选择学术职业的意愿较低；硕士就读于一流学科建设高校的博士毕业生倾向于选择学术职业。本科就读于一流大学建设高校的博士毕业生倾向于选择非研究职业，选择学术职业的意愿较低；本科就读于其他高校的博士毕业生倾向于选择学术职业。

从学科类型来看，人文学科和社会学科的博士毕业生倾向于选择学术职业，人文学科的博士毕业生对非研究职业的偏好程度较低，社会学科的博士毕业生对非学术研究职业的偏好程度较低。理科和工科的博士毕业生倾向于选择非学术研究职业，工科博士毕业生对非研究职业的偏好程度较低。医科博士毕业生倾向于选择非研究职业，对学术职业和非学术研究职业的偏好程度较低。

从年级和毕业生类型来看，三年级的博士毕业生倾向于选择非研究职业，对学术职业的偏好程度较低；四年级的博士毕业生倾向于选择学术职业，对非研究职业的偏好程度较低；五年级及以上年级的博士毕业生倾向于选择非学术研究职业，对非研究职业的偏好程度较低。延期毕业生倾向于选择学术职业，对非学术研究职业的偏好程度较低；非延期毕业生则倾向于选择非学术研究职业，对学术职业的偏好程度较低。

表 2-3-8　不同背景博士毕业生职业选择的差异性分析

		学术职业			非学术研究职业			非研究职业			χ^2
		人数	占比/%	调整后残差	人数	占比/%	调整后残差	人数	占比/%	调整后残差	
博士高校	一流大学建设高校	421	73.2	1.7	53	9.2	-2.3	101	17.6	-0.1	5.599
	一流学科建设高校	523	69.0	-1.7	101	13.3	2.3	134	17.7	0.1	
硕士高校	一流大学建设高校	197	62.5	-3.7	37	11.7	0.1	81	25.7	4.3	20.735***
	一流学科建设高校	424	74.8	2.7	64	11.3	-0.3	79	13.9	-3.0	
	其他高校	323	71.6	0.5	53	11.8	0.2	75	16.6	-0.7	

---

① SHARPE D. Chi-square test is statistically significant: now what? [J]. Practical Assessment, Research, and Evaluation, 2015, 20 (1) : 8.

续表

		学术职业			非学术研究职业			非研究职业			χ^2
		人数	占比/%	调整后残差	人数	占比/%	调整后残差	人数	占比/%	调整后残差	
本科高校	一流大学建设高校	113	62.1	-2.8	23	12.6	0.5	46	25.3	2.9	15.495**
	一流学科建设高校	259	69.3	-0.8	55	14.7	2.2	60	16.0	-0.9	
	其他高校	572	73.6	2.7	76	9.8	-2.4	129	16.6	-1.2	
学科类型	人文学科	86	86.9	3.7	8	8.1	-1.1	5	5.1	-3.4	224.873***
	社会学科	248	82.9	5.2	8	2.7	-5.5	43	14.4	-1.7	
	理科	145	70.0	-0.3	38	18.4	3.3	24	11.6	-2.5	
	工科	386	71.1	0.2	90	16.6	4.8	67	12.3	-4.2	
	医科	79	42.7	-9.1	10	5.4	-2.8	96	51.9	13.2	
年级	三年级	359	64.9	-4.0	53	9.6	-1.9	141	25.5	6.3	49.122***
	四年级	355	78.2	4.3	47	10.4	-1.0	52	11.5	-4.3	
	五年级及以上	230	70.6	-0.1	54	16.6	3.3	42	12.9	-2.6	
毕业生类型	延期毕业生	312	75.7	2.7	34	8.3	-2.6	66	16.0	-1.0	8.530*
	非延期毕业生	632	68.6	-2.7	120	13.0	2.6	169	18.3	1.0	
入学方式	本科直博	45	58.4	-2.6	14	18.2	1.9	18	23.4	1.4	43.516***
	硕博连读	294	64.3	-3.8	77	16.8	4.4	86	18.8	0.8	
	"申请-考核"制	361	78.6	4.6	40	8.7	-2.3	58	12.6	-3.5	
	普通招考	244	71.8	0.4	23	6.8	-3.2	73	21.5	2.2	
导师头衔	院士	30	76.9	0.9	6	15.4	0.8	3	7.7	-1.7	7.333
	国家级	279	69.4	-0.7	53	13.2	1.2	70	17.4	-0.1	
	省部级	319	73.0	1.2	39	8.9	-2.1	79	18.1	0.3	
	其他	316	69.5	-0.8	56	12.3	0.6	83	18.2	0.4	
性别	男	496	70.2	-0.6	98	13.9	2.8	113	16.0	-1.7	9.352**
	女	448	71.6	0.6	56	8.9	-2.8	122	19.5	1.7	
年龄	30岁以上	344	75.4	2.7	41	9.0	-2.1	71	15.6	-1.4	7.694*
	30岁及以下	600	68.4	-2.7	113	12.9	2.1	164	18.7	1.4	

		学术职业			非学术研究职业			非研究职业			χ^2
		人数	占比/%	调整后残差	人数	占比/%	调整后残差	人数	占比/%	调整后残差	
婚姻状态	已婚已育	157	69.8	-0.4	21	9.3	-1.1	47	20.9	1.4	7.113
	已婚未育	150	76.9	2.0	17	8.7	-1.3	28	14.4	-1.3	
	未婚未育	637	69.8	-1.2	116	12.7	1.9	160	17.5	-0.1	

注：* 代表 p<0.05，** 代表 p<0.01，*** 代表 p<0.001。

从入学方式和导师头衔来看，本科直博的博士毕业生对学术职业的偏好程度较低；硕博连读的博士毕业生倾向于选择非学术研究职业，对学术职业的偏好程度较低；"申请－考核"制的博士毕业生倾向于选择学术职业，对非研究职业的偏好程度较低；普通招考的博士毕业生对非学术研究职业的偏好程度较低。导师具备不同头衔博士毕业生的职业选择无显著差异。

从性别、年龄和婚姻状态来看，男性博士毕业生倾向于选择非学术研究职业，女性博士毕业生对非学术研究职业的偏好程度较低；年龄在 30 岁以上的博士毕业生倾向于选择学术职业，年龄在 30 岁及以下的博士毕业生对学术职业的偏好程度较低；处于不同婚姻状态博士毕业生的职业选择无显著差异。

2. 不同背景博士毕业生职业选择变化的差异性分析

从表 2-3-9 可以看出，毕业于一流大学建设高校和一流学科建设高校博士生的职业选择变化无显著差异。硕士就读于一流大学建设高校的博士毕业生成为学术职业外围者的可能性较大，成为学术职业坚守者的可能性较小。本科就读于一流大学建设高校的博士毕业生成为学术职业坚守者的可能性较小，成为学术职业外围者的可能性较大；本科就读于其他高校的博士毕业生成为学术职业坚守者的可能性较大。

从学科类型来看，人文学科和社会学科的博士毕业生成为学术职业坚守者的可能性较大，成为学术职业外围者的可能性较小；社会学科博士毕业生成为学术职业逃离者的可能性较小；医科博士毕业生成为学术职业外围者的可能性较大，成为学术职业坚守者的可能性较小。

从年级来看，三年级的博士毕业生成为学术职业外围者的可能性较大，成为学术职业坚守者的可能性较小；四年级博士毕业生成为学术职业坚守者的可能性较大，成为学术职业逃离者的可能性较小。

从年级和毕业生类型来看，三年级的博士毕业生成为学术职业外围者的可能性较大，成为学术职业坚守者的可能性较小；四年级博士毕业生成为学术职业坚守者的可能性较大，成为学术职业逃离者的可能性较小。延期与非延期的博士毕业生，其职业选择变化无显著差异。

从入学方式和导师头衔来看，"申请－考核"制的博士毕业生成为学术职业坚守者的可能性较大，成为学术职业外围者的可能性较小；硕博连读的博士毕业生成为学术职业逃离者的可能性较大，成为学术职业坚守者的可能性较小；本科直博的博士毕业生成为学术职业坚守者的可能性较小。而导师具备不同头衔的博士毕业生，其职业选择变化无显著差异。

　　从性别、年龄和婚姻状态来看，男性博士毕业生成为学术职业回归者的可能性较大；年龄在 30 岁以上的博士毕业生成为学术职业坚守者的可能性较大，成为学术职业逃离者的可能性较小；处于不同婚姻状态的博士毕业生，其职业选择变化无显著差异。

表 2-3-9　不同背景博士毕业生职业选择变化的差异性分析

		学术职业坚守者			学术职业逃离者			学术职业回归者			学术职业外围者			χ^2
		人数	占比/%	调整后残差	人数	占比/%	调整后残差	人数	占比/%	调整后残差	人数	占比/%	调整后残差	
博士高校	一流大学建设高校	394	68.5	1.9	68	11.8	-2.4	27	4.7	-0.7	86	15.0	0.2	6.687
	一流学科建设高校	481	63.5	-1.9	125	16.5	2.4	42	5.5	0.7	110	14.5	-0.2	
硕士高校	一流大学建设高校	183	58.1	-3.2	48	15.2	0.4	14	4.4	-0.7	70	22.2	4.3	21.439 **
	一流学科建设高校	394	69.5	2.5	78	13.8	-0.6	30	5.3	0.2	65	11.5	-2.9	
	其他高校	298	66.1	0.2	67	14.9	0.3	25	5.5	0.4	61	13.5	-0.9	
本科高校	一流大学建设高校	105	57.7	-2.6	30	16.5	0.8	8	4.4	-0.5	39	21.4	2.8	11.771 *
	一流学科建设高校	239	63.9	-0.8	59	15.8	0.8	20	5.3	0.2	56	15.0	0.2	
	其他高校	531	68.3	2.6	104	13.4	-1.3	41	5.3	0.2	101	13.0	-2.1	
学科类型	人文学科	84	84.8	4.2	9	9.1	-1.6	2	2.0	-1.5	4	4.0	-3.1	5.120 ***
	社会学科	236	78.9	5.5	28	9.4	-2.9	12	4.0	-1.0	23	7.7	-3.9	
	理科	133	64.3	-0.5	40	19.3	2.2	12	5.8	0.4	22	10.6	-1.8	
	工科	351	64.6	-0.6	87	16.0	1.3	35	6.4	1.7	70	12.9	-1.5	
	医科	71	38.4	-8.4	29	15.7	0.5	8	4.3	-0.6	77	41.6	11.1	
年级	三年级	326	59.0	-4.3	89	16.1	1.4	33	6.0	1.1	105	19.0	3.7	31.979 ***
	四年级	340	74.9	5.1	52	11.5	-2.3	15	3.3	-2.2	47	10.4	-3.2	
	五年级及以上	209	64.1	-0.7	52	16.0	0.9	21	6.4	1.2	44	13.5	-0.7	

续表

| | | 学术职业坚守者 | | | 学术职业逃离者 | | | 学术职业回归者 | | | 学术职业外围者 | | | χ^2 |
		人数	占比/%	调整后残差	人数	占比/%	调整后残差	人数	占比/%	调整后残差	人数	占比/%	调整后残差	
毕业生类型	延期毕业生	289	70.1	2.3	53	12.9	-1.1	23	5.6	0.4	47	11.4	-2.3	21.330
	非延期毕业生	586	63.6	-2.3	140	15.2	1.1	46	5.0	-0.4	149	16.2	2.3	
入学方式	本科直博	39	50.6	-2.9	14	18.2	1.0	6	7.8	1.1	18	23.4	2.2	42.030***
	硕博连读	266	58.2	-4.1	85	18.6	3.1	28	6.1	1.1	78	17.1	1.8	
	"申请-考核"制	345	75.2	5.3	54	11.8	-2.0	16	3.5	-2.0	44	9.6	-3.8	
	普通招考	225	66.2	0.2	40	11.8	-1.6	19	5.6	0.4	56	16.5	1.1	
导师头衔	院士	25	64.1	-0.2	7	17.9	0.6	5	12.8	2.3	2	5.1	-1.7	15.266
	国家级	258	64.2	-0.7	60	14.9	0.3	21	5.2	0.1	63	15.7	0.7	
	省部级	297	68.0	1.2	48	11.0	-2.5	22	5.0	-0.2	70	16.0	0.9	
	其他	295	64.8	-0.4	78	17.1	2.0	21	4.6	-0.7	61	13.4	-0.1	
性别	男	449	63.5	-1.7	102	14.4	-0.1	47	6.6	2.6	109	15.4	0.8	7.866*
	女	426	68.1	1.7	91	14.5	0.1	22	3.5	-2.6	87	13.9	-0.8	
年龄	30岁以上	328	71.9	3.5	47	10.3	-3.1	16	3.5	-2.0	65	14.3	-0.3	16.324**
	30岁及以下	547	62.4	-3.5	146	16.6	3.1	53	6.0	2.0	131	14.9	0.3	
婚姻状态	已婚已育	148	65.8	0.0	29	12.9	-0.7	9	4.0	-0.9	39	17.3	1.2	9.424
	已婚未育	142	72.8	2.3	19	9.7	-2.0	8	4.1	-0.7	26	13.3	-0.6	
	未婚未育	585	64.1	-1.8	145	15.9	2.1	52	5.7	1.3	131	14.3	-0.5	

注：* 代表 $p<0.05$，** 代表 $p<0.01$，*** 代表 $p<0.001$。

（三）博士毕业生职业选择的相关性分析

1. 自我认知因素与博士毕业生的职业选择

从表2-3-10可知，自我认知因素中自我效能感、职业价值观、科研承诺和科研志趣等变量均与博士毕业生的职业选择及其变化存在一定程度的相关关系。关于自我效能感，博士毕业生对自身科研能力和通用能力的评价基本一致，其平均值均为3.82。其中，科研能力与博士毕业生的学术职业选择及其成为学术职业坚守者之间存在显著正相关关系；与博士毕业生的非研究职业选择、成为学术职业逃离者和外围者之间存在显著负相关关系。通用能力与博士毕业生的非学术研究职业选择之间存在显著负相关关系。

就职业价值观而言，博士毕业生对自身的学术品位评价较低（M=3.92），其物质偏好和社会促进维度得分较高（M=4.20，M=4.20），家庭维护得分居中（M=4.09），且四类职业价值观两两之间存在显著正相关关系，其相关程度达中度及以上。其中，学术品位与博士毕业生的学术职业选择、博士毕业生成为学术职业坚守者之间存在显著正相关关系；与博士毕业生的非研究职业选择、博士毕业生成为学术职业逃离者和外围者之间存在显著负相关关系。物质偏好与博士毕业生的学术职业选择存在显著负相关关系、与非学术研究职业选择存在显著正相关关系。社会促进与博士毕业生的学术职业选择、博士毕业生成为学术职业坚守者之间存在显著正相关关系；与其非学术研究职业选择、成为学术职业逃离者之间存在显著负相关关系。家庭维护与博士毕业生的学术职业选择、博士毕业生成为学术职业坚守者之间存在显著正相关关系；与其非学术研究职业选择、非研究职业选择、成为学术职业外围者之间存在显著负相关关系。

就科研承诺而言，博士毕业生认为自身对科研的持续承诺和情感承诺水平较高（M=3.61，M=3.62），而对科研的规范承诺水平较低（M=3.29）。博士毕业生科研承诺的三个维度与其职业选择及职业选择变化之间的相关性表现出较高的一致性特征，即持续承诺、情感承诺和规范承诺均与博士毕业生的学术职业选择、博士毕业生成为学术职业坚守者之间存在显著正相关关系；与其非学术研究职业选择、非研究职业选择、成为学术职业逃离者和外围者之间存在显著负相关关系。

就科研志趣而言，博士毕业生的科研热情相比入学初出现了一定程度的下降（M=2.63），有较高科研志向的博士毕业生占多数，为63.7%，大部分博士毕业生将学术动机列为自己选择读博的重要原因之一（占比为61.6%）。博士毕业生的科研热情、科研兴趣和学术动机与其学术职业选择、成为学术职业坚守者之间存在显著正相关关系；科研热情与博士毕业生的非学术研究职业选择、成为学术职业逃离者之间存在显著负相关关系；科研兴趣与博士毕业生的非研究职业选择、成为学术职业逃离者和外围者之间存在显著负相关关系；学术动机与博士毕业生的非研究职业选择、成为学术职业外围者之间存在显著负相关关系。

表 2-3-10　博士毕业生的职业选择及其变化与自变量之间的相关性分析

	平均值	标准差	学术职业	非学术研究职业	非研究职业	学术职业坚守者	学术职业逃离者	学术职业回归者	学术职业外围者
科研能力	3.82	0.675	0.119***	-0.031	-0.115***	0.106***	-0.084**	0.017	-0.069*
通用能力	3.82	0.680	0.050	-0.058*	-0.011	0.050	-0.052	-0.005	-0.013
学术品位	3.92	0.646	0.150***	-0.047	-0.140***	0.144***	-0.121***	0.001	-0.072**
物质偏好	4.20	0.646	-0.062*	0.065*	-0.013	0.031	-0.026	0.019	-0.028
社会促进	4.20	0.715	0.082***	-0.079**	-0.031	0.080**	-0.071**	-0.002	-0.035
家庭维护	4.09	0.723	0.111***	-0.065*	-0.077**	0.104***	-0.039	0.004	-0.104***

	平均值	标准差	学术职业	非学术研究职业	非研究职业	学术职业坚守者	学术职业逃离者	学术职业回归者	学术职业外围者
持续承诺	3.61	0.722	0.337***	−0.128***	−0.294***	0.331***	−0.194***	−0.018	−0.239***
情感承诺	3.62	0.805	0.266***	−0.076**	−0.254***	0.260***	−0.126***	−0.012	−0.216***
规范承诺	3.29	0.916	0.298***	−0.131***	−0.246***	0.292***	−0.165***	−0.014	−0.219***
科研热情	2.63	1.298	0.106***	−0.116***	−0.028	0.107***	−0.156***	−0.012	0.020
科研兴趣	3.62	0.880	0.203***	−0.049	−0.202***	0.205***	−0.100***	−0.022	−0.162***
学术动机	0.62	0.487	0.155***	−0.033	−0.157***	0.166***	−0.026	−0.038	−0.173***
学术职业兴趣	3.87	0.928	0.383***	−0.199***	−0.290***	0.382***	−0.184***	0.032	−0.309***
非学术职业兴趣	3.17	0.878	−0.161***	0.059*	0.143***	−0.167***	0.119***	−0.027	0.088***
学术职业获得难度	3.52	0.912	−0.134***	0.148***	0.035	−0.120***	0.171***	−0.017	0.002
非学术职业获得难度	3.29	0.777	0.004	0.025	−0.026	0.004	0.005	0.000	−0.010
学术职业投入回报比	0.83	0.373	0.132***	−0.058*	−0.109***	0.132***	−0.075**	−0.013	−0.095***
非学术职业投入回报比	1.13	0.233	−0.223***	0.075**	0.202***	−0.217***	0.123***	0.008	0.163***
就业地区	0.26	0.439	0.062*	−0.135***	0.039	0.063*	−0.109***	−0.008	0.028
就业环境	1.70	0.747	−0.137***	0.129***	−0.055*	−0.126***	0.046	−0.011	0.130***
学术制度环境	2.92	0.993	0.092**	−0.082***	−0.041	0.083**	−0.079**	0.010	−0.040
学术工作环境	2.02	0.726	0.151***	−0.110***	−0.087**	0.118***	−0.067*	0.056*	−0.127***
科研训练环境	3.78	0.782	0.056*	−0.067*	−.0011	0.069*	−0.037	−0.032	−0.036
组织就业支持	3.31	0.905	0.053	−0.026	−0.041	0.044	−0.056*	0.015	−0.012

续表

	平均值	标准差	学术职业	非学术研究职业	非研究职业	学术职业坚守者	学术职业逃离者	学术职业回归者	学术职业外围者
学科文化	3.21	0.841	−0.059*	0.027	0.007	−0.064*	0.017	−0.001	0.015
导师科研指导	3.91	0.949	0.082**	−0.095**	−0.018	0.090**	−0.072**	−0.025	−0.034
导师就业支持	3.85	0.942	0.094**	−0.095**	−0.033	0.086**	−0.099**	0.080**	−0.022
导师职业榜样	3.91	0.947	0.131***	−0.141**	−0.038	0.134***	−0.113***	0.090**	−0.056*
经济压力	3.37	1.088	−0.047	0.023	0.037	−0.055*	0.045	0.022	0.015
户籍所在地	0.35	0.476	0.031	−0.017	−0.023	0.036	−0.008	−0.014	−0.031
父母最高学历	0.59	0.492	0.000	−0.046	0.038	−0.033	−0.025	0.071**	0.024
父亲职业	0.36	0.481	0.037	0.031	−0.070*	0.035	−0.003	0.000	−0.044
科研经历	3.46	0.824	0.069*	−0.036	−0.053	0.067*	−0.072**	−0.002	−0.017
科研压力	3.20	0.954	−0.057*	0.059*	0.019	−0.074**	0.106***	0.041	−0.032
科研投入	3.33	0.985	−0.015	0.081**	−0.050	−0.013	0.074**	−0.003	−0.054*
学术发表	2.11	2.581	0.067*	−0.059*	−0.030	0.051	−0.057*	0.029	−0.030
授权专利	0.36	1.191	0.011	0.011	−0.022	−0.005	0.007	0.032	−0.020
工作经历	0.28	0.449	0.034	−0.027	−0.017	0.040	−0.058*	−0.018	0.014
实习经历	0.28	0.451	−0.089**	0.006	0.101***	−0.062*	−0.028	−0.050	0.142***

注：* 代表 p<0.05，** 代表 p<0.01，*** 代表 p<0.001；学术职业、非学术研究职业、非研究职业，学术职业坚守者、学术职业逃离者、学术职业回归者、学术职业外围者、学术动机、已婚已育、已婚未育、未婚未育为二分变量，0= 否，1= 是；工作经历、实习经历为二分变量，0= 无，1= 有；就业地区（0= 东部地区，1= 中西部地区），户籍所在地（0= 非农村，1= 农村），父母最高学历（0= 初中及以下，1= 高中及以上），父亲职业（0= 非农民，1= 农民）；就业环境、学术工作环境等负向计分题已做正向化处理。

2. 职业认知因素与博士毕业生的职业选择

从表 2-3-10 可知，职业认知因素中除了"非学术职业获得难度"外，其他变量均与博士毕业生的职业选择及其变化存在一定程度的相关关系。关于职业兴趣，博士毕业生的学术职业兴趣（M=3.87）普遍高于非学术职业兴趣（M=3.17）。学术职业兴趣与博士毕业生的学术职业选择、成为学术职业坚守者之间存在显著正相关关系；与其非学术研究职业选择、非研究职业选择、成为学术职业逃离者和外围者之间存在显著负相关关系。而非学术职业兴趣与博士毕业生的职业选择及职业选择变化之间的相关关系则呈现出与学术职业兴趣相反的特征。

就职业获得而言，博士毕业生认为学术职业的获得难度（M=3.52）高于非学术职业的获得难度（M=3.29）。学术职业获得难度与博士毕业生的学术职业选择、成为学术职业坚守者之间存在显著负相关关系；与其非学术研究职业选择、成为学术职业逃离者之间存在显著正相关关系。而非学术职业获得难度与博士毕业生的职业选择及其变化之间无显著相关关系。

就职业前景而言，博士毕业生认为学术职业投入回报比（M=0.83）低于非学术职业投入回报比（M=1.13）。学术职业投入回报比与博士毕业生的学术职业选择、成为学术职业坚守者之间存在显著正相关关系；与其非学术研究职业选择、非研究职业选择、成为学术职业逃离者和外围者之间存在显著负相关关系。而非学术职业获得投入回报比与博士毕业生的职业选择及其变化之间的相关关系则呈现出与学术职业投入回报比相反的特征。

3. 环境因素与博士毕业生的职业选择

从表2-3-10可知，除了家庭环境中的户籍所在地外，其他就业环境、培养环境和家庭环境变量均与博士毕业生的职业选择及其变化存在一定程度的相关关系。关于就业环境，博士毕业生就业于东部地区的比例较高（M=0.26，占比73.9%），且普遍认为当前博士劳动力市场上的就业环境较差（M=1.70）、学术制度环境较差（M=2.92）、学术工作环境较差（M=2.02）。就业地区与博士毕业生的学术职业选择、成为学术职业坚守者之间的关系为正；与其非学术研究职业选择、成为学术职业逃离者之间的关系为负。就业环境与博士毕业生的学术职业选择、成为学术职业坚守者之间存在显著负相关关系；与其非学术研究职业选择、非研究职业选择、成为学术职业外围者之间存在显著正相关关系。学术制度环境与博士毕业生的学术职业选择、成为学术职业坚守者之间存在显著正相关关系；与其非学术研究职业选择、成为学术职业逃离者之间存在显著负相关关系。学术工作环境与博士毕业生的学术职业选择、成为学术职业坚守者及回归者之间存在显著正相关关系；与其非学术研究职业选择、非研究职业选择、成为学术职业逃离者和外围者之间存在显著负相关关系。

关于培养环境，博士毕业生对组织提供的科研训练环境满意度较高（M=3.78），对组织就业支持满意度较低（M=3.31）；学科与市场的交互程度一般（M=3.21）；其对导师科研指导（M=3.91）和就业支持的满意度较高（M=3.85），普遍认为导师是自己的职业榜样（M=3.91）。科研训练环境与博士毕业生的学术职业选择、成为学术职业坚守者之间存在显著正相关关系；与其非学术研究职业选择之间存在显著负相关关系。组织就业支持与博士毕业生成为学术职业逃离者之间存在显著负相关关系。学科文化与博士毕业生的学术职业选择、成为学术职业坚守者之间存在显著负相关关系。导师指导、导师就业支持、导师职业榜样与博士毕业生的学术职业选择、成为学术职业坚守者之间存在显著正相关关系，与其非学术研究职业选择、成为学术职业逃离者之间存在显著负相关关系，导师就业支持与职业榜样与博士毕业生成为学术职业回归者之间存在显著正相关关系，导师职业榜样与博士毕业生成为学术职业外围者之间存在显著负相关关系。

关于家庭环境，博士毕业生的经济压力处于中等水平（M=3.37），其户籍所在地为非农村的较多（M=0.35，占比为 65.3%），父母最高学历为高中及以上的人较多（M=0.59，占比为 58.9%），父亲职业为非农民的比例较高（M=0.36，占比为 63.8%）。经济压力与博士毕业生成为学术职业坚守者之间存在显著负相关关系；户籍所在地与博士毕业生的职业选择及其变化无显著相关关系；父母最高学历与博士毕业生成为学术职业回归者之间存在显著正相关关系；父亲职业与博士毕业生的非研究职业选择之间存在显著负相关关系。

4. 社会化因素与博士毕业生的职业选择

从表 2-3-10 可知，除授权专利外，其他校内社会化经历与校外社会化经历均与博士毕业生的职业选择及其变化存在一定程度的相关关系。就校内社会化经历来说，博士毕业生对科研经历的满意度（M=3.46）及其科研压力（M=3.20）均处于中等水平，其在科研上投入的时间大约为每天 7 小时（M=3.33），其学术发表的综合表现较为突出（M=2.11），且人均拥有授权专利 0.36 项。科研经历与博士毕业生的学术职业选择、成为学术职业坚守者之间存在显著正相关关系；与成为学术职业逃离者之间存在显著负相关关系。科研压力与博士毕业生的学术职业选择、成为学术职业坚守者之间存在显著负相关关系；与非学术研究职业选择、成为学术职业逃离者之间存在显著正相关关系。

科研投入与博士毕业生的非学术研究职业选择、成为学术职业逃离者之间存在显著正相关关系；与成为学术职业外围者之间存在显著负相关关系。学术发表与博士毕业生的学术职业选择存在显著正相关关系，与非学术研究职业选择、成为学术职业逃离者之间存在显著负相关关系。授权专利与博士毕业生的职业选择及其变化之间无显著相关关系。

就校外社会化经历来说，读博前有工作经历（M=0.28）、读博期间有实习经历（M=0.28）的博士毕业生比例较少，分别占总体的 28.1% 和 28.4%。工作经历与博士毕业生成为学术职业逃离者之间存在显著负相关关系。实习经历与博士毕业生的学术职业选择、成为学术职业坚守者之间存在显著负相关关系；与其非研究职业选择及成为学术职业外围者之间存在显著正相关关系。

四、博士毕业生职业选择的影响因素

在正式分析之前，本研究对相关变量的共线性问题进行检验，结果显示，方差膨胀因子（Variance inflation factors，VIF）在 1.04 和 3.97 之间，小于 5 的判定标准，说明本研究中相关变量不存在严重的共线性问题。此外，Harman 单因素分析结果显示，未旋转的主成分因子中首个因子方差解释率为 17.68%，小于 40% 的判定准，表明本研究变量之间不存在严重的共同方法偏差。

（一）自我认知因素对博士毕业生职业选择的影响

从表 2-3-11 可知，在控制了背景变量的前提下，自我认知因素对博士毕业生职业选择及职业选择变化作用模型的似然比卡方检验（Likelihood ratio test）结果显著，表明两个模型拟合度良好。此外，上述模型的解释力度分别为 39.0% 和 35.6%，大于 33% 的中等标准，即两个模型的解释力度均达到中度及以上水平。[1]

---

① KWAK C, CLAYTON-MATTHEWS A. Multinomial logistic regression [J]. Nursing research, 2002, 51 (6) : 404-410.

表 2-3-11　自我认知因素对博士毕业生职业选择及职业选择变化的影响

		职业选择				职业选择变化					
		非学术研究职业 vs 学术职业		非研究职业 vs 学术职业		学术职业逃离者 vs 学术职业坚守者		学术职业回归者 vs 学术职业坚守者		学术职业外围者 vs 学术职业坚守者	
		β	OR	β	OR	β	OR	β	OR	β	OR
背景变量		—	—	—	—	—	—	—	—	—	—
自我效能感	科研能力	0.090	1.094	−0.073	0.930	−0.020	0.981	0.255	1.290	0.083	1.086
	通用能力	0.067	1.069	0.486**	1.625	0.199	1.220	0.066	1.068	0.397*	1.487
职业价值观	学术品位	0.169	1.184	−0.265	0.767	−0.244	0.784	0.069	1.072	0.128	1.137
	物质偏好	0.540**	1.550	0.094	1.098	0.449**	1.483	0.309	1.362	0.510**	1.553
	社会促进	−0.063	0.939	0.412*	1.510	0.137	1.146	−0.044	0.957	0.296	1.344
	家庭维护	−0.264	0.768	−0.501**	0.606	−0.343*	0.705	−0.216	0.805	−0.604***	0.547
科研承诺	持续承诺	−0.724***	0.485	−1.041***	0.353	−1.010***	0.364	−0.470	0.625	−0.906***	0.404
	情感承诺	0.149	1.161	−0.306	0.737	0.154	1.167	−0.124	0.883	−0.401*	0.669
	规范承诺	−0.295*	0.744	−0.164	0.849	−0.206	0.814	−0.036	0.965	−0.277	0.758
科研志趣	科研热情	−0.259**	0.772	0.101	1.106	−0.310***	0.734	0.029	1.029	0.218	1.244
	科研志向	−0.057	0.945	−0.283*	0.754	−0.130	0.878	−0.170	0.844	−0.260	0.771
	学术动机	−0.088	0.916	−0.242	0.785	0.164	1.179	−0.464	0.629	−0.661**	0.516
Pseudo R^2		0.390				0.356					
−2 Log Likelihood Final		1634.857				2153.858					
Likelihood ratio test		χ^2（64）=497.087***				χ^2（96）=488.893***					

注：* 代表 p<0.05，** 代表 p<0.01，*** 代表 p<0.001。

就自我效能感而言，科研能力对博士毕业生的职业选择及职业选择变化均无显著影响。通用能力越强，博士毕业生选择非研究职业、成为学术职业外围者的可能性越大，且通用能力每增加一个单位，其选择非研究职业的概率发生比是选择学术职业的 1.625 倍，成为学术职业外围者的概率发生比是成为学术职业坚守者的 1.487 倍。

在职业价值观中，学术品位对博士毕业生的职业选择及职业选择变化无显著影响。物质偏好越强,其选择非学术研究职业、成为学术职业逃离者及外围者的可能性越大,且物质偏好每增加一个单位,博士毕业生选择非学术研究职业的概率发生比是选择学术职业的1.550倍,成为学术职业逃离者和外围者的概率发生比分别是成为学术职业坚守者的1.483倍和1.553倍。

越注重工作社会促进价值的博士毕业生选择非研究职业的可能性越大,且对工作社会促进价值的重视程度每增加一个单位,其选择非研究职业的概率发生比是选择学术职业的1.510倍。越注重家庭维护的博士毕业生选择非研究职业、成为学术职业逃离者及外围者的可能性越小,且对家庭维护的重视程度每增加一个单位,其选择非研究职业的概率发生比下降39.4%,成为学术职业逃离者及外围者的概率发生比分别下降29.5%和45.3%。

关于科研承诺,博士毕业生的持续承诺越强,其选择非学术研究职业及非研究职业,成为学术职业逃离者及外围者的可能性越小,且持续承诺每增加一个单位,其非学术研究职业及非研究职业的概率发生比分别下降51.5%和64.7%,成为学术职业逃离者及外围者的概率发生比分别下降63.6%和59.6%。情感承诺越强的博士毕业生成为学术职业外围者的可能性越小,且情感承诺每增加一个单位,其成为学术职业外围者的概率发生比下降33.1%。规范承诺越强的博士毕业生选择非学术研究职业的可能性越小,且规范承诺每增加一个单位,该概率发生比下降25.6%。

关于科研志趣,博士毕业生科研热情越高,其选择非学术研究职业、成为学术职业逃离者的可能性越小,且科研热情每增加一个单位,博士毕业生选择非学术研究职业的概率发生比下降22.8%,成为学术职业逃离者的概率发生比下降26.6%。科研志向越高的博士毕业生选择非研究职业的可能性越小,且科研志向每增加一个单位,该概率发生比下降24.6%。出于学术动机读博的博士毕业生成为学术职业外围者的概率发生比是持非学术动机博士毕业生的51.6%。

(二)职业认知因素对博士毕业生职业选择的影响

从表2-3-12可知,在控制了背景变量的前提下,职业认知因素对博士毕业生职业选择及其变化作用模型的拟合度良好,且模型解释力度分别为45.9%和42.1%,达到中度及以上水平。

表2-3-12　职业认知因素对博士毕业生职业选择及职业选择变化的影响

		职业选择				职业选择变化					
		非学术研究职业 vs 学术职业		非研究职业 vs 学术职业		学术职业逃离者 vs 学术职业坚守者		学术职业回归者 vs 学术职业坚守者		学术职业外围者 vs 学术职业坚守者	
		β	OR	β	OR	β	OR	β	OR	β	OR
背景变量		—	—	—	—	—	—	—	—	—	—
职业兴趣	学术职业兴趣	−1.043***	0.352	−1.191***	0.304	−1.092***	0.336	0.643***	1.474	−1.355***	0.258

续表

		职业选择				职业选择变化					
		非学术研究职业 vs 学术职业		非研究职业 vs 学术职业		学术职业逃离者 vs 学术职业坚守者		学术职业回归者 vs 学术职业坚守者		学术职业外围者 vs 学术职业坚守者	
		β	OR	β	OR	β	OR	β	OR	β	OR
职业兴趣	非学术职业兴趣	0.670***	1.954	0.925***	2.521	0.842***	2.322	−0.398*	0.511	0.831***	2.297
职业获得	学术职业获得难度	0.743***	2.103	0.419***	1.520	0.839***	2.314	0.045	1.046	0.273*	1.314
	非学术职业获得难度	−0.352*	0.703	−0.397**	0.672	−0.487***	0.614	0.000	1.000	−0.243	0.784
职业前景	学术职业投入回报比	−0.192	0.788	−0.908*	0.480	−0.661	0.064	0.054	1.055	−0.636	0.111
	非学术职业投入回报比	1.401	4.061	3.035***	20.797	2.502**	12.208	1.190	3.286	2.726***	15.272
Pseudo R^2		0.459				0.421					
−2 Log Likelihood Final		1523.584				2040.760					
Likelihood ratio test		χ^2（52）=608.361***				χ^2（78）=601.991***					

注：* 代表 p<0.05，** 代表 p<0.01，*** 代表 p<0.001。

就职业兴趣而言，博士毕业生对学术职业兴趣越浓，其选择非学术研究职业、非研究职业，成为学术职业逃离者及外围者的可能性越小，成为学术职业回归者的可能性越大。具体来说，学术职业兴趣每增加一个单位，博士毕业生选择非学术研究职业、非研究职业的概率发生比分别下降64.8%和69.6%，成为学术职业逃离者和外围者的概率发生比分别下降66.4%和74.2%，成为学术职业回归的概率是成为学术职业坚守者的1.474倍。对非学术职业兴趣越浓的博士毕业生选择非学术研究职业、非研究职业，成为学术职业逃离者及外围者的可能性越大。具体来说，非学术职业兴趣每增加一个单位，博士毕业生选择非学术研究职业、非研究职业的概率发生比分别是选择学术职业的1.954倍和2.521倍，成为学术职业逃离者和外围者的概率发生比分别是成为学术职业坚守者的2.322倍和2.297倍，成为学术职业回归者的概率下降48.9%。

　　就职业获得而言，学术职业获得难度越大，博士毕业生选择非学术研究职业、非研究职业，成为学术职业逃离者及外围者的可能性越大，且学术职业获得难度每增加一个单位，其选择非学术研究职业、非研究职业的概率发生比分别是选择学术职业的2.103倍和1.520倍，成为学术职业逃离者和外围者的概率发生比分别是成为学术职业坚守者的2.314倍和1.314倍。非学术职业获得难度越大，博士毕业生选择非学术研究职业、非研究职业，成为学术职业逃离者的可能性越小，且非学术职业获得难度每增加一个单位，其选择非学术研究职业、非研究职业的概率发生比分别下降29.7%和32.8%，成为学术职业逃离者的概率发生比下降38.6%。

　　就职业前景而言，学术职业投入回报比越大，博士毕业生选择非研究职业的可能性越小，且学术职业投入回报比每增加一个单位，该选择的概率发生比下降33.9%。非学术职业投入回报比越大，博士毕业生选择非研究职业，成为学术职业逃离者及外围者的可能性越大，且非学术职业投入回报比每增加一个单位，其选择非研究职业的概率发生比是选择学术职业的20.797倍，成为学术职业逃离者和外围者的概率发生比分别是成为学术职业坚守者的12.208倍和15.272倍。

（三）环境因素对博士毕业生职业选择的影响

　　从表2-3-13可知，在控制了背景变量的前提下，环境因素对博士毕业生职业选择及其变化作用模型的拟合度良好，且模型解释力度分别为34.1%和30.3%，达到中度及以上水平。

　　关于就业环境，就业于中西部地区的博士毕业生选择非学术研究职业、成为学术职业逃离者的概率发生比分别是就业于东部地区博士毕业生的0.265倍和0.399倍。认为整体就业环境越好的博士毕业生选择非学术研究职业、非研究职业，成为学术职业外围者的可能性越大，且就业环境每增加一个单位，博士毕业生选择非学术研究职业、非研究职业的概率发生比分别是选择学术职业的1.288倍和1.240倍，成为学术职业外围者的概率发生比是成为学术职业坚守者的1.370倍。就学术环境而言，学术制度环境和学术工作环境对博士毕业生职业选择及职业选择变化的影响呈现出一致性特征，即当博士毕业生认为学术制度环境越好、学术工作环境越好，其选择非学术研究职业、非研究职业，成为学术职业逃离者和外围者的可能性越小。

　　具体来说，学术制度环境每增加一个单位，博士毕业生选择非学术研究职业、非研究职业的概率发生比分别下降28.5%和22.9%，成为学术职业逃离者和外围者的概率发生比分别下降27.8%和23.7%；学术工作环境每增加一个单位，博士毕业生选择非学术研究职业、非研究职业的概率发生比分别下降38.9%和48.5%，成为学术职业逃离者和外围者的概率发生比分别下降35.5%和47.0%。

　　关于培养环境，组织提供的科研训练环境和就业支持对博士毕业生的职业选择及职业选择变化无显著影响。学科与市场的交互程度越高，博士毕业生选择非学术研究职业、非研究职业的可能性越大，成为学术职业逃离者的可能性也越大。具体来说，学科与市场的交互程度每增加一个单位，其选择非学术研究职业、非研究职业的概率发生比分别是选择学术职业的1.563倍和1.304倍，成为学术职业逃离者的概率发生比分别是成为学术职业坚守者的1.509倍。

　　就导师培养而言，其提供的科研指导对博士毕业生的职业选择及职业选择变化无显著影响。而导师提供的就业支持越多，博士毕业生成为学术职业回归者的可能性越大，且导师就业支持每增加一个单位，其成为学术职业回归者的概率发生比是成为学术职业坚守者的1.973倍。导师职业榜样越强，博士毕业生选择非学术研究职业、非研究职业，成为学术职业逃离者及外围者的可能性越小，成为学术职业回归者的可能性越大；且职业榜样每增加一个单位，其选择非学术研究职业、非研究职业的概率发生比分别下降 45.4% 和 32.2%，成为学术职业逃离者及外围者的概率发生比分别下降 34.5% 和 44.5%，成为学术职业回归者的概率是成为学术职业坚守者的 1.589 倍。

关于家庭环境，经济压力越大的博士毕业生选择非研究职业，成为学术职业逃离者和外围者的可能性越大，且经济压力每增加一个单位，其选择非研究职业的概率发生比是选择学术职业的 1.245 倍，成为学术职业逃离者和外围者的概率发生比分别是成为学术职业坚守者的 1.222 倍和 1.201 倍。户籍所在地对博士毕业生的职业选择及职业选择变化无显著影响。父母拥有高中及以上学历的博士毕业生成为学术职业回归者的概率发生比是父母学历为初中及以下博士毕业生的 3.289 倍。父亲职业为农民的博士毕业生选择非研究职业的概率发生比是父亲职业为非农民博士毕业生的 0.615 倍。

表 2-3-13　环境因素对博士毕业生职业选择及职业选择变化的影响

| | | | 职业选择 | | | | 职业选择变化 | | | | | |
| | | | 非学术研究职业 vs 学术职业 | | 非研究职业 vs 学术职业 | | 学术职业逃离者 vs 学术职业坚守者 | | 学术职业回归者 vs 学术职业坚守者 | | 学术职业外围者 vs 学术职业坚守者 | |
			β	OR	β	OR	β	OR	β	OR	β	OR
	背景变量		—	—	—	—	—	—	—	—	—	—
就业环境	就业地区	中西部地区	−1.328***	0.265	−0.107	0.898	−0.918***	0.399	−0.283	0.754	−0.198	0.821
	就业环境		0.340*	1.288	0.274*	1.240	0.200	1.190	0.102	1.097	0.463***	1.370
	学术制度环境		−0.336**	0.715	−0.260*	0.771	−0.326**	0.722	0.079	1.082	−0.271*	0.763
	学术工作环境		−0.373*	0.611	−0.377**	0.515	−0.283*	0.645	−0.375	0.544	−0.386**	0.530
培养环境	组织支持	科研训练环境	0.176	1.193	0.125	1.133	0.301	1.352	−0.386	0.679	−0.119	0.888
		组织就业支持	−0.022	0.978	−0.235	0.791	−0.218	0.804	0.301	1.351	−0.032	0.968
培养环境	学科文化	学科文化	0.446**	1.563	0.266*	1.304	0.411**	1.509	−0.136	0.873	0.196	1.216
	导师培养	导师科研指导	0.048	1.049	0.213	1.238	0.147	1.158	−0.177	0.838	0.081	1.085
		导师就业支持	0.143	1.153	0.033	1.034	−0.087	0.917	0.679*	1.973	0.400	1.444

续表

			职业选择				职业选择变化					
			非学术研究职业 vs 学术职业		非研究职业 vs 学术职业		学术职业逃离者 vs 学术职业坚守者		学术职业回归者 vs 学术职业坚守者		学术职业外围者 vs 学术职业坚守者	
			β	OR	β	OR	β	OR	β	OR	β	OR
培养环境	导师培养	导师职业榜样	−0.605**	0.546	−0.389*	0.678	−0.422*	0.655	0.529*	1.589	−0.606**	0.545
家庭环境	经济压力	经济压力	0.135	1.145	0.219*	1.245	0.200*	1.222	0.112	1.118	0.183*	1.201
	户籍所在地	农村	−0.484	0.616	0.222	1.249	−0.147	0.863	−0.083	0.921	0.014	1.014
	父母最高学历	高中及以上	−0.165	0.848	0.206	1.229	0.019	1.019	1.191***	3.289	0.256	1.292
	父亲职业	农民	0.366	1.442	−0.486*	0.615	0.036	1.036	0.412	1.510	−0.234	0.791
Pseudo R^2			0.341				0.303					
−2 Log Likelihood Final			1708.182				2238.350					
Likelihood ratio test			χ^2（72）=423.762***				χ^2（108）=404.401***					

注：* 代表 $p<0.05$，** 代表 $p<0.01$，*** 代表 $p<0.001$，负向计分题已做正向化处理。

（四）社会化经历对博士毕业生职业选择的影响

从表2-3-14可知，在控制了背景变量的前提下，社会化经历对博士毕业生职业选择及职业选择变化作用模型的拟合度良好，其解释力度分别为28.6%和25.2%。

就校内社会化经历而言，对科研经历的满意度越高的博士毕业生选择非研究职业的可能性越小，且科研经历每增加一个单位，其选择该职业的可能性下降25.2%。科研压力越大的博士毕业生成为学术职业逃离者的可能性越大，且科研压力每增加一个单位，其成为学术职业逃离者的概率发生比是成为学术职业坚守者的1.384倍。科研投入越多的博士毕业生成为学术职业外围者的可能性越小，且科研投入每增加一个单位，其成为学术职业外围者的概率发生比下降16.7%。

学术发表质量越高的博士毕业生选择非学术研究职业、成为学术职业逃离者和外围者的可能性越小，且学术发表每增加一个单位，其选择非学术研究职业的概率发生比下降17.6%，成为学术职业逃离者和外围者的概率发生比分别下降9.2%和7.9%。授权专利对博士毕业生的职业选择及职业选择变化无显著影响。

就校外社会化经历而言，读博前有工作经历的博士毕业生成为学术职业外围者的概率发生比是没有工作经历博士毕业生的 1.724 倍。读博期间有实习经历的博士毕业生选择非学术研究职业、非研究职业及成为学术职业外围者的概率发生比分别是没有实习经历博士毕业生的 1.524 倍、1.756 倍及 2.203 倍。

表 2-3-14　社会化经历对博士毕业生职业选择及职业选择变化的影响

		职业选择				职业选择变化					
		非学术研究职业 vs 学术职业		非研究职业 vs 学术职业		学术职业逃离者 vs 学术职业坚守者		学术职业回归者 vs 学术职业坚守者		学术职业外围者 vs 学术职业坚守者	
		β	OR	β	OR	β	OR	β	OR	β	OR
背景变量		—	—	—	—	—	—	—	—	—	—
校内社会化经历	科研经历	−0.062	0.94	−0.291**	0.748	−0.182	0.833	−0.051	0.950	−0.230	0.795
	科研压力	0.178	1.195	0.161	1.175	0.325**	1.384	0.309	1.362	0.064	1.066
	科研投入	0.145	1.156	−0.106	0.900	0.121	1.128	−0.196	0.822	−0.183*	0.833
	学术发表	−0.193***	0.824	−0.045	0.956	−0.097*	0.908	0.025	1.025	−0.082*	0.921
	授权专利	−0.058	0.944	−0.087	0.917	−0.023	0.977	0.016	1.017	−0.116	0.891
校外社会化经历	工作经历	0.490	1.633	0.197	1.218	0.199	1.22	0.509	1.664	0.545*	1.724
	实习经历	0.422*	1.524	0.563**	1.756	0.093	1.098	−0.494	0.61	0.790***	2.203
Pseudo R^2		0.286				0.252					
−2 Log Likelihood Final		1785.697				2314.555					
Likelihood ratio test		$\chi^2(54)=344.861***$				$\chi^2(81)=326.811***$					

注：* 代表 p<0.05，** 代表 p<0.01，*** 代表 p<0.001。

（五）博士毕业生职业选择关键影响因素及其作用

上述模型分别从自我认知、职业认知、环境因素及社会化经历四个方面出发，探讨了相关因素对博士毕业生职业选择及职业选择变化的影响。为进一步了解上述因素对博士毕业生职业选择及职业选择变化的综合作用，本研究构建了如表 2-3-15 所示的回归模型。结果显示，在控制了背景变量的前提下，博士毕业生职业选择影响因素模型及职业选择变化影响因素模型的拟合度良好，且两个模型的解释力度分别达 57.9% 和 55.9%，模型解释力度较强。[①]

从表 2-3-15 可知，在综合考虑各方面因素的情况下，除了职业价值观中的社会促进、科研承诺中的规范承诺及校内社会化经历中的科研经历外，其他原本对博士毕业生职业选择及其变化产生影响的因素，其发挥的作用依旧显著。

表 2-3-15　博士毕业生职业选择及职业选择变化的影响因素

		职业选择				职业选择变化					
		非学术研究职业 vs 学术职业		非研究职业 vs 学术职业		学术职业逃离者 vs 学术职业坚守者		学术职业回归者 vs 学术职业坚守者		学术职业外围者 vs 学术职业坚守者	
		β	OR	β	OR	β	OR	β	OR	β	OR
背景变量		—	—	—	—	—	—	—	—	—	—
自我认知因素	科研能力	0.177	1.194	−0.034	0.967	0.137	1.147	0.251	1.285	0.234	1.264
	通用能力	0.073	1.076	0.528*	1.696	0.121	1.129	0.021	1.021	0.420*	1.522
	学术品位	0.443	1.558	−0.056	0.946	−0.100	0.905	0.102	1.108	0.423	1.527
	物质偏好	0.702**	2.019	0.369	1.447	0.480*	1.616	0.303	1.354	0.550*	1.734
	社会促进	−0.242	0.785	0.346	1.414	0.057	1.059	−0.011	0.989	0.228	1.256
	家庭维护	−0.336	0.715	−0.635**	0.530	−0.362*	0.696	−0.407	0.666	−0.718***	0.488
	持续承诺	−0.717**	0.488	−0.937***	0.392	−1.106***	0.331	−0.423	0.655	−0.774**	0.461
	情感承诺	0.300	1.349	−0.184	0.832	0.302	1.352	−0.096	0.909	−0.304*	0.815
	规范承诺	−0.280	0.756	−0.116	0.891	−0.119	0.887	−0.116	0.891	−0.302	0.703
	科研热情	−0.207	0.813	0.176	1.192	−0.174	0.840	0.082	1.085	−0.326**	0.786
	科研志向	−0.399*	0.509	−0.090	0.906	−0.250	0.716	0.016	1.016	−0.142	0.848
	学术动机	−0.276	0.759	−0.136	0.873	0.173	1.189	−0.227	0.797	−0.623*	0.537
职业认知因素	学术职业兴趣	−1.03***	0.357	−1.051***	0.349	−0.962***	0.382	0.558*	1.572	−1.414***	0.243
	非学术职业兴趣	0.701***	2.016	0.897***	2.452	0.819***	2.268	−0.368*	0.555	0.905***	2.472

续表

		职业选择				职业选择变化					
		非学术研究职业 vs 学术职业		非研究职业 vs 学术职业		学术职业逃离者 vs 学术职业坚守者		学术职业回归者 vs 学术职业坚守者		学术职业外围者 vs 学术职业坚守者	
		β	OR	β	OR	β	OR	β	OR	β	OR
职业认知因素	学术职业获得难度	0.784***	2.190	0.513***	1.670	0.869***	2.385	0.029	1.029	0.364*	1.439
	非学术职业获得难度	−0.063	0.939	−0.260	0.771	−0.397*	0.672	0.028	1.028	0.022	1.023
	学术职业投入回报比	−0.446	0.448	−1.355**	0.122	−0.884	0.580	0.133	1.125	−0.864	0.627
	非学术职业投入回报比	1.743	5.717	3.709***	40.815	2.714**	15.095	0.645	1.906	3.199***	24.499
就业环境	就业地区	−1.084**	0.338	0.181	1.198	−0.698**	0.498	−0.213	0.808	0.107	1.113
	就业环境	0.649***	1.477	0.343*	1.290	0.397*	1.327	0.096	1.010	0.619***	1.462
	学术制度环境	−0.523***	0.800	−0.020	0.981	−0.378*	0.837	0.128	1.136	−0.026	0.974
	学术工作环境	−0.425*	0.654	−0.403*	0.668	−0.280	0.755	0.401	1.493	−0.407*	0.666
培养环境	科研训练环境	0.065	1.067	0.242	1.273	0.334	1.397	−0.273	0.761	−0.234	0.791
	组织就业支持	0.138	1.148	−0.098	0.907	−0.068	0.935	0.306	1.358	0.191	1.211
	学科文化	0.467*	1.306	0.536*	1.546	0.463*	1.601	−0.212	0.809	0.043	1.044
	导师科研指导	0.181	1.199	0.176	1.192	0.247	1.280	−0.218	0.804	−0.010	0.990
	导师就业支持	−0.015	0.985	0.000	1.000	−0.057	0.945	0.723*	2.061	0.438	1.549
	导师职业榜样	−0.433*	0.649	−0.418*	0.889	−0.382*	0.754	0.423*	1.655	−0.363	0.696

续表

| | | 职业选择 | | | | 职业选择变化 | | | | | |
| | | 非学术研究职业 vs 学术职业 | | 非研究职业 vs 学术职业 | | 学术职业逃离者 vs 学术职业坚守者 | | 学术职业回归者 vs 学术职业坚守者 | | 学术职业外围者 vs 学术职业坚守者 | |
		β	OR	β	OR	β	OR	β	OR	β	OR
家庭环境	经济压力	−0.040	0.96	0.449*	1.540	0.325*	1.325	0.054	1.056	0.030	1.030
	户籍所在地（农村）	−0.521	0.594	0.351	1.421	−0.215	0.807	−0.050	0.952	0.105	1.110
	父母最高学历（高中及以上）	−0.169	0.844	0.361	1.435	0.124	1.132	1.287***	3.623	0.376	1.456
	父亲职业（农民）	0.598*	1.819	−0.324	0.723	0.271	1.311	0.655	1.926	0.010	1.010
社会化经历	科研经满意度	0.179	1.196	−0.261	0.770	−0.144	0.866	0.000	1.000	−0.026	0.974
	科研压力	0.107	1.113	0.130	1.139	0.271*	1.311	0.253	1.288	0.084	1.087
	科研投入	0.202	1.223	0.006	1.006	0.221*	1.247	−0.171	0.843	−0.159	0.853
	学术发表	−0.143*	0.867	−0.037	0.964	−0.037	0.964	0.009	1.009	−0.102*	0.903
	授权专利	0.004	1.004	0.018	1.018	0.060	1.061	0.083	1.086	0.009	1.009
	工作经历	0.371	1.450	0.250	1.284	0.084	1.088	0.572	1.772	0.638*	1.892
	实习经历	0.460	1.584	0.547*	1.728	0.138	1.148	−0.449	0.638	0.804**	2.235
Pseudo R^2		0.579				0.559					
−2 Log Likelihood Final		1305.089				1764.985					
Likelihood ratio test		χ^2（122）= 826.856***				χ^2（183）= 877.766***					

注：* 代表 p<0.05，** 代表 p<0.01，*** 代表 p<0.001，负向计分题已做正向化处理。

1. 非学术研究职业选择的关键影响因素及其作用

从图 2-3-2 可知，除个体背景特征外，影响博士毕业生非学术研究职业选择的因素主要源于以下六个方面，分别是：一、自我认知因素中的职业价值观（物质偏好）、科研承诺（持续承诺）及科研志趣（科研志向）；二、职业认知因素中的职业兴趣（学术职业兴趣、非学术职业兴趣）及职业获得（学术职业获得难度）；三、就业环境中的就业地区（中西部就业地区）、学术制度环境及学术工作环境；四、培养环境中的学科文化及导师职业榜样；五、家庭环境中的父亲职业（农民）；六、校内社会化经历中的学术发表。

　　具体来说，学术职业的难以获得性、强烈的物质偏好、浓厚的非学术职业兴趣、以务农为生的父亲职业、良好的就业环境、开放的学科文化在一定程度上促进了博士毕业生的非学术研究职业选择。而中西部的就业地区、浓厚的学术职业兴趣、较强的科研持续承诺、较高的科研志向、积极的导师职业榜样、良好的学术制度环境及学术工作环境、高质量的学术发表则在一定程度上削弱了博士毕业生选择非学术研究职业的可能。

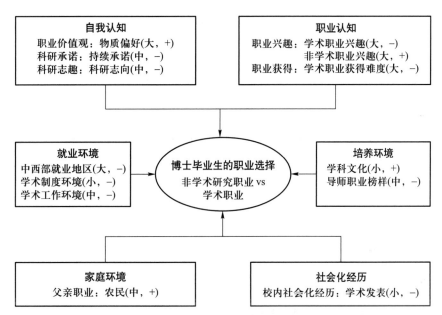

图 2-3-2　博士毕业生非学术研究职业选择的影响因素图

　　注：括号内的内容表示变量的作用大小和作用方向，其中"大"表示"OR ≥ 2"或"OR ≤ 0.4"，"中"表示"1.6 ≤ OR<2"或"0.4 ≤ OR<0.7"，"小"表示"OR<1.6"或"OR>0.7"；"+"表示作用方向为"正"，"−"表示作用方向为"负"。

　　从表 2-3-16 可知，在促进因素中，根据作用大小从高到低排序，依次为学术职业的获得难度（OR=2.190）、博士毕业生的物质偏好（OR=2.019）、非学术职业兴趣（OR=2.016）、父亲职业（OR=1.819）、就业环境（OR=1.477）及学科文化（OR=1.306）。在抑制因素中，根据作用大小从高到低排序，依次为中西部就业地区（OR=0.338）、学术职业兴趣（OR=0.357）、持续承诺（OR=0.488）、科研志向（OR=0.509）、导师职业榜样（OR=0.649）、学术工作环境（OR=0.654）、学术制度环境（OR=0.800）及学术发表（OR=0.867）。

　　综合来看，导致博士毕业生选择非学术研究职业而非学术职业的关键在于个体自身的物质偏好、对非学术职业及学术职业的兴趣、学术职业的获得难度及中西部的就业地区（其作用大小排名前五）。当学术职业获得难度、自身物质偏好及非学术职业兴趣每增加一个单位时，博士毕业生选择非学术研究职业的概率发生比分别是选择学术职业的 2.190 倍、2.019 倍及 2.016 倍；而学术职业兴趣每增加一个单位，博士毕业生选择非学术研究职业的概率发生比下降 64.2%；就业于中西部地区的博士毕业生选择非学术研究职业的概率发生比是就业于东部地区博士毕业生的 0.338 倍，即就业于东部地区博士毕业生选择非学术研究职业的可能性更大，而就业于中西部地区博士毕业生选择学术职业的可能性更大。

表 2-3-16   影响博士毕业生非学术研究职业选择的关键因素及作用大小

维度	内容	β	OR	维度	内容	β	OR
职业获得	学术职业获得难度	0.784***	2.190	就业环境	中西部地区	−1.084**	0.338
职业价值观	物质偏好	0.702**	2.019	职业兴趣	学术职业兴趣	−1.030***	0.357
职业兴趣	非学术职业兴趣	0.701***	2.016	科研承诺	持续承诺	−0.717**	0.488
家庭环境	父亲职业（农民）	0.598*	1.819	科研志趣	科研志向	−0.399*	0.509
就业环境	就业环境	0.649***	1.477	培养环境	导师职业榜样	−0.433*	0.649
培养环境	学科文化	0.467*	1.306	就业环境	学术工作环境	−0.425*	0.654
				就业环境	学术制度环境	−0.523***	0.800
				校内社会化经历	学术发表	−0.143*	0.867

注：* 代表 p<0.05，** 代表 p<0.01，*** 代表 p<0.001，负向计分题已做正向化处理。

2. 非研究职业选择的关键影响因素及其作用

从图 2-3-3 可知，除个体背景特征外，影响博士毕业生非学术研究职业选择的因素主要源于以下六个方面，分别是：一、自我认知因素中的自我效能感（通用能力）、职业价值观（家庭维护）及科研承诺（持续承诺）；二、职业认知因素中的职业兴趣（学术职业兴趣、非学术职业兴趣）、职业获得（学术职业获得难度）及职业前景（学术职业投入回报比、非学术职业投入回报比）；三、就业环境中的就业环境及学术制度环境；四、培养环境中的学科文化及导师职业榜样；五、家庭环境中的经济压力；六、校外社会化经历中的实习经历。

具体来说，较高的非学术职业投入回报比、浓厚的非学术职业兴趣、读博期间的实习经历、较强的通用能力、学术职业的难以获得性、开放的学科文化、较大的经济压力及良好的就业环境是促进博士毕业生非研究职业选择的关键；而较低的学术职业投入回报比、浓厚的学术职业兴趣、持续性的科研承诺、较强的家庭维护观念、不良的学术工作环境、不良的导师榜样作用等因素则在一定程度上削弱博士毕业生选择非研究职业的可能。

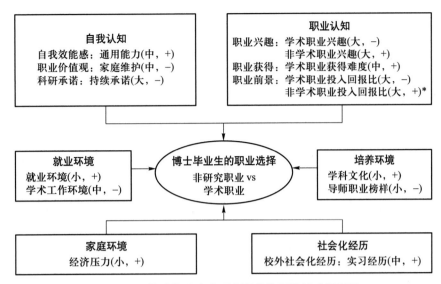

图 2-3-3　博士毕业生非研究职业选择的影响因素图

注：括号内的内容表示变量的作用大小和作用方向，其中"大"表示"OR≥2"或"OR≤0.4"，"中"表示"1.6≤OR<2"或"0.4<OR≤0.7"，"小"表示"OR<1.6"或"OR>0.7"；"+"表示作用方向为"正"，"−"表示作用方向为"负"；"*"表示作用尤为突出。

从表 2-3-17 可知，在促进因素中，根据作用大小从高到低排序，依次为非学术职业投入回报比（OR=40.815）、非学术职业兴趣（OR=2.452）、实习经历（OR=1.728）、通用能力（OR=1.696）、学术职业获得难度（OR=1.670）、学科文化（OR=1.546）、经济压力（OR=1.540）及就业环境（OR=1.290）。在抑制因素中，根据作用大小从高到低排序，依次为学术职业投入回报比（OR=0.122）、学术职业兴趣（OR=0.349）、持续承诺（OR=0.392）、家庭维护（OR=0.530）、学术工作环境（OR=0.668）及导师职业榜样（OR=0.889）。

综合来看，导致博士毕业生选择非研究职业的关键在于个体对职业前景的判断、自身的职业兴趣及对科研的持续承诺。值得注意的是，博士毕业生对非学术职业投入回报比和学术职业投入回报比的认知在其中发挥的作用尤为突出。非学术职业投入回报比每增加一个单位，博士毕业生选择非研究职业的概率发生比是选择学术职业的 40.815 倍；学术职业投入回报比每增加一个单位，博士毕业生选择非研究职业的概率发生比下降 87.8%。与此同时，博士毕业生的非学术职业兴趣每增加一个单位，其选择非研究职业的概率发生比是选择学术职业的 2.452 倍；而学术职业兴趣每增加一个单位，其选择非研究职业的概率发生比下降 65.1%。此外，博士毕业生对科研的持续承诺也在其中发挥着重要作用，科研承诺每增加一个单位，其选择非研究职业的概率发生比下降 60.8%。

表 2-3-17　影响博士毕业生非研究职业选择的关键因素及作用大小

维度	内容	β	OR	维度	内容	β	OR
职业前景	非学术职业投入回报比	3.709***	40.815	职业前景	学术职业投入回报比	−1.355**	0.122

维度	内容	β	OR	维度	内容	β	OR
职业兴趣	非学术职业兴趣	0.897***	2.452	职业兴趣	学术职业兴趣	−1.051***	0.349
校外社会化经历	实习经历	0.547*	1.728	科研承诺	持续承诺	−0.937***	0.392
自我效能感	通用能力	0.528*	1.696	职业价值观	家庭维护	−0.635**	0.530
职业获得	学术职业获得难度	0.513***	1.670	就业环境	学术工作环境	−0.403*	0.668
培养环境	学科文化	0.536*	1.546	培养环境	导师职业榜样	−0.418*	0.889
家庭环境	经济压力	0.449*	1.540				
就业环境	就业环境	0.343*	1.290				

注：* 代表 p<0.05，** 代表 p<0.01，*** 代表 p<0.001，负向计分题已做正向化处理。

3. 成为学术职业逃离者的关键影响因素及其作用

从图 2-3-4 可知，除个体背景特征外，影响博士毕业生非学术研究职业选择的因素主要源于以下六个方面，分别是：一、自我认知因素中的职业价值观（物质偏好、家庭维护）及科研承诺（持续承诺）；二、职业认知因素中的职业兴趣（学术职业兴趣、非学术职业兴趣）、职业获得（学术职业获得难度、非学术职业获得难度）及职业前景（非学术职业投入回报比）；三、就业环境中的就业地区、就业环境及学术制度环境；四、培养环境中的学科文化及导师职业榜样；五、家庭环境中的经济压力；六、校内社会化经历中的科研压力及科研投入。

具体来说，较高的非学术职业投入回报比、学术职业的难以获得性、浓厚的非学术职业兴趣、较强的物质偏好、开放的学科文化、良好的就业环境、较大的经济压力、较强的科研压力、长时间的科研投入在促进博士毕业生成为学术职业逃离者的过程中发挥着重要作用；而持续性的科研承诺、浓厚的学术职业兴趣、中西部的就业地区、非学术职业的易获得性、家庭维护观念、消极的导师榜样、不良的学术制度环境则是削弱博士毕业生成为学术职业逃离者可能性的关键。

从表 2-3-18 可知，在促进因素中，根据作用大小从高到低排序，依次为非学术职业投入回报比（OR=15.095）、学术职业获得难度（OR=2.385）、非学术职业兴趣（OR=2.268）、物质偏好（OR=1.616）、学科文化（OR=1.601）、就业环境（OR=1.327）、经济压力（OR=1.325）、科研压力（OR=1.311）及科研投入（OR=1.247）。在抑制因素中，根据作用大小从高到低排序，依次为持续承诺（OR=0.331）、学术职业兴趣（OR=0.382）、中西部就业地区（OR=0.498）、非学术职业获得难度（OR=0.672）、家庭维护（OR=0.696）、导师职业榜样（OR=0.754）及学术制度环境（OR=0.837）。

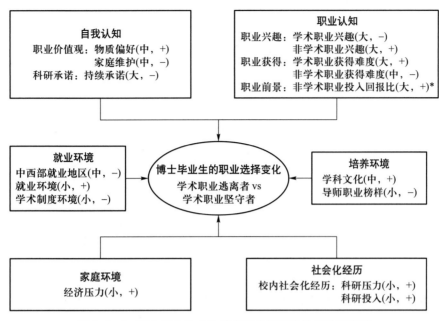

图 2-3-4　博士毕业生成为学术职业逃离者的影响因素图

注：括号内的内容表示变量的作用大小和作用方向，其中"大"表示"OR ≥ 2"或"OR ≤ 0.4"，"中"表示"1.6 ≤ OR<2"或"0.4<OR ≤ 0.7"，"小"表示"OR<1.6"或"OR>0.7"；"+"表示作用方向为"正"，"−"表示作用方向为"负"；"*"表示作用尤为突出。

综合来看，博士毕业生对职业前景、职业获得的判断，以及自身的职业兴趣和对科研的持续承诺是导致博士毕业生成为学术职业逃离者的关键。值得注意的是，职业前景中非学术职业投入回报比对博士毕业生成为学术职业逃离者的推动作用尤为突出。具体来说，非学术职业投入回报比每增加一个单位，博士毕业生成为学术职业逃离者的概率发生比是成为学术职业坚守者的15.095倍。此外，学术职业获得难度及非学术职业兴趣每增加一个单位，其成为学术职业逃离者的概率发生比分别是成为学术职业坚守者的2.385倍和2.268倍。而博士毕业生对科研的持续承诺及学术职业兴趣每增加一个单位，其成为学术职业逃离者的概率发生比分别下降66.9%和61.8%。

表 2-3-18　博士毕业生成为学术职业逃离者的关键影响因素及作用大小

维度	内容	β	OR	维度	内容	β	OR
职业前景	非学术职业投入回报比	2.714**	15.095	科研承诺	持续承诺	−1.106***	0.331
职业获得	学术职业获得难度	0.869***	2.385	职业兴趣	学术职业兴趣	−0.962***	0.382
职业兴趣	非学术职业兴趣	0.819***	2.268	就业地区	中西部地区	−0.698**	0.498
职业价值观	物质偏好	0.480*	1.616	职业获得	非学术职业获得难度	−0.397*	0.672
培养环境	学科文化	0.463*	1.601	职业价值观	家庭维护	−0.362*	0.696

续表

维度	内容	β	OR	维度	内容	β	OR
就业环境	就业环境	0.397*	1.327	导师培养	导师职业榜样	−0.382*	0.754
家庭环境	经济压力	0.325*	1.325	学术劳动力市场	学术制度环境	−0.378*	0.837
校内社会化经历	科研压力	0.271*	1.311				
校内社会化经历	科研投入	0.221*	1.247				

注：* 代表 p<0.05，** 代表 p<0.01，*** 代表 p<0.001，负向计分题已做正向化处理。

4. 成为学术职业回归者的关键影响因素及其作用

从图 2-3-5 可知，除个体背景特征外，影响博士毕业生非学术研究职业选择的因素主要源于以下三个方面，分别是：一、职业认知因素中的职业兴趣（学术职业兴趣、非学术职业兴趣）；二、培养环境中的导师就业支持及导师职业榜样；三、家庭环境中的父母最高学历。

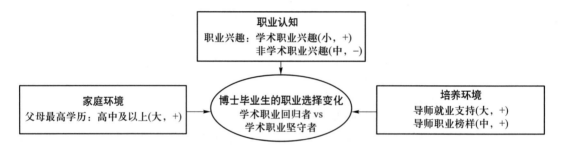

图 2-3-5　博士毕业生成为学术职业回归者的影响因素图

注：括号内的内容表示变量的作用大小和作用方向，其中"大"表示"OR ≥ 2"或"OR ≤ 0.4"，"中"表示"1.6 ≤ OR<2"或"0.4<OR ≤ 0.7"，"小"表示"OR<1.6"或"OR>0.7"；"+"表示作用方向为"正"，"−"表示作用方向为"负"。

从表 2-3-19 可知，高中及以上的父母最高学历、有力的导师就业支持、良好的导师职业榜样、浓厚的学术职业兴趣是促进博士毕业生成为学术职业回归者的关键。这些促进因素（表 2-3-19），根据作用大小从高到低排序，依次为父母最高学历（OR=3.623）、导师就业支持（OR=2.061）、导师职业榜样（OR=1.655）和学术职业兴趣（OR=1.572）。而非学术职业兴趣对博士毕业生成为学术职业坚守者产生的影响为负，且非学术职业兴趣每增加一个单位，其成为学术职业回归者而非学术职业坚守者的概率下降 44.5%。

综合来看，家庭环境中的父母最高学历及培养环境中的导师就业支持是导致博士毕业生成为学术职业回归者的关键。具体而言，父母最高学历为高中及以上的博士毕业生成为学术职业回归者的概率发生比是父母最高学历为初中及以下博士毕业生的 3.623 倍。导师就业支持每增加一个单位，其成为学术职业回归者的概率发生比是成为学术职业坚守者的 2.061 倍。

表 2-3-19　博士毕业生成为学术职业回归者的关键影响因素及作用大小

维度	内容	β	OR	维度	内容	β	OR
家庭环境	父母最高学历（高中及以上）	1.287***	3.623	职业兴趣	非学术职业兴趣	−0.368*	0.555
培养环境	导师就业支持	0.723*	2.061				
培养环境	导师职业榜样	0.423*	1.655				
职业兴趣	学术职业兴趣	0.558*	1.572				

注：* 代表 p<0.05，** 代表 p<0.01，*** 代表 p<0.001，负向计分题已做正向化处理。

5. 成为学术职业外围者的关键影响因素及其作用

从图 2-3-6 可知，除个体背景特征外，影响博士毕业生非学术研究职业选择的因素主要源于以下四个方面，分别是：一、自我认知因素中的自我效能感（通用能力）、职业价值观（物质偏好、家庭维护）、科研承诺（持续承诺、情感承诺）及科研志趣（科研热情、学术动机）；二、职业认知因素中的职业兴趣（学术职业兴趣、非学术职业兴趣）、职业获得（学术职业获得难度）及职业前景（非学术职业投入回报比）；三、就业环境中的就业环境及学术工作环境；四、校内社会化经历中的学术发表及校外社会化经历中的工作经历、实习经历。

促进博士毕业生成为学术职业外围者的主要因素有较高的非学术职业投入回报比、浓厚的非学术职业兴趣、读博期间的实习经历、读博前的工作经历、较强的物质偏好、较强的通用能力、良好的就业环境、学术职业的难以获得性。而浓厚的学术职业兴趣、持续性的科研承诺、较强的家庭维护观念、学术动机、良好的学术工作环境、较高的科研热情、较高的情感承诺、高质量的学术发表则是削弱博士毕业生成为学术职业外围者可能性的关键。

从表 2-3-20 可知，在促进因素中，根据作用大小从高到低排序，依次为非学术职业投入回报比（OR=24.499）、非学术职业兴趣（OR=2.472）、实习经历（OR=2.235）、工作经历（OR=1.892）、物质偏好（OR=1.734）、通用能力（OR=1.522）、就业环境（OR=1.462）、学术职业获得难度（OR=1.439）。抑制因素根据作用大小从高到低排序，依次为学术职业兴趣（OR=0.243）、科研持续承诺（OR=0.461）、家庭维护（OR=0.488）、学术动机（OR=0.537）、学术工作环境（OR=0.666）、科研热情（OR=0.786）、科研情感承诺（OR=0.815）、学术发表（OR=0.903）。

综合来看，职业前景、职业兴趣、实习经历是导致博士毕业生成为学术职业外围者的关键。值得注意的是，职业前景中非学术职业投入回报比在其中发挥的作用尤为突出，非学术职业投入回报比每增加一个单位，博士毕业生成为学术职业外围者的概率发生比是成为学术职业坚守者的24.499 倍。此外，非学术职业兴趣每增加一个单位，博士毕业生成为学术职业外围者的概率发生比是成为学术职业坚守者的 2.472 倍；读博期间有实习经历的博士毕业生成为学术职业外围者的概率发生比是没有实习经历博士毕业生的 2.235 倍。而博士毕业生的学术职业兴趣每增加一个单位，其成为学术职业外围者的概率发生比下降 75.7%。

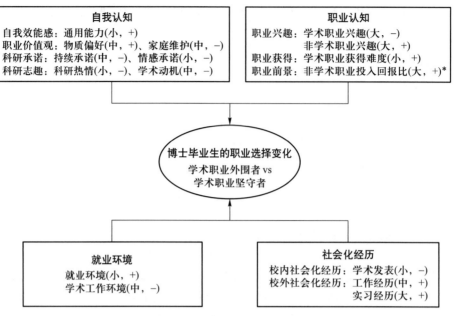

图 2-3-6　博士毕业生成为学术职业外围者的影响因素图

注：括号内的内容表示变量的作用大小和作用方向，其中"大"表示"OR≥2"或"OR≤0.4"，"中"表示"1.6≤OR<2"或"0.4<OR≤0.7"，"小"表示"OR<1.6"或"OR>0.7"；"+"表示作用方向为"正"，"−"表示作用方向为"负"；"*"表示作用尤为突出。

表 2-3-20　博士毕业生成为学术职业外围者的关键影响因素及作用大小

维度	内容	β	OR	维度	内容	β	OR
职业前景	非学术职业投入回报比	3.199***	24.499	职业兴趣	学术职业兴趣	−1.414***	0.243
职业兴趣	非学术职业兴趣	0.905***	2.472	科研承诺	持续承诺	−0.774**	0.461
校外社会化经历	实习经历	0.804**	2.235	职业价值观	家庭维护	−0.718***	0.488
校外社会化经历	工作经历	0.638*	1.892	科研志向	学术动机	−0.623*	0.537
职业价值观	物质偏好	0.550*	1.734	就业环境	学术工作环境	−0.407*	0.666
科研效能感	通用能力	0.420*	1.522	科研志向	科研热情	−0.326**	0.786
就业环境	就业环境	0.619***	1.462	科研承诺	情感承诺	−0.304*	0.815
职业获得	学术职业获得难度	0.364*	1.439	校内社会化经历	学术发表	−0.102*	0.903

注：* 代表 $p<0.05$，** 代表 $p<0.01$，*** 代表 $p<0.001$，负向计分题已做正向化处理。

五、研究结论与对策建议

（一）研究基本结论

本研究通过分析 40 所"双一流"建设高校 1333 名博士毕业生的调查数据，探究了当前博士毕业生的职业选择现状、不同背景博士毕业生的职业选择差异及影响其职业选择的关键因素，最终得到了以下结论：

1. 学术职业是博士毕业生的首要选择，只有近两成博士生毕业时选择从事非研究职业

学术职业是博士毕业生的首要选择，七成博士生毕业后选择进入高等院校或科研机构从事与科学研究密切相关的工作；而在放弃高校从教的博士毕业生中，近两成选择从事与科研活动无关的非研究职业（17.7%），选择从事非学术研究职业的博士生相对较少（11.5%）。值得注意的是，并非所有进入高等院校或科研机构就业的博士毕业生均从事与科研活动相关的工作，有小部分毕业生进入高等院校或科研机构主要从事行政或管理工作。

2. 大部分博士生毕业时选择的职业类型与入学初的意向职业保持一致

与入学初的意向职业相比，博士生毕业时选择学术职业的比例下降了 9.3%，选择非学术研究职业和非研究职业的比例分别增长了 6.2% 和 3.1%。大部分博士生毕业时选择的职业类型与入学初的意向职业保持一致，其中学术职业坚守者占多数（65.6%），学术职业外围者相对较少（14.7%）。在职业选择发生变化的博士毕业生中，学术职业逃离者的比例较高（14.5%），学术职业回归者的比例较少（5.2%）。在四类博士毕业生中，学术职业坚守者的比例最高，学术职业逃离者和学术职业外围者的比例居中，学术职业回归者的比例最少。

3. 不同背景博士毕业生的职业选择及职业选择变化存在显著差异

本科或硕士就读于一流大学建设高校的博士毕业生，对学术职业的偏好程度较低，更倾向于选择非研究职业。人文学科和社会学科的博士毕业生倾向于选择学术职业，且成为学术职业坚守者的可能性较大、成为学术职业外围者的可能性较小。理科和工科博士毕业生倾向于选择非学术研究职业，医科博士毕业生对非研究职业的偏好程度更高，且成为学术职业外围者的可能性较大。本科直博和硕博连读博士毕业生对学术职业的偏好程度较低，其成为学术职业坚守者的可能性较小。"申请－考核"制博士毕业生倾向于选择学术职业，对非研究职业的偏好程度较低，其成为学术职业坚守者的可能性较大。延期博士毕业生倾向于选择学术职业，其对非学术研究职业的偏好程度较低。男性博士毕业生倾向于选择非学术研究职业，其成为学术职业回归者的可能性较大。年龄在 30 岁以上的博士毕业生倾向于选择学术职业，且成为学术职业坚守者的可能性较大，成为学术职业逃离者的可能性较小。

4. 没有直接证据表明具有学术潜能的博士毕业生更愿意留在学术界

如果说那些具备出色的科研能力、掌握一定的通用技能，对科研活动保持较大兴趣和热情，并愿意为之付出时间和精力的博士生被认为更具学术潜能的话，那么本研究没有直接证据表明，具有学术潜能的博士毕业生更愿意留在学术界。倾向于选择学术职业的博士毕业生仅在学术发表上显著高于非学术研究职业偏好者，在科研能力、科研热情、学术动机、学术品位、科研情感承诺、科研经历、科研压力、科研投入和授权专利等方面并没有显著优势，且其通用能力显著低于非研究职业偏好者。研究发现，目前高校凭借供求同一体特征吸引和保留高层次优质人才的先天优势正逐步弱化，高校人才争夺已逐步超越了高等教育系统内部而转向学术界

与非学术界之间的竞争，如何吸引高质量的博士毕业生回归学术职业不仅事关师资队伍和高等教育的生态优化，而且在一定程度上决定着高校能否向社会输送高质量的人力资本。

5. 物质偏好、家庭维护观念及科研持续承诺是影响博士毕业生职业选择的关键

职业价值观中的物质偏好和家庭维护观念，是影响博士毕业生职业选择及职业选择变化的关键。物质偏好每增加一个单位，博士毕业生选择非学术研究职业的概率发生比是选择学术职业的2.019倍，成为学术职业逃离者和外围者的概率发生比分别是成为学术职业坚守者的1.616倍和1.734倍；家庭维护观念每增加一个单位，博士毕业生选择非研究职业、成为学术职业逃离者和外围者的概率发生比分别下降30.4%和51.2%。博士毕业生在择业时将工作的薪资待遇和职业晋升等物质回报，以及工作能够为社会带来的意义和价值放在首位，另外比较注重工作与家庭的关系，对工作的创造性、独立性和自主性等内容的重视程度相对较低。此外，科研承诺中的持续承诺也是影响博士毕业生职业选择及职业选择变化的重要因素。持续承诺每增加一个单位，博士毕业生选择非学术研究职业、非研究职业的概率发生比分别下降51.2%和60.8%，成为学术职业逃离者和外围者的概率发生比分别下降66.9%和53.9%。

6. 学术从业环境恶化、非学术职业吸引力提升是导致博士毕业生逃离科研的重要因素

在影响博士毕业生职业选择及其变化的因素中，职业获得及职业前景等职业认知因素产生的影响较大，且职业前景中的非学术职业投入回报比发挥的作用尤为突出。非学术职业投入回报比每增加一个单位，博士毕业生选择非研究职业的概率发生比是选择学术职业的40.815倍，成为学术职业逃离者和外围者的概率发生比分别是成为学术职业坚守者的15.095倍和24.499倍；学术职业投入回报比每增加一个单位，博士毕业生选择非研究职业的概率发生比下降87.8%；学术职业获得难度每增加一个单位，博士毕业生选择非学术研究职业、非研究职业的概率发生比分别是选择学术职业的2.190倍和1.670倍；其成为学术职业逃离者和外围者的概率发生比是成为学术职业坚守者的2.385倍和1.439倍。总体而言，博士毕业生对学术职业的兴趣远高于非学术职业，但普遍认为学术职业的获得难度较大、学术制度环境一般、学术工作环境较差，且学术职业的投入回报比远低于其他职业。这表明当前学术生态不良、非学术职业吸引力提升是导致博士毕业生选择非学术职业、成为学术职业逃离者和外围者的关键诱因。

7. 导师就业支持及其职业榜样在博士毕业生回归科研过程中扮演重要角色

导师在博士毕业生的职业选择及职业选择变化过程中发挥重要作用。导师职业榜样作用每增加一个单位，博士毕业生选择非学术研究职业及非研究职业的概率发生比分别下降35.1%和11.1%，成为学术职业逃离者的概率发生比下降24.6%。在博士毕业生回归科研的过程中，导师发挥的作用相对突出。导师就业支持和职业榜样作用每增加一个单位，其成为学术职业回归者的概率发生比分别是成为学术职业坚守者的2.061倍和1.655倍。与此同时，博士毕业生对培养单位提供的科研训练环境满意度较高，认为读博期间的科研条件、学术氛围和科研活动等能满足自身的科研需求；但对组织提供的就业支持满意度较低，认为培养单位在帮助自己为从事未来职业，尤其是非学术职业做好准备方面存在不足。博士毕业生普遍认为导师为自己提供了充分的科研指导和就业支持，将导师视为自己的职业榜样。

8. 校外社会化经历在博士毕业生成为学术职业外围者的过程中发挥重要作用

在博士毕业生成为学术职业外围者的过程中，除了受自我认知因素、职业认知因素和就业环境的影响外，社会化因素也在其中发挥了重要作用。学术发表越多的博士毕业生成为学术

职业外围者的概率发生比越小，学术发表每增加一个单位，其成为学术职业外围者的概率发生比下降 9.7%；读博期间有实习经历、读博前有工作经历的博士毕业生成为学术职业外围者的概率发生比分别是没有实习经历和没有工作经历博士毕业生的 2.235 倍和 1.892 倍。可以看出，校外社会化经历在博士毕业生成为学术职业外围者的过程中发挥了重要作用。需要说明的是，在接受调查的博士毕业生中，读博前有工作经历和读博期间有实习经历的博士毕业生比例较少，分别占总体的 28.1% 和 28.4%。

（二）对策建议

第一，优化学术从业环境，提升学术职业吸引力。工资水平和福利待遇等物质回报是当前博士毕业生择业时的首要考量因素，而持续走低的学术职业投入回报比与不断提升的非学术职业投入回报比之间的张力是导致部分具有学术潜能的博士毕业生离开学术圈的关键。虽然薪资向来不是学术职业的核心竞争力，但相对稳定的工作和生活保障乃是保持学术活动相对独立、追求精神自由、获得同行及社会认可的基础和前提，也是高校吸引、稳定和激励学术人才、提升科研生产力的重要手段。而当前层级森严的学术系统和"非升即走"、评聘协调、聘任后评价、末位淘汰的晋升及评价方式使得学术道路具有更大的不确定性。在学术职业稳定性和安全性等传统职业优势不断弱化的背景下，提升学术职业薪酬待遇、优化学术从业环境、提升学术职业吸引力刻不容缓。

第二，健全就业支持体系，帮助博士生理性应对不断变化的就业环境。随着博士生招生规模的扩张及知识生产模式的变革，博士劳动力市场发生着巨大的变化，"学历贬值""下沉式就业"等现象屡见不鲜，信息不对称、信息错配及就业准备不足等问题更是加剧了博士生的就业焦虑。本研究样本中 37.9% 的博士毕业生对当前的职业前景持悲观态度，并不认为博士学位能帮助自己改善职业前景，且时常陷入紧张、焦虑和抑郁等负面情绪。因而，健全就业支持体系，帮助博士生理性看待与应对当前的就业环境迫在眉睫。例如，通过开设职业生涯规划课程、充分发挥院系内教职人员对博士生的职业支持、建立博士毕业生职业发展追踪调查、邀请各行业毕业生分享求职经验等方式，丰富博士生的就业信息、提供针对博士生的职业支持、提升博士生的就业能力，以更系统和全面的就业支持体系帮助博士生正确认识自我，客观洞察就业市场，尽早明确职业方向及未来职业规划，有针对性地提升自我，以更积极的姿态走向未来职场。

第三，加强师资队伍建设，发挥导师的榜样作用。导师作为博士生社会化过程中的重要他人，其对待特定职业的态度和行为会在潜移默化中形塑博士生的自我认知、职业认知、职业态度及职业行为。博士生对学术职业的期待往往在观察导师职业行为及个人生活中得到反馈，严谨科研、认真教学、努力服务社会的导师形象能在一定程度上满足博士生对学术职业的期待，进一步强化博士生的学术职业意向；而一味追求学术发表、苛待或放任学生、以自我为中心的导师形象则会造成职业期待和现实的冲突和紧张，进而削弱博士生的学术职业意向。此外，导师对待相关职业的态度及就业支持也在博士生确定职业方向的过程中发挥着重要作用。当导师将学术职业视为博士生的责任和义务时，博士生也会窄化自身的职业道路，将学术职业视为自己的唯一选择。为发挥导师的榜样作用，有必要加强师资队伍建设、明确导师职责、规范导师言行、引导导师树立正确的职业价值观、加强导师对博士生的就业支持等。

第四，提供校外交流机会，丰富博士生社会化经验。博士生的直接经验在形塑博士生自我认知、职业认知及环境认知的过程中扮演了重要角色。人文社科博士毕业生选择学术职业的比例远高于理工科，其重要原因之一在于学科与市场的交互程度。那些与校外组织或单位有过合作与交流的博士毕业生，对学术以外的相关职业了解更多，其选择非学术职业的可能性更大。在当前学术劳动力市场日渐饱和的背景下，为博士生提供与校外组织或单位进行交流或合作的机会，对丰富博士生的校外社会化经验、发展可迁移技能、拓宽职业视野、缓解学术劳动力市场的就业压力具有重要意义。具体而言，可以在博士生培养过程中适当引入社会力量，以多样化的培养方式，在保证博士生科研训练和基础研究能力的基础上，让博士生体验不同的实践文化，搭建校企合作或校政合作的交流平台，为博士生提供参与非学术组织交流与合作的机会，通过更广泛的社会化学习，帮助博士生为从事非学术职业做好准备。

（执笔：王思遥）

博士生未按期完成学业状况及其影响因素调查

作为学历教育的最高层次，博士生教育承担高层次人才培养、基础与前沿知识创新的重任。根据教育部最新统计数据显示，2021年我国博士生招生规模已经达到12.58万人，在校生规模也已达到50.95万人，较十年前分别增长了91.8%和87.8%。其中，学术学位博士生数量已经赶超美国，成为世界第一。但与此同时，博士生教育规模的迅速扩张也伴随着诸多问题，如博士生教育重量轻质、人才培养供需失调、博士生考核形同虚设等。其中，对博士生未按期完成学业问题的争论愈演愈烈。从博士生未按期完成学业情况看，我国高校累计延期完成学业率已趋近70%[①]，部分人文学科的累计延期完成学业率已远超80%。[②] 在严峻的现实背景下，许多院校陆续对未按期完成学业博士生采取清退举措。2019年3月，教育部下发《关于进一步规范和加强研究生培养管理的通知》（教研厅〔2019〕1号），明确指出要加大攻读博士学位研究生的分流力度，让"严进严出"成为博士生教育的常态。因此，为回答"博士生为什么不能按期毕业？"这一核心问题，本研究在系统梳理博士生未按期完成学业背景及相关研究的基础上，从博士生的视角出发，采用量化研究法揭示博士生未按期完成学业状况及其影响因素。

一、问题背景及文献回顾

（一）问题背景

21世纪是博士生教育迅速发展的时代，无论是国外的"回应性博士计划"（the Responsive Ph.D.,2000–2006）、"重塑博士生教育计划"（Re-Envisioning the Ph.D.,2001）、"卡内基博士生教育创新计划"（the Carnegie Initiative on the Doctorate,2002–2007）[③]，还是我国的《关于深化研究生教育改革的意见》和《学位与研究生教育发展"十三五"规划》等教育政策，都对博士生教育改革提出迫切需求。欧美等国的研究生教育，尤其是博士生教育对我国有着借鉴意义。在过去的一个半世纪，美国的博士生教育一直服务于学术体系和地区发展。事实上，博士生教育的诸多难题都源于高等教育的快速发展。譬如许多研究者发现，博士学位获得时间正持续增长。有研究指出学生获取博士学位的平均时间已达到6～9年，人文社会学科所需时间最长。到

---

① 李海生. 我国博士生延期完成学业的影响因素分析：基于对42所研究生院的问卷调查［J］. 学位与研究生教育，2012 (5)：9–15.

② 郭丛斌，方晨晨，王亮，陈洪捷. 教育博士专业学位研究生延期完成学业的影响因素分析［J］. 研究生教育研究，2020 (4)：53–59.

③ GOLDE C, GEORGE E. Envisioning the Future of Doctoral Education: Preparing Stewards of the Discipline–Carnegie Essays on the Doctorate［M］.New York: John Wiley & Sons, 2006: 69–87.

2012 年，人文学科博士学位的完成时间已经延长至 9.5 年（中值年数），而所有学科的中值年数也已超过 7.7 年。[①] 博士学位获得年限的持续增加给学生和高校都造成巨大压力。高校因学生滞留而增加教育成本，学生也需缴纳更多费用。此外，延期还会引起学生焦虑，引发辍学率的持续攀升。弗兰斯曾指出，许多国家的高等教育经历着巨大变革。政府在干预高等教育以保证经济效益、成果质量和入学机会时，也逐渐将控制权移交大学。[②] 因此，在博士生教育系统中，各种势力、利益和行动者相互牵制，博士生未按期完成学业问题亟待深入分析。

1. 欧美博士生未按期完成学业的外部环境

（1）博士培养方式的变革

从宏观层面看，博士生培养方式的变革需要个人投入更多科研时间，这是他们无法按时毕业的潜在原因。在国外，以日耳曼式为代表的传统博士生培养方式逐渐式微。[③] 伴随追求绩效的新公共管理理念及审计文化的盛行，产出高质量论文越来越成为博士生毕业的"硬指标"。与强调基础知识的本科教育不同，攻克"精而专"的学术难题成为博士生教育的核心任务。博士生既要学习专业课程、参加阶段考核，还需发表期刊论文并撰写学位论文。一方面是严格的课程要求和严谨的写作规范，另一方面是对学术成果"创造性"的要求，这都使得博士生的压力增大。"创造性"的内涵丰富多元，如填补知识空白、寻求最新数据、应用尖端技术及实现理论创新。当博士生毕业时，他们应掌握某个领域的学术话语权。弗雷泽（Frasier）感言，虽然博士生培养系统在过去的一个多世纪保持相对稳定，但学习任务却发生较大改变。博士生不仅要掌握跨学科知识与方法，还要追踪学科热点并解决实践难题。更严重的是，由于 20 世纪70 年代的产能过剩，市场对学术岗位的要求也逐渐提高。因此，博士生未按期完成学业的现象在西方国家成为常态。[④]

（2）博士招生规模的扩大化

博士招生规模扩大化对其未按期完成学业同样具有显著影响。20 世纪末，有关教师短缺的报告助推了博士招生规模扩大化。为此，高校录取了大量基础薄弱的学生，以满足高等教育迅速发展的需求。但博士扩招项目开启后，高校发现候选者的学术素养、职业预期远达不到研究生院的要求。人文社科博士生的情况尤为特殊，麦康内尔（McConnell）指出模糊的学术期望和松散的课程结构使博士生倍感孤独，学术写作及实践经验的缺乏更加剧担忧。[⑤] 此外，与普通博士生相比，该类学生的自主学习能力和信息甄别能力十分欠缺。换言之，他们难以将学术灵感目标化，并促使自己专注科学研究。[⑥] 招生规模扩大化也通过院系制度、教师支持及学术资源影响博士生的按期毕业。洛克（Locke）指责道，博士生的数量以肉眼可见的速度迅速增加，但研究生院的资源却止步不前。现有的硬件设施、图书资料、师资数量及科研资助等明

① FOREST J, ALTBACH P G. International Handbook of Higher Education [M]. Berlin: Springer, 2006: 61–72.

② 弗兰斯·F·范富格特著，王承绪译. 国际高等教育政策比较研究 [M]. 浙江：浙江教育出版社，2011：3–5.

③ ALTBACH P G, TEICHLER U. Internationalization and exchanges in a globalized university [J]. Journal of Studies in International Education, 2001, 5(1): 5–25.

④ FRASIER H S. An analysis of institutional characteristics that contribute to extended time to doctoral degree [D]. Maryland: University of Maryland, 2013: 163.

⑤ MCCONNELL K. Rethinking admissions: recruiting for retention [J]. NAGAP Perspectives, 2015, 27 (2): 14–15.

⑥ JOHNSON C. Understanding doctoral success factors in online education programs [D]. Minnesota: Walden University, 2015: 71.

显无法满足博士生的日常需求。此外，研究生院还缺少针对性的支持制度，如课程答疑援助、论文写作援助及师生沟通援助等。[①]约翰逊（Johnson）指责道，上述问题都是招生规模扩大化的副产品。它们已经成为博士生未按期完成学业的潜在原因。[②]

（3）博士教育经费的急剧缩减

此外，教育经费紧缺也是造成博士生修业年限持续增加的重要原因。过去 30 年中，公众对博士学位完成时间的关注与日俱增。内拉德（Nerad）提出在公众问责的时代，任何事物都在用绩效指标衡量，博士生教育也不例外。[③]因此，博士生的培养效率也与教育经费紧密结合，在诸多绩效指标中，"学生年成本"是衡量博士生培养效率的重要指标。学生年成本（student-years cost）指一所大学培养一名博士生的成本，其衡量标准是学生群体完成博士项目的总年数除以完成该项目的学生人数。[④]埃伦贝格（Ehrenberg）通过采集多所高校的行政数据，得出 1982—1984 年博士生教育的平均学生年成本为 12.58 年。他继续指出，已经离校或 11 年内未完成学业的学生为平均学生年成本贡献了 5.31 年，该损耗等同新博士生的培养成本。[⑤]鉴于研究生教育的高损耗，国家逐步削减高等教育的经费投入，人文社会学科博士生的经费预算更是雪上加霜。艾伦（Alan）的调查也指出，从 1969 年到 1982 年，美国联邦政府对 R&D 经费的投入比重显著低于 1968 年，1975 年到 1979 年的教育经费投入比甚至低于 2.2%。[⑥]与此同时，较高的未按期完成学业率也为招生带来负面影响，这更加剧了经费周转的困难度。[⑦]

由此观之，博士生的修业年限受知识发展水平、高等教育扩大化及教育经费政策等因素的综合影响。直到近几年，我国博士生未按期完成学业矛盾才被激化，并引起政策制定者、高校管理者和科研工作者的高度重视。有别于美国高度自治的管理传统，我国研究生招生计划一直由教育部、国家发改委等部门统一下达，地方政府不具有自由裁量权，博士生培养单位的录取人数也不得超过国家下达的计划人数。[⑧]我国博士生教育主要受高等教育政策集中影响。

2. 我国博士生未按期完成学业的制度缘起

（1）我国现代博士学位的滥觞

根据《简明不列颠百科全书》，学位（degree）一词指学院和大学为表示学者的学术水平

---

① LOCKE L A, BOYLE M. Avoiding the ABD abyss: a grounded theory study of a dissertation-focused course for doctoral students in an educational leadership program［J］. Qualitative Report, 2016, 21 (9)：27-32.

② JOHNSON C. Understanding doctoral success factors in online education programs［D］. Minnesota: Walden University, 2015: 192.

③ NERAD M, MILLER D S. Increasing student retention in graduate and professional programs［J］. New directions for institutional research, 1996, 92: 61-76.

④ BOWEN W G, RUDENSTINE N L. In Pursuit of the Ph.D［M］. Princeton: Princeton University Press, 2014: 29-36.

⑤ EHRENBERG R G. Analyzing the factors that influence persistence rates in STEM field, majors: introduction to the symposium ［J］. Economics of Education Review, 2010, 29 (6)：888-891.

⑥ ALAN M C. The supply of and demand for college teachers［J］. The Journal of Human Resources, 1966 (1)：27-32.

⑦ WAAIJER C, BELDER R, Sonneveld H. Temporary contracts: effect on job satisfaction and personal lives of recent Ph.D graduates［J］. Higher Education, 2017, 74 (2)：321-339.

⑧ 赵世奎，沈文钦. 中美博士教育规模扩张的比较分析——基于 20 世纪 60 年代以来博士教育发展的数据分析［J］. 教育研究，2014，35（1）：138-149.

而授予的头衔。① 我国博士生教育的发展历程短于西方国家。民国初期，我国的研究生教育尚处于起步阶段，既缺乏专门的规章制度，也没有真正意义上的博士学位。直到民国后期确立三级学位制度，我国的研究生教育才正式起步。总体来看，早期的研究生教育以效仿德国为主，实施纯粹的个人培养制，并重视学生的独立研究。后期则借鉴美国的专业培养模式，并建立起具有现代意义的学位制度。鉴于研究生教育的移植历史，我国在博士生培养制度改革中也存在相似困境，本文探讨的博士生未按期完成学业问题与欧美国家极为相似。

回首博士生教育发展历程，在博士学位设立之初，我国就将博士生培养目标设定为高等学校师资和科学研究人才。② 1955 年，为有效区分硕士、博士培养体系，我国在《中国科学院研究生暂行条例》中将四年制的研究生命名为"副博士研究生"，并对"副博士研究生"的课程学习和学位论文提出更高要求。③ 虽然该条例以失败告终，但却成为我国博士生教育本土化的一次有益尝试。1977 年高考制度恢复后，我国再次尝试建立系统化的研究生培养体系，并将四年制研究生培养目标设定为科学研究人才和高等学校师资。④ 1980 年我国正式颁布《中华人民共和国学位条例》，确定获取博士学位的标准为："高等学校和科学研究机构的研究生，或具有研究生毕业同等学力的人员。通过博士学位的课程考试和论文答辩，成绩合格。在本门学科上掌握坚实宽广的基础理论和系统深入的专门知识，具有独立从事科学研究工作的能力，在科学或专门技术上做出创造性成果。"克服诸多困难后，我国在 1983 年授出第一批博士学位。⑤

（2）博士生教育规模的急剧扩张

20 世纪末，受亚洲金融危机的波及，我国经济增幅出现下滑。此时，政府将高等教育扩招作为解决经济困难的重要举措。⑥ 在"积极发展"方针政策的引导下，我国博士生教育规模出现高速增长。从博士招生和在校生规模来看，两项指标都在 2000—2003 年以 20% 的速率快速增长。学位授予规模也从 2002 年起迅速扩张，直到 2008 年才进入低速稳定发展期。显然，这一时期的高等教育发展战略具有补偿性特征，是博士生教育对社会需求的有力回应。⑦ 然而，博士生教育规模的迅速扩张也引起热议：博士生教育的跨越式发展是否影响了培养质量？这一担忧并非毫无根据，2004 年，学位与研究生教育年度报告课题组对我国博士生培养质量进行了一次全面调查。据调查结果显示，与五年前相比，51.1% 的导师认为博士生培养质量略有下降，42.0% 的研究生院负责人也认为博士生培养质量确实出现下滑。⑧

有学者曾指出，近年中国博士生的产出数量号称已赶超美国，但对培养质量的非议也不断升级。导师水平、学生素质及科研条件与博士生培养质量密切相关。从学生角度看，学生智力

①   中国大百科全书出版社《不列颠百科全书》国际中文版编辑部.简明不列颠百科全书［M］.北京：中国大百科全书出版社，1986：728.

②   中华人民共和国教育部.教育文献法令汇编（1949-1952）［M］.北京：中国大百科全书出版社，1984：777.

③   高等教育部办公厅.高等教育文献法令汇编（第三辑）［M］.北京：高等教育办公厅，1956：252.

④   黄宝印.我国研究生教育恢复招生培养 40 周年［J］.中国研究生，2018（7）：12-13.

⑤   王战军，周文辉，李明磊，等.中国研究生教育 70 年［M］.北京：中国科学技术出版社，2019：47.

⑥   康宁.论教育决策与制度创新——以 1999 高校扩招政策为案例的研究［J］.高等教育研究，2000（2）：31-38.

⑦   王战军，廖湘阳.关于我国研究生教育"积极发展"战略的思考［J］.学位与研究生教育，2001（4）：3-7.

⑧   中国学位与研究生教育发展报告课题组.中国学位与研究生教育发展报告 1978—2003［M］.北京：高等教育出版社，2006：70-74.

水平及科研基础存在差异，若招考制度相对公平，招生数量就成为特定时期影响学生平均素质的直接因素。即招生数量越多，学生的平均素质也会随之降低。此外，在博士点迅速增加、博士生数量呈几何级增长的前提下，导师数量却无相应增长。在此情境下，博士生培养质量下降也非意料之外。[①] 由此观之，影响博士生培养质量的因素复杂，其中既包括博士生生源质量下降、导师指导力量不足等因素，也包括经费资助稀缺和淘汰制度欠缺等因素。

在诸多外显性矛盾中，博士生未按期完成学业问题开始凸显。据相关统计数据显示，我国2003 届博士毕业生的平均修业年限为 3.77 年。依据教育部设定的学制年限，半数博士生无法按时毕业。在人文社会学科，管理学博士生的未按期完成学业率最高，为 50.1%。教育学博士生的未按期完成学业率最低，但也达到 22.5%。[②]

（3）博士生培养质量引起各界重视

进入 21 世纪，伴随博士生数量的迅速增加，博士生逐渐从占据优势回归其在学术市场的相应地位。与之同步，我国研究生教育的核心增长点也开始转向内涵式发展。2012 年 3 月，教育部出台《关于全面提高高等教育质量的若干意见》并明确指出将"内涵式发展"作为研究生教育的新路径。在博士生培养质量保障方面，教育部明确提出要健全博士生考核、申诉、转学机制，完善课程教学、中期考核、开题报告、预答辩、学位评定、分流淘汰等过程性培养环节。国务院学位委员会、教育部更是建构了包括研究生培养单位、政府教育行政部门、相关学术组织、行业实际部门及社会机构在内的"五位一体"保障体系。[③] 此时的博士生教育已由"宽进宽出"转变为"严进严出"的培养路径。但与此同时，博士生未按期完成学业问题也引起研究者的关注。阎文璠总结了该阶段的复杂情况：由于受博士招生人数增多、博士培养要求提高及就业"出路"日渐难寻的综合影响，博士生未按期完成学业逐渐成为普遍现象，延期博士生群体也开始初具规模，并引起各界重视。[④]

普林斯顿大学校长威廉（William）和哈佛大学校长尼尔（Neil）曾提醒公众：一定要理解博士生教育的"内在重要性"（intrinsic importance）。博士生教育是科学教育的顶点，然而，在排名前八的研究型大学中，博士生的按时毕业率却仅有 50%。[⑤] 时至今日，博士生的按时毕业情况仍未出现较大改善。现代语言协会（Modern Language Association）的拉塞尔（Russell）也指出，博士生是国家文化、智力和经济活力的重要组成，必须对博士生教育进行改革。通过梳理，本研究认为博士生未按期完成学业问题产生于特定背景，它既包括知识边界延伸、高等教育扩大化及教育经费紧张，也包括学术市场紧缩和公众问责等。然而，正如人类学家项飙曾强调，历史梳理确实解释了了矛盾产生，但过分依赖历史也会造成真相稀释并限制研究者的深度思考。[⑥] 因此，本研究通过实证调研的方式，探寻影响我国博士生未按期完成学业的具体因素。

———————————

① 王伟.中国近代博士教育史——以震旦大学法学博士教育为中心［M］.上海：复旦大学出版社，2015：1–3.

② 赵世奎，沈文钦，张帅.博士修业年限及其影响因素分析——基于中美比较的视角［J］.教育学术月刊，2010（4）：34–37.

③ 王战军.构建质量保障体系 提高研究生教育质量［J］.研究生教育研究，2011（1）：3–6.

④ 阎文璠，高存功.延期博士生管理的实践与认识［J］.理论界，2008（7）：185–186.

⑤ BERMAN R. Reforming doctoral programs: the sooner, the better［J］. Modern Language Association, 2011, (6): 16–32.

⑥ 项飙，吴琦.把自己作为方法［M］.上海：上海文艺出版社，2020：86.

（二）文献回顾

从已有研究结果看，院系环境、导学关系及个人素养被认为是影响博士生学业发展的关键要素。一般而言，博士生均隶属某个学术部门，该部门是学位授予和颁发毕业证书的组织单位。弗里兰（Vreeland）和彼得威尔（Bidwell）指出学术部门应同时兼有规范学生行为和提供培育服务的重任。[①] 在行为规范方面，不同学科对博士生的要求差异较大，有研究指出那些强调实地调研的学科更容易导致博士生未按期完成学业。[②] 有研究认为院系的特殊要求也会导致博士生不能按期完成学业。内拉德（Nerad）和塞尔尼（Cerny）报告称，在授予博士学位之前不需要硕士学位或无需论文发表的院系，博士生的修业年限明显更短。[③] 与院系要求同等重要的影响因素是培育服务，其中资金支持最受学者重视。众多研究者指出缺乏经济支持降低了学生按期完成博士学业的可能性。[④] 但也有研究者认为，不同类型的资金支持对博士生的学业影响存在差异。例如，获得科研资助的博士生按期毕业的概率明显更大，但获得助教资助的博士生学习时间反而更长。[⑤] 课程学习是博士生学术训练的重要一环，但汉森（Hansen）的一项调查研究指出，近 50% 的博士生课程未能培养学生的科研能力，部分课程的结构及内容设置甚至与硕士阶段高度雷同，这已经成为博士生未按期完成学业的重要隐患。[⑥] 院系的学术支持也决定，博士生完成学业的速度。戈尔德（Golde）报告说，在高支持性环境中师生沟通及生生合作的频次明显更高，这十分有助于博士生按期完成学业。[⑦]

有别于学术生涯的其他阶段，导师指导在博士学习阶段尤为重要。库莱温（Kluever）通过调查某所著名大学，指出博士生学业延长的主要原因是缺乏指导。[⑧] 蒙瑟（Monsour）和科曼（Corman）的研究也指出，在论文撰写阶段退出项目的博士生大多缺少导师反馈。[⑨] 与理工类学科相比，导师指导不足这一问题在人文社会学科更为显著。由于缺少定期反馈，博士生常将时间和精力浪费在非学术领域，并且经常出现情绪内耗，这直接导致博士论文进展缓慢。[⑩] 除导师指导频率外，导师指导的方式也尤为重要，比如不重视学业规划且放任学生的方式显然

---

① VALENTINE N L. Factors related to attrition from doctor of education programs in the college of human resources and education at west virginia university (nongraduates, dropouts, students)［D］. Virginia: West Virginia University, 1987: 61–73.

② ZIOLKOWSKI T. The Ph.D. squid［J］. The American Scholar, 1990, 59 (2)：177–195.

③ NERAD M, CERNY J. From facts to action: expanding the graduate division's educational role［J］. New Directions for Institutional Research, 1993(80): 27–39.

④ ABEDI J, BENKIN E. The effects of students' academic, financial, and demographic variables on time to the doctorate［J］. Research in Higher Education, 1987, 27 (1)：3–14.

⑤ SANDERSON A R. Doctorate Recipients from United States Universities: Summary Report 2000. Survey of Earned Doctorates［R］. National Opinion Research Center, 2021.

⑥ HANSEN W L. Educating and training new economics Ph.D.s: how good a job are we doing?［J］. The American Economic Review, 1990, 80 (2)：437–444.

⑦ GOLDE C M. Early and late doctoral student attrition: descriptions of the graduate education process［C］//Annual Meeting of the Association for the Study of Higher Education, San Francisco, CA. 1995, 11: 2–5.

⑧ KLUEVER R. ABDs and graduates from a college of education: responsibility, barriers and facilitators［C］//Annual Meeting of the American Educational Research Association, San Francisco, CA. 1995, 11: 21–25.

⑨ MONSOUR M, CORMAN S. Social and task functions of the dissertation partner: one way of avoiding terminal ABD status［J］. Communication Education, 1991, 40 (2)：180–186.

⑩ BOWEN W G, RUDENSTINE N L. In Pursuit of the Ph.D［M］. Princeton: Princeton University Press, 1992: 115.

存在问题。德瓦莱罗（De Valero）指出博士生的求学历程异常孤独，若缺乏适当引导和及时反馈，多数博士生会产生消极心理甚至倾向于中途退学。[1] 由此观之，导师指导频率、指导质量和指导态度等都会对博士生未按期完成学业产生显著影响。

除此之外，博士生的主观能动性也十分关键。有研究指出，科研基础是博士生完成学业的重要前提，那些缺乏科研训练的博士生需要付出更多时间。[2] 在科研基础方面，国外研究者多采用 GRE 成绩代表博士生的基础科研能力，而我国研究者常选取论文发表情况或课程成绩代表学生的学术能力。博士生的求学动机也影响学习时间，郝斯顿（Huston）指出那些拥有较强学术动机的博士生能在更短时间内完成学业。[3] 此外，约翰逊（Johnson）也证实，较多的时间投入与研究进展呈正相关，而拖沓是论文写作的最大障碍。[4] 最后，心理因素是近年来研究者关注的重点领域，史密斯（Smith）指出不仅学业压力影响博士生的学业发展，无法应对压力也是他们完成学业的重要障碍。[5]

二、研究方法与样本信息

（一）分析框架

基于以上梳理，本研究围绕博士生与自身、博士生与他人，以及博士生与院系三维关系，搭建了博士生未按期完成学业影响因素分析框架。如表 2-4-1 所示，在个体特征类别，研究包含学业投入与学业压力两个指标。学业投入主要由能力投入、情感投入、认知投入、行为投入四个变量构成。能力投入由博士生期刊论文发表情况作为表征，基于已有加权标准并结合高校对博士生各类科研成果的认可程度，博士生科研产出的计算公式为："科研产出 =SCI/SSCI*1.2+CSSCI/EI/ISTP*1+ 专利 / 北大核心 *0.4"。[6] 情感投入指博士生对学术研究的热爱程度。认知投入指博士生是否为自己的博士生涯制定明确的学习规划。行为投入指博士生每天投入科研的总时间。学业压力包含课程学习压力、中期考核压力、论文撰写压力及导师指导压力。在导学关系类别，研究包含支持性、信服性、平等性和关怀性四个变量。支持性意指导师指导博士生的频率，信服性意指导师指导博士生的质量，平等性意指导师尊重博士生的程度，关怀性意指导师对博士生亦师亦友的态度。院系制度则详细分为课程设置制度、信息公开制度、学术支持制度、资金支持制度、学业考核制度。其中，课程设置制度又详细包含课程结构、教学质

① DEVALERO Y F. Departmental factors affecting time-to-degree and completion rates of doctoral students at one land-grant research institution [J]. The Journal of Higher Education, 2001, 72 (3): 341–367.

② VANOURS J C, RIDDER G. Fast track or failure: a study of the graduation and dropout rates of Ph.D students in economics [J]. Economics of Education Review, 2003, 22 (2): 157–166.

③ HUSTON J L. Factors of success for adult learners in an interactive compressed video distance learning environment [M]. Lexington: University of Kentucky, 1997: 32–39.

④ JOHNSON E M, GREEN K E. Psychometric characteristics of the revised procrastination inventory [J]. Research in Higher Education, 2000, 41(2): 269–279.

⑤ SMITH R L, MARONEY K. Doctoral programs: changing high rates of attrition [J]. The Journal of Humanistic Counseling, Education and Development, 2006, 45 (1): 17–31.

⑥ 阎光才，牛梦虎. 学术活力与高校教师职业生涯发展的阶段性特征 [J]. 高等教育研究，2014（10）：29–37.

量与课程考核。学术支持囊括了学术沙龙、学术交流、项目参与、教师指导、基础设施及管理制度。学业考核又具体分为入学选拔、中期考核、学位论文和论文发表。

表 2-4-1　博士生未按期完成学业影响因素分析框架

类别	变量	变量说明
背景变量	性别	女，男
	入学年龄	25 岁及以下，26~30 岁，31~35 岁，36~40 岁，41 岁及以上
	婚恋状况	已婚已育，已婚未育，未婚有恋人，未婚且无恋人，其他
	所在学科	人文学科，社会学科，理科，工科
	工作经历	无，有
	培养类别	普通培养，贯通培养
	本科院校	普通高校，"双一流"建设高校
	硕士院校	普通高校，"双一流"建设高校
	导师头衔	院士，国家级，省部级，市级，其他
	访学经历	无，≤ 0.5 年，0.5~1 年，≥ 1 年
个体特征	学业投入	能力投入：博士生期刊论文发表情况。 情感投入：我报考博士研究生主要源于学术追求。 认知投入：我在入学前已经有清晰的学习规划。 行为投入：我每天学习和科研工作的时间大约为多长。
	学业压力	课程学习压力：课程考核让我感到压力很大。 中期考核压力：中期考核让我感到压力很大。 论文撰写压力：论文要求使我感到压力很大。 导师指导压力：导师指导使我感到压力很大。
导学关系	支持性	我的研究经常得到导师指导。
	信服性	导师能给我有针对性的指导。
	平等性	导师尊重我的个人选择。
	关怀性	导师是我的良师益友。
院系制度	课程设置	课程结构：我所在专业博士生课程设置合理。 课程质量：课程的教学质量总体上令我满意。 课程考核：博士生课程有明确的考核方式。
	信息公开	我熟悉学校及院系关于博士生培养的各项规章制度。
	学术支持	学术沙龙：院系（所）经常举行学术研讨沙龙。 学术交流：学校给我提供了充分的学术交流机会。

类别	变量	变量说明
院系制度	学术支持	项目参与：我通过参与科研项目取得了较大收获。 教师指导：我获得过导师之外其他老师的指导。 基础设施：院系图书资料和实验设备能够满足我的科研需求。 管理制度：院系为我的博士学习提供了必要的管理、支持服务。
	资金支持	学校的各类奖助学金能够保障我的生活需求。
	学业考核	入学选拔：我对我参加的博士生招生方式表示满意。 中期考核：中期考核有利于我合理安排各阶段的科研、学习。 论文答辩：我认为论文预答辩制度有助于学位论文质量。 期刊发表：我认为学校的论文发表要求比较合适。

（二）研究方法

基于上述分析框架，研究编制了《博士生未按期完成学业状况及影响因素调查问卷》。除人口学信息外，该问卷共包含 27 道结构化题目。为寻找影响博士生未按期完成学业的影响因素，研究将博士生是否按期毕业作为因变量，自变量主要由虚拟变量、分类变量和连续变量构成。在所有题目中，除背景变量和期刊论文发表情况外，其他变量均为李克特五级量表。问卷发放与收集工作均依托中国研究生院院长联席会。

为验证问卷结构的有效性，研究对 27 道题目进行了探索性因子分析，并使用最大方差法进行正交旋转。研究选取因子负荷的标准为大于 0.5，因子提取标准为特征值大于 1，最终在删除"学术沙龙机会"与"导师指导压力"两道题项后得到一个包含 6 个因子的稳定因子结构。KMO 系数为 0.91，累积解释变异量为 67%。如表 2-4-2 所示，这六个因子分别为"学业投入""学业压力""导师指导""课程设置""学术支持"和"院系制度"，该结论与既定分析框架基本一致。

表 2-4-2　博士生未按期完成学业因素模型因子提取结果

	学业投入	学业压力	导师指导	课程设置	学术支持	院系制度
能力投入	0.893					
情感投入	0.770					
认知投入	0.566					
行为投入	0.780					
专业课程压力		0.674				
论文撰写压力		0.794				
中期考核压力		0.707				

续表

	学业投入	学业压力	导师指导	课程设置	学术支持	院系制度
支持性			0.755			
信服性			0.828			
平等性			0.630			
关怀性			0.820			
课程结构				0.792		
课程质量				0.513		
课程考核				0.512		
学术交流					0.738	
课题参与					0.502	
基础设施					0.605	
管理制度					0.617	
资金支持					0.516	
信息公开					0.552	
招生制度						0.744
中期考核						0.702
论文答辩						0.609
论文发表						0.768
特征值	2.65	2.67	3.03	1.77	3.49	2.82
累积解释方差	15%	28%	39%	49%	58%	67%

　　为剥离影响博士生未按期完成学业的关键要素，本研究使用逻辑斯谛分析法将博士生是否按期毕业作为二分类变量，个体特征、导学关系及院系制度则为自变量。如式中所示，p 为博士生未按期完成学业的概率，x 为自变量，β 为回归系数，β_0 为常数项。从模型的检验结果看，当全部变量被纳入模型后，总体显著性水平低于 0.001，由此说明该模型具有统计学意义。模型预测准确率为 74.8%。就模型拟合水平而言，多次迭代后 −2 对数似然值下降，模型优化程度逐渐上升。霍斯莫和莱梅肖检验中 Sig 值为 0.704，说明模型的拟合优度较好，具有较强的解释力。此外，为确定不同自变量的独立作用，本研究还对模型做了共线性检验。以下公式显示不同自变量的容忍度均高于 0.1，表明自变量之间不存在多重共线性。

$$\ln(p/(1-p))=\beta_0+\beta_1 x_1+\cdots+\beta_n x_n$$

（三）样本信息

本研究目的在于了解"双一流"建设高校博士生未按期完成学业情况及影响因素。自2022年3月19日开始，课题组面向全体成员高校发放《博士生未按期完成学业状况及影响因素调查问卷》。截至2022年5月1日，课题组共收集2641名博士生的数据，覆盖53所"双一流"建设高校，具体样本特征如表2-4-3所示。

表2-4-3　研究对象的人口学分布

变量	样本信息
性别	女（46.5%），男（53.5%）
入学年龄	25岁及以下（37.3%），26~30岁（48.2%），31~40岁（12.9%），41岁及以上（1.6%）
婚恋状况	已婚已育（13.5%），已婚未育（10.0%），未婚有恋人（38.9%），未婚且无恋人（35.6%），其他（2.0%）
就读年级	博一（31.6%）；博二（28.9%）；博三（20.0%）；博四（12.2%）；博五（4.3%）；博六及以上（3.0%）
所在学科	人文学科（6.1%），社会学科（20.2%），理科（33.1%），工科（40.6%）
工作经历	无（71.4%），有（28.6%）
培养类别	普通培养（62.0%），贯通培养（38.0%）
本科院校	普通高校（60.2%），"双一流"建设高校（39.8%）
硕士院校	普通高校（37.3%），"双一流"建设高校（62.7%）
导师头衔	院士（3.0%），国家级（31.9%），省部级（25.4%），市级（3.6%），其他（36.1%）
访学经历	无（93.5），≤0.5年（1.7%），0.5~1年（2.5%），≥1年（2.3%）
学业情况	未按期完成学业（12.7%），按期完成学业（87.3%）

三、博士生未按期完成学业的基本情况

从本次回收的样本数据看，在所有未按期完成学业的博士生中，延期半年的学生占33.1%，延期一年的学生占24.5%，延期两年的学生占22.4%，延期三年及以上的博士生占极少数。如表2-4-4所示，从未按期完成学业博士生的群体特征看，女性博士生的未按期完成学业率略高于男性；入学年龄较大的博士生未按期完成学业率显著高于入学年龄较小的博士生（$p<0.01$）；未婚博士生的未按期完成学业率显著高于已婚博士生（$p<0.001$）；人文社科博士生的未按期完成学业率显著高于其他学科（$p<0.01$）；有工作经历博士生的未按期完成学业率显

著高于无工作经历的博士生（p<0.01）；普通培养博士生的未按期完成学业率略高于贯通制培养博士生；硕士毕业于"双一流"建设高校博士生的未按期完成学业率略低于普通高校，但本科毕业于"双一流"建设高校博士生的未按期完成学业率却略高于普通高校；导师头衔较高博士生的未按期完成学业率略低于导师头衔较低的博士生；有访学经历博士生的未按期完成学业率显著高于无访学经历的博士生（p<0.001）。

表 2-4-4　博士生未按期完成学业背景变量交叉表

变量	维度	按期完成学业		未按期完成学业		p
		人数	占比	人数	占比	
性别	女	1061	86.4%	167	13.6%	0.105
	男	1244	88.1%	168	11.9%	
入学年龄	25 岁及以下	2077	88.2%	277	11.8%	0.001
	26~30 岁	123	79.4%	32	20.6%	
	31~40 岁	97	80.8%	23	19.2%	
	41 岁及以上	8	72.7%	3	27.3%	
婚姻状况	已婚已育	271	75.9%	86	24.1%	0.000
	已婚未育	216	82.1%	47	14.0%	
	未婚有恋人	936	91.2%	90	26.9%	
	未婚且无恋人	839	89.1%	103	30.7%	
	其他	43	82.7%	9	2.7%	
就读学科	人文学科	137	85.6%	23	14.4%	0.005
	社会学科	448	84.2%	84	15.8%	
	理科	752	86.2%	120	13.8%	
	工科	968	90.0%	108	10.0%	
工作经历	无	1670	88.6%	215	11.4%	0.001
	有	635	84.1%	120	15.9%	
培养类别	普通培养	1421	86.8%	216	13.2%	0.175
	贯通培养	884	88.1%	119	11.9%	

续表

变量	维度	按期完成学业		未按期完成学业		p
		人数	占比	人数	占比	
本科院校	普通高校	1392	87.6%	197	12.4%	0.310
	"双一流"建设高校	913	86.9%	138	13.1%	
硕士院校	普通高校	859	87.1%	127	12.9%	0.432
	"双一流"建设高校	1446	87.4%	208	12.6%	
导师入选人才项目	院士	71	92.2%	6	7.8%	0.173
	国家级	738	87.8%	103	12.2%	
	省部级	582	86.9%	88	13.1%	
	市级	81	85.3%	14	14.7%	
	其他	833	85.7%	124	14.3%	
访学经历	无	2184	88.4%	286	11.6%	0.000
	≤ 0.5 年	36	81.8%	8	18.2%	
	0.5~1 年	42	64.6%	23	35.4%	
	≥ 1 年	43	70.5%	18	29.5%	

（一）女性、已婚博士生的未按期完成学业率更高

如图 2-4-1 所示，就学生性别而言，女性博士生的未按期完成学业率略高于男性。关于"女博士生"在研究生院的生存现状，诸多研究的结果都偏向消极。伴随中国社会的发展及高等教育大众化的迅速推进，男女平等的观念在高等教育领域有所体现。从统计数据看，女性接受高等教育的比重与男性基本持平，女性博士生的数量也与男性不相上下。然而，攻读博士学位的女性依然承受着某些偏见，如认为女性体力弱于男性，无法承担高强度的科研工作，或者认为女性较为感性，难以承受科研的挫折和压力。在学术研究领域，也形成了所谓男性主导的科研环境，女性被留有不具备逻辑思维和创新能力的刻板印象。[1] 除此之外，女性博士生还要承受"女大当婚""生儿育女""相夫教子"的额外压力。

虽然本次调查显示，已婚博士生的未按期完成学业率显著低于未婚博士生，但加入性别因

---

① 闫广芬，尚宇菲. 我为什么还要读博——在读理工科女博士学习动力研究［J］. 研究生教育研究，2018（5）：37-42.

素时，已婚女性博士生的未按期完成学业率却明显上升。究其原因，社会文化具有隐蔽性，它通过权力话语生成思维标准并转移至个体身上，对人们的思想和行为产生重要影响。[①]就女性博士生而言，性别刻板印象的存在影响着她们的自尊、学业成就和健康。例如，在传统性别观念影响下，社会、家庭及学术群体对女性博士生的学业期待明显较低。有研究显示，他人期待直接影响女性博士生的成就动机，期待越低，女性博士生的成就动机越弱。这也是导致女性博士生更容易延期完成学业的关键因素。与此同时，污名化也会弱化女性博士生的心理承受能力，使她们比男性博士生更容易感到困惑和失落，并由此产生心理问题。[②]

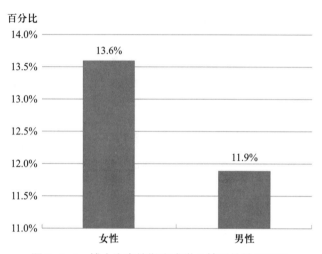

图 2-4-1　博士生未按期完成学业情况的性别差异

（二）入学年龄较长、有工作经历博士生的未按期完成学业率更高

如图 2-4-2 所示，从入学年龄看，入学年龄较长的博士生未按期完成学业机率更大。在已有研究中，关于年龄究竟对学业发展起何种作用仍然存有争议。部分学者认为，年龄与博士生的学业成就呈负相关关系，即年龄越大，博士生的学业成就越低。例如，普尔皮奇（Prpic）等研究者于 2000 年对八百余名研究者进行了问卷调查，调查结果显示，年龄与科研绩效呈负相关关系。但卡内巴诺（Canibano）等研究者却证实，年龄越大的研究者，科研产出水平明显更高。鲍温（Bowen）等研究者通过调查研究发现，年龄对博士生未按期完成学业有显著的正向影响，博士生年龄每增加 1 岁，未按期完成学业的可能性就提高 8.4%。[③]蔡芬等人认为，年龄较大引发的精力不足弱化了博士生的学习能力和时间投入。[④]姜华的实证调查也指出，博士生年龄对科研产出有显著的负向影响，年龄较长的博士生精力和创造力都

①　洪静.新浪网新闻报道中构建的女博士媒介形象研究［D］.南昌：江西师范大学，2014：141.

②　金蕾莅，王轶玮，林成涛，等.工学女博士的学术职业去向和层次——基于清华大学 2005—2014 年博士毕业生的分析［J］.研究生教育研究，2018，45（3）：1-7.

③　鲍威，张心悦，吴嘉琦.博士生延期毕业影响因素的实证研究［J］.江苏高教，2020（7）：31-38.

④　蔡芬，曹延飞，顾晔，等.教育博士生延期毕业影响因素的质性研究［J］.学位与研究生教育，2020（3）：46-52.

有所下降，科研产出水平也随之下降。① 而相反的观点则认为，年龄较大且有工作经验的博士生积累了更多的理论知识和科研能力，在逻辑思维和自控能力方面也更强，因此科研产出水平明显更高。②

本文认为，年龄对科研产出的作用受调查群体年龄段的直接影响，当调查对象跨度小，年龄集中在 20~30 岁时，科研绩效与年龄呈正相关关系。当调查对象跨度较大，年龄分布广泛时，就会呈现出负相关关系。本研究调查对象的年龄集中在 25~41 岁之间，年龄跨度范围较大，因此呈现出入学年龄越大越容易未按期完成学业的结果。

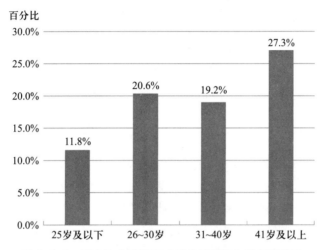

图 2-4-2　博士生未按期完成学业情况的入学年龄差异

（三）接受普通培养方式博士生的未按期完成学业率明显更高

如图 2-4-3 所示，就培养类型而言，普通博士生未按期完成学业发生比明显高于贯通制博士生。在本次调查中，贯通制培养方式包括硕博连读和本科直博。有研究指出，接受贯通制培养方式的博士生具有更扎实的学术基础，该类学生目标明确且受过更系统的学术培训，因而更可能在基本学制内完成学业。③ 在人文社会学科，接受贯通制培养的博士生科研产出水平明显更高。有研究者追踪了博士生科研产出的变化，调查结果指出，从博士一年级到博士四年级，本科直博生的科研产出水平均高于普通招考生。研究据此认为，贯通制培养方式确实起到选拔优秀生源和提高培养质量的重要作用。④ 除此之外，有研究者通过分析博士学位论文匿名评审数据，得出接受贯通制培养方式博士生的学位论文质量显著更好。有学者认为，相较普通培养方式，贯通制模式更符合人才成长规律，更有利于高水平研究型大学的拔

---

① 姜华.高校博士研究生科研产出影响因素的实证分析［J］.科学决策，2015（7）：79-94.

② 蔺玉.博士生科研绩效及其影响因素的实证研究［D］.合肥：中国科学技术大学，2012：119.

③ 高耀，沈文钦，陈洪捷，等.贯通式培养博士生的学位论文质量更高吗？——基于 2015 年、2016 年全国抽检数据的分析［J］.高等教育研究，2019，40（7）：62-74.

④ 刘宁宁.不同招考方式博士生的科研创新能力存在差异吗？——基于 33 所研究生院高校的调查［J］.学位与研究生教育，2018（4）：60-66.

尖创新人才培养。①

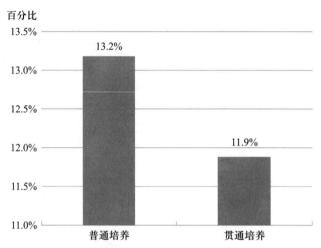

图 2-4-3　博士生未按期完成学业情况的培养类型差异

（四）人文学科、社会学科博士生未按期完成学业率高于理科和工科

如图 2-4-4 所示，就所属学科而言，人文学科和社会学科博士生未按期完成学业发生比高于理科和工科博士生。从学科性质来看，人文社会学科的知识生产和人才培养方式都有别于理工学科。以人类的信仰、情感和道德作为研究对象，将人的价值和精神追求视为分析内容，是人文社会学科的本质所在。围绕人文社会学科的精神内核，它的知识生产过程具有以下特征。

首先，人文社会学科的研究对象具有主观性，如宗教、哲学、艺术、音乐和文学等。其次，人文社会学科的研究方法强调内省，通过想象、体验和直觉等非理性工具，实现外在知识与个体生命的有机结合。最后，人文社会学科的研究结果强调长远性和非功利性，它致力于引导人们思考人生目的、意义和价值，并基于此建构理想人生、达至完善人格。②

人文社会学科的以上特征不仅决定其探索过程花费的时间长，更对博士生的思辨能力、诠释能力和体验认知能力提出极高要求。例如，人文社科知识的学习与表达具有缄默性。所谓缄默性，是我们能够习得、加工且有效使用，却不能充分表述的知识特性。③ 米尔斯主张，高深知识中不可言明的默会成分应诉诸主观体验，甚至调动想象和直觉。④ 人的认知过程本质上是批判、反思、自主、建构乃至创造的过程，作为能动性的重要体现，个体的自主学习能力尤为关键。高深知识的自主学习不是简单从认知兴趣出发，而是以实践中困难且迫切的问题为导向，其任务是探索未知、发现新知并创造性地解决问题。⑤ 因此，人文学科和社会学科博士生

---

① 郭海燕，刘春荣，张志斌.生源差异如何影响博士学位论文质量——基于全数据的研究［J］.研究生教育研究，2019（2）：43-49.

② 王灵芝.我国人文学科研究生教学研究性缺失的归因及对策［D］.长沙：中南大学，2014：192.

③ 方明.缄默知识论［M］.合肥：安徽教育出版社，2004：24-32.

④ 赖特·米尔斯.社会学的想象力［M］.陈强译.北京：生活·读书·新知三联书店，2016：94.

⑤ 薛欣欣，胡莉芳.研究生课程教学中的自主学习：内涵、作用与实践策略［J］.研究生教育研究，2020（4）：35-40+97.

的就读时间明显高于理科和工科博士生。[①]

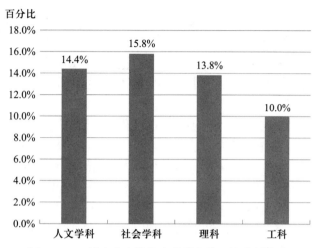

图 2-4-4　博士生未按期完成学业情况的学科差异

（五）有访学经历博士生的未按期完成学业率显著高于无访学经历博士生

如图 2-4-5 所示，与按期毕业博士生相比，未按期完成学业博士生群体中出国学习的人数显著较多。本次调查研究指出，随着出国学习时间的增加，博士生未按期完成学业率也随之上升。其中，出国访学 0.5~1 年时间的博士生未按期完成学业率最高。这在一定程度上表明，虽然出国学习可以拓宽博士生的学术视野，但也会带来无法按期完成学业的风险。有研究甚至指出，出国学习并未显著提高博士生的科研能力及期刊论文的产出数量。[②]

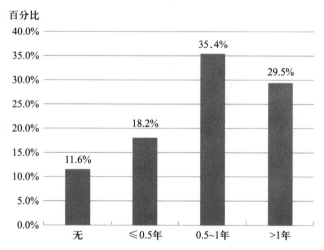

图 2-4-5　博士生未按期完成学业情况的访学时间差异

①　钱甜甜.人文学科硕士研究生学术能力及其培养研究［D］.大连：大连理工大学，2015：62.

②　李澄锋，陈洪捷，沈文钦.中外联合培养经历对博士生科研能力增值及论文产出的影响：基于"全国博士毕业生离校调查"数据的分析［J］.高等教育研究，2020，41（1）：58-67.

（六）不同前置院校、导师头衔博士生的未按期完成学业情况无显著差异

在本次调查中，前置院校指博士生本科和硕士期间的就读院校。诸多研究假设，博士生前置院校的发展水平会影响博士生按期完成学业的情况。本次调查显示，硕士就读于"双一流"建设高校博士生的未按期完成学业率略低于普通高校，但并不显著。本科就读于"双一流"建设高校博士生的未按期完成学业率反而高于普通高校。有研究者利用《中国研究生教育年度报告》课题组数据，证实了前置院校为不同等级高校的博士生科研能力并不存在显著差异，并且硕士就读于原"985 工程"高校且现就读于原"985 工程"高校的博士生，其科研能力不及硕士就读于原"211 工程"高校但现就读于原"985 工程"高校的博士生。

作者由此得出，将前置院校视为衡量博士生科研能力的关键砝码实属低效。[①] 由此观之，前置院校发展水平对博士生按期完成学业情况的影响仍有待进一步验证。其次，不同导师头衔的博士生未按期完成学业情况也无显著差异。已有研究指出，导师指导质量受导师学术水平影响，近五分之四的博士生认为导师学术水平对其完成学业具有积极影响，导师为高级职称的博士生在学业完成率上具有显著优势。[②] 但与前者相异，部分研究也发现，导师拥有院士、长江学者、杰青等学术称号或资助，其指导博士生的未按时完成学业率更高。究其原因，一则可能学术水平顶尖的导师在人才培养方面更为严格，二则由于这类导师社会兼职可能较多，当其学生规模较大时，导致学生无法获得充足的指导。

四、博士生未按期完成学业的影响因素

（一）个体综合投入影响博士生未按期完成学业情况

如表 2-4-5 所示，从个体综合投入看，博士生的能力投入、情感投入、行为投入都显著影响博士生未按期完成学业情况，科研能力越强、学术动机越高、科研时间越长的博士生越倾向于按期完成学业。在学业压力维度，论文发表压力也显著影响博士生未按期完成学业情况，那些论文压力越小的博士生越能按期完成学业。除此之外，认知投入、专业课程压力和中期考核压力对博士生未按期完成学业没有显著影响。

表 2-4-5　个体综合投入与博士生未按期完成学业情况的回归分析表

类别	变量	β	标准误差	显著性	Exp（β）
人口学背景变量	学生性别	−0.619	0.243	0.192	0.554
	入学年龄	0.149***	0.019	0.000	0.795
	工作经历	0.287***	0.251	0.000	0.692
	就读学科	0.413*	0.198	0.017	1.479

① 刘宁宁. 不同高校生源博士生科研创新能力差异研究：基于 1007 名工科博士生的分析 [J]. 中国高教研究，2017（11）：54-59.

② 鲍威，张心悦，吴嘉琦. 博士生延期毕业影响因素的实证研究 [J]. 江苏高教，2020（7）：31-38.

续表

类别	变量	β	标准误差	显著性	Exp（β）
人口学背景变量	培养方式	−0.819*	0.312	0.019	0.301
	硕士院校	0.191	0.201	0.519	1.289
	本科院校	0.219	0.269	0.613	1.189
	访学经历	0.519	0.269	0.911	1.204
	导师头衔	0.117	0.192	0.513	1.293
个体综合投入	能力投入	−0.391***	0.059	0.000	1.201
	情感投入	−0.517*	0.171	0.033	1.624
	认知投入	0.413	0.337	0.619	1.281
	行为投入	−0.391***	0.077	0.000	0.701
	专业课程压力	0.261	0.113	0.196	1.302
	论文发表压力	0.261***	0.019	0.000	1.304
	中期考核压力	0.111	0.121	0.691	1.193
常量		−0.581	0.529	0.215	0.511

注：* 表示 $p<0.05$，** 表示 $p<0.01$，*** 表示 $p<0.001$。

1. 科研能力较强的博士生倾向于按期完成学业

就科研能力而言，博士生科研能力值每增加一个单位，博士生未按期完成学业的可能性就减少 1.2 倍。在博士生未按期完成学业影响因素模型中，学业投入对博士生未按期完成学业的影响最突出。从本次分析结果看，博士生的能力投入、情感投入及行为投入均对按期完成学业有显著影响。尽管已有研究较少强调，但是博士生的科研投入或称研究投入（research engagement）是博士生按期完成学业的重要特征。[①]

虽然已有关于学生学业参与的研究多聚焦在本科生阶段，但也表明学生的学业参与确实对学业表现具有显著影响。休斯（Hughes）和帕斯（Pace）的研究结果表明，学业参与度越低的学生越容易中途退学或延期毕业。[②] 兰比（Lambie）的研究进一步发现，博士生的学业投入会通过科研自我效能感影响博士生的学业表现。[③] 因此，科研能力投入水平较高的博士生更倾向于按期完成学业。

---

① GREGERMAN S R, LERNER J S. Undergraduate student–faculty research partnerships affect student retention [J]. The Review of Higher Education, 1998, 22(1): 55–72.

② HUGHES R, PACE C R. Using NSSE to study student retention and withdrawal[J]. Assessment Update, 2003, 15 (4) : 1–2.

③ LAMBIE G W, HAYES B G. An exploratory investigation of the research self–efficacy, interest in research, and research knowledge of Ph.D in education students[J]. Innovative Higher Education, 2014, 39 (2): 139–153.

2. 学术动机较高的博士生倾向于按期完成学业

就读博动机而言，以学术能力提升为就读动机的博士生，未按期完成学业发生比低于其他博士生。学术动机在博士生的学业发展过程中至关重要。学术创新本身具有风险性，需要博士生具有内在的求知意愿和良好的科研态度。它是支撑博士生产出高质量科研成果并完成学业的关键因素。黄海刚指出，如果博士学位的"资格证"功能替代追求学术真理的内核，博士生就会在学术探索中采取消极态度。① 徐贞证实，入学动机确实影响博士生入学后的学术表现、科研压力和学业焦虑程度。出于学术动机读博的学生，学习热情、能力和报复都显著较高，但出于功利动机读博的学生，压力和焦虑水平显著较高。② 有研究者进一步指出，学习动机也会通过自我效能影响学业拖延，那些学习动机较强的学生拥有更高的自我效能感，学业拖延的发生概率也明显更低。③ 因此，帮助博士生树立正确的学术科研观，是减少其出现未按期完成学业状况的可行措施。

3. 科研时间较长的博士生倾向于按期完成学业

就时间投入而言，博士生投入的学习时间每增加一个单位，其未按期完成学业发生比减少 0.7 倍。关于科研时间与学术表现的相关性问题，现有研究都给出相似结论。例如有研究证实，科研时间与学术产出呈正相关关系，研究生投入的学习时间越多，科研成果产出也越多。但该结论受学生所处年级的显著影响，对低年级学生而言，一篇学术发表所需增加的科研时间为 15 小时 / 周，而高年级学生则需增加 39 小时 / 周。因此，投入科研时间的边际效益会随学生年级的增加而逐渐递减。④

有研究者也指出，在控制其他变量的前提下，学术人员的科研产出与时间紧张感呈正相关。科研人员投入的时间越多，产出越高，时间紧张感也会更强。⑤ 需要强调的是，科研时间投入与学术成果产出并非线性相关。李强等研究者指出，科研时间与论文产出的关系呈现倒 U 形。换言之，科研时间的无限投入并不能一直刺激科研人员学术成果产出，并且高质量学术成果的时间拐点早于全部成果的时间拐点。⑥ 由此观之，对于未按期完成学业的博士生而言，适当增加科研时间投入是加快学业进展的重要举措。但对已经投入过多科研时间的博士生而言，调整时间分配和学习策略才是提高科研产出的有效措施。

4. 科研压力较小的博士生倾向于按期完成学业

就学业压力而言，博士生论文撰写压力每增加一个单位，其未按期完成学业发生比增加 1.3 倍。纵使专业课程压力和中期考核压力没有通过显著性检验，但在一定程度上也预测了博

---

① 黄海刚，金夷. 通往 Ph.D 之路——中国博士生入学动机的实证研究 兼论学术动机对博士生培养质量的意义 [J]. 复旦教育论坛，2016，14（5）：59–66.

② 徐贞. 理工科博士生入学动机及其对学术表现、就业偏好的影响：基于全国 35 所研究生院高校的调查 [J]. 中国高教研究，2018（9）：74–80.

③ 赵丹. 大学生学业拖延、学业自我效能感与学习动机的关系研究 [D]. 石家庄：河北师范大学，2014.

④ 范皑皑，季楚煊，柴亦林. 时间累积与时间分配——学术型硕士的时间投入对科研产出的影响研究 [J]. 江苏高教，2020（7）：39–48.

⑤ 李锋亮，王云斌，何光喜. 什么因素影响了大学教师的学术发表 [J]. 教育发展研究，2016，36（11）：14–20+45.

⑥ 李强，赵延东，何光喜. 对科研人员的时间投入与论文产出的实证分析 [J]. 科学学研究，2014，32（7）：1044–1051.

士生未按期完成学业情况。关于科研压力与科研绩效之间的关系，现有研究还存有一定争论。有研究者认为，科研压力与科研绩效是负相关关系，严苛的学术考核制度为科研人员造成了较大压力，迫使科研人员处于持续高压的工作状态，阻碍其产出高质量的学术成果。[①] 还有研究者认为科研压力与科研绩效关系复杂，因为当科研压力较小时，挑战性压力会促进科研投入，进而产出高质量学术成果，但当科研压力较大时，阻碍性压力会抑制科研投入，进而削弱学者的科研产出。[②] 姚昊的研究进一步验证了后者结论，挑战性科研压力会降低博士生的焦虑情绪，进而促进科研产出。但阻碍性压力会通过催生焦虑感、挫折感和愤怒感降低研究生的科研产出。[③] 科研压力不仅影响博士生的学业进展，还对学术不端行为起到重要影响。有研究者指出，科研压力与学术不端行为态度显著正相关，科研压力越大，博士生对学术不端行为的态度越积极。[④] 鉴于此，高校应合理区分博士生培养过程中的挑战性压力和抑制性压力，充分发挥其对博士生学习行为的正向影响。

（二）院系学术资源影响博士生未按期完成学业情况

如表 2-4-6 所示，课程设置、学术支持和院系制度都对博士生未按期完成学业有显著影响。具体而言，从课程设置情况来看，课程结构合理性每增加一个单位，博士生未按期完成学业发生比降低 0.7 倍。从学术支持情况来看，博士生科研项目参与收获每增加一个单位，其未按期完成学业发生比降低 0.8 倍。除此之外，虽然导师指导未通过显著性检验，但是导师指导质量和导师指导频率都在一定程度上预测了博士生未按期完成学业情况。

课程学习、项目参与及导师指导是博士生科研能力提升的有效方式，但本次调查显示，博士生课程结构不合理、项目参与收获较小及导师指导缺位，已经成为制约博士生学业发展的重要因素。从博士生的课程设置来看，有研究者指出，课程规范性及系统性缺失是限制博士生能力提升的症结所在。具体而言，我国博士生的课程设置明显存在名目繁多、结构层次不清、分类设计缺乏，以及与学位论文相脱节的弊病。[⑤] 本次调查结果也证实，相比课程教学质量及课程考核体系，课程结构设置对博士生未按期完成学业具有更为显著的影响。项目参与情况对博士生未按期完成学业情况也具有显著影响。需要说明的是，本研究所指的"项目参与情况"实为参与项目后的学业收获情况，并非参与项目的绝对数量。有研究指出，博士生的课题参与数量不一定与学业发展呈正相关。与之相反，较多的项目参与经验反而占用学生精力，延缓学位论文完成时间。[⑥] 因此，相比项目参与数量，提高项目参与质量才是帮助博士生按期完成学业的重要突破口。

此外，虽然在本次调查中，导学关系对博士生未按期完成学业情况并不存在显著影响，但

---

① 王仙雅，林盛，陈立芸. 科研压力对科研绩效的影响机制研究：学术氛围与情绪智力的调节作用 [J]. 科学学研究，2013，31（10）：1564-1571+1563.

② 张珣，徐彪，彭纪生，等. 高校教师科研压力对科研绩效的作用机理研究 [J]. 科学学研究，2014，32（4）：549-558.

③ 姚昊，马立超. 挑战性–阻碍性科研压力对研究生焦虑心理的影响：成就动机与自我效能感的中介作用 [J]. 中国高教研究，2021（5）：79-85.

④ 张永军，廖建桥，赵君. 科研压力对博士生学术不端行为的影响研究 [J]. 科研管理，2013，34（4）：99-107.

⑤ 刘兰英. 论我国人文社科博士生课程结构的重建 [J]. 学位与研究生教育，2019（7）：43-48.

⑥ 罗尧成，曾忠. 我国高校研究生参与课题研究的现状分析及思考 [J]. 国家教育行政学院学报，2007（9）：82-85.

导学信服性较高的博士生更可能按期完成学业。正如哈耶斯（Hughes）强调：对博士生而言，好的导师不仅能提高学生的自信心和自我效能感，在博士生社会化过程中给予更多保护、支持和教导，而且能显著提高学生的学术水平，为学生提供专业、职业及个人成长的独特机会。[1]故而，提高导师指导的质量及频率也是保障博士生按期完成学业的重要切入点。[2]

表 2-4-6　院系学术资源与博士生未按期完成学业情况的回归分析表

类别	变量	β	标准误差	显著性	Exp（β）
人口学背景变量	学生性别	−0.529	0.119	0.181	0.613
	入学年龄	0.138***	0.023	0.000	0.713
	工作经历	0.279***	0.233	0.000	0.614
	就读学科	0.399*	0.137	0.022	1.561
	培养方式	−0.791*	0.301	0.033	0.451
	硕士院校	0.201	0.771	0.814	1.306
	本科院校	0.438	0.213	0.791	1.192
	访学经历	0.619	0.319	0.772	1.415
	导师头衔	0.269	0.187	0.529	1.271
院系学术资源	支持性	0.012	0.199	0.871	1.126
	信服性	−0.189	0.311	0.591	0.923
	平等性	0.178	0.188	0.291	1.237
	关怀性	0.051	0.271	0.796	1.171
	课程结构	−0.371*	0.217	0.043	0.702
	课程质量	0.412	0.233	0.057	1.251
	课程考核	−0.231	0.377	0.718	0.719
	信息公开	0.079	0.231	0.662	1.161
	学术交流	−0.128	0.247	0.633	0.907
	课题参与	−0.192*	0.093	0.031	0.812
	基础设施	−0.219	0.091	0.877	0.891
	管理制度	−0.137	0.271	0.694	0.812

[1]　HUGHES R, PACE C R. Using NSSE to study student retention and withdrawal[J]. Assessment Update, 2003, 15 (4): 1-2.

[2]　WARD Y L, JOHNSON W B. Practitioner research vertical teams: a model for mentoring in practitioner-focused doctoral programs[J]. The Clinical Supervisor, 2004, 23 (1): 179-190.

续表

类别	变量	β	标准误差	显著性	Exp（β）
院系学术资源	资金支持	−0.125	0.172	0.726	0.841
常量		6.499	1.814	0.000	612.054

注：* 表示 p<0.05，** 表示 p<0.01，*** 表示 p<0.001。

（三）院系管理制度影响博士生未按期完成学业情况

除以上核心要素外，院系制度的执行效率和博士生的学业压力也对未按期完成学业情况具有显著影响。如表 2-4-7 所示，在所有院系制度中，中期考核制度对博士生未按期完成学业具有显著影响。中期考核制度有效性每增加一个单位，博士生未按期完成学业发生比降低 1.3倍。换言之，对中期考核制度越满意的博士生，其未按期完成学业的可能性明显越低。该结论验证了已有假设：中期考核制度的执行不力可能会对博士生按期完成学业产生消极影响。[①] 由此观之，加大中期考核制度和分流淘汰制度的执行效率，是促进博士生按期完成学业的有效方式。

另外，课程学习压力、论文撰写压力及中期考核压力都正向预测了博士生的未按期完成学业情况，但只有论文撰写压力通过显著性检验。有研究者指出，较高的论文撰写压力不仅影响学生按期毕业，而且可能诱发学术不端行为。[②] 在不发表就出局（publish or perish）的现实环境下，高校应充分考虑博士生科研产出的时滞性和积累性。在合理设定目标的前提下，尽可能地为博士生营造良好的科学研究氛围。

表 2-4-7　院系制度与博士生未按期完成学业情况的回归分析表

类别	变量	β	标准误差	显著性	Exp（β）
人口学背景变量	学生性别	−0.769	0.191	0.253	0.497
	入学年龄	0.139***	0.055	0.000	0.761
	工作经历	0.298***	0.317	0.000	0.719
	就读学科	0.499*	0.228	0.039	1.843
	培养方式	−0.927**	0.415	0.002	0.413
	硕士院校	0.295	0.317	0.291	1.570
	硕博院校一致	0.161	0.351	0.701	1.182
	国外访学经历	0.192	0.316	0.397	1.192

---

① 李海生 . 我国博士生延期完成学业的影响因素分析：基于对 42 所研究生院的问卷调查［J］. 学位与研究生教育，2012（5）：9-15.

② 张永军，廖建桥，赵君 . 科研压力对博士生学术不端行为的影响研究［J］. 科研管理，2013，34（4）：99-107.

续表

类别	变量	β	标准误差	显著性	Exp（β）
人口学背景变量	导师荣誉头衔	0.177	0.081	0.253	1.272
	导师行政职务	0.119	0.139	0.647	1.631
院系制度	招生制度	−0.319	0.281	0.181	0.517
	中期考核	−0.319**	0.461	0.003	1.317
	论文答辩	−0.415	0.261	0.135	0.671
	论文发表	−0.277	0.141	0.082	0.814
常量		8.490	1.627	0.000	692.171

注：* 表示 $p<0.05$，** 表示 $p<0.01$，*** 表示 $p<0.001$。

五、研究结论与对策建议

博士生未按期完成学业存在一定的负面影响，对学校而言，未按期完成学业博士生不仅占用教育资源，干扰高校管理的正常秩序，而且会削弱博士生培养的整体质量。对个人而言，未按期完成学业既增加经济和就业负担，又需承担额外精神压力，少数心理脆弱的博士生甚至选择结束生命。[1] 因此，需要寻找博士生未按期完成学业背后的原因。

在已有成果的基础上，研究构建了包含背景变量、个体特征、导学关系和院系制度等要素在内的博士生未按期完成学业情况影响因素结构模型。通过采用逻辑斯谛分析法提取出能力投入、情感投入、行为投入、论文压力、课程结构、课题参与及中期考核对博士生未按期完成学业情况的显著影响。经提取公因子，研究发现六个因子中的学业投入、学业压力和学术支持都显著预测了博士生未按期完成学业情况。为改善博士生未按期完成学业现状，本文认为应从以下方面寻找突破口。

（一）优化博士生筛选制度，严格把控博士生源质量关

招生考核是博士生专业化的起点，它的有效性直接关涉博士生培养的初始质量。本次调查选取的未按期完成学业博士生多于 2015 年前入学，在此之前，大多数院系仍未采取"申请 – 考核"制，因此许多受调查博士生均通过考试制进入研究生院。"考试制"顾名思义，指高校通过考试成绩区分和选拔博士研究生，将申请者的学习能力作为评判标准。在博士生教育的起步阶段，"考试制"最能保障不同生源的机会平等。虽然普通招考最大程度保障了博士生的机会公平，但筛选效率却大打折扣。纵使部分兼具学术造诣和考试能力的博士生从中脱颖而出，但也有缺乏学术抱负却擅长应试技巧的学生一同进入。有研究者指出，利用考试制，不少"考

---

① 卞玉筱.我国博士研究生延期完成学业问题研究［D］.上海：华东师范大学，2012：2-6.

试机器"名正言顺地走进博士教育殿堂，但真正具备潜能的学术人才却被拒之门外。[①] 在本次调查中，许多未按期完成学业的博士生均属于"考试型选手"。他们利用精准的备考策略，顺利通过层层筛查。由此观之，虽然"唯分数"的考核制度保证了机会公平，但也损失了人才选拔的有效性，为博士生未按期完成学业埋下较大隐患。

"考试制"因不能精准招到优质生源饱受诟病，为响应《国家中长期教育改革和发展规划纲要（2010—2020年）》和《关于深化研究生教育改革的意见》中提出的建立博士生选拔"申请－考核制"，许多高校近些年都开始试行这一招生制度。申请－考核制一改传统的考核方式，将博士生的学术背景、学术成果、学习成绩、外语水平等均纳入考量范围。显然，与考试制相比，申请－考核制提高了入学门槛，将学术素养较差、综合素质较弱、科研潜质较低的学生拦截在大门之外，降低了博士生未按期完成学业的概率。对学生而言，它缩短了申请者的备考时间，可使拥有学术志向的研究生将更多精力用于学术探索。对导师而言，申请－考核制赋予了更多招生自主权，充分发挥导师在招生选拔中的主导作用。

但高效和平等一直是博士招生中的失衡点，"申请－考核制"这一舶来品在中国的人情文化中能否落地生根？是否会因水土不服造成后天畸形？[②] 这类担忧并非毫无根据，事实证明，申请－考核制度在具体落实中确实出现"论资排辈""权力滥用""新瓶装旧酒"的现象。所谓"论资排辈"指部分高校将申请者的前置院校和学科排名作为筛选博士生的硬性指标，侵害了不同生源博士生的入学机会。所谓"权力滥用"指由于导师独占招生所有权，致使"官员型博士"和各类"关系生"有机可乘，违背了公平选才的初衷。所谓"新瓶装旧酒"则指在申请－考核制的实施过程中，考试成绩在综合得分中依然占较大权重。概言之，申请－考核制在博士生培养质量保障中起到举足轻重的作用，它的应用范围将会持续扩张。但因其新生事物的本质属性，在中国难免出现"制度性不适"。

鉴于此，为严格把控博士招生环节，从源头降低未按期完成学业的发生概率，本研究认为应将实质正义和分配正义作为博士招生制度改革的指导方针。首先，弱化"出身"对博士申请人的硬性限制。在已有研究中，前置院校和学科排名对博士生未按期完成学业的影响并不一致。本次调查也证实，硕士毕业于"双一流"建设高校的博士生未按期完成学业概率反而更大。因此，将前置院校视为衡量博士生科研能力的重要指标有待商榷。此外，研究生能否进入博士生教育系统的核心标准应是学术素养之高低和培养潜能之大小，而院校层次和学科排名并不能直接反映学术水平，因而此举可能涉嫌侵犯学生平等升学的机会。其次，细化申请－考核制度的具体流程。学界对申请－考核制度本身并无非议，遭受诟病的是制度执行过程。由于缺少明晰的考核指标和加权标准，人才选拔的科学性和客观性难以保障，招生中出现权力滥用在所难免。为制衡各方学术权力，资料审核应由导师组共同执行。复试可结合笔试和面试两种形式，但笔试成绩权重不应超过总成绩的三分之一。面试考核可由校内、校外导师组共同执行，被报考导师可占据四成的评分权重。在此基础上，导师组根据资料审核、笔试成绩及面试

① 段斌斌.从"公平选才"走向"有效选才"：我国博士招生改革的路径选择［J］.高等教育研究，2017，38（10）：55-63

② 张宇迪，贾晓明，王战军.我国博士招生"申请－考核制"的公平性制度设计［J］.学位与研究生教育，2016（3）：48-51.

表现进行加权计算，最终得出考核总分。最后，还要加强过程监管及考核力度，保障人才选拔的公平、公正和公开。如管理部门可以通过录像、录音等方式强化对博士生筛选过程的监管。与此同时，也要畅通考生申诉渠道，减少博士招生中的"灰色地带"。

（二）整合入学教育、课程学习及学术交流资源，为科研能力储备提供便利通道

1. 重视入学教育在博士生社会化中的关键意义

入学教育是博士生社会化的开端，无论对综合素质的发展，还是教育功能的实现，都具有重要意义。赖特（Wright）认为处于过渡适应阶段的博士生，拥有更大的形塑空间。此时，具有介绍性质的入学教育尤为重要，它不仅引导博士生快速进入科研状态，而且是向博士生提供与他人建立联系和寻找学术资源的最佳途径。它于无形中减轻教员负担，并促使导师专注学术指导。[①]罗杰斯（Rogers）也指出，博士生的科研能力奠定于学术生涯早期，那些接受过高质量入学教育的博士生，学业规划能力、自主学习能力、学术社交能力、社团参与积极性都显著较高，这为博士论文的顺利开展做了充分铺垫。[②]

但本次调查显示，我国博士生入学教育作用甚微。由于缺乏对博士生教育的清晰认知，许多博士生都会面临角色转换和角色适应困难的情境。在面对学业障碍时，博士生未按期完成学业同时也缺乏求助意识，且对如何利用学校的正式和非正式资源知之不多，以上要素都是导致博士生未按期完成学业的关键原因。瓦尔迪兹（Valdez）曾指出，博一新生的身心体验极度敏锐。在陌生的学习环境中，他们随时感到冲突和危险，这是学业压力的主要来源。[③]戈尔德也强调"良好"的开端能辅助学生积极应对挑战，但"糟糕"的开端却会延迟反应时间，甚至引导学生误入歧途。[④]

由此可见，高质量的入学教育能帮助学生快速适应研究生院。为避免博士生入学教育的形式化，高校应明确入学教育的核心目标：帮助学生适应新环境并顺利实现角色转化，为学术素养内化奠定基础。其次要规范入学教育的基本内容，其中应包括生活服务、学业指导、心理疏导、行为督促、思想教育和职业引导等。概览多所"双一流"建设高校的入学教育计划，发现我国的博士生入学教育集中在思想政治教育和学术规范普及，却忽视了学术生涯规划、学术资源获取、个性化查缺补漏及学业压力疏导的重要作用，但后者才是影响博士生按时毕业的重要因素。最后，可适当延长入学教育时间，切勿将入学教育变为"走马观花"的行政任务。

2. 提高博士生课程设置的系统性和针对性

课程学习是形塑博士生学术能力的重要环节。在"双一流"建设背景下，高质量的课程是保障博士生培养质量的重要因素，没有一流的课程，"双一流"建设就不可能实现。[⑤]关于课程学习质量与学业完成时间的关系，安吉（Agné）证实课程学习质量对博士论文完成时间

① WRIGHT J, LODWICK R. The process of the Ph.D: a study of the first year of doctoral study [J]. Research Papers in Education, 1989, 4 (1): 22-56.

② ROGERS-SHAW C A, CARR-CHELLMAN D J. Developing care and socio-emotional learning in first year doctoral students: building capacity for success [J]. International Journal of Doctoral Studies, 2018, 13: 233-253.

③ VALDEZ R. First year doctoral students and stress [J]. College Student Journal, 1982, 16 (1): 30-37.

④ GOLDE C M. Beginning graduate school: explaining first-year doctoral attrition [J]. New Directions for Higher Education, 1998, 101: 55-64.

⑤ 李爱彬，梅静. 博士生跨学科课程实施：内在逻辑、现实困境与突破路径 [J]. 研究生教育研究，2020 (3): 29-34.

具有显著的负向影响，对论文完成率有显著的正向影响。[①] 本次调查也证实，课程结构、课程质量和课程考核均对博士生未按期完成学业具有影响，其中课程结构的影响最为显著。除此之外，受调查博士生还明确表示对研究方法课程、跨学科课程、论文写作课程的不满态度。对于我国博士生课程的开设现状，诸多研究都表明，课程开设并不能有效提高博士生培养质量。例如，包水梅曾多次指出导师指导、规范教学和自由探索是培养博士生的主要途径。但随着知识生产方式的转变，仅依靠导师指导和自主探索相结合的方式，已无法适应时代对科研人员的特殊要求。伴随博士招生规模扩大化，博士生入学前的学术背景也逐渐复杂，其中不乏科研基础较差且学术素养薄弱的学生。他们急需通过课程学习弥补学术积累的先天不足，但博士生教育尚未考虑此类学生的特殊需求。[②] 刘兰英也曾指出，我国博士生课程存在结构松散、开设随意、考核不力等问题，难以在博士生培养质量保障中起到切实作用。

为提高课程开设的整体质量，高校应从以下方面着手改善：首先，应明确博士生教育的本质功能——培养学者，因此能力拓展比知识累积更重要。但以往的博士生课程仅注重学术知识的传授，忽略自主科研能力、学术实践能力及论文写作能力的培养，而后者才是支撑博士生完成研究的关键。其次，丰富课程内容和层次，提高课程设置的系统性。早在 2014 年，国家就发文强调博士生课程体系建设的重要性。其中，《关于改进和加强研究生课程建设的意见》特别强调要进一步增强博士生课程的系统性，尽可能满足博士生能力发展的切实需求。然而，据最新调查研究显示，博士生的课程设置与实际需求仍相距甚远。[③] 为此，各博士生单位应继续明确专业基础课、专业核心课、专业选修课及跨学科选修课的详细名录，全方位提升博士生的科研素养。再次，为提高各类课程资源的利用效率，高校应打破硕博和院系之间的壁垒，增强博士生课程选择的个性化和自主性。最后，加大对博士生课程质量的考核力度，定期淘汰"水课"，给予"金课"以应有的表彰和鼓励。

3. 充分发挥学术交流活动对博士生的培育价值

课程学习和学术交流在博士生培养系统中发挥着同等重要的作用，其中，课程学习是提升结构化能力的主要方式，而学术交流是完善博士生素养的重要途径。从狭义层面看，学术交流活动指学生参与的各种类型或层次的访学、学术会议、论坛、讲座和沙龙等。[④] 有研究证实，学术交流活动在拓展博士生学科视野、提高科研水平及增强交流能力等方面意义重大。[⑤] 与此同时，学术交流活动也是辅助学术共同体"代谢"和"生长"的动力源泉。[⑥] 赖特曾指出，特定院系具有人数稀少、研究课题高度专业化的特征，因此各种类型与层次的学术交流对博士生

① AGNÉ H, MÖRKENSTAM U. Should first-year doctoral students be supervised collectively or individually? effects on thesis completion and time to completion [J]. Higher Education Research & Development, 2018, 37 (4): 669–682.

② 包水梅. 美国学术型博士生课程建设的特征与路径研究 [J]. 高校教育管理, 2016, 10 (1): 116–124.

③ 包志梅. 博士生课程学习与科研活动关系密切度及其对科研能力的影响：基于对 48 所研究生院博士生的调查 [J]. 学位与研究生教育, 2021 (1): 68–77.

④ ONWUEGBUZIE A J, COLLINS K M. Performance of cooperative learning groups in a postgraduate education research methodology course: the role of social interdependence [J]. Active Learning in Higher Education, 2009, 10 (3): 265–277.

⑤ 王传毅, 杨佳乐, 辜刘建. 博士生培养质量及其影响因素研究：基于 Nature 全球博士生调查的实证分析 [J]. 宏观质量研究, 2020, 8 (1): 69–80.

⑥ 中国科协学会学术部编. 学术交流与学术生态建设 [M]. 北京：中国科学技术出版社, 2007：62–73.

而言格外重要。其中，跨系所、跨学院的学术交流最具吸引力，学术交流为博士生提供学术信息和学术培训，并帮助同辈群体建立合作关系。事实证明，学术交流确实给予博士生更多发言权，有助于他们形成合作意识。[①] 瑟洛尼（Seloni）在其研究中也证实，博士生的社会化具有复杂性、持续性和情境性，该过程发生在多个学术/非学术空间。通过学术交流，博士生的学术素养得到强化，消极情绪也有所缓解，以此降低学业失败风险。[②] 吉萨（Geesa）的实证研究更是表明，学术交流有利于博士生建立同辈指导关系，它的价值涉及获得学术建议和科研帮助，规划未来的职业生涯，收获情感支持和平衡生活的建议等方面。作者建议应将学术交流贯穿博士生整个学习过程。[③]

但从目前来看，我国博士生的学术交流存在一定的问题。已有研究指出，博士生学术交流活跃度整体较弱，学术交流效果评价也明显较差。[④] 学生普遍抱怨交流频次稀少，交流质量欠佳。[⑤] 一项调查研究指出，学术交流的主题和形式并未满足学生需求，博士生跨校及跨境交流程度也显著较低。[⑥] 本研究再次验证了上述结论，受调查博士生普遍表示学术交流平台缺乏、学术交流频次少、同辈之间缺少社交机会等。鉴于此，为提升博士生的社会化敏感性并降低未按期完成学业的概率，博士生应首先端正学术交流观念，提高学术交流活动参与的积极性、主动性。其次，高校应继续加强学术交流平台建设，促进博士生学术交流类型的多元化。除此之外，知识生产方式转变也影响着博士生的学业发展。与传统学术研究相比，如今的博士论文多采取"以问题解决为导向"、基于多学科视角、综合运用多种研究方法，以此解决某一学术难题的研究路径，这对博士生的学术视野提出更高要求。鉴于此，高校应进一步整合不同院系、不同层次、不同类型的学术交流资源，为博士生的跨学科交流提供便利平台。

（三）加强过程监管及考核力度，将博士生的分流淘汰落到实处

科学评估博士生的培养过程，是保障博士生培养质量的又一切入点。在博士生教育制度改革中，如何监测博士生的培养质量，学界尚未有定论。从开题答辩到中期筛选、从年度考核到博士答辩，每项程序都受学生、教师和管理者的高度重视。其中，"中期筛选"是继入学考核后的又一关键节点。"中期筛选"也被称为"中期考核""资格考试"，最近又被许多学者称为"分流淘汰"。中期考核兴起于美国的研究生教育，也被翻译为"候选人资格考试"，是美国高校用于分流和淘汰博士候选人的有效方式。通常而言，经筛选淘汰的博士生基本维持在

① WRIGHT J, LODWICK R. The process of the Ph.D: a study of the first year of doctoral study [J]. Research Papers in Education, 1989, 4(1): 22-56.

② SELONI L. Academic literacy socialization of first year doctoral students in US: a micro-ethnographic perspective [J]. English for Specific Purposes, 2012, 31 (1): 47-59.

③ GEESA R L, LOWERY K. Mentee perspectives of a first-year peer mentoring program for education doctoral (EDD) students [J]. International Journal of Doctoral Studies, 2018, 13: 39-52.

④ 李永刚. 理工科博士生的学术交往活跃度与其影响研究——以我国部分研究型大学为例 [J]. 学位与研究生教育, 2020（3）: 53-60.

⑤ 许丹东, 刘娣, 朱燕菲, 等. 博士生希望什么样的培养环境——基于博士生意见调查的实证研究 [J]. 研究生教育研究, 2019（4）: 27-34.

⑥ 刘博涵, 赵璞, 苏舒, 等. 高校博士生学术论坛的发展现状、问题及对策 [J]. 学位与研究生教育, 2019（1）: 46-49.

20%~70% 之间，其中人文社会学科博士生的分流淘汰率最高。[①] 在接受中期考核"洗礼"前，博士生只是"实习生"或"学徒生"。此前的学期仅为"试读期"，博士生也拥有主动退出的权利。在部分院系，近三分之一的博士生会在中期考核前退出博士项目。我国博士生中期考核的内涵与之极为相似，它一般指博士生在入学一年后，于第三学期或第四学期接受的综合考察，考察内容包括课程学习、专业文献阅读、学术前沿和科研进展等，但不同院系的落实情况参差不齐。

随着时间推移，"中期考核"的命名出现多种变体，但本质却未发生改变。原国家教育委员会早在 20 世纪 80 年代末就发布《关于改进和加强研究生工作的通知》，并提出对在校研究生试行筛选制度。该文件将"筛选"的内涵确定为选拔优秀、促进多数、淘汰个别。"筛选"不是处分，而是一种正常的学籍处理方式，它是提高研究生培养质量的重要举措。[②] 随后几年，许多高水平研究型大学都率先尝试。例如清华大学于 1988 年 4 月正式公布《关于研究生中期考核的执行规定》，并对当年在校硕、博生实施分流淘汰制度。[③] 北京协和医学院对 1986 级、1987 级和 1988 级博士生开展了分流淘汰工作。[④] 东南大学也于 1988 年率先试行分流淘汰实施方案。早期高校都严格按照"中期考核"的内涵，对表现优良的博士候选人给予一定奖励，而对表现较差的博士候选人给予警示，部分资质极差的学生也确实遭到分流淘汰。[⑤]

在随后的系列文件中，主管部门都多次强调中期考核的重要意义，如《关于进一步改进和加强研究生工作的若干意见》（1995）、《教育部关于全面提高高等教育质量的若干意见》（2012）、《关于深化研究生教育改革的意见》（2013）、《关于加强学位与研究生教育质量保证和监督体系建设的意见》（2014）、《关于改进和加强研究生课程建设的意见》（2014）、《学位与研究生教育发展"十三五"规划》（2017）等。然而，随着博士招生规模的扩大化及学籍管理限制的加强，分流淘汰工作一度陷入困境，多数高校的中期考核制度逐渐形同虚设。本次调查也证实，"走过场式"的中期考核制度早已失去威慑效应。但从另一方面看，未按期完成学业的博士生普遍希望能在学业早期得到针对性建议，甚至拥有及早退出博士生教育的机会，以此减少时间和精力上的损失。

鲍温和鲁登斯坦（Rudenstine）在 1992 年就提出："对于不适合攻读博士学位的学生，及早退出远优于被迫清退。"[⑥] 戈尔德的研究则指出，那些及早退出的博士生并没有因为离开而后悔，他们学到了知识与技能、逻辑思维和批判思维能力，与此同时，也结交了许多好友。一个核心原因是：他们已经尽力尝试，但仍发现不适合博士生群体。[⑦] 因此，具有分流淘汰性质的

---

① GARDNER S K. Student and faculty attributions of attrition in high and low-completing doctoral programs in the United States［J］. Higher Education, 2009, 58 (1)：97–112.

② 郭严. 贯彻《通知》精神 全面提高质量：贯彻国家教育委员会《关于改进和加强研究生工作的通知》情况综述［J］. 学位与研究生教育，1987（5）：4-6+3.

③ 瞿振元，白永毅，韩景阳. 中期考核：研究生管理工作的重要环节［J］. 清华大学教育研究，1990（1）：46–49.

④ 殷广信. 谈博士生的中期筛选［J］. 学位与研究生教育，1990（5）：3.

⑤ 刘芝华，李介祚，赵红. 基础学科硕士研究生中期考核的探讨［J］. 中华医学教育杂志，1991（9）：9–12.

⑥ BOWEN W G, RUDENSTINE N L. In Pursuit of the Ph.D［M］. Princeton: Princeton University Press, 2014: 81.

⑦ GOLDE C M. Beginning graduate school: explaining first-year doctoral attrition［J］. New Directions for Higher Education, 1998, 101: 55–64.

中期考核确有必要，但在实施中应优先解决如下难题：首先，在中国的文化语境中，"淘汰"似乎是一个敏感话题，它混合了复杂的人情与面子问题。在此背景下执行分流淘汰制度，对当事人及导师而言都是一种考验；其次，不同学科的知识生产方式差异较大，例如，人文社科强调宽广的知识基础和扎实的文献功底，成果产出也相对较晚，因而考核时间不宜过早，考核形式也不能简单划一；再次，考核采用"绝对制"还是"相对制"，这关涉中期考核的作用效果；最后，分流淘汰后的保障措施也十分重要。

为提升中期考核的实施效率，高校应做好以下保障举措：第一，分流淘汰的本质是博士生与学院双向选择的结果。因此，双方都应明确课程学习是试读期，中期考核也是常规的筛选程序。不适合继续攻读学位的博士生不必等到"强制淘汰"，在第一轮考核时就可选择退出；第二，考核标准的明细化与公开化是制度落地的重要前提，因此，高校应在充分调研的基础上建立指导性强、适应面广的考核体系，各博士生培养点可在此指引下拓展二级、三级指标体系；第三，院系的执行方式直接决定博士生的重视程度，因此，高校应结合"绝对制"与"相对制"的考核方式，坚决淘汰极端差生，对相对差生则进行末位分流，借此充分调动博士生的学业积极性；第四，被分流的博士生可选择降级培养，将硕士学位作为分流淘汰后的补偿性举措。

（执笔：杨青）

研究生导师科研信念与指导方式的调查研究

一、引　言

"信念"（belief）这一概念源于柏拉图《理想国》一书，柏拉图认为，信念是"一种灵魂状态"①，并将其视为一种重要的内在精神。至此，西方关于信念的研究便日渐丰富。《哲学大辞典》将信念界定为"对理论的真理性和实践行为正确性的内在确信。"②它是个体内心对特定事物较稳定的看法，包含价值观、内在精神、态度、观念、行为策略与行动规则等众多内涵。③学界对信念问题的研究主要集中于哲学和心理科学领域，认为信念属于意识与认知的范畴。在哲学层面上，信念与认知相关，是一种价值关系的体现，同时也是主体对客体的主观能动反应。除了认知，信念还包含了意志和情感成分，是知、情、意相互融合与作用的有机统一体。④在心理学上，信念被视为个体对社会与自然世界相关的某些思想见解和理论观点坚信不疑的看法，是指导人们认识、改造世界，参与社会活动的动力来源。信念一旦确立，便作为一种强大的精神力量支配着个体的认知与行为，对其心理和实践产生深远影响。⑤彼时，教育领域对信念的研究较少。

20世纪70年代，得益于认知心理科学的发展，人们开始关注认知和行为间的关系，教育领域也逐渐从分析教师有效教学行为转而探究教师行为背后的精神世界，尤其是教师在进行教学实践时的行动策略选择依据。⑥教师信念指教师对与教育教学和学生学习相关的某些理论与见解的判断⑦，主要包含教师的效能感、归因风格（将学生学业成绩或行为好坏归因于学生自身还是环境因素）和教师对学生的控制手段，外部归因的教师控制期望较高，更容易采取惩罚的手段对学生进行控制，内部归因的教师对学生则更加宽容和民主。⑧教师按照自己的信念行事，对学生采取不同的教导方式，这种方式与学生的自我期望相互作用，从而产生预期结果。

---

① 柏拉图.理想国［M］.张子菁，译.北京：光明日报出版社，2006：102-106.

② 冯契.哲学大辞典［M］.上海辞书出版社，1985：1215.

③ 郑琼.博士生导师指导模式研究：以"双一流"建设高校外语学科博导为例［M］.上海远东出版社.2019：25.

④ 罗素.人类的知识［M］.商务印书馆，1983：137.

⑤ 吕吉.教师信念：教育科学研究的重要基础［J］.淮北煤炭师范学院学报（哲学社会科学版），2004（2）：102-104.

⑥ CLARK, C M，PETERSON P L. Teachers' Thought Process［M］// WITTROCK M. Handbook of Research on Teaching, NEW YORK: MACMILLAN. 1986 (3rd ed.) : 255-296.

⑦ 俞国良，辛自强.教师信念及其对教师培养的意义［J］.教育研究，2000（5）：16-20.

⑧ 周雪梅，俞国良.教师的信念［J］.早期教育，2003（6）：3.

教师的信念系统对其行为和学生指导方式起塑造作用，在很大程度上决定了教育成效。因此，尽管对教师信念的研究存在一定困难，但研究者们仍在努力对其进行深入探索。[1][2]

研究生指导是导师基于学科领域的正确示范行为和设身处地与学生对话，通过指导促进学生发展并使其最终成为一个独立研究者的过程。[3] 研究生与导师间的互动主要围绕科研活动展开，因此，这一过程深受教师科研信念的影响。基于教师信念的概念内涵，类推出教师科研信念：它指教师对与科研活动相关的真理性和科研行为正确性的较为稳定的看法，同时还包含了与科研活动相关的意志和情感。在本调查中，教师科研信念具体包含学术职业价值观、科研的自我效能感、科研偏好、对研究生科研能力的归因及对成为一名成功学者的影响因素判断。

20 世纪 90 年代，西方学者便开始关注教师信念的研究，研究实践起步早、范围较广、研究内容较深入。[4] 我国 2000 年以后才开始有较多学者关注教师信念，研究起步较晚，与国外相比，研究数量较少。且我国当前关于教师信念的研究多基于宏观和理论层面，虽然可以提供理论与概念上的指导，但无法明晰教师信念在教学实践中的样态与具体表现，从而无法进一步为教师信念的完善提供现实依据。与此同时，已有研究的对象大多数为中小学教师，主要关注其教学信念，对高校教师信念的相关研究匮乏。随着知识社会的迅猛发展，教师需要回应研究生越来越多的期望，拥有不同科研信念的导师将对研究生采取差异化的指导方式，从而导致不同的指导效果。基于此，本调查将从研究生导师与研究生的视角出发，探究研究生导师科研信念与研究生指导方式的关系与状态。具体将回答以下问题：当前研究生导师的科研信念与研究生指导方式呈现何种样态？具有哪些特点？导师的科研信念如何影响其研究生指导方式？对于研究生群体而言，哪些指导方式能够带来更好的指导效果？

二、研究设计

（一）研究对象

本研究数据来源于对 39 所一流大学建设高校和一流学科建设高校研究生导师的问卷调查。受新冠疫情影响，调查问卷通过问卷星平台以电子问卷的形式于 2022 年 3 月至 4 月进行发放，共回收问卷 3340 份，剔除无效问卷与填答者为非研究生导师的问卷 367 份，最终剩余 2973 份有效问卷，有效问卷率为 89.01%。研究生导师的人口学变量详情见表 2-5-1。

总体而言，本研究的被试群体具有如下特征：参与调查的高校主要位于东部和东北地区，其中一流学科建设高校较多；调查样本中，男导师偏多，导师年龄与教龄分布较均匀，硕士生导师数量是博士生导师的 2 倍左右，来自工程和社会学科的导师比例较高，约 30% 的导师具有跨学科背景；大部分导师属于教学与科研并重型岗位，从事的研究性质以基础研究和应用研究为主；超过 70% 的导师与当前所工作的学校存在学缘关系，大部分导师未担任学院及以上

① 俞国良，辛自强. 教师信念及其对教师培养的意义［J］. 教育研究，2000（5）：16-20.

② 郑琼. 博士生导师指导模式研究：以"双一流"建设高校外语学科博导为例［M］. 上海远东出版社，2019：13.

③ MANATHUNGA C. Supervision as mentoring: The role of power and boundary crossing［J］. Studies in Continuing education, 2007, 29 (2)：207-221.

④ 张瑾. 研究生学术信念培养研究［D］. 陕西师范大学，2014.

行政职务、无省部级及以上人才项目头衔。

表 2-5-1　样本的人口学分布（N=2973)

类别		N	百分比 /%	类别		N	百分比 /%
性别	女	1120	37.7	学校类型	一流学科建设高校	2087	70.2
	男	1853	62.3		一流大学建设高校	886	29.8
年龄	35 岁及以下	393	13.3	学校区域	西部	380	12.8
	36~40 岁	592	19.9		东北	720	24.2
	41~45 岁	744	25.0		中部	447	15.0
	46~50 岁	572	19.2		东部	1426	48.0
	51 岁及以上	672	22.6	学缘关系	无学缘关系	820	27.6
导师类别	博士生导师	1029	34.6		有学缘关系	2153	72.4
	硕士生导师	1944	65.4	教龄	5 年及以下	478	16.1
学科	人文学科	337	11.4		6~10 年	466	15.7
	社会学科	530	17.8		11~15 年	555	18.7
	理科	303	10.2		16~20 年	575	19.3
	工科	1752	58.9		21 年及以上	899	30.2
	交叉学科	51	1.7	行政职务	无行政职务	1856	62.4
岗位类型	教学与科研并重型	2399	80.7		学院以下行政职务	844	28.4
	教学为主型	210	7.0		学院及以上行政职务	273	9.2
	科研为主型	225	7.6	人才项目	省部级及以上人才项目	779	26.2
	其他	139	4.7		无省部级及以上人才项目	2194	73.8
从事的研究性质	基础研究	1352	45.5	跨学科情况	非跨学科	2070	69.6
	应用研究	1524	51.3		跨学科	903	30.4
从事的研究性质	实验与开发	43	1.4	总计		2973	100.0
	其他	54	1.8				

（二）研究工具

本研究采用自编问卷，包含导师问卷与研究生问卷。被试以自我报告的方式对问卷进行填答，研究通过 SPSS26.0 对数据进行处理与分析。导师问卷主要包含三部分内容：第一部分为导师的人口学变量，包含性别、年龄、学科、高校性质和行政职务等导师的基本信息；第二部分为科研信念与制度感知的量表题，测量导师的科研信念及对当前制度的评价；第三部分是与研究生指导相关的量表，测量导师研究生指导情况。量表题采用李克特六分量表的形式，从 1 至 6 正向计分，均值越大代表导师的认同程度越高，得分超过 4 则表明导师对该题项的表述呈赞同倾向。研究生问卷主要涵盖两部分内容：第一部分为人口学变量，包含性别、年龄、年级、学科、入学方式和学校类型等基本信息；第二部分是与导师问卷第三部分相对应的导师对研究生的指导方式，即导生交流频率和指导风格，前者为单选题，后者是量表题，量表题同样采用李克特六分量表的形式，从 1 至 6 正向计分，均值越大代表学生越认同导师采用了某类指导风格，得分超过 4 则表明学生对该题项的表述呈赞同倾向。

三、研究生导师的科研信念现状分析

（一）研究生导师的学术职业价值观

1. 研究生导师学术职业价值观的描述性分析

研究生导师最初选择学术职业的原因是导师从事学术职业的"土壤与根基"，反映其深层次的科研信念。量表的第 1、2、3 题旨在测量导师因工作回报而从事科研活动的原因；5、6、7、8 题旨在测量导师因工作成就感而从事科研活动的原因；4、9 题旨在测量导师因工作环境而从事科研活动的原因。其中，"符合自身兴趣和专长"得分最高（M=5.04），"薪酬福利较好"得分最低（M=2.90），见表 2-5-2。

表 2-5-2   研究生导师的学术职业价值观

选择学术职业的原因	平均值	中位数	众数	标准差	方差
1. 薪酬福利较好	2.90	3	4	1.415	2.003
2. 稳定、有安全感	4.16	4	4	1.340	1.796
3. 有较高的社会声誉	4.34	4	4	1.300	1.690
4. 工作自由度高	4.42	5	5	1.408	1.981
5. 工作具有智力挑战性	4.76	5	5	1.114	1.240
6. 工作有成就感和满足感	4.90	5	5	1.036	1.073
7. 符合自身兴趣和专长	5.04	5	6	0.957	0.916
8. 有充足的个人发展空间	4.67	5	5	1.136	1.291
9. 人际关系简单	4.57	5	5	1.274	1.624

2. 研究生导师学术职业价值观的因子分析

为了用较少的因子反映这 9 个问题的内容，进一步对导师学术职业价值观量表进行探索性因子分析。采用主成分分析法提取因子，最大方差法进行因子旋转。共提取 3 个公因子，对此模型进行 KMO 和巴特利特检验，结果如表 2-5-3 所示，KMO 量数为 0.814，大于 0.7，表明适合做因子分析。巴特利特球形度检验卡方值小于 0.001，非常显著。

表 2-5-3　导师学术职业价值观因子分析的 KMO 和巴特利特检验

KMO 取样适切性量数		0.814
巴特利特球形度检验	近似卡方	9045.410
	自由度	36
	显著性	0.000

表 2-5-4 是转轴后的成分矩阵，按照因子负荷的大小排序，根据载荷量较大的变量命名公因子，将三个公因子分别命名为："工作成就感""工作回报"和"工作环境"，保存公因数得分，以备后续分析使用。

表 2-5-4　导师学术职业价值观旋转后的成分矩阵

公因子	题项	成分		
		1	2	3
工作成就感	6. 工作有成就感和满足感	0.861	0.146	0.066
	7. 符合自身兴趣和专长	0.831	0.012	0.158
	5. 工作具有智力挑战性	0.799	0.135	0.097
	8. 有充足的个人发展空间	0.732	0.139	0.277
工作回报	2. 稳定、有安全感	0.051	0.825	0.214
	1. 薪酬福利较好	0.020	0.772	0.004
	3. 有较高的社会声誉	0.289	0.749	0.171
工作环境	9. 人际关系简单	0.195	0.035	0.867
	4. 工作自由度高	0.168	0.344	0.638

3. 不同背景研究生导师学术职业价值观的差异分析

不同背景的研究生导师拥有不同的学术职业价值观，对"工作成就感""工作回报"和"工作环境"与导师的"学校类型""导师身份""性别""年龄""学科"和"行政职务"背景变量进行独立样本 t 检验或 ANOVA 检验。

（1）不同学校导师学术职业价值观差异性分析

将导师按照学校类型，划分为来自一流大学建设高校与一流学科建设高校的群体，考察来自不同类型高校的研究生导师在"工作回报""工作环境"和"工作成就感"这3类学术职业价值观上的差异，独立样本t检验后，差异性分析结果见表2-5-5。

表2-5-5　不同学校导师学术职业价值观差异性分析

	个人背景	N	平均值	标准差	差异检验 t 值
工作回报	一流大学建设高校	886	3.76	1.140	−1.193
	一流学科建设高校	2087	3.82	1.070	
工作环境	一流大学建设高校	886	4.61	1.034	4.037***
	一流学科建设高校	2087	4.44	1.107	
工作成就感	一流大学建设高校	886	4.95	0.836	4.432***
	一流学科建设高校	2087	4.80	0.890	

注：* 代表 $p<0.05$，** 代表 $p<0.01$，*** 代表 $p<0.001$。

来自不同学校的导师群体在"工作回报"上并未表现出显著差异，但在"工作环境"和"工作成就感"上存在内部差异。来自一流大学建设高校的导师群体对"工作环境"（M=4.61）和"工作成就感"（M=4.98）的追求显著高于来自一流学科建设高校的导师群体。

（2）不同类别导师学术职业价值观差异性分析

根据导师招收的最高学位研究生类别，将导师划分为博士生导师和硕士生导师，考察不同类别的研究生导师在"工作回报""工作环境"和"工作成就感"这3类学术职业价值观上的差异，独立样本t检验后，差异性分析结果见表2-5-6。

表2-5-6　不同类别导师学术职业价值观差异性分析

	个人背景	N	平均值	标准差	差异检验 t 值
工作回报	博士生导师	1029	3.82	1.133	0.845
	硕士生导师	1944	3.79	1.068	
工作环境	博士生导师	1029	4.60	1.071	3.867***
	硕士生导师	1944	4.44	1.094	
工作成就感	博士生导师	1029	4.97	0.864	5.811***
	硕士生导师	1944	4.77	0.876	

注：* 代表 $p<0.05$，** 代表 $p<0.01$，*** 代表 $p<0.001$。

不同类别的导师群体在"工作回报"上并未表现出显著差异，但在"工作环境"和"工作成就感"上存在内部差异。博士生导师群体对"工作环境"（M=4.60）和"工作成就感"（M=4.97）的追求显著高于硕士生导师群体。

（3）不同性别导师学术职业价值观差异性分析

根据导师性别，将导师划分为女导师和男导师，考察不同性别的研究生导师在"工作回报""工作环境"和"工作成就感"这3类学术职业价值观上的差异，独立样本t检验后，差异性分析结果见表2-5-7。

表 2-5-7　不同性别导师学术职业价值观差异性分析

	个人背景	N	平均值	标准差	差异检验 t 值
工作回报	女	1120	3.82	1.082	0.616
	男	1853	3.79	1.097	
工作环境	女	1120	4.49	1.094	−0.116
	男	1853	4.49	1.086	
工作成就感	女	1120	4.82	0.887	−0.964
	男	1853	4.85	0.871	

不同性别的导师群体在"工作回报""工作环境"和"工作成就感"上均未存在显著的内部差异，表明学术职业价值观在男导师和女导师之间具有较强的一致性。

（4）不同年龄导师学术职业价值观差异性分析

根据导师年龄，将导师划分为"35岁及以下""36~40岁""41~45岁""46~50岁"和"51岁及以上"这5个年龄段，考察不同年龄段的研究生导师在"工作回报""工作环境"和"工作成就感"这3类学术职业价值观上的差异，ANOVA检验后，差异性分析结果见表2-5-8。

表 2-5-8　不同年龄导师学术职业价值观差异性分析

	个人背景	N	平均值	标准差	差异检验 F 值	事后分析
工作回报	35 岁及以下	393	3.89	1.074	3.502**	35 岁及以下 >46~50 岁；35 岁及以下 >51 岁及以上；41~45 岁 >46~50 岁；41~45 岁 >51 岁及以上
	36~40 岁	592	3.82	1.067		
	41~45 岁	744	3.87	1.057		
	46~50 岁	572	3.71	1.096		
	51 岁及以上	672	3.72	1.146		

续表

个人背景		N	平均值	标准差	差异检验 F 值	事后分析
工作 环境	35 岁及以下	393	4.72	0.942	8.951***	35 岁及以下 >41~45 岁；35 岁及以下 >46~50 岁； 35 岁及以下 >51 岁及以上； 36~40 岁 >51 岁及以上
	36~40 岁	592	4.58	1.019		
	41~45 岁	744	4.49	1.051		
	46~50 岁	572	4.42	1.153		
	51 岁及以上	672	4.35	1.183		
工作 成就感	35 岁及以下	393	4.95	0.833	3.689**	35 岁及以下 >46~50 岁
	36~40 岁	592	4.89	0.805		
	41~45 岁	744	4.82	0.857		
	46~50 岁	572	4.75	0.937		
	51 岁及以上	672	4.83	0.924		

注：* 代表 $p<0.05$，** 代表 $p<0.01$，*** 代表 $p<0.001$。

不同年龄段的导师群体在"工作回报""工作环境"和"工作成就感"上均存在显著的内部差异。具体而言，35 岁及以下和 41~45 岁这两个年龄段的导师对工作回报的追求显著高于 46 岁及以上的导师。35 岁及以下的导师对工作环境的追求显著高于 41 岁及以上的导师；36~40 岁的导师对工作环境的追求显著高于 51 岁及以上的导师；在工作成就感上，35 岁及以下的导师对工作成就感的追求显著高于 46~50 岁的导师。

（5）不同学科导师学术职业价值观差异性分析

根据学科，将导师划分为"人文学科""社会学科""理科""工科"和"交叉学科"这 5 个学科类型，考察不同学科的研究生导师在"工作回报""工作环境"和"工作成就感"这 3 类学术职业价值观上的差异，ANOVA 检验后，差异性分析结果见表 2-5-9。

表 2-5-9　不同学科导师学术职业价值观差异性分析

个人背景		N	平均值	标准差	差异检验 F 值	事后分析
工作回报	人文学科	337	3.69	1.163	1.838	
	社会学科	530	3.81	1.066		
	理科	303	3.74	1.171		
	工科	1752	3.83	1.066		

	个人背景	N	平均值	标准差	差异检验 F 值	事后分析
工作回报	交叉学科	51	3.61	1.197	1.838	
工作环境	人文学科	337	4.67	1.010	12.054***	人文学科 > 工科； 社会学科 > 工科； 理科 > 工科
	社会学科	530	4.66	0.974		
	理科	303	4.65	1.081		
	工科	1752	4.38	1.125		
	交叉学科	51	4.61	1.036		
工作成就感	人文学科	337	4.84	0.890	3.528**	人文学科 > 社会学科； 理科 > 社会学科； 工科 > 社会学科； 交叉学科 > 社会学科
	社会学科	530	4.72	0.903		
	理科	303	4.90	0.853		
	工科	1752	4.86	0.868		
	交叉学科	51	5.01	0.875		

注：* 代表 $p<0.05$，** 代表 $p<0.01$，*** 代表 $p<0.001$。

不同学科的导师群体在追求"工作回报"上不存在显著差异，但在"工作环境"和"工作成就感"上均存在显著的内部差异。具体而言，工科的导师对工作环境的追求显著高于其他学科的导师。社会学科的导师对工作成就感的追求显著低于其他学科的导师。

（6）不同职务的导师学术职业价值观差异性分析

根据行政职务，将导师划分为"无行政职务""学院以下行政职务"和"学院及以上行政职务"这 3 种职务担任状态，考察不同职务的研究生导师在"工作回报""工作环境"和"工作成就感"这 3 类学术职业价值观上的差异，ANOVA 检验后，差异性分析结果见表 2-5-10。

表 2-5-10　不同职务的导师学术职业价值观差异性分析

	个人背景	N	平均值	标准差	差异检验 F 值	事后分析
工作回报	无行政职务	1856	3.75	1.095	5.844**	学院及以上行政职务 > 无行政职务； 学院以下行政职务 > 无行政职务
	学院以下行政职务	844	3.88	1.062		
	学院及以上行政职务	273	3.90	1.132		

续表

个人背景		N	平均值	标准差	差异检验 F 值	事后分析
工作环境	无行政职务	1856	4.53	1.060	4.588*	无行政职务＞学院以下行政职务
	学院以下行政职务	844	4.40	1.142		
	学院及以上行政职务	273	4.53	1.100		
工作成就感	无行政职务	1856	4.79	0.893	11.404***	学院及以上行政职务＞无行政职务；学院及以上行政职务＞学院以下行政职务；学院以下行政职务＞无行政职务
	学院以下行政职务	844	4.88	0.850		
	学院及以上行政职务	273	5.05	0.808		

注：* 代表 $p<0.05$，** 代表 $p<0.01$，*** 代表 $p<0.001$。

不同职务状态的导师群体在"工作回报""工作环境"和"工作成就感"上均存在显著的内部差异。担任行政职务的导师对工作回报的追求显著高于无行政职务的导师。无行政职务的导师对工作环境的追求显著高于担任学院以下行政职务的导师。导师担任行政职务等级越高，其对工作成就感的追求越高。

（二）研究生导师的科研自我效能

1. 研究生导师科研自我效能的描述性分析

研究生导师的科研自我效能是其参与科研活动的动力，同时也将影响导师对周期长、难度大但更具创新性和风险性科研活动的参与意愿。量表的第 1、3 题旨在测量导师的创新能力；第 2 题旨在测量导师的科研成果转化能力；第 4 题旨在测量导师对教学与科研工作的协调能力；第 5、6 题旨在测量导师的资源获取与维护能力。其中，"学科专业知识与技能"得分最高（M=4.88），"获取外部资源与支持"得分最低（M=3.61），见表 2-5-11。

表 2-5-11　研究生导师的科研自我效能

	平均值	中位数	众数	标准差	方差
1. 产生新想法、新方法或新成果的能力	4.75	5	5	0.984	0.968
2. 科研成果转化为产品或服务的能力	3.88	4	3	1.311	1.719
3. 学科专业知识与技能	4.88	5	5	0.836	0.698
4. 教学与科研的协调能力	4.52	5	5	1.026	1.052
5. 发展、维持和运用人际网络	3.84	4	3	1.271	1.615
6. 获取外部资源与支持	3.61	4	3	1.318	1.736

2. 研究生导师科研自我效能的因子分析

为了用较少的因子反映这 6 个问题的内容，进一步对导师科研自我效能量表进行探索性因子分析。采用主成分分析法提取因子，最大方差法进行因子旋转。共提取 4 个公因子，对此模型进行 KMO 和巴特利特检验，结果如表 2-5-12 所示，KMO 量数为 0.775，大于 0.7，表明适合做因子分析。巴特利特球形度检验卡方值小于 0.001，非常显著。

表 2-5-12　因子分析的 KMO 和巴特利特检验

KMO 取样适切性量数		0.775
巴特利特球形度检验	近似卡方	8084.515
	自由度	15
	显著性	0.000

表 2-5-13 是转轴后的成分矩阵，按照因子负荷的大小排序，根据载荷量较大的变量命名公因子，将 4 个公因子分别命名为："资源获取与维护能力""创新能力""科研成果转化能力"和"工作协调能力"，保存公因数得分以备后续分析使用。

表 2-5-13　导师科研自我效能旋转后的成分矩阵

		成分			
		1	2	3	4
资源获取与维护能力	6. 获取外部资源与支持	0.904	0.128	0.233	0.121
	5. 发展、维持和运用人际网络	0.901	0.139	0.138	0.228
创新能力	3. 学科专业知识与技能	0.113	0.858	0.060	0.287
	1. 产生新想法、新方法或新成果的能力	0.149	0.852	0.281	0.102
科研成果转化能力	2. 科研成果转化为产品或服务的能力	0.287	0.245	0.904	0.160
工作协调能力	4. 教学与科研的协调能力	0.290	0.326	0.174	0.875

3. 不同背景研究生导师科研自我效能的差异分析

不同背景的研究生导师科研自我效能存在差异，对"资源获取与维护能力""创新能力""科研成果转化能力"和"工作协调能力"与导师的"学校类型""导师身份""性别""年龄""学科"和"行政职务"背景变量进行独立样本 t 检验或 ANOVA 检验。

（1）不同学校导师科研自我效能差异性分析

将导师按照学校类型，划分为来自一流大学建设高校与一流学科建设高校的群体，考察来自不同类型高校的研究生导师在"资源获取与维护能力""创新能力""科研成果转化能力"和"工作协调能力"这 4 类科研自我效能上的差异，独立样本 t 检验后，差异性分析结果见表 2-5-14。

表 2-5-14 不同学校导师科研自我效能差异性分析

	个人背景	N	平均值	标准差	差异检验 t 值
创新能力	一流大学建设高校	886	4.94	0.780	5.231***
	一流学科建设高校	2087	4.77	0.835	
科研成果转化能力	一流大学建设高校	886	3.83	1.356	−1.493
	一流学科建设高校	2087	3.91	1.291	
资源获取与维护能力	一流大学建设高校	886	3.67	1.253	−1.517
	一流学科建设高校	2087	3.75	1.214	
工作协调能力	一流大学建设高校	886	4.56	1.010	1.562
	一流学科建设高校	2087	4.50	1.032	

注：* 代表 $p<0.05$，** 代表 $p<0.01$，*** 代表 $p<0.001$。

来自不同学校的导师群体仅在"创新能力"上表现出显著差异，在"资源获取与维护能力""科研成果转化能力"和"工作协调能力"上并不存在内部差异。来自一流大学建设高校的导师群体的"创新能力"（M=4.94）显著高于来自一流学科建设高校的导师群体（M=4.77）。

（2）不同类别导师科研自我效能差异性分析

根据导师招收的最高学位研究生类别，将导师划分为博士生导师和硕士生导师，考察不同类别的研究生导师在"创新能力""科研成果转化能力""资源获取与维护能力"和"工作协调能力"这 4 类科研自我效能上的差异，独立样本 t 检验后，差异性分析结果见表 2-5-15。

表 2-5-15 不同类别导师科研自我效能差异性分析

	个人背景	N	平均值	标准差	差异检验 t 值
创新能力	博士生导师	1029	5.05	0.733	12.06***
	硕士生导师	1944	4.69	0.839	
科研成果转化能力	博士生导师	1029	4.03	1.289	4.505***
	硕士生导师	1944	3.81	1.317	

	个人背景	N	平均值	标准差	差异检验 t 值
资源获取与维护能力	博士生导师	1029	3.86	1.208	4.311***
	硕士生导师	1944	3.65	1.230	
工作协调能力	博士生导师	1029	4.82	0.949	12.387***
	硕士生导师	1944	4.36	1.028	

注：* 代表 p<0.05，** 代表 p<0.01，*** 代表 p<0.001。

不同类别的导师群体在 4 类科研自我效能上均表现出显著差异。博士生导师群体的各类科研自我效能均显著高于硕士生导师群体。

（3）不同性别导师科研自我效能差异性分析

根据导师性别，将导师划分为女导师和男导师，考察不同性别的研究生导师在"创新能力""科研成果转化能力""资源获取与维护能力"和"工作协调能力"这 4 类科研自我效能上的差异，独立样本 t 检验后，差异性分析结果见表 2-5-16。

表 2-5-16　不同性别导师科研自我效能差异性分析

	个人背景	N	平均值	标准差	差异检验 t 值
创新能力	男	1853	4.93	0.781	9.641***
	女	1120	4.63	0.853	
科研成果转化能力	男	1853	4.08	1.301	10.364***
	女	1120	3.57	1.267	
资源获取与维护能力	男	1853	3.80	1.227	4.417***
	女	1120	3.60	1.215	
工作协调能力	男	1853	4.59	1.004	5.171***
	女	1120	4.39	1.049	

注：* 代表 p<0.05，** 代表 p<0.01，*** 代表 p<0.001。

不同性别的导师群体在 4 类科研自我效能上均存在显著的内部差异。男导师对自身"创新能力""科研成果转化能力""资源获取与维护能力"和"工作协调能力"的感知均高于女导师。

（4）不同年龄导师科研自我效能差异性分析

根据导师年龄，将导师划分为"35 岁及以下""36~40 岁""41~45 岁""46~50 岁"和"51 岁及以上"这 5 个年龄段，考察不同年龄段的研究生导师在"创新能力""科研成果转化能力""资源获取与维护能力"和"工作协调能力"这 4 类科研自我效能上的差异，ANOVA检验后，差异性分析结果见表 2-5-17。

表 2-5-17 不同年龄导师科研自我效能差异性分析

个人背景		N	平均值	标准差	差异检验 F 值	事后分析
创新能力	35 岁及以下	393	4.81	0.759	3.084*	36~40 岁 >41~45 岁；36~40 岁 >46~50 岁
	36~40 岁	592	4.91	0.824		
	41~45 岁	744	4.76	0.815		
	46~50 岁	572	4.78	0.877		
	51 岁及以上	672	4.84	0.810		
科研成果转化能力	35 岁及以下	393	3.84	1.281	2.233	
	36~40 岁	592	3.79	1.311		
	41~45 岁	744	3.99	1.271		
	46~50 岁	572	3.85	1.351		
	51 岁及以上	672	3.90	1.333		
资源获取与维护能力	35 岁及以下	393	3.74	1.205	2.632*	41~45 岁 >36~40 岁；51 岁及以上 >36~40 岁；51 岁及以上 >46~50 岁
	36~40 岁	592	3.63	1.183		
	41~45 岁	744	3.76	1.250		
	46~50 岁	572	3.65	1.249		
	51 岁及以上	672	3.82	1.223		
工作协调能力	35 岁及以下	393	4.33	1.061	4.755**	36~40 岁、41~45 岁、46~50 岁、51 岁及以上 >35 岁及以下
	36~40 岁	592	4.48	1.002		
	41~45 岁	744	4.57	1.011		
	46~50 岁	572	4.54	1.027		
	51 岁及以上	672	4.58	1.028		

注：* 代表 $p<0.05$，** 代表 $p<0.01$，*** 代表 $p<0.001$。

　　不同年龄段的导师群体在"科研成果转化能力"上不存在显著的内部差异，但在"创新能力""资源获取与维护能力"和"工作协调能力"上均存在显著差异。36~40岁导师的创新能力显著强于41~50岁的导师。36~40岁导师的资源获取与维护能力显著弱于41~45岁和51岁及以上的导师，46~50岁导师的资源获取与维护能力显著弱于51岁及以上的导师。35岁及以下导师的工作协调能力显著弱于其他年龄段的导师。

　　（5）不同学科导师科研自我效能差异性分析

　　根据学科，将导师划分为"人文学科""社会学科""理科""工科"和"交叉学科"这5个学科类型，考察不同学科的研究生导师在"创新能力""科研成果转化能力""资源获取与维护能力"和"工作协调能力"这4类科研自我效能上的差异，ANOVA检验后，差异性分析结果见表2-5-18。

表2-5-18　不同学科导师科研自我效能差异性分析

	个人背景	N	平均值	标准差	差异检验 F值	事后分析
创新能力	人文学科	337	4.83	0.864	4.532**	工科>社会学科；交叉学科>社会学科
	社会学科	530	4.70	0.867		
	理科	303	4.85	0.858		
	工科	1752	4.84	0.794		
	交叉学科	51	5.11	0.666		
科研成果转化能力	人文学科	337	3.71	1.459	15.976***	工科>人文学科；交叉学科>人文学科；工科>社会学科；交叉学科>社会学科；工科>理科；交叉学科>理科
	社会学科	530	3.70	1.316		
	理科	303	3.53	1.406		
	工科	1752	4.02	1.244		
	交叉学科	51	4.27	1.133		
资源获取与维护能力	人文学科	337	3.70	1.294	1.848	
	社会学科	530	3.69	1.296		
	理科	303	3.57	1.168		

续表

个人背景		N	平均值	标准差	差异检验 F 值	事后分析
资源获取与维护能力	工科	1752	3.77	1.200	1.848	
	交叉学科	51	3.73	1.189		
工作协调能力	人文学科	337	4.50	1.097	1.178	
	社会学科	530	4.44	1.058		
	理科	303	4.50	1.022		
	工科	1752	4.55	1.000		
	交叉学科	51	4.51	1.084		

注：＊代表 $p<0.05$，＊＊代表 $p<0.01$，＊＊＊代表 $p<0.001$。

不同学科的导师群体仅在"创新能力"和"科研成果转化能力"上存在显著差异，在"资源获取与维护能力"和"工作协调能力"上不存在显著的内部差异。具体而言，社会学科的导师创新能力显著弱于工科和交叉学科的导师。工科和交叉学科导师的科研成果转化能力显著强于其他三个学科。

（6）不同职务导师科研自我效能差异性分析

根据行政职务，将导师划分为"无行政职务""学院以下行政职务"和"学院及以上行政职务"这 3 种职务担任状态，考察不同职务的研究生导师"创新能力""科研成果转化能力""资源获取与维护能力"和"工作协调能力"这 4 类科研自我效能上的差异，ANOVA 检验后，差异性分析结果见表 2-5-19。

表 2-5-19   不同职务导师科研自我效能差异性分析

	个人背景	N	平均值	标准差	差异检验 F 值	事后分析
创新能力	无行政职务	1856	4.77	0.834	12.346***	学院及以上行政职务 > 无行政职务；学院及以上行政职务 > 学院以下行政职务；学院以下行政职务 > 无行政职务
	学院以下行政职务	844	4.86	0.808		
	学院及以上行政职务	273	5.01	0.748		

续表

	个人背景	N	平均值	标准差	差异检验 F 值	事后分析
科研成果转化能力	无行政职务	1856	3.78	1.308	16.967***	学院及以上行政职务＞无行政职务；学院及以上行政职务＞学院以下行政职务；学院以下行政职务＞无行政职务
	学院以下行政职务	844	4.00	1.314		
	学院及以上行政职务	273	4.20	1.245		
资源获取与维护能力	无行政职务	1856	3.57	1.215	60.036***	学院及以上行政职务＞无行政职务；学院及以上行政职务＞学院以下行政职务；学院以下行政职务＞无行政职务
	学院以下行政职务	844	3.86	1.200		
	学院及以上行政职务	273	4.36	1.117		
工作协调能力	无行政职务	1856	4.43	1.040	32.899***	学院及以上行政职务＞无行政职务；学院及以上行政职务＞学院以下行政职务；学院以下行政职务＞无行政职务
	学院以下行政职务	844	4.58	0.976		
	学院及以上行政职务	273	4.94	0.957		

注：＊代表 $p<0.05$，＊＊代表 $p<0.01$，＊＊＊代表 $p<0.001$。

不同职务状态的导师群体在 4 类科研自我效能上均存在显著的内部差异。担任行政职务的导师创新能力、科研成果转化能力、资源获取与维护能力和工作协调能力均显著强于无行政职务的导师，且导师担任行政职务等级越高，其科研自我效能越强。

（三）研究生导师的科研偏好

1. 研究生导师科研偏好的描述性分析

研究生导师的科研偏好是其科研信念的情感体现。量表的第 1 题旨在测量导师的科研热情；第 2 题旨在测量导师的科研认同感；第 3、4 题旨在测量导师对科研的重要性感知。其中，"我热爱科研工作"得分最高（M=5.08），"科研的回报远高于教学"得分最低（M=4.43）。值得注意的是，虽然"科研的回报远高于教学"在导师的科研偏好中得分最低，但在调查中，这一分值是相对较高的，见表 2-5-20。

表 2-5-20　研究生导师的科研偏好

	平均值	中位数	众数	标准差	方差
1. 我热爱科研工作	5.08	5	6	0.937	0.878

续表

	平均值	中位数	众数	标准差	方差
2. 科研做得好才能教得好	4.54	5	5	1.324	1.754
3. 科研的回报远高于教学	4.43	5	6	1.343	1.804
4. 科研对晋升的重要性远高于教学	4.74	5	6	1.300	1.691

2. 不同背景研究生导师科研偏好的差异分析

不同背景的研究生导师拥有不同的科研偏好，对"科研热情""科研认同感"和"科研重要性感知"与导师的"学校类型""导师身份""性别""年龄""学科"和"行政职务"背景变量进行独立样本 t 检验或 ANOVA 检验。

（1）不同学校导师科研偏好差异性分析

将导师按照学校类型，划分为来自一流大学建设高校与一流学科建设高校的群体，考察来自不同类型高校的研究生导师在"科研热情""科研认同感"和"科研重要性感知"这 3 类科研偏好上的差异，独立样本 t 检验后，差异性分析结果见表 2-5-21。

表 2-5-21　不同学校导师科研偏好差异性分析

	个人背景	N	平均值	标准差	差异检验 t 值
科研热情	一流大学建设高校	886	5.19	0.901	4.35***
	一流学科建设高校	2087	5.03	0.948	
科研认同感	一流大学建设高校	886	4.64	1.302	2.937**
	一流学科建设高校	2087	4.49	1.331	
科研重要性感知	一流大学建设高校	886	4.73	1.145	4.515***
	一流学科建设高校	2087	4.52	1.208	

注：* 代表 $p < 0.05$，** 代表 $p < 0.01$，*** 代表 $p < 0.001$。

来自不同学校的导师群体在"科研热情""科研认同感"和"科研重要性感知"上存在显著差异。来自一流大学建设高校的导师群体的科研热情（M=5.19）、科研认同感（M=4.64）和科研重要性感知（M=4.73）均显著高于来自一流学科建设高校的导师群体。

（2）不同类别导师科研偏好差异性分析

根据导师招收的最高学位研究生类别，将导师划分为博士生导师和硕士生导师，考察不同类别的研究生导师在"科研热情""科研认同感"和"科研重要性感知"这 3 类科研偏好上的差异，独立样本 t 检验后，差异性分析结果见表 2-5-22。

表 2-5-22　不同类别导师科研偏好差异性分析

	个人背景	N	平均值	标准差	差异检验 t 值
科研热情	博士生导师	1029	5.34	0.798	12.006***
	硕士生导师	1944	4.94	0.975	
科研认同感	博士生导师	1029	4.85	1.212	9.754***
	硕士生导师	1944	4.37	1.352	
科研重要性感知	博士生导师	1029	4.65	1.133	2.209*
	硕士生导师	1944	4.55	1.223	

注：* 代表 $p<0.05$，** 代表 $p<0.01$，*** 代表 $p<0.001$。

不同类别的导师群体在 3 类科研偏好上均表现出显著差异。博士生导师群体的科研热情（M=5.34）、科研认同感（M=4.85）和科研重要性感知（M=4.65）均显著高于硕士生导师群体。

（3）不同性别导师科研偏好差异性分析

根据导师性别，将导师划分为女导师和男导师，考察不同性别的研究生导师在"科研热情""科研认同感"和"科研重要性感知"这 3 类科研偏好上的差异，独立样本 t 检验后，差异性分析结果见表 2-5-23。

表 2-5-23　不同性别导师科研偏好差异性分析

	个人背景	N	平均值	标准差	差异检验 t 值
科研热情	男	1853	5.19	0.880	8.257***
	女	1120	4.89	0.997	
科研认同感	男	1853	4.63	1.310	5.004***
	女	1120	4.38	1.333	
科研重要性感知	男	1853	4.65	1.166	3.960***
	女	1120	4.47	1.229	

注：* 代表 $p<0.05$，** 代表 $p<0.01$，*** 代表 $p<0.001$。

不同性别的导师群体在 3 类科研偏好上存在显著的内部差异，男导师的科研热情（M=5.19）、科研认同感（M=4.63）和科研重要性感知（M=4.65）均显著高于女导师。

（4）不同年龄导师科研偏好差异性分析

根据导师年龄，将导师划分为"35 岁及以下""36~40 岁""41~45 岁""46~50 岁"和

"51 岁及以上"这 5 个年龄段，考察不同年龄段的研究生导师在"科研热情""科研认同感"和"科研重要性感知"这 3 类科研偏好上的差异，ANOVA 检验后，差异性分析结果见表 2-5-24。

表 2-5-24   不同年龄导师科研偏好差异性分析

	个人背景	N	平均值	标准差	差异检验 F 值	事后分析
科研热情	35 岁及以下	393	5.2	0.845	4.391**	35 岁及以下 >41~45 岁；35 岁及以下 >46~50 岁；35 岁及以下 >51 岁及以上；36~40 岁 >46~50 岁；36~40 岁 >51 岁及以上
	36~40 岁	592	5.16	0.901		
	41~45 岁	744	5.08	0.920		
	46~50 岁	572	5.00	0.996		
	51 岁及以上	672	5.02	0.977		
科研认同感	35 岁及以下	393	4.70	1.217	6.045***	35 岁及以下 >46~50 岁；36~40 岁 >46~50 岁
	36~40 岁	592	4.66	1.194		
	41~45 岁	744	4.53	1.338		
	46~50 岁	572	4.35	1.447		
	51 岁及以上	672	4.49	1.348		
科研重要性感知	35 岁及以下	393	4.36	1.214	4.966**	36~40 岁 >35 岁及以下；41~45 岁 >35 岁及以下；46~50 岁 >35 岁及以下；51 岁及以上 >35 岁及以下
	36~40 岁	592	4.54	1.197		
	41~45 岁	744	4.61	1.198		
	46~50 岁	572	4.68	1.195		
	51 岁及以上	672	4.65	1.155		

注：* 代表 $p<0.05$，** 代表 $p<0.01$，*** 代表 $p<0.001$。

不同年龄段的导师群体在 3 类科研偏好上均存在显著差异。具体而言，35 岁及以下的导师的科研热情显著高于 41 岁及以上的导师；36~40 岁导师的科研热情显著高于 46 岁及以上的导师。35 岁及以下的导师的科研认同感显著高于 46~50 岁的导师群体；36~40 岁导师的科研认同感显著高于 46~50 岁的导师群体。35 岁及以下的导师群体对科研重要性感知显著低于其他年龄段的导师群体。

（5）不同学科导师科研偏好差异性分析

根据学科，将导师划分为"人文学科""社会学科""理科""工科"和"交叉学科"这 5 个学科类型，考察不同学科的研究生导师在"科研热情""科研认同感"和"科研重要性感知"这 3 类科研偏好上的差异，ANOVA 检验后，差异性分析结果见表 2-5-25。

表 2-5-25　不同学科导师科研偏好差异性分析

	个人背景	N	平均值	标准差	差异检验 F 值	事后分析
科研热情	人文学科	337	4.92	1.092	10.5***	理科 > 人文学科；工科 > 人文学科；交叉学科 > 人文学科；理科 > 社会学科；工科 > 社会学科；交叉学科 > 社会学科
	社会学科	530	4.91	0.933		
	理科	303	5.22	0.887		
	工科	1752	5.13	0.908		
	交叉学科	51	5.29	0.782		
科研认同感	人文学科	337	4.53	1.378	0.184	
	社会学科	530	4.5	1.325		
	理科	303	4.58	1.294		
	工科	1752	4.54	1.319		
	交叉学科	51	4.51	1.347		
科研重要性感知	人文学科	337	4.72	1.223	3.359**	人文学科 > 理科；人文学科 > 工科；社会学科 > 工科
	社会学科	530	4.70	1.195		
	理科	303	4.54	1.161		
	工科	1752	4.54	1.188		
	交叉学科	51	4.43	1.245		

注：* 代表 $p<0.05$，** 代表 $p<0.01$，*** 代表 $p<0.001$。

不同学科的导师群体在"科研认同感"上不存在显著差异，但在"科研热情"和"科研重要性感知"上存在显著的内部差异。具体而言，人文学科和社会学科导师的科研热情显著低于其他学科的导师；人文学科的导师对科研重要性感知显著低于工科和理科的导师，社会学科的导师对科研的重要性感知显著低于工科的导师。

（6）不同职务导师科研偏好差异性分析

根据行政职务，将导师划分为"无行政职务""学院以下行政职务"和"学院及以上行政职务"这 3 种职务担任状态，考察不同职务的研究生导师在"科研热情""科研认同感"和"科研重要性感知"这 3 类科研偏好上的差异，ANOVA 检验后，差异性分析结果见表 2-5-26。

表 2-5-26　不同职务导师科研偏好差异性分析

	个人背景	N	平均值	标准差	差异检验 F 值	事后分析
科研热情	无行政职务	1856	5.06	0.964	5.292**	学院及以上行政职务 > 无行政职务；学院及以上行政职务 > 学院以下行政职务
	学院以下行政职务	844	5.08	0.893		
	学院及以上行政职务	273	5.25	0.869		
科研认同感	无行政职务	1856	4.49	1.344	9.941***	学院及以上行政职务 > 无行政职务；学院及以上行政职务 > 学院以下行政职务
	学院以下行政职务	844	4.53	1.300		
	学院及以上行政职务	273	4.87	1.215		
科研重要性感知	无行政职务	1856	4.49	1.235	15.508***	学院及以上行政职务 > 无行政职务；学院以下行政职务 > 无行政职务
	学院以下行政职务	844	4.76	1.090		
	学院及以上行政职务	273	4.70	1.144		

注：* 代表 $p<0.05$，** 代表 $p<0.01$，*** 代表 $p<0.001$。

不同职务状态的导师群体在"科研热情""科研认同感"和"科研重要性感知"上均存在显著的内部差异。担任学院及以上行政职务的导师的科研热情和科研认同感显著高于担任学院以下行政职务和无行政职务的导师。无行政职务的导师对科研重要性的感知显著低于担任行政职务的导师。

（四）导师对研究生科研能力归因

1. 导师对研究生科研能力归因的描述性分析

导师对研究生科研能力的归因一方面体现了其对科研能力能否后天培养，能在多大程度上进行培养的信念；另一方面则反映了导师对研究生的培养方式。那些认为"研究生的科研能力主要取决于努力程度"的导师可能比那些认为"研究生的科研能力主要取决于天赋"的导师对研究生的要求更严格，在研究生的培养过程中可能更上心（见表 2-5-27）。

表 2-5-27　研究生的科研能力主要取决于天赋

	频率	百分比 /%	累积百分比 /%
不同意	250	8.40	8.40
比较不同意	407	13.70	22.10
有点不同意	813	27.30	49.40
有点同意	874	29.40	78.80

	频率	百分比 /%	累积百分比 /%
比较同意	474	15.90	94.80
同意	155	5.20	100.00
总计	2973	100.00	

从表 2-5-27 中可以看出，超过 50% 的导师对"研究生的科研能力主要取决于天赋"持不同程度的支持态度，但 90% 左右的导师更认同"研究生的科研能力主要取决于努力程度"（见表 2-5-28）。

表 2-5-28　研究生的科研能力主要取决于努力程度

	频率	百分比 /%	累积百分比 /%
不同意	16	0.50	0.50
比较不同意	36	1.20	1.70
有点不同意	131	4.40	6.20
有点同意	701	23.60	29.70
比较同意	1267	42.60	72.40
同意	822	27.60	100.00
总计	2973	100.00	

2. 不同背景研究生导师对研究生科研能力归因的差异分析

不同背景的研究生导师对研究生科研能力的归因不同，将"研究生的科研能力主要取决于天赋"和"研究生的科研能力主要取决于努力程度"分别与导师的"学校类型""导师身份""性别""年龄""学科"和"行政职务"背景变量进行独立样本 t 检验或 ANOVA 检验。

（1）不同学校导师对研究生科研能力归因的差异性分析

将导师按照学校类型，划分为来自一流大学建设高校与一流学科建设高校的群体，考察来自不同类型高校的研究生导师在"研究生的科研能力主要取决于天赋"和"研究生的科研能力主要取决于努力程度"这 2 类观念上的差异，独立样本 t 检验后，差异性分析结果见表 2-5-29。

表 2-5-29　不同学校导师对研究生科研能力归因差异性分析

	个人背景	N	平均值	标准差	差异检验 t 值
研究生的科研能力主要取决于天赋	一流大学建设高校	886	3.52	1.274	1.673
	一流学科建设高校	2087	3.44	1.293	
研究生的科研能力主要取决于努力程度	一流大学建设高校	886	4.90	0.947	0.270
	一流学科建设高校	2087	4.89	0.929	

来自不同学校的导师群体在"研究生的科研能力主要取决于天赋"和"研究生的科研能力主要取决于努力程度"这两类观念上均不存在内部差异。

（2）不同类别导师对研究生科研能力归因的差异性分析

根据导师招收的最高学位研究生类别，将导师划分为博士生导师和硕士生导师，考察不同类别的研究生导师在"研究生的科研能力主要取决于天赋"和"研究生的科研能力主要取决于努力程度"这 2 类观念上的差异，独立样本 t 检验后，差异性分析结果见表 2-5-30。

表 2-5-30　不同类别导师对研究生科研能力归因差异性分析

	个人背景	N	平均值	标准差	差异检验 t 值
研究生的科研能力主要取决于天赋	博士生导师	1029	3.63	1.285	5.029***
	硕士生导师	1944	3.38	1.282	
研究生的科研能力主要取决于努力程度	博士生导师	1029	4.98	0.93	3.574***
	硕士生导师	1944	4.85	0.934	

注：* 代表 $p < 0.05$，** 代表 $p < 0.01$，*** 代表 $p < 0.001$。

不同类别的导师群体在 2 类观念上存在内部差异。博士生导师对将研究生科研能力归因于"天赋"和"努力程度"的认同度均显著高于硕士生导师。总体而言，导师对将研究生科研能力归因于"努力程度"的认同度高于"天赋"，但在"天赋"对科研能力的重要性上，不同类别导师之间的分歧较大。

（3）不同性别导师对研究生科研能力归因的差异性分析

根据导师性别，将导师划分为女导师和男导师，考察不同性别的研究生导师在"研究生的科研能力主要取决于天赋"和"研究生的科研能力主要取决于努力程度"这 2 类观念上的差异，独立样本 t 检验后，差异性分析结果见表 2-5-31。

表 2-5-31　不同性别导师对研究生科研能力归因差异性分析

	个人背景	N	平均值	标准差	差异检验 t 值
研究生的科研能力主要取决于天赋	男	1853	3.52	1.300	3.293**
	女	1120	3.36	1.262	
研究生的科研能力主要取决于努力程度	男	1853	4.90	0.951	0.530
	女	1120	4.88	0.906	

注：＊代表 p<0.05，＊＊代表 p<0.01，＊＊＊代表 p<0.001。

不同性别的导师群体对"研究生的科研能力主要取决于努力程度"这一观点持较一致的态度，但在"研究生的科研能力主要取决于天赋"这一观念上存在显著差异，男导师比女导师更加认同天赋对于研究生科研能力养成的重要性。

（4）不同年龄导师对研究生科研能力归因的差异性分析

根据导师年龄，将导师划分为"35 岁及以下""36~40 岁""41~45 岁""46~50 岁"和"51 岁及以上"这 5 个年龄段，考察不同年龄段的研究生导师在"研究生的科研能力主要取决于天赋"和"研究生的科研能力主要取决于努力程度"这 2 类观念上的差异，ANOVA 检验后，差异性分析结果见表 2-5-32。

表 2-5-32　不同年龄导师对研究生科研能力归因差异性分析

	个人背景	N	平均值	标准差	差异检验 F 值	事后分析
研究生的科研能力主要取决于天赋	35 岁及以下	393	3.44	1.269	2.821*	36~40 岁 >51 岁及以上；46~50 岁 >51 岁及以上
	36~40 岁	592	3.43	1.281		
	41~45 岁	744	3.47	1.305		
	46~50 岁	572	3.36	1.297		
	51 岁及以上	672	3.59	1.272		
研究生的科研能力主要取决于努力程度	35 岁及以下	393	4.82	0.885	2.337	
	36~40 岁	592	4.91	0.925		
	41~45 岁	744	4.87	0.956		
	46~50 岁	572	4.87	0.961		
	51 岁及以上	672	4.98	0.920		

注：＊代表 p<0.05，＊＊代表 p<0.01，＊＊＊代表 p<0.001。

不同年龄段的导师群体对"研究生的科研能力主要取决于努力程度"这一观点持较一致的态度，但在"研究生的科研能力主要取决于天赋"这一观念上存在显著差异，51岁及以上的导师比36~40岁和46~50岁这两个年龄段的导师更加认可天赋对于研究生科研能力的重要性。

（5）不同学科导师对研究生科研能力归因的差异性分析

根据学科，将导师划分为"人文学科""社会学科""理科""工科"和"交叉学科"这5个学科类型，考察不同学科的研究生导师在"研究生的科研能力主要取决于天赋"和"研究生的科研能力主要取决于努力程度"这2类观念上的差异，ANOVA检验后，差异性分析结果见表2-5-33。

表2-5-33　不同学科导师对研究生科研能力归因差异性分析

	个人背景	N	平均值	标准差	差异检验 F 值	事后分析
研究生的科研能力主要取决于天赋	人文学科	337	3.59	1.281	2.867*	人文学科 > 交叉学科
	社会学科	530	3.43	1.346		
	理科	303	3.50	1.329		
	工科	1752	3.46	1.263		
	交叉学科	51	2.96	1.216		
研究生的科研能力主要取决于努力程度	人文学科	337	4.85	0.884	0.741	
	社会学科	530	4.94	0.935		
	理科	303	4.89	0.905		
	工科	1752	4.89	0.952		
	交叉学科	51	5.00	0.800		

注：* 代表 $p<0.05$，** 代表 $p<0.01$，*** 代表 $p<0.001$。

不同学科的导师群体在"研究生的科研能力主要取决于努力程度"这一观念上不存在显著差异，但在"研究生的科研能力主要取决于天赋"这一观念上存在显著差异，人文学科的导师比交叉学科的导师更加认可天赋对于研究生科研能力的重要性。

（6）不同职务导师对研究生科研能力归因的差异性分析

根据行政职务，将导师划分为"无行政职务""学院以下行政职务"和"学院及以上行政职务"这3种职务担任状态，考察不同职务的研究生导师在"研究生的科研能力主要取决于天赋"和"研究生的科研能力主要取决于努力程度"这2类观念上的差异，ANOVA检验后，差异性分析结果见表2-5-34。

表 2-5-34　不同职务导师对研究生科研能力归因差异性分析

个人背景		N	平均值	标准差	差异检验 F 值	事后分析
研究生的科研能力主要取决于天赋	无行政职务	1856	3.44	1.278	1.135	
	学院以下行政职务	844	3.50	1.316		
	学院及以上行政职务	273	3.53	1.266		
研究生的科研能力主要取决于努力程度	无行政职务	1856	4.86	0.934	5.476**	学院及以上行政职务 >无行政职务；学院及以上行政职务 >学院以下行政职务
	学院以下行政职务	844	4.91	0.962		
	学院及以上行政职务	273	5.06	0.827		

注：* 代表 p<0.05，** 代表 p<0.01，*** 代表 p<0.001。

不同职务状态的导师群体在"研究生的科研能力主要取决于天赋"这一观念上不存在显著的内部差异，但对"研究生的科研能力主要取决于努力程度"这一观念持差异态度。担任学院及以上行政职务的导师对"研究生的科研能力主要取决于努力程度"的认可度显著高于担任学院以下行政职务和无行政职务的导师。

（五）导师对成为一名成功学者的归因

让导师对"影响教师成为一名成功的学者最重要的因素"进行多项选择，最多选择 3 项。7 个选项分别赋值为"0"和"1"，若导师选择此选项，则此选项值为 1。因此，均值体现了选择人数的比例，表 2-5-35 将导师认为"影响教师成为一名成功的学者最重要的因素"从高到低排序，可以看出，超过 80% 的导师认为"工作努力程度"对成为一名成功的学者具有重要影响，其次是"对工作的兴趣和热爱""导师帮助"和"聪慧"。这表明，导师群体认为，工作投入与工作偏好是形塑一名成功学者最重要的因素，但人际网络和社会支持也在其中发挥着不可或缺的作用，相对而言，家庭成长环境的作用较小。

表 2-5-35　成功学者的形成因素（N=2973）

	均值	标准差	方差
1. 工作努力程度	0.84	0.364	0.133
2. 对工作的兴趣和热爱	0.56	0.496	0.246
3. 导师帮助	0.39	0.488	0.238
4. 聪慧	0.32	0.466	0.217
5. 好奇心、冒险精神等	0.29	0.454	0.207
6. 运气	0.23	0.423	0.179
7. 家庭成长环境	0.22	0.412	0.170

四、研究生导师的指导方式现状与影响因素分析

研究生导师的指导方式主要包含导生交流频率与仁慈型、权威型和德行型这三类指导风格。

（一）导师与研究生的交流频率

1. 导师与研究生交流频率的描述分析

表 2-5-36 的统计结果显示，导师与研究生每个月的交流频率大致以 6 次为分界线，大部分导师的导生交流频率为每月 4-6 次或 10 次及以上，但也能看到，约 20% 的导师每月与研究生的交流频率在 1-3 次。

表 2-5-36   与研究生每月的交流频率（N=2973）

	频率	百分比 /%	累积百分比 /%
1—3 次	562	18.90	18.90
4—6 次	1013	34.10	53.00
7—9 次	377	12.70	65.70
10 次及以上	1021	34.30	100.00

2. 不同背景研究生导师导生交流频率的差异分析

不同背景的研究生导师导生交流频率存在差异，将其视为连续变量，对导生交流频率与导师的"学校类型""导师身份""性别""年龄""学科"和"行政职务"背景变量进行独立样本 t 检验或 ANOVA 检验，见表 2-5-37。

表 2-5-37   不同背景导师导生交流频率差异性分析

	个人背景	N	平均值	标准差	差异检验 t 值 /F 值	事后分析
学校类型	一流学科建设高校	2087	2.64	1.143	0.894	—
	一流大学建设高校	886	2.60	1.133		
导师身份	硕士生导师	1944	2.52	1.134	-6.789^{***}	—
	博士生导师	1029	2.82	1.127		
性别	女	1120	2.60	1.148	-0.783	—
	男	1853	2.64	1.136		

个人背景		N	平均值	标准差	差异检验 t 值 /F 值	事后分析
年龄	35 岁及以下	393	2.72	1.101	5.485***	51 岁及以上 <35 岁及以下、36~40 岁、41~45 岁、46~50 岁；46~50 岁 <36~40 岁
	36~40 岁	592	2.73	1.122		
	41~45 岁	744	2.65	1.137		
	46~50 岁	572	2.60	1.149		
	51 岁及以上	672	2.47	1.159		
学科	人文学科	337	2.04	1.094	48.659***	人文学科 <社会学科、理科、工科、交叉学科；社会学科 <理科、工科
	社会学科	530	2.30	1.104		
	理科	303	2.84	1.112		
	工科	1752	2.80	1.104		
	交叉学科	51	2.69	1.175		
行政职务	无行政职务	1856	2.64	1.146	0.548	—
	学院以下行政职务	844	2.59	1.142		
	学院及以上行政职务	273	2.62	1.092		

注：* 代表 p<0.05，** 代表 p<0.01，*** 代表 p<0.001。

差异分析结果显示，导生交流频率在不同类别、年龄和学科的导师之间存在显著差异。具体而言，博士生导师日常与研究生的交流频率显著高于硕士生导师；年龄较小的导师与研究生的交流频率相对较高，51 岁及以上的导师与研究生的交流频率显著低于 50 岁及以下的导师，46~50 岁导师与研究生的交流频率显著低于 36~40 岁的导师；人文学科的导师与研究生的交流频率显著低于其他学科；社会学科的导师与研究生的交流频率显著低于理科和工科。

（二）导师的指导风格

1. 研究生导师指导风格的描述性分析

如表 2-5-38 所示，导师指导风格量表改编自郑伯埙等人的职场领域的家长式领导量表。[①] 量表的第 1、2 题旨在测量导师对研究生的帮助与关心；第 3、4 题旨在测量导师对研究生科研

---

① 郑伯埙，周丽芳，黄敏萍，等. 家长式领导的三元模式：中国大陆企业组织的证据 [J]. 本土心理科研究，2000，（14）：3-64.

进程的指挥与监督状态；第 5、6 题旨在测量导师对待研究生的公正性与对学生的德育情况。其中，"我努力成为学生做人做学问的榜样"得分最高（M=5.54），"我希望研究生在学术上听从我的安排"得分最低（M=4.36）。[①]

表 2-5-38　导师指导风格

	平均值	中位数	众数	标准差	方差
1. 我经常鼓励并帮助我的研究生	5.52	6	6	0.647	0.419
2. 我关心研究生的学习与生活	5.46	6	6	0.698	0.487
3. 我希望研究生在学术上听从我的安排	4.36	4	4	1.129	1.274
4. 我为研究生设定科研目标并定期检查进度	5.06	5	5	0.879	0.772
5. 我平等对待所有指导的研究生	5.49	6	6	0.705	0.498
6. 我努力成为学生做人做学问的榜样	5.54	6	6	0.674	0.454

2. 研究生导师指导风格的因子分析

为了用较少的因子反映这 6 个问题的内容，进一步对导师指导风格量表进行探索性因子分析。采用主成分分析法提取因子，最大方差法进行因子旋转。共提取 3 个公因子，对此模型进行 KMO 和巴特利特检验，结果如表 2-5-39 所示，KMO 量数为 0.806，大于 0.7，表明适合做因子分析。巴特利特球形度检验卡方值小于 0.001，非常显著。

表 2-5-39　导师指导风格因子分析的 KMO 和巴特利特检验

KMO 取样适切性量数		0.806
巴特利特球形度检验	近似卡方	8998.558
	自由度	15
	显著性	0.000

表 2-5-40 是转轴后的成分矩阵，按照因子负荷的大小排序，根据载荷量较大的变量命名公因子，将 3 个公因子分别命名为："仁慈型指导风格""德行型指导风格"和"权威型指导风格"，保存公因数得分以备后续分析使用。

---

① 张宝生，李鑫，张庆普. 家长式导师风格对研究生科研创造力的影响机制研究：学术激情与科研自我效能感的作用［J］. 技术经济，2021，40（6）：177-188.

表 2-5-40　导师指导风格旋转后的成分矩阵

		成分		
		1	2	3
仁慈型指导风格	2. 我关心研究生的学习与生活	0.891	0.312	0.152
	1. 我经常鼓励并帮助我的研究生	0.877	0.346	0.148
德行型指导风格	5. 我平等对待所有指导的研究生	0.307	0.870	0.075
	6. 我努力成为学生做人做学问的榜样	0.499	0.719	0.109
权威型指导风格	3. 我希望研究生在学术上听从我的安排	0.077	−0.052	0.925
	4. 我为研究生设定科研目标并定期检查进度	0.228	0.444	0.681

3. 不同背景研究生导师指导方式的差异分析

不同背景的研究生导师指导方式存在差异，对"仁慈型指导风格""权威型指导风格"和"德行型指导风格"与导师的"学校类型""导师身份""性别""年龄""学科"和"行政职务"背景变量进行独立样本 t 检验或 ANOVA 检验。

（1）不同学校导师研究生指导风格差异性分析

将导师按照学校类型，划分为来自一流大学建设高校与一流学科建设高校的群体，考察来自不同类型高校的研究生导师在"仁慈型指导风格""权威型指导风格"和"德行型指导风格"这 3 类研究生指导风格上的差异，独立样本 t 检验后，差异性分析结果见表 2-5-41。

表 2-5-41　不同学校导师研究生指导风格差异性分析

	个人背景	N	平均值	标准差	差异检验 t 值
仁慈型指导风格	一流大学建设高校	886	5.49	0.644	0.015
	一流学科建设高校	2087	5.49	0.645	
权威型指导风格	一流大学建设高校	886	4.66	0.883	−2.257*
	一流学科建设高校	2087	4.74	0.836	
德行型指导风格	一流大学建设高校	886	5.51	0.649	−0.234
	一流学科建设高校	2087	5.51	0.622	

注：* 代表 $p<0.05$，** 代表 $p<0.01$，*** 代表 $p<0.001$。

来自不同学校的导师群体仅在"权威型指导风格"上表现出显著差异，在"仁慈型指导风格"和"德行型指导风格"上并不存在内部差异。来自一流学科建设高校的导师群体对学生的指挥与监督（M=4.74）显著强于来自一流大学建设高校的导师群体（M=4.66）。

（2）不同类别导师研究生指导风格差异性分析

根据导师招收的最高学位研究生类别，将导师划分为博士生导师和硕士生导师，考察不同类别的研究生导师在"仁慈型指导风格""权威型指导风格"和"德行型指导风格"这3类研究生指导风格上的差异，独立样本 t 检验后，差异性分析结果见表2-5-42。

表2-5-42   不同类别导师研究生指导风格差异性分析

	个人背景	N	平均值	标准差	差异检验 t 值
仁慈型指导风格	博士生导师	1029	5.58	0.596	5.372***
	硕士生导师	1944	5.45	0.665	
权威型指导风格	博士生导师	1029	4.79	0.853	3.509***
	硕士生导师	1944	4.67	0.847	
德行型指导风格	博士生导师	1029	5.58	0.571	4.324***
	硕士生导师	1944	5.48	0.656	

注：* 代表 $p<0.05$，** 代表 $p<0.01$，*** 代表 $p<0.001$。

不同类别的导师群体在3类研究生指导风格上均表现出显著差异。博士生导师群体的3类指导风格均显著强于硕士生导师群体。

（3）不同性别导师研究生指导风格差异性分析

根据导师性别，将导师划分为女导师和男导师，考察不同性别的研究生导师在"仁慈型指导风格""权威型指导风格"和"德行型指导风格"这3类研究生指导风格上的差异，独立样本 t 检验后，差异性分析结果见表2-5-43。

表2-5-43   不同性别导师研究生指导风格差异性分析

	个人背景	N	平均值	标准差	差异检验 t 值
仁慈型指导风格	男	1853	5.45	0.652	-4.316***
	女	1120	5.56	0.628	
权威型指导风格	男	1853	4.74	0.834	2.320*
	女	1120	4.67	0.875	
德行型指导风格	男	1853	5.48	0.637	-4.221***
	女	1120	5.57	0.613	

注：* 代表 $p<0.05$，** 代表 $p<0.01$，*** 代表 $p<0.001$。

不同性别的导师群体在"仁慈型指导风格""权威型指导风格"和"德行型指导风格"这3类研究生指导风格上均存在显著的内部差异。女导师对学生的帮助与关心（M=5.56）和德育（M=5.57）方面的得分显著高于男导师。而男导师对学生的指挥与监督程度（M=4.74）显著高于女导师。

（4）不同年龄导师研究生指导风格差异性分析

根据导师年龄，将导师划分为"35岁及以下""36~40岁""41~45岁""46~50岁"和"51岁及以上"这5个年龄段，考察不同年龄段的研究生导师在"仁慈型指导风格""权威型指导风格"和"德行型指导风格"这3类研究生指导风格上的差异，ANOVA检验后，差异性分析结果见表2-5-44。

表2-5-44　不同年龄导师研究生指导风格差异性分析

	个人背景	N	平均值	标准差	差异检验 F 值	事后分析
仁慈型指导风格	35 岁及以下	393	5.41	0.665	3.357**	41~45 岁 >35 岁及以下；46~50 岁 >35 岁及以下；51 岁及以上 >35 岁及以下；46~50 岁 >36~40 岁
	36~40 岁	592	5.45	0.65		
	41~45 岁	744	5.51	0.631		
	46~50 岁	572	5.54	0.658		
	51 岁及以上	672	5.51	0.626		
权威型指导风格	35 岁及以下	393	4.74	0.778	2.477*	36~40 岁 >51 岁及以上；41~45 岁 >51 岁及以上
	36~40 岁	592	4.76	0.809		
	41~45 岁	744	4.75	0.864		
	46~50 岁	572	4.7	0.892		
	51 岁及以上	672	4.63	0.871		
德行型指导风格	35 岁及以下	393	5.44	0.65	5.482***	46~50 岁 >35 岁及以下；46~50 岁 >36~40 岁；51 岁及以上 >35 岁及以下；51 岁及以上 >36~40 岁
	36~40 岁	592	5.44	0.659		
	41~45 岁	744	5.53	0.619		
	46~50 岁	572	5.57	0.627		
	51 岁及以上	672	5.56	0.598		

注：* 代表 $p<0.05$，** 代表 $p<0.01$，*** 代表 $p<0.001$。

不同年龄段的导师群体在 3 类研究生指导风格上均存在显著差异。35 岁及以下导师帮助与关心研究生的程度显著低于 41 岁及以上的导师；36~40 岁导师帮助与关心研究生的程度也显著低于 46~50 岁的导师。31~45 岁导师对研究生的指挥与监督程度显著高于 51 岁及以上的导师。46~50 岁和 51 岁及以上的导师的德行型指导风格显著强于 35 岁及以下和 36~40 岁的导师。

（5）不同学科导师研究生指导风格差异性分析

根据学科，将导师划分为"人文学科""社会学科""理科""工科"和"交叉学科"这 5 个学科类型，考察不同学科的研究生导师在"仁慈型指导风格""权威型指导风格"和"德行型指导风格"这 3 类研究生指导风格上的差异，ANOVA 检验后，差异性分析结果见表 2-5-45。

表 2-5-45　不同学科导师研究生指导风格差异性分析

	个人背景	N	平均值	标准差	差异检验 F 值	事后分析
仁慈型指导风格	人文学科	337	5.53	0.644	0.760	
	社会学科	530	5.49	0.641		
	理科	303	5.44	0.68		
	工科	1752	5.49	0.638		
	交叉学科	51	5.5	0.707		
权威型指导风格	人文学科	337	4.54	0.924	14.11***	工科 > 人文学科；工科 > 社会学科
	社会学科	530	4.54	0.981		
	理科	303	4.68	0.844		
	工科	1752	4.8	0.779		
	交叉学科	51	4.78	0.838		
德行型指导风格	人文学科	337	5.58	0.584	1.533	
	社会学科	530	5.53	0.623		
	理科	303	5.46	0.653		
	工科	1752	5.5	0.633		
	交叉学科	51	5.51	0.731		

注：* 代表 p<0.05，** 代表 p<0.01，*** 代表 p<0.001。

不同学科的导师群体仅在对研究生的"权威型指导风格"上存在显著差异，在"仁慈型指导风格"和"德行型指导风格"上不存在显著的内部差异。具体而言，工科的导师对研究生的指挥与监督显著强于人文和社会学科的导师。

（6）不同职务导师研究生指导风格差异性分析

根据行政职务，将导师划分为"无行政职务""学院以下行政职务"和"学院及以上行政职务"这3种职务担任状态，考察不同职务的研究生导师在"仁慈型指导风格""权威型指导风格"和"德行型指导风格"这3类研究生指导风格上的差异，ANOVA检验后，差异性分析结果见表2-5-46。

表2-5-46　不同职务导师研究生指导风格差异性分析

个人背景		N	平均值	标准差	差异检验 F 值	事后分析
仁慈型指导风格	无行政职务	1856	5.46	0.665	6.867**	学院及以上行政职务 > 无行政职务；学院以下行政职务 > 无行政职务
	学院以下行政职务	844	5.53	0.609		
	学院及以上行政职务	273	5.58	0.597		
权威型指导风格	无行政职务	1856	4.67	0.854	6.955**	学院及以上行政职务 > 无行政职务；学院以下行政职务 > 无行政职务
	学院以下行政职务	844	4.79	0.822		
	学院及以上行政职务	273	4.78	0.895		
德行型指导风格	无行政职务	1856	5.5	0.649	2.838	
	学院以下行政职务	844	5.53	0.604		
	学院及以上行政职务	273	5.59	0.567		

注：＊代表 $p<0.05$，＊＊代表 $p<0.01$，＊＊＊代表 $p<0.001$。

不同职务状态的导师群体在对研究生的"仁慈型指导风格"和"指挥与监督"上存在显著差异。担任行政职务的导师对研究生的帮助与关心、指挥与监督均显著强于无行政职务的导师。

（三）导师指导方式的影响因素

1. 变量及描述性统计

本研究主要从导师科研信念、性格特点和制度环境感知三个方面出发探究研究生导师指导方式的影响因素。根据4个因变量、20个自变量与6个控制变量建立四个回归方程模型。因变量、自变量和控制变量的具体内容见表2-5-47，现对部分变量作相关说明。

因变量1为导生交流频率，"1—3次"表示为1，"4—6次""7—9次"和"10次及以上"以此类推表示为因变量2、3、4，将其视为连续变量，分值越高表示导师与研究生的交流频率越高。因变量2为导师对研究生的"仁慈型指导风格"，采用李克特六分量表，正向计分，1至6代表"不同意"到"同意"，平均值越高，表示导师对研究生的帮助与关心越多。因变量 3 为导师对研究生的"权威型指导风格",采用李克特六分量表,正向计分,1 至 6 代表"不同意"到"同意",平均值越高,表示导师对研究生的指挥与监督越强。因变量 4 为导师对研究生的"德行型指导风格",采用李克特六分量表,正向计分,1 至 6 代表"不同意"到"同意",平均值越高,表示导师对待研究生越公平,并更好地起到以身作则的表率作用。

自变量为导师科研信念、性格特点和制度环境感知。其中,科研信念包括导师学术职业价值观、科研自我效能、科研偏好和对研究生科研能力的归因。导师学术职业价值观测量研究生导师最初选择学术职业的原因,包含"工作成就感""工作回报"和"工作环境"三个维度,采用李克特六分量表测量,1 代表"不符合",6 代表"符合"。科研自我效能用"创新能力""科研成果转化能力""资源获取与维护能力"和"工作协调能力"四个维度衡量,采用李克特六分量表,1 代表"弱",6 代表"强"。科研偏好通过"科研热情""科研认同感"和"科研重要性感知"来体现,采用李克特六分量表测量,1 代表"不同意",6 代表"同意"。对研究生科研能力的归因包括"研究生的科研能力主要取决于努力程度"和"研究生的科研能力主要取决于天赋"这两种观念,通过李克特六分量表测量,1 代表"不同意",6 代表"同意"。性格特点通过导师对"大五人格"五个维度的自评进行表征,分别为外倾性、宜人性、尽责性、情绪稳定性及开放性,通过李克特六分量表测量,1 代表"不符合",6 代表"符合"。制度环境感知包括"管理与评价制度""资源分配制度"和"总体的制度感知",采用李克特六分量表测量,1 代表"不同意",6 代表"同意"。

此外,为排除个人背景特征对回归模型的影响,本研究将导师的"学校类型""导师身份""性别""年龄""学科"和"行政职务"背景变量作为控制变量。学校类型包括一流学科建设高校(参照组)和一流大学建设高校;导师身份包括硕士生导师(参照组)和博士生导师;性别包括女(参照组)和男;年龄包括"35 岁及以下"(参照组)"36~40 岁""41~45 岁""46~50 岁"和"51 岁以上"这 5 个年龄段;学科包括"人文学科"(参照组)"社会学科""理科""工科"和"交叉学科"这 5 个学科类型;行政职务包括"无行政职务"(参照组)"学院以下行政职务"及"学院及以上行政职务"这 3 种职务担任状态。

表 2-5-47　研究生导师指导方式的影响因素分析的变量说明

变量名	变量类型	样本数	最小值	最大值	均值	标准差
因变量						
导生交流频率	连续变量	2973	1	4	2.62	1.140
仁慈型指导风格	连续变量	2973	3	6	5.49	0.645
权威型指导风格	连续变量	2973	1	6	4.71	0.850
德行型指导风格	连续变量	2973	2	6	5.51	0.630

变量名		变量类型	样本数	最小值	最大值	均值	标准差
自变量							
一、科研信念							
学术职业价值观	工作成就感	连续变量	2973	1	6	4.84	0.877
	工作回报	连续变量	2973	1	6	3.80	1.091
	工作环境	连续变量	2973	1	6	4.49	1.089
科研自我效能	创新能力	连续变量	2973	1	6	4.82	0.822
	科研成果转化能力	连续变量	2973	1	6	3.88	1.311
	资源获取与维护能力	连续变量	2973	1	6	3.72	1.226
	工作协调能力	连续变量	2973	1	6	4.52	1.026
科研偏好	科研热情	连续变量	2973	1	6	5.08	0.937
	科研认同感	连续变量	2973	1	6	4.54	1.324
	科研重要性感知	连续变量	2973	1	6	4.59	1.193
对研究生科研能力的归因	主要取决于努力程度	连续变量	2973	1	6	4.89	0.934
	主要取决于天赋	连续变量	2973	1	6	3.46	1.288
二、性格特点							
外倾性		连续变量	2973	1	6	4.55	1.240
宜人性		连续变量	2973	1	6	4.66	1.139
尽责性		连续变量	2973	1	6	2.50	1.360
情绪稳定性		连续变量	2973	1	6	3.00	1.460
开放性		连续变量	2973	1	6	4.61	1.057
三、制度环境感知							
管理与评价制度		连续变量	2973	1	6	3.55	1.301
资源分配制度		连续变量	2973	1	6	3.52	1.247
总体的制度感知		连续变量	2973	1	6	3.15	1.349

续表

变量名		变量类型	样本数	最小值	最大值	均值	标准差
		控制变量					
学校类型	一流学科建设高校	虚拟变量	2087	—	—	—	—
	一流大学建设高校	虚拟变量	886	—	—	—	—
导师身份	硕士生导师	虚拟变量	1944	—	—	—	—
	博士生导师	虚拟变量	1029	—	—	—	—
性别	女	虚拟变量	1120	—	—	—	—
	男	虚拟变量	1853	—	—	—	—
年龄	35 岁及以下	虚拟变量	393	—	—	—	—
	36~40 岁	虚拟变量	592	—	—	—	—
	41~45 岁	虚拟变量	744	—	—	—	—
	46~50 岁	虚拟变量	572	—	—	—	—
	51 岁及以上	虚拟变量	672	—	—	—	—
学科	人文学科	虚拟变量	337	—	—	—	—
	社会学科	虚拟变量	530	—	—	—	—
	理科	虚拟变量	303	—	—	—	—
	工科	虚拟变量	1752	—	—	—	—
	交叉学科	虚拟变量	51	—	—	—	—
行政职务	无行政职务	虚拟变量	1856	—	—	—	—
	学院以下行政职务	虚拟变量	844	—	—	—	—
	学院及以上行政职务	虚拟变量	273	—	—	—	—

2. 研究结果

（1）导生交流频率的影响因素分析

多重共线性诊断结果显示，方差膨胀因子（variance inflation factor, VIF）位于 1.085 与 3.568 之间，均小于 5，因此模型不存在严重的多重共线性问题。从导生交流频率回归模型的结果（表 2-5-48）可知，在控制导师背景变量的情况下，导生交流频率受导师学术职业价值观、科研偏好、性格特点等多重因素的共同影响。导师越重视工作回报、认为科研对职称晋升越重要，其与研究生的交流频率越低；导师越热爱科研，与研究生的交流越频繁。外向，开朗、易接受新事物，爱创新和冒险的导师更乐意与研究生交流；导师如果更关心自己的事，则更不愿意与研究生交流。对制度环境感知并未影响导生交流频率。在科研信念中，导师的科研热情最能显著预测其与研究生的交流频率；在性格特点上，导师的外倾性水平比尽责性和开放性对导生交流频率的影响更大。导师对科研发自内心的热爱在一定程度上体现为创新观点与思想的迸发，当其迫切地想要验证新观点时，理工科的导师需要研究生通过实验帮其检验，人文社科的导师虽然更擅长独立研究，但可能也需要学生帮其搜集相关材料。因此，导师的科研热情通过研究生作为其科研助手实现导生交流频率的增加。计划行为理论（TPB）提出，行为态度决定行为意向，进而影响实际行为。[①] 越是活泼外向的导师与他人沟通交流的愿望越强烈，因此，在与他人交往的意愿影响下，导师与学生的交流频率增加。

表 2-5-48　导生交流频率的影响因素分析结果

			β	t
科研信念	学术职业价值观	工作成就感	0.022	0.992
		工作回报	−0.041*	−2.026
		工作环境	−0.016	−0.741
	科研自我效能	创新能力	0.033	1.298
		科研成果转化能力	0.037	1.645
		资源获取与维护能力	−0.015	−0.630
		工作协调能力	0.016	0.649
	科研偏好	科研热情	0.066**	2.709
		科研认同感	−0.037	−1.754
		科研重要性感知	−0.059**	−3.226
	研究生科研能力归因	主要取决于努力程度	0.001	0.083
		主要取决于天赋	−0.023	−1.267
性格特点	外倾性		0.063**	2.936
	宜人性		0.017	0.791

① AJZEN I. Action Control: From Intentions to Actions: A Theory of Planned Behavior［M］. Berlin, Heidelberg, Springer : 1985: 11–39.

续表

			β	t
性格特点		尽责性	−0.045*	−2.325
		情绪稳定性	0.018	0.939
		开放性	0.058**	2.754
制度环境感知		管理与评价制度	0.032	1.045
		资源分配制度	−0.020	−0.618
		总体的制度感知	−0.037	−1.237
背景特征（控制变量）		学校	−0.036	−1.961
		导师类型	0.108***	5.348
		性别	−0.058**	−3.097
	年龄	36~40 岁	0.001	0.027
		41~45 岁	−0.014	−0.529
		46~50 岁	−0.028	−1.095
		51 岁及以上	0.087**	−3.225
	学科	社会学科	0.087**	3.429
		理科	0.187***	7.962
		工科	0.289***	9.953
		交叉学科	0.055**	2.966
	行政职务	学院以下	−0.016	−0.884
		学院及以上	−0.008	−0.427
F			12.610***	
调整后 R^2			0.114	

注：* 代表 $p<0.05$，** 代表 $p<0.01$，*** 代表 $p<0.001$。

（2）导师指导风格的影响因素分析

多重共线性诊断结果显示，方差膨胀因子（VIF）均小于 5，因此可以认为 3 个回归模型不存在严重的多重共线性问题。回归分析结果（表 2-5-49）显示，在控制导师背景变量的情况下，导师的"仁慈型指导风格""权威型指导风格"和"德行型指导风格"受其学术职业价值观、科研自我效能、科研偏好、研究生科研能力归因和性格特点等多重因素共同影响，而管理与评价、资源分配等各项制度尚未影响导师的研究生指导方式。

表 2-5-49　导师指导方式的影响因素分析结果

			仁慈型指导风格		权威型指导风格		德行型指导风格	
			β	t	β	t	β	t
科研信念	学术职业价值观	工作成就感	0.095***	4.776	0.019	0.894	0.076***	3.755
		工作回报	−0.029	−1.646	0.079***	4.155	−0.015	−0.816
		工作环境	0.010	0.513	−0.004	−0.207	0.005	0.273
	科研自我效能	创新能力	0.193***	8.691	0.099***	4.133	0.199***	8.844
		科研成果转化能力	−0.041*	−2.086	0.070**	3.290	−0.051*	−2.560
		资源获取与维护能力	−0.015	−0.724	0.038	1.716	−0.063**	−2.983
		工作协调能力	0.060**	2.830	0.100***	4.389	0.111***	5.153
	科研偏好	科研热情	0.23***	10.773	0.079**	3.442	0.202***	9.300
		科研认同感	−0.041*	−2.215	0.005	0.233	−0.024	−1.247
		科研重要性感知	0.070***	4.358	0.107***	6.172	0.059***	3.589
	研究生科研能力归因	主要取决于努力程度	0.153***	9.726	0.125***	7.386	0.168***	10.451
		主要取决于天赋	−0.031	−1.907	0.108***	6.293	−0.053**	−3.236
性格特点		外倾性	0.088***	4.672	0.014	0.705	0.057**	2.983
		宜人性	0.009	0.466	0.051*	2.542	−0.004	−0.217
		尽责性	−0.126***	−7.441	−0.018	−0.988	−0.131***	−7.598
		情绪稳定性	0.006	0.367	0.057**	3.109	0.011	0.633
		开放性	0.037*	1.983	0.008	0.395	0.020	1.081
制度环境感知		管理与评价制度	0.020	0.739	0.039	1.341	0.003	0.120
		资源分配制度	−0.033	−1.169	−0.047	−1.513	0.023	0.779
		总体的制度感知	−0.028	−1.053	0.056	1.956	−0.032	−1.194

续表

			仁慈型指导风格		权威型指导风格		德行型指导风格	
			β	t	β	t	β	t
背景特征（控制变量）		学校	−0.042*	−2.557	−0.053**	−3.044	−0.037*	−2.249
		导师类型	0.017	0.957	−0.016	−0.848	−0.007	−0.375
		性别	−0.133	−8.137	−0.047**	−2.689	−0.114***	−6.824
	年龄	36~40 岁	0.003	0.152	−0.002	−0.079	−0.019	−0.870
		41~45 岁	0.056*	2.418	−0.006	−0.222	0.050*	2.126
		46~50 岁	0.052*	2.319	−0.011	−0.453	0.057*	2.475
		51 岁及以上	0.031	1.324	−0.059*	−2.324	0.051*	2.100
	学科	社会学科	0.009	0.410	0.019	0.793	−0.005	−0.219
		理科	−0.027	−1.299	0.053*	2.390	−0.042*	−1.984
		工科	−0.011	−0.431	0.140***	5.103	−0.042	−1.618
		交叉学科	−0.026	−1.599	0.033	1.857	−0.033*	−2.013
	行政职务	学院以下	0.016	0.967	0.030	1.725	−0.009	−0.560
		学院及以上	−0.014	−0.854	−0.007	−0.426	−0.025	−1.502
F			43.389***		25.284***		38.818***	
调整后 R^2			0.320		0.212		0.296	

注：* 代表 $p<0.05$，** 代表 $p<0.01$，*** 代表 $p<0.001$。

　　对工作成就感的追求、创新能力和工作协调能力、科研热情、科研重要性感知、将研究生科研能力归因于努力程度等因素显著正向影响导师的"仁慈型指导风格"；而导师的科研成果转化能力、认为科研做得好才能教得好的科研认同感显著负向影响导师的"仁慈型指导风格"。导师的外倾性、尽责性和开放性能够显著预测其"仁慈型指导风格"。在科研信念中，导师的科研热情和创新能力的自我效能感对其"仁慈型指导风格"影响最大。前文调查结果显示，导师越热爱科研，与研究生的交流越频繁，在这个过程中，师生间的联结逐渐加深，导师为学生提供帮助与关心的概率也相对提高。调查结果同时也表明，越是具有创新精神的导师，越愿意呵护学生的创造力，越愿意给予积极指导与帮助。导师的尽责性最能显著预测其对研究生的帮助与关心程度，导师的这一指导行为一定程度上是这一性格特质的外在表现。

导师的"权威型指导风格"受其对工作回报的追求、创新能力、科研成果转化能力和工作协调能力、科研热情、科研重要性感知、研究生科研能力归因、宜人性与情绪稳定性的性格特点等因素共同影响。在科研信念中，研究生科研能力归因是导师"权威型指导风格"的最大影响因素。当导师将科研能力养成归因于努力程度时，为了提高研究生培养质量，完成导师的使命，会加强对学生的监督与鞭策力度。与此同时，将研究生科研能力归因于天赋的导师，可能认为那些科研禀赋不佳的学生更需要后天努力与勤勉，因此也将加强对学生的指导与监督。在性格特点上，比较敏感和焦虑的导师对科研效率和科研进程的掌控欲较强，这种性格特质在一定程度上表现为导师对研究生科研过程的指挥与监督加强。

导师的"德行型指导风格"体现为公平公正对待学生，并努力成为学生做人做学问的榜样，是其在科研与为人处世上立德树人的体现。对工作成就感的追求、创新能力和工作协调能力、科研热情、科研重要性感知、将研究生科研能力归因于努力程度等因素显著正向影响导师的"德行型指导风格"；而导师的科研成果转化能力、资源获取与维护能力、将研究生科研能力归因于天赋等因素显著负向影响导师的"德行型指导风格"。导师的外倾性和尽责性能够显著预测导师对研究生的德育情况。在科研信念上，导师的科研热情和创新能力的自我效能感对其"德行型指导风格"影响最大，这与导师对研究生的帮助与关心程度的最重要影响因素一致。需要说明的是，这两种指导风格之间存在较高的相关性（r=0.711，p<0.001），因此，因素对导师"德行型指导风格"的影响可能是通过导师对研究生的帮助与关心这一方式传递的。与此同时，导师越热爱科研、越具备创新能力，其对科研追求越高，越具备科学家精神，待人处事可能更相对客观公正，同时也越希望学生能在自己的研究领域有所建树，对学生的培育具有更高的责任感与使命感，其立德树人的意识更加强烈。在性格特点上，尽责性最能预测导师的"德行型指导风格"，该性格特点在五大人格特质中与个人品德相关性最密切，这合理地解释了尽责性对导师"德行型指导风格"的显著正向预测性。

五、导师指导方式对研究生科研能力与科研抱负的影响分析

（一）研究对象

为了探究导师不同指导方式对研究生培养效果（科研能力与科研抱负）的影响，本研究还对博士生群体进行了调研，采用分层抽样的调查方式，于2022年3月至5月向全国147所高校发放电子问卷，最终共有55所高校参与调查，共收到问卷2662份，剔除无效问卷362份，共得到有效问卷2300份，有效问卷率为86.4%。样本的人口学特征如表2-5-50所示。

（二）基于研究生视角的导生交流频率

表2-5-51的统计结果显示，近50%的研究生表明其与导师每月的交流频率在1—3次，而在导师问卷中，仅20%左右的导师认为其每月与研究生的交流为1—3次。导师与研究生每个月的交流频率大致以6次为分界线，大部分研究生每月与导师的交流频率为1—3次或4—6次，15.7%的学生与导师每月的交流频率在10次及以上。

表 2-5-50　样本的人口学分布（N=2300）

类别		N	百分比 /%	类别		N	百分比 /%
性别	女	1053	45.8	年级	一年级	850	37.0
	男	1247	54.2		二年级	661	28.7
年龄	25 岁及以下	332	14.4		三年级	415	18.0
	26~30 岁	1498	65.1		四年级	242	10.6
	31~35 岁	348	15.1		四年级以上	132	5.7
	36~40 岁	82	3.7	入学方式	普通招考	398	17.3
	41 岁及以上	40	1.7		"申请 – 考核"制	1013	44.0
户籍所在地	省会城市	468	20.4		硕博连读	745	32.4
	除省会外地级市	501	21.8		本科直博	144	6.3
	县级市 / 县城	426	18.5	学科	人文学科	163	7.1
	乡镇 / 农村	905	39.3		社会学科	482	21.0
学制	3 年制	695	30.2		理科	457	19.9
	4 年制	1366	59.4		工科	937	40.7
	5 年制及以上	239	10.4		医科	261	11.3
学校类别	一流学科建设高校	1654	71.9	博导性别	女	477	20.7
	一流大学建设高校	646	28.1		男	1823	79.3

表 2-5-51　与研究生每月的交流频率（N=2300）

	频率	百分比 /%	累积百分比 /%
1–3 次	1061	46.10	46.10
4–6 次	692	30.10	76.20
7–9 次	187	8.10	84.30
10 次及以上	360	15.70	100.00

（三）基于研究生视角的导师指导风格

1. 导师指导风格的描述性分析

博士生问卷的导师指导风格题项与导师问卷的一致，量表的第1、2题旨在测量学生对导师帮助与关心的感知；第3、4题旨在测量导师指挥与监督研究生科研进程的严格程度；第5、6题旨在测量研究生对导师公正性与德育情况的评价。其中，"导师是我做人和做学问的榜样"得分最高（M=4.85），这与导师问卷中平均值最高的题项"我努力成为学生做人做学问的榜样"一致（M=5.54）；"导师希望我在学术上听从他的安排"得分最低（M=4.41），也与导师问卷中平均值最低的题项"我希望研究生在学术上听从我的安排"一致（M=4.36）。这表明，导师与研究生对导师指导风格的评价虽然得分存在高低之别，但在趋势上是总体保持一致的（表2-5-52）。

表2-5-52　学生对导师指导风格感知的描述性分析

	平均值	中位数	众数	标准差	方差
导师经常鼓励并帮助我	4.74	5	6	1.220	1.489
导师关心我的学习与生活	4.72	5	6	1.235	1.525
导师希望我在学术上听从他的安排	4.41	4	4	1.220	1.488
导师为我设定科研目标并定期检查进度	4.48	5	5	1.277	1.630
导师公平对待所有研究生	4.84	5	6	1.226	1.503
导师是我做人和做学问的榜样	4.85	5	6	1.280	1.638

2. 导师指导方式对研究生科研能力与科研抱负的影响分析

（1）变量及描述性统计

本研究主要从导师的指导频率和指导方式这两个方面出发探究研究生导师指导效果的影响因素。根据2个因变量、4个自变量与6个控制变量建立两个回归方程模型。因变量、自变量和控制变量的具体内容见表2-5-53，现对部分变量作相关说明。

因变量1为研究生科研能力，因变量2为研究生科研抱负，采用李克特六分量表，让学生对自己的科研能力、兴趣和抱负进行自评，前者包括"我掌握本学科或相关领域的基础知识"等16个题项，后者包括"我希望我的研究能够推动本领域的发展"等8个题项。量表正向计分，1至6代表"不符合"到"符合"，平均值越高，表示学生的科研能力越强，科研抱负越高。

自变量为导生交流频率与导师3类指导方式。在导生交流频率中，"1—3次"表示为1，"4—6次""7—9次"和"10次及以上"以此类推表示为2、3、4，将其视为连续变量，分值越高表示导师与研究生的交流频率越高。导师3类指导方式分别为导师对学生的"仁慈型指导风格""权威型指导风格"和"德行型指导风格"，均采用李克特六分量表，正向计分，1至6

代表"不同意"到"同意",平均值越高,表示导师的指导越趋于某类风格。

此外,为排除个人背景特征对回归模型的影响,本研究将学生的"性别""年龄""年级""学科""入学方式""学校类型"等背景变量和"导师性别"作为控制变量。性别包括女(参照组)和男;年龄包括"25 岁及以下"(参照组)"25~30 岁""31~35 岁"和"36~40 岁"这4 个年龄段;"年级"包括"一年级"(参照组)"二年级""三年级""四年级"和"四年级以上";学科包括"人文学科"(参照组)"社会学科""理科""工科"和"医学"这 5 个学科类型;入学方式包括"普通招考"(参照组)"申请 – 考核"制"硕博连读"和"本科直博";学校类型包括一流学科建设高校(参照组)和一流大学建设高校;导师性别包括女(参照组)和男。

表 2-5-53   研究生科研能力与抱负影响因素分析的变量说明

变量名		变量类型	样本数	最小值	最大值	均值	标准差
因变量							
科研能力		连续变量	2300	1	6	4.58	0.768
科研抱负		连续变量	2300	1	6	4.63	0.967
自变量							
导生交流频率		连续变量	2300	1	5	2.86	1.170
仁慈型指导风格		连续变量	2300	1	6	4.73	1.194
权威型指导风格		连续变量	2300	1	6	4.45	1.081
德行型指导风格		连续变量	2300	1	6	4.84	1.192
控制变量							
性别	女	虚拟变量	1053	—	—	—	—
	男	虚拟变量	1247	—	—	—	—
年龄	25 岁及以下	虚拟变量	332	—	—	—	—
	26~30 岁	虚拟变量	1498	—	—	—	—
	31~35 岁	虚拟变量	348	—	—	—	—
	36~40 岁	虚拟变量	122	—	—	—	—
年级	一年级	虚拟变量	850	—	—	—	—
	二年级	虚拟变量	661	—	—	—	—
	三年级	虚拟变量	415	—	—	—	—

续表

变量名		变量类型	样本数	最小值	最大值	均值	标准差
年级	四年级	虚拟变量	242	—	—	—	—
	四年级以上	虚拟变量	132	—	—	—	—
学科	人文学科	虚拟变量	163	—	—	—	—
	社会学科	虚拟变量	482	—	—	—	—
	理科	虚拟变量	457	—	—	—	—
	工科	虚拟变量	937	—	—	—	—
	医科	虚拟变量	261	—	—	—	—
入学方式	普通招考	虚拟变量	398	—	—	—	—
	"申请－考核"制	虚拟变量	1013	—	—	—	—
	硕博连读	虚拟变量	745	—	—	—	—
	本科直博	虚拟变量	144	—	—	—	—
学校类型	一流学科建设高校	虚拟变量	1654	—	—	—	—
	一流大学建设高校	虚拟变量	646	—	—	—	—
导师性别	女	虚拟变量	477	—	—	—	—
	男	虚拟变量	1823	—	—	—	—

（2）研究结果

多重共线性诊断结果显示，两个模型的方差膨胀因子（variance inflation factor，VIF）介于 1.027 与 4.86 之间，均小于 5，因此模型不存在严重的多重共线性问题。

从研究生科研能力与抱负的影响因素分析结果（表 2-5-54）可知，在控制研究生背景变量及其导师性别的情况下，研究生的科研能力和科研抱负并不受导生交流频率的影响，但导师三种指导风格能够显著预测研究生的科研能力和科研抱负。这与以往的研究结论一致，即导师的"仁慈型指导风格""权威型指导风格"和"德行型指导风格"均能显著预测研究生的科研创造力与学术激情，其中，"仁慈型指导风格"的影响作用最大，"德行型指导风格"的影响作用次之，"权威型指导风格"的影响作用最小。[①]

[①] 张宝生，李鑫，张庆普. 家长式导师风格对研究生科研创造力的影响机制研究：学术激情与科研自我效能感的作用 [J]. 技术经济，2021，40（6）：177-188.

表 2-5-54　研究生科研能力与科研抱负的影响因素分析结果

				科研能力		科研抱负	
				β	t	β	t
导生交流频率				0.014	0.716	0.005	0.281
导师的仁慈型指导风格				0.243***	6.860	0.272***	7.714
导师的权威型指导风格				0.180***	8.380	0.08***	3.762
导师的德行型指导风格				0.137***	4.167	0.187***	5.712
控制变量	性别	男		0.120***	6.328	0.097***	5.138
	年龄	26~30 岁		0.004	0.141	0.019	0.622
		31~35 岁		−0.013	−0.427	0.044	1.462
		36~40 岁		0.032	1.329	0.062*	2.594
	年级	二年级		0.016	0.776	−0.071**	−3.433
		三年级		0.042*	2.040	−0.032	−1.546
		四年级		0.072***	3.517	−0.031	−1.541
		四年级以上		0.066**	3.243	−0.010	−0.477
	学科	社科		−0.038	−1.185	0.009	0.284
		理科		−0.003	−0.085	0.028	0.856
		工科		0.031	0.797	0.062	1.566
		医科		0.033	1.159	−0.017	−0.625
	入学方式	"申请 – 考核"制		0.056*	2.104	0.003	0.099
		硕博连读		0.010	0.345	−0.047	−1.669
		本科直博		−0.071**	−2.922	−0.056*	−2.312
	学校类型	一流大学建设高校		0.005	0.238	0.009	0.479
	导师性别	男		0.001	0.028	−0.029	−1.624
F				40.046***		41.509***	
调整后 R^2				0.263		0.270	

注：* 代表 $p<0.05$，** 代表 $p<0.01$，*** 代表 $p<0.001$。

在本研究中，导师的"仁慈型指导风格"是研究生科研能力和科研抱负最重要的影响因素，"权威型指导风格"对研究生的科研能力存在次级影响，但其对研究生科研抱负的影响却相对小得多。"严格控制型"的指导风格给研究生带来了较大压力，受这类指导风格影响的研究生一般承受着较大的科研压力，学习努力刻苦，从而打下了较宽厚的学术基础，但这可能也时常伴随着紧张、焦虑甚至痛苦等情绪，在一定程度上抑制了学生对从事科研事业的意愿。但不可否认的是，导师的指导与监督对于研究生科研能力的培养是非常重要的。研究表明，"放任自流型"导师的指导绩效通常最低，因为这种导师的培养目标通常以研究生的最低合格标准为限，未考虑学生的惰性特点，日常的宽松管理在一定程度上其实是对学生的放任，这将以培养出的研究生学术水平较低为代价。①

因此，在为学生提供充分关心与帮助的基础上，导师如何平衡与把握对研究生的指导与监督强度，在培养学生较强的科研能力的同时，又能令其不失对科研的热情与抱负，是每个导师所需要考虑的重要课题。最后，"亲其师，信其道"，导师的德行能够显著正向影响研究生的创造力。②根据社会学习理论，导师是研究生科研之路上的引导者，导师公平公正地对待学生，在科学研究中以身作则，能够增强研究生对导师与组织的信任与认可，这种信任一方面会促使其将导师作为模仿的学习榜样；另一方面会激发学生在科学研究中的投入度、学术激情与创新行为。③④

六、研究结论与对策建议

（一）研究结论

第一，研究生导师的最大特点是追求学术乐趣与自我价值甚于物质回报。这从导师选择学术职业最重要的原因是"符合自身兴趣和专长"，最不重要的原因是"薪酬福利较好"可以看出。人们通常认为以自由探索为特征的学术职业具有低压力、高安全、高社会地位和高满意度的特点。⑤但由于工作和闲暇时间的模糊界限，学术职业被描述为一种"永远在工作"的职业。⑥不过，学术职业仍然具有较大的吸引力，它充满了智力和文化的挑战，面对的是渴望知识和抱负不凡的年轻人，因此，学术工作也是灵活、岁月不居和鼓舞人心的。自由的工作时间、自主的工作内容、较高的社会地位及较好的福利保障使人们愿意为之牺牲一部分薪酬。⑦⑧导师的学术职业价值观主要体现为其对"工作回报""工作环境"和"工作成就感"的追求。

① 吴价宝.导师的学术心态、指导行为与绩效透视［J］.学位与研究生教育，2002（4）：34-35.

② 石冠峰，李琨.威权领导、仁慈领导对团队创造力：一个有中介的交互效应模型检验［J］.贵州财经大学学报，2014（5）：53-61.

③ 康健."羊群行为"的理性视角：社会学习理论综述［J］.生产力研究，2009（23）：254-256.

④ 石冠峰，李琨.威权领导、仁慈领导对团队创造力：一个有中介的交互效应模型检验［J］.贵州财经大学学报，2014（5）：53-61.

⑤ WILLIE R, STECKLEIN J E. A three-decade comparison of college faculty characteristics, satisfactions, activities, and attitudes［J］. Research in Higher Education, 1982, 16 (1) :81-93.

⑥ GORNALL L, SALISBURY J. Compulsive Working, 'Hyper professionality' and the Unseen Pleasures of Academic Work［J］. Higher Education Quarterly, 2012, 66 (2) :135-154.

⑦ 闵韡.高校教师收入问题与"学术保护区"的设立［J］.黑龙江高教研究，2017（11）：7-10.

⑧ 唐纳德·肯尼迪.学术责任［M］.阎凤桥，译.北京：新华出版社，2002：39.

来自一流大学建设高校的导师和博士生导师群体对"工作环境"和"工作成就感"的追求更高；年龄较小的导师对三者的追求较高；对于不同学科的导师而言，工科的导师对"工作环境"的追求最高，社会学科的导师对工作成就感的追求最低；担任行政职务的导师对"工作回报"和"工作成就感"的追求较高，无行政职务的导师则对"工作环境"的追求较高。

第二，大部分导师热爱科研工作，导师最认可自身的"学科专业知识与技能"，但普遍认为其"获取外部资源与支持"的能力较弱。被调查的导师普遍表达了其对科研工作的热爱。来自一流大学建设高校、指导博士生、男性、年龄较小、担任行政职务的导师和工科、理科与交叉学科的导师，这些导师群体的科研热情更高，科研认同感更强，更认同科研的回报与重要性高于教学。导师的科研自我效能感通过"资源获取与维护能力""创新能力""科研成果转化能力"和"工作协调能力"得以体现。来自一流大学建设高校的导师群体的"创新能力"更强；博士生导师、男导师的四类科研自我效能均更高；36~40岁导师的创新能力最强，但资源获取与维护能力最弱，35岁及以下导师的工作协调能力最弱；工科和交叉学科导师的创新能力显著强于社会学科的导师，科研成果转化能力也显著强于其他三个学科；导师担任行政职务等级越高，其科研自我效能越强。

第三，相对于"研究生的科研能力主要取决于天赋"这一观点，更多导师认同"研究生的科研能力主要取决于努力程度"；导师认为工作投入与工作偏好是成为一名成功学者最重要的因素。博士生导师对将研究生科研能力归因于"天赋"和"努力程度"的认同度均显著高于硕士生导师；男导师、年龄较大的导师和人文学科的导师更加认同"天赋"对于研究生科研能力养成的重要性；担任行政职务的导师则对"研究生的科研能力主要取决于努力程度"的认可度更高。导师们认为，工作投入与工作偏好是形塑一名成功学者最重要的因素，但人际网络和导师的社会支持也在其中发挥着不可或缺的作用，而家庭成长环境的相对作用较小。

第四，导师与研究生的交流较频繁，不同背景的导师对研究生的指导风格存在差异。大部分导师与学生的交流频率为每月4—6次或10次及以上，同时，约20%的导师每月与研究生的交流频率等于或少于3次。仅指导硕士生和年龄较大的导师、来自人文学科和社会学科的导师与研究生的交流频率更低。不同背景的导师对研究生的指导风格存在差异。来自一流学科建设高校的导师、男导师、年龄较小和工科的导师更频繁运用"权威型指导风格"；女导师和年龄较大的导师更经常运用"仁慈型指导风格"；担任行政职务的导师则更善于同时运用"仁慈型指导风格"和"权威型指导风格"；博士生导师的三类指导风格都比硕士生导师更突出，意味着其对研究生的帮助与关心、指挥与监督程度均更强，且更注重以身作则的德育作用。

第五，导师的研究生指导方式尚未受当前管理与评价、资源分配等各项制度的直接影响，更多受作用于导师的科研信念与性格特点等因素。在科研信念上，导师的科研热情最能显著预测其与研究生的交流频率，对其"仁慈型指导风格"和"德行型指导风格"影响也最大，且越是具有创新精神和尽责的导师，对学生的培育具有越高的责任感与使命感，越愿意呵护学生的创造力，同时也更希望学生能在自己的研究领域有所建树，进而给予积极指导与帮助。研究生科研能力归因是导师"权威型指导风格"最大的影响因素。当导师将科研能力养成归因于后天努力程度时，导师对学生的指导与鞭策力度越强。在性格特点上，导师的外倾性水平对导生交流频率影响最大，而比较敏感和焦虑的导师对研究生科研实践过程的指挥与监督程度更强。

第六，研究生科研能力和科研抱负未受导生交流频率影响，而是受导师三种指导风格的共同作用影响。基于研究生视角探究导师指导方式对其科研能力与科研抱负的影响。研究结果表明，导师与研究生对导师指导风格的评价在趋势上总体保持一致，研究生的科研能力和科研抱负并不受导生交流频率的影响，而是受导师三种指导风格的共同作用影响。导师的"仁慈型指导风格"是研究生科研能力和科研抱负最重要的影响因素；"权威型指导风格"对研究生的科研能力存在次级影响，但其对研究生科研抱负的影响却相对小得多；"德行型指导风格"对研究生科研抱负的影响远甚于"权威型指导风格"。

（二）对策建议

第一，关注青年导师的职业需求与工作困境，呵护其学术热情与创造力。调查显示，年龄较小的导师职业追求与科研热情较高、创新能力较强，但工作协调能力、资源获取与维护能力相对较弱。组织应考虑到青年导师需平衡不同类型学术活动与日常生活的困境，并根据青年导师能力发展的阶段性特征和工作重点，为其提供符合需求且便捷的培训、更多科研资源与机会；合理规定青年导师的教学工作量，避免青年导师在最具创造力的人生阶段，因身体与精神长期高负荷运转而丧失对科研的热情与好奇心，最终走向"为生活而挣扎"的平庸。高校应遵循科学研究的内在逻辑，理解创新的风险性、不确定性、长期性与艰巨性，为青年导师营造宽松自由平等的研究氛围，给予教师足够的空间从事原创性与基础性研究，发挥其研究潜力；完善"代表作"评价制，关注对青年导师学术成果"质"的考察，引导其将精力投入于最有价值与意义的研究之中。

第二，顺应导师工作偏好，完善教师分类管理与评价制度。对于导师而言，除了工作投入程度，"对工作的兴趣和热爱"是形塑一名"成功学者"最重要的因素。学术生涯的流动性应该允许导师于不同阶段在研究、教学与行政管理等角色间有所侧重甚至转换。如果这种流动性未能被考虑、允许或者奖励，教师的智力与才能就会被浪费，这将是高校乃至社会的重大损失。因此，高校需要在分类设岗的背景与趋势下，不断完善教师分类管理与评价制度，绩效评估和奖励制度应该考虑不同类型教师和教师的不同阶段生产力的多样化模式，让个体能够流畅地转换角色或者放弃特定角色，在正确的时间找到最适合自己的位置，且不会感到耻辱或失败，进而以最有意义的方式为高等教育提供服务。① 与此同时，组织应落实"破五唯"政策，包容不同学科教师教学与科研成果的多样性，关心其个人成长与发展，让他们能够顺应自身学术偏好，开展具有真正学术意义和满足人类福祉的学术工作。

第三，导师应加强对研究生的关心与帮助，反思并调整其指导风格。"仁慈型指导风格"对研究生科研能力与科研抱负的影响最大，表明导师适时的关心与帮助对研究生培养过程与培养结果发挥着不可或缺的作用。因此，导师应在研究生培养的过程中提供切实的指导与人文关怀，在把握导生交流频率"量"的基础上，提高指导的"质"；积极向学生提供与分享学术资源，耐心倾听学生的意见与诉求，帮助学生解决在科研过程中遇到的困难与挑战。其次，导师应反思并调整其对研究生的指导风格，导师的指导风格深受其职业价值观、性格特点和自我效能等各类因素影响，这些因素同时也影响着导师的个人职业发展、自我诊断和与人际交往技能的养成。② 因此，高校的教师发展中心需要为导师提供个性化支持，引发导师自我反思，完

① KNEFELKAMP L L. Seasons of academic life [J]. Liberal Education, 1990, 76 (3)：4-11.

② 林杰，李玲. 美国大学教师发展的三种理论模型 [J]. 现代大学教育，2007(1)：62-66+111-112.

善其指导理念与性格特点。[①] 最后，导师应把握好"权威型指导风格"的运用程度与频率，虽然该类指导风格能对研究生的科研能力产生较大影响，但高强度的监督与指挥不利于研究生科研兴趣、科研志向与抱负的发展，来自一流学科建设高校的导师、男导师、年龄较小和工科的导师需要特别注意自身对"权威型指导风格"的运用，根据不同学生的特点与能力调整期待和指导风格，尊重学生的感受，因材施教，以有效提高人才培养效率与质量，构建和谐的导生关系。

（执笔：蔡红红）

① 王辉，王录叶，陈旭. 包容型导师风格对研究生创新行为的影响研究：创新自我效能感的中介作用与深度学习的调节作用［J］. 当代教育论坛，2021（2）：66–74.

国外专题：美国研究生心理健康现状、改善举措及其启示

一、美国研究生心理健康现状

研究生教育处于国民教育体系最高端，是国家人资资源再生产的重要路径。众多国家将研究生群体视为经济发展、社会进步、科技创新以及全球竞争力提升的核心要素。2012 年，美国研究生院委员会（CGS）和教育考试服务中心（ETS）发布《前进的道路：美国研究生教育的未来》(The Path Forward :the Future of Graduate Education in the United States)报告。该报告指出美国研究生教育体系是国家的一项战略资产，研究生教育发展关乎美国科技创新及综合国力提升。[1] 在澳大利亚，博士生的科研贡献率约占高校科研产出的三分之二。[2] 心理健康是支撑研究生学术成功及其未来发展的基础，也是研究生学业成功的重要保障。美国一项针对高等教育工作者的调查发现，80% 的被调查者认为情绪健康是学生成功的"非常"或"极其"重要因素。[3] 随着全球研究生规模持续扩大，培养要求提高，就业市场竞争加剧，研究生在学业、科研、就业等方面的压力不断增加，各种心理健康问题越来越突出，研究生心理健康问题引起了学界及社会广泛关注。

2020 年，世界卫生组织（WHO）将心理健康定义为"一种幸福状态，在这种状态下，个体都能够意识到自己的潜力，有效应对正常的生活压力，可以富有成效的工作，并为社会做出贡献。"研究生阶段通常被认为是一个需求、期望和压力增加的时期。大量研究揭示了研究生教育的高压力性质。玄（Hyun）等人发现，45% 的研究生在过去一年中存在与情绪或压力相

① WENDLER C, BRIDGEMAN B, CLINE F, et al. The Path Forward: the Future of Graduate Education in the United States [R]. Educational Testing Service, 2010:1–41.

② PEARSON M, EVANS T, MACAULEY P. Growth and diversity in doctoral education: assessing the Australian experience [J]. Higher Education, 2008, 55 (3): 357–372.

③ National Academies of Sciences, Engineering, and Medicine. Mental Health, Substance Use, and Well-being in Higher Education: Supporting the Whole Student [M]. National Academies Press, 2021:1–16.

关的心理问题。^①2015 年，亚利桑那大学对研究生进行调查，发现大多数博士生面临的压力超过平均水平，而学校和教育相关问题是造成他们压力的最重要因素。^②长期及较高水平的心理压力，会对研究生心理健康产生负面影响，导致研究生出现疲劳、焦虑、抑郁等心理问题，甚至会导致研究生退学。

　　除高水平的压力外，抑郁和焦虑也是研究生群体中高发的两种心理问题。加州大学伯克利分校 2014 年的一项调查发现，37% 的硕士生报告有抑郁症状，博士生更是高达 47%。^③哈佛大学研究生中，约 23.6% 研究生表现出中度甚至重度抑郁症的症状，约 23.1% 的研究生表现出中度至重度广泛性焦虑症状。^④瓦伦丁（Valentin）等人对美国哥伦比亚大学、哈佛大学、密歇根大学、麻省理工学院、普林斯顿大学、加州大学伯克利分校、加州大学圣迭戈分校和耶鲁大学等 8 所美国顶尖高校就读经济学专业博士研究生的调查中发现，17.7% 的博士生经历着中度至重度的抑郁，17.6% 的博士生经历着中度至重度的焦虑，24.8% 的博士生遭受一种甚至两种心理问题困扰。^⑤2019 年，《自然》杂志调查了全球 6300 名博士生，发现 36% 的受访者曾因焦虑或抑郁而寻求帮助。^⑥

　　此外，研究生群体还存在着较高的自杀风险。瓦伦丁（Valentin）等对美国 8 所顶尖高校的经济学专业博士生的调查发现，与本科生及其他人群相比，研究生自杀倾向可能更高。研究生有自杀意念的可能性（11.3%）是普通人群中成年人（3.9%）的 3 倍，是最高风险人群中 18~25 岁成年人（7.4%）的 1.5 倍^⑦。

　　与普通人群及其他受过高等教育的人群相比，研究生群体的心理健康问题尤为严重。2017 年比利时根特大学的研究发现，博士生的心理健康问题患病率比受过高等教育的员工高 2.84 倍，比受过高等教育的学生高 1.85 倍，是普通教育人群的 2.43 倍。^⑧埃文斯（Evans）等人采用抑郁（PHQ-9）和焦虑（GAD-7）量表，利用社交媒体和电子邮件等方式，调查了 2279 名研究生，发现研究生抑郁和焦虑的检出率是普通人群的 6 倍多，41% 的研究生为中度至重度焦虑，而普通人群为 6%；39% 的研究生在中度至重度抑郁范围内，而普通人群为 6%。^⑨

①　HYUN J K, QUINN B C, MADON T, et al. Graduate student mental health: needs assessment and utilization of counseling services［J］. Journal of College Student Development, 2006, 47 (3)：247-266.

②　SMITH E, BROOKS Z. Graduate Student Mental Health［R］. University of Arizona,2015.

③　GALEN PANGER. Graduate Student Happiness and Well-being Report［R］. University of California, Berkeley, 2015:1-12.

④　HARVARD UNIVERSITY. Report of the Task Force on Managing Student Mental Health［R］. Harvard University,2020:1-46.

⑤　BOLOTNYY V, BASILICO M, BARREIRA P. Graduate student mental health: lessons from American economics departments［J］. Journal of Economic Literature, 2022,60 (4) :1188-1222.

⑥　LAUCHLAN E. Nature PhD Survey 2019［R］.2019.

⑦　BOLOTNYY V, BASILICO M, BARREIRA P. Graduate student mental health: lessons from American economics departments［J］. Journal of Economic Literature, 2022,60 (4) :1188-1222.

⑧　LEVECQUE K, ANSEEL F, DE BEUCKELAER A, et al. Work organization and mental health problems in PhD students［J］. Research policy, 2017, 46 (4)：868-879.

⑨　EVANS T M, BIRA L, GASTELUM J B, et al. Evidence for a mental health crisis in graduate education［J］. Nature Biotechnology, 2018, 36 (3)：282-284.

　　研究生中不同群体的心理健康问题也存在较大差异。埃文斯（Evans）等人调查发现女性研究生（19.2%）比男性研究生的焦虑症状检出率更高（15.9%），美国本土学生（17.9%）比国际学生（16.9%）更有可能出现严重的焦虑症状。性少数者研究生（22%）、第一代研究生（12.3%）、少数族裔研究生（13.7%）、来自低收入家庭研究生的心理问题患病率高于其他研究生群体[1]。哈佛大学调查发现，少数族裔研究生、第一代研究生、低收入家庭的研究生和被认定为性少数者的研究生等更有可能出现抑郁和焦虑症状，具有多重上述身份的研究生筛选阳性的比例高于具有单一身份的研究生。[2]

　　心理健康问题会对研究生的学业产生负面影响。研究发现，27%的研究生认为压力对他们的学业成绩产生负面影响，较高水平压力与考试焦虑增加、低水平学业自我效能感、低效时间管理及学习资源不充分相关。在过去一年报告抑郁或焦虑的研究生中，44%的研究生由于心理健康问题而面临学业困难。[3]抑郁和焦虑会导致成绩下降、课程中断甚至退学，也会减缓科研论文、学位论文或实习工作的进展。[4]压力也会影响研究生的学习体验，高水平的压力会影响研究生学术生产力，包括进行研究、写作和发表的能力。[5]压力增加了研究生对专业的不满，[6]使学生退学意愿更高。[7]长期的压力可能会导致研究生对自己的读研选择感到不满，[8]从而降低毕业后继续从事学术研究道路的可能性，带来潜在的人员损失。

　　综合分析美国研究生心理健康相关研究可知，研究生的心理健康问题不仅会影响他们的学业表现、学术潜力的发掘，影响科研产出的数量和质量，还会进一步影响高等教育的质量，影响国家未来的经济社会发展、科技创新及全球竞争力。因此，关注研究生的心理健康问题，提升研究生的心理健康水平对研究生个人、学校及国家都具有重要的理论和实践意义。

二、影响研究生心理健康的因素

　　与本科生教育相比，研究生教育本身是一种充满压力和具有挑战性的经历。研究生阶段的

①　EVANS T M, BIRA L, GASTELUM J B, et al. Evidence for a mental health crisis in graduate education［J］. Nature Biotechnology, 2018, 36 (3)：282-284.

②　HARVARD UNIVERSITY. Report of the Task Force on Managing Student Mental Health［R］.Harvard University, 2020:1-46.

③　KERNAN W, BOGART J, WHEAT M E. Health-related barriers to learning among graduate students［J］. Health Education, 2011:425-445.

④　ALLEN H K, LILLY F, GREEN K M, et al. Graduate student burnout: substance use, mental health, and the moderating role of advisor satisfaction［J］. International Journal of Mental Health and Addiction, 2020:1-17.

⑤　BARRY K M, WOODS M, WARNECKE E, et al. Psychological health of doctoral candidates, study-related challenges and perceived performance［J］. Higher Education Research & Development, 2018, 37 (3)：468-483.

⑥　YANG Q, ORREGO DUNLEAVY V, PHILLIPS J R. Are you satisfied? exploring the mediating effects of mentoring communication strategies in predicting Chinese international graduate students' program satisfaction［J］. Communication Education, 2016, 65 (2)：182-203.

⑦　VOLKERT D, CANDELA L, BERNACKI M. Student motivation, stressors, and intent to leave nursing doctoral study: a national study using path analysis［J］. Nurse Education Today, 2018, 61:210-215.

⑧　KOVACH CLARK H, MURDOCK N L, KOETTING K. Predicting burnout and career choice satisfaction in counseling psychology graduate students［J］. The Counseling Psychologist, 2009, 37 (4)：580-606.

学习多是批判性思考和自主完成的工作，外界支持相对较少，同时还面临着繁重的课程压力、科研压力、经济压力、就业压力等，这些压力是研究生出现心理问题的重要诱因。在加州大学伯克利分校的调查中，研究生认为职业前景、身体健康、居住条件、科研投入、社会支持、经济自信、科研进展与准备、睡眠、价值感与归属感、导学关系等因素可能是其心理健康的重要预测指标，并且研究生对失败的恐惧、对挫折的挣扎、自我意识、对判断的恐惧、冲突的建议关系、经济问题和普遍的焦虑等是现有的研究生心理健康研究中最常见的压力来源。① 此外，工作量较大、读博时间较长、科研进展不顺利、竞争的氛围、频繁的考核和评估、自身核心竞争力不足、缺乏足够的学术支持、实验过程枯燥烦琐、收入水平较低、工作与个人生活失衡也是导致研究生心理健康问题高发的诱因。② 兹就影响研究生心理健康的一些主要因素简要分析如下。

1. 职业前景

寻求更好的职业发展是学生选择攻读研究生项目的重要原因，因此职业前景是研究生们最为关心的问题。2019 年，《自然》杂志调查发现，79% 的受访研究生表示，职业前景是他们最为关心的问题。选择出国攻读博士学位的学生中，超过 40% 的学生是基于毕业后有更多工作机会的考虑。③ 对职业前景的信心是研究生心理健康的首要预测因素，能够抑制研究生抑郁、焦虑水平，提升对生活的满意度。高等教育大众化进程持续推进，研究生教育规模大幅扩张，对研究生职业前景也带来一定负面影响。美国国家科学基金会（National Science Foundation）发布的 2021 年美国博士学位授予情况报告的数据显示，虽然美国 2021 年授予博士学位的数量出现下降，但自 1958 年以来，授予博士学位的数量以年均 3.0% 的增长率持续增长，60 多年来，博士学位授予规模增长了近 5 倍，但就业市场却日趋饱和，甚至许多领域的就业职位还有所减少，就业竞争日益加剧。该报告提到，虽然自 2015 年开始，博士毕业生的就业率不断提高，但仍有 30% 左右的博士生毕业后未能及时就业，而这一情况，在人文学科和艺术学科中尤为严重，有超过一半的博士生毕业后找不到工作。④ 26% 的博士生认为在毕业一年内可以找到工作，40% 的博士生需要 2 年甚至更长时间才能找到工作。⑤ 供大于求的就业市场、不明朗的职业前景、毕业即失业的就业现实是研究生面临的最大压力之一，极大降低了研究生的满意度和幸福感，加剧其抑郁和焦虑水平。

学术界研究职业岗位不足是博士生们面临的最大挑战，因为大学及科研机构为博士生提供的学术岗位相对有限，无法满足大量博士生在学术界的就业需求。于是，很多博士生在学术界以外寻找工作机会，到工业界、政府、医学或非营利组织中就职。但高校对研究生选择在学术界外就业的支持不足，只有四分之一的博士生认为博士阶段的教育为他们从事非科学研究的职业做好了准备。另外，研究生也很难得到导师对他们寻找学术界外工作的支持。

① BOLOTNYY V, BASILICO M, BARREIRA P. Graduate student mental health: lessons from American economics departments ［J］. Journal of Economic Literature, 2022,60 (4) :1188–1222.

② UC Berkeley Graduate Assembly. Graduate Student Happiness and Well-being Report［R］.2014.

③ LAUCHLAN E. Nature PhD Survey 2019［R］.2019.

④ ALKENHEIM J.2021 Doctorate Recipients from U.S. Universities［R］.2022:7–24.

⑤ LAUCHLAN E. Nature PhD Survey 2019［R］.2019.

16% 的博士生难以向导师公开自己的非学术界职业目标，担心导师会因此减少对他们的学业或科研的指导。导师即使支持研究生寻找学术界之外的工作机会，也很难提供有效的指导。只有 29% 的被调查博士生表示，他们从导师和其他教师得到一些在学术界外求职的有用指导和建议。① 学术界的就业渠道越来越窄，学术界之外的就业准备和支持不足，使得研究生尤其是博士生的就业前景更加不明，加剧了研究生的心理压力，导致研究生产生了一系列的心理问题。

2. 导学关系

研究生教育大多实行导师制，研究生和导师的关系是研究生教育阶段最重要、最核心的人际关系，导师对研究生的课程学习、科研进展、申请经费、个人发展，求职就业等方面负有指导责任。导学关系的好坏不仅关系着研究生的自我效能感、科研产出及未来学术发展，也与研究生的心理健康水平显著相关。研究生能够从良好的导学关系中获得足够的支持，从而有益于其心理健康，而失调的导学关系则会加剧研究生的各方压力，导致研究生出现各种心理问题。《自然》杂志调查发现，近四分之一的博士生对于导学关系不满意，想要更换导师。导学关系不佳，也进一步降低了博士生的学习满意度。学习满意度低的博士生中，超过一半（53%）的博士生对导学关系感到不满，认为导师没有给予他们足够的指导和支持。近一半（49%）的博士生每周与导师一对一的见面交流时间少于 1 小时，只有 12% 的博士生每周与导师一对一见面交流的时间多于 3 小时。② 研究生和导师的见面交流频率能够影响研究生的抑郁水平，"很少与导师联系"的研究生的抑郁水平高于"经常与导师联系"的研究生。③ 埃文斯（Evans）的调查发现，导学关系不佳是大多数研究生经历抑郁和 / 或焦虑的共同特征。大部分患有抑郁或焦虑的研究生对导学关系不满，认为导师支持匮乏，包括学术指导、情感支持、职业引导等方面。50% 患有抑郁或焦虑的研究生认为导师没有提供"真正的"指导；大多数经历过焦虑（49%）和抑郁的人（50%）认为导师没有提供充足的支持；48% 的焦虑患者和 47% 的抑郁症患者认为，导师未能对他们的情绪或心理健康有积极影响；过半的经历焦虑（53%）和 / 或抑郁（54%）的研究生认为，导师对他们未来职业生涯没有帮助；超过半数的焦虑 / 抑郁研究生感到不被导师尊重（55%、56%）④，具体见图 3-1-1、图 3-1-2 所示。这些数据表明研究生和导师之间缺乏支持性和积极的指导关系与焦虑和抑郁显著相关。

导师只关注研究生的研究和学业进展，缺乏对他们的全面指导和支持，导致研究生很难坦诚地与导师交流在就业、家庭、心理健康等方面遇到的困难，也就难以从导师身上获得相应的建议和支持，从而增加了研究生罹患心理问题的概率。50% 的受访博士生表示，导师主要关心他们的科研成就，36% 的博士生表示导师根本不关心或不太关心他们作为完整个人的发展。导师对学业的过度关注，以及对学生个人职业生涯发展的漠不关心，与博士生出现抑郁、焦

① LAUCHLAN E. Nature PhD Survey 2019［R］.2019.

② LAUCHLAN E. Nature PhD Survey 2019［R］.2019.

③ 高志利 . 上海某重点高校研究生抑郁状况调查研究［J］. 中国健康心理学杂志，2009，17(8)：961–963.

④ EVANS T M, BIRA L, GASTELUM J B, et al. Evidence for a mental health crisis in graduate education［J］. Nature Biotechnology, 2018, 36 (3)：282–284.

虑、自杀意念等心理问题之间存在显著的相关性（p<0.01）。^①

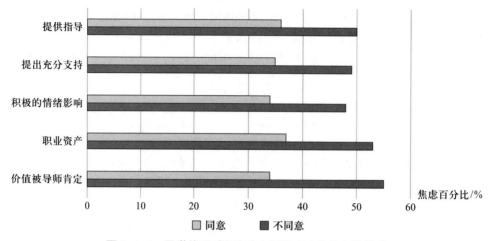

图 3-1-1　导学关系对研究生心理健康（焦虑）的影响

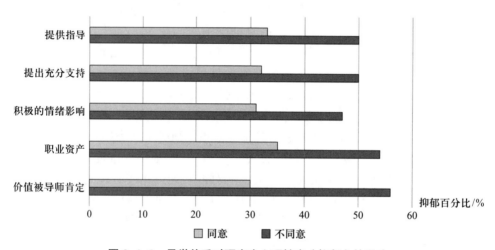

图 3-1-2　导学关系对研究生心理健康（抑郁）的影响

在与研究生的关系中，导师还扮演着评估者的角色。博士生担心给导师留下不好印象，担心导师质疑他们想法、观点等，害怕导师对其学业和科研进展不满意等，导致研究生出现紧张、焦虑、抑郁等负性情绪，降低学生自我效能感，近 40% 的受访博士生表示几乎无法做到与导师诚实地交流研究进展中遇到的困难^②，这也是显著影响研究生心理健康的因素。

博士研究生在学习过程中，还可能遭遇来自导师的学术霸凌。《自然》杂志调查发现，21% 的博士生学习中遭遇过霸凌，将近一半（48%）的霸凌来自导师。导师霸凌行为通常包括

①　BOLOTNYY V, BASILICO M, BARREIRA P. Graduate student mental health: lessons from American economics departments〔J〕. Journal of Economic Literature,2022,60 (4) :1188−1222.

②　BOLOTNYY V, BASILICO M, BARREIRA P. Graduate student mental health: lessons from American economics departments〔J〕. Journal of Economic Literature,2022,60 (4) :1188−1222.

对待学生咄咄逼人、强迫学生从事与学习无关的工作、对学生过于挑剔等。[①]这种失调的导学关系与研究生就读满意度呈显著负相关，会加剧研究生焦虑、抑郁水平，甚至会导致研究生出现自杀意念，做出自伤、自残等极端行为。

3. 经费状况

研究生阶段的学习通常依赖资金支持。经济压力是研究生面临的第二大压力，是否有足够的资金支持自己完成学业，是影响研究生心理健康的重要因素。在美国，24.2% 的博士研究生能够获得奖学金，34.7% 的博士生可以获得助研津贴，21.3% 的博士生可以通过助教获得薪酬，但仍有 15.3% 的博士生需要自己负担学习费用。[②]各类助教、助研和实习津贴、奖学金等都是竞争性的，为了赢得资金支持，博士生往往需要跟同学们竞争，且很多奖学金并不确定，需要根据研究生的学业或科研进展决定后续是否能够继续获得，因此能否获得资金支持及资金的不确定性是研究生面临的压力之一。研究生为了获得助教、实习、助研等津贴，还需在学业之外，担任助教、助研、实习生等多种角色，这必将导致研究生经历多重角色之间的冲突及角色超载，间接增加了研究生角色压力[③]，导致面临身体或精神压力，从而产生消极的心理健康后果。

即使研究生获得了资金支持，这些金额可能不足以覆盖其学费等各项支出，因此研究生可能会背负着一定的教育债务，这也成为研究生学习中的压力来源。美国国家科学基金会（National Science Foundation）发布的 2021 年美国博士学位授予情况报告表明，即使在最容易获得联邦政府、学术机构、培训机构的研究资助的物理科学、计算机和信息科学、数学和统计学、工程学、地球科学、大气科学和海洋科学、多学科 / 跨学科科学、农业科学和自然资源等专业，仍然有将近 30% 的博士生毕业时背负着与研究生教育相关的债务。不同学科领域的博士生负担的教育债务具有很大差异，心理学等部分专业毕业生的债务负担更重。心理学专业 38% 的博士毕业生、和健康科学专业 33% 的毕业生，其他非科技领域 28% 的毕业生，毕业时债务负担甚至超过了 3 万美元。具体如图 3-1-3 所示。[④]由于资金不足，研究生往往会选择从事更多的非学术工作。因此，资金匮乏不仅仅是研究生的直接压力源，而且还会间接增加研究生的角色压力。

4. 工作生活的不平衡

近年来研究者逐渐认识到工作与生活平衡是影响博士生学业的重要因素之一，也与研究生的心理健康息息相关。格林豪斯与博泰尔（Greenhaus & Beutell）基于内在角色冲突理论和角色紧张理论，提出了工作生活冲突模型（work-family conflict model）。工作 - 家庭冲突是一种角色间冲突的形式，在这个角色中，扮演一种角色会干扰扮演另一种角色。[⑤]研究生阶段的学习和科研需要大量时间投入，76% 的博士生每周学习和科研时间超过了 41 个小时，27% 的博

---

①　LAUCHLAN E. Nature PhD Survey 2019［R］.2019.

②　ALKENHEIM J.2021 Doctorate Recipients from U.S. Universities［R］.2022:21–22.

③　GRADY R K, LA TOUCHE R, OSLAWSKI–LOPEZ J, et al. Betwixt and between: the social position and stress experiences of graduate students［J］. Teaching Sociology, 2014,42 (1)：5–16.

④　FALKENHEIM J.2021 Doctorate Recipients from U.S. Universities［R］.2022:23–24.

⑤　GREENHAUS J H, BEUTELL N J. Sources of conflict between work and family roles［J］. Academy of Management Review, 1985,10 (1)：76–88.

士生每周学习和科研时间为 41~50 小时，学习和科研时间长达 51~60 个小时的博士生则多达四分之一。^① 每个人的时间和精力是有限的，研究生在学习和科研之外，很难兼顾家庭及个人生活，每周花 41 小时以上攻读博士学位的受访者对自己的工作时间不满意。埃文斯（Evans）调查发现，良好的工作 – 生活平衡与心理健康之间存在显著正相关。在患有中度至重度焦虑的研究生群体中，有超过一半的学生未能做到"工作和生活很平衡"；在患有抑郁症的研究生中，也有 55% 的被调查者表示工作和生活严重不平衡。^② 有研究指出，硕士研究生的平均年龄为 32.6 岁，博士研究生的平均年龄为 33.6 岁 ^③，而这正是女性研究生的婚恋和生育年龄，因此玄（Hyun）等人提出，与男性相比，女性研究生会在读研的同时，承担着更多的家务和抚育孩子的工作，因此会承受更大的心理压力及更严重的角色冲突，面临更大的工作生活压力。维罗尼卡（Veronika）研究了工程领域女博士生的工作生活平衡问题，他指出，很多女性在读博期间怀孕生子，将承受来自育儿、家庭、读博等多重负担。因此，女博士生经常会面临学术研究、个人生活、工作和育儿多重角色冲突 ^④，因此会导致女性研究生的心理问题发生率高于男性研究生（见图 3-1-4）。

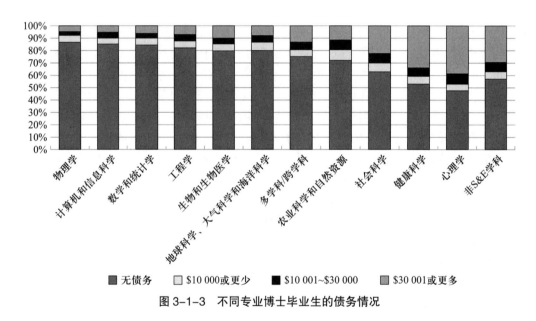

图 3-1-3　不同专业博士毕业生的债务情况

---

①　LAUCHLAN E. Nature PhD Survey 2019［R］.2019.

②　EVANS T M, BIRA L, GASTELUM J B, et al. Evidence for a mental health crisis in graduate education［J］. Nature Biotechnology, 2018,36 (3)：282–284.

③　CHOY S P, GEIS S. Student Financing of Graduate and First–Professional Education, 1999–2000: Profiles of Students in Selected Degree Programs and Their Use of Assistantships［R］. U.S. Department of Education, 2002:1–9.

④　VERONIKA PAKSI. Work–life Balance of Female PhD Students in Engineering［C］// PUSZTAI G, ENGLER Á,MARKÓCZI RI. Development of Teacher Calling in Higher Education. Partium Press–Personal Problems Solution–Új Mandátum. Nagyvárad–Budapes, 2015:179–194.

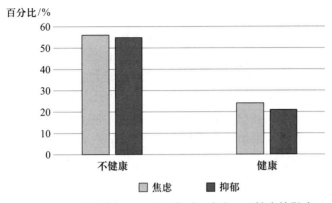

百分比/%

图 3-1-4 感知工作 – 生活平衡对研究生心理健康的影响

5. 就读年限

研究生就读年限对其心理健康也存在一定影响。玄（Hyun）等人在对影响研究生心理健康的因素进行回归分析时发现，就读学期与研究生的心理健康存在着显著的负相关。[①] 瓦伦丁（Valentin）等人的研究也发现，相较于低年级博士生，就读年限超过 4 年的高年级博士研究生的心理健康问题尤为突出，五年级博士研究生的抑郁检出率为 29.6%；第六年及就读时间更长的博士研究生的自杀意念高达 23.3%，是一年级博士研究生的自杀意念的近 3 倍（8.1%）。[②] 具体见表 3-1-1 所示。

研究生就读年限之所以对心理健康产生影响，一方面由于研究生在学习的后期面临论文的撰写、答辩，以及就业等压力性事件，心理状态不稳定，容易焦虑或抑郁；另一方面研究生在学习和科研过程中，可能会遭遇学业或科研方面重复性的失败打击，这些因素都会逐步加重研究生的抑郁或焦虑水平。

表 3-1-1　不同就读年限研究生心理问题的诊断和治疗

单位：%

心理问题发生率	就读年限						
	G1	G2	G3	G4	G5	G6+	Total
抑郁	14.6%	15.4%	15.8%	12.8%	24.7%	25.4%	17.7%
焦虑	12.2%	12.5%	19.5%	18.2%	21.0%	28.3%	17.6%
抑郁或焦虑	21.2%	19.2%	24.7%	22.5%	29.6%	36.7%	24.8%
自杀倾向—2 周	8.1%	5.8%	13.0%	15.9%	6.1%	23.3%	11.3%
自杀倾向—1 年	5.1%	11.7%	10.4%	22.6%	8.5%	16.7%	12.0%

① HYUN J K, QUINN B C, MADON T, et al. Graduate student mental health: needs assessment and utilization of counseling services［J］. Journal of College Student Development, 2006, 47 (3)：247–266.

② BOLOTNYY V, BASILICO M, BARREIRA P. Graduate student mental health: lessons from American economics departments ［J］. Journal of Economic Literature, 2022, 60 (4)：1188–1222.

6. 其他社会因素

近年来美国的结构性种族主义、针对有色人种的暴力行为，以及仇外情绪的增加、美国经济的持续下滑、失业率的上升等加剧了研究生的压力和焦虑。与此同时，新冠肺炎疫情在全球的大流行，很多高校纷纷关闭校园，也干扰了许多研究生正常的学习，不仅影响了他们学业完成的时间，也对其实习、求职等职业发展造成了很大的影响，加剧了研究生的心理问题。奥格尔维（Ogilvie）对 12 所公立机构的 3500 名研究生进行了调查，发现在新冠肺炎大流行期间，67% 的受访者在幸福感因素上得分较低，近三分之一的受访者存在创伤后应激障碍症状，中度或重度抑郁症的检出率为 35%，33% 的受访者有中度或重度水平的焦虑。[①]

三、美国高校改善研究生心理健康的新举措

研究生的心理健康问题在美国及世界各国引起了越来越多的关注和重视。但是，大学对研究生心理问题的缺乏深入了解，也未注意到硕士和博士等不同研究生群体所面临心理问题的差异性。同时，大学也未对提升研究生心理健康的途径、学校资源、政策及实践进行有效评估。2019 年，美国研究生院委员会和杰德基金会 (The Jed Foundation, 简称 JED) 联合开展了一项关于"研究生心理健康与幸福感"的项目，试图调查提升研究生心理健康的资源、政策和过程的现状以及存在的不足；评估学校资源和实践与研究生心理健康需求的匹配性，以及现有改善研究生心理健康措施的有效性，以期为改善研究生心理健康提供循证支持。

经过 22 个月的调查，美国研究生院委员会和杰德基金会于 2021 年 4 月 9 日发布了《支持研究生心理健康和幸福感——对研究生群体的循证建议》（Supporting Graduate Student Mental Health and Well-being:Evidence-Informed Recommendations For The Graduate Community）报告。该报告分别针对研究生院院长和研究生教育共同体提出了行动倡议，开发了改善研究生心理健康的循证框架，以指导研究生心理健康的发展。第一项行动倡议是针对研究生院院长发出的，第二项则是向包括大学校级领导、研究生院院长、教师、研究生和资助者在内的更广泛学校教育群体发出。现就具体倡议内容详述如下。

（一）面向研究生院院长的行动倡议

研究生的心理健康状况不仅直接影响着学生个人的发展，而且也影响着学校的运行。研究生院院长对研究生教育负有最直接和最广泛的责任。报告面向研究生院院长的行动倡议，通过提出 4 项价值观、4 项原则、8 项承诺和 5 项责任，以期实现建立一个能够支持所有学生的学术成功和心理健康的研究生教育系统。具体要点包括：

1. 作为研究生院院长，应秉承如下价值观：

研究生教育必须以学生为中心；研究生的身体、社会、情感体验与学术体验同等重要，努力营造支持研究生全面发展的教育环境；研究生教育须坚持多样性、公平性和融合性，以支持不同背景研究生的成长成才；研究生教育的各项指导、目标、对学生的期望应清晰明确，以帮助学生更好地理解并顺利完成学业的各项要求。

---

① OGILVIE C, BROOKS T R, ELLIS C, et al. NSF RAPID: Graduate Student Experiences of Support and Stress During the Covid-19 Pandemic [R]. Bozeman : Montana State University , 2020:1–11.

2. 为提升研究生的心理健康，研究生院院长在各项教育活动中，还应坚持以下原则：

研究生院应营造一个积极和包容的学习环境，支持研究生实现个人、学术和职业的全面成长；研究生教育的目标应是学生的成长成才，而不仅仅是生存；研究生教育应通过安全、尊重和有效的指导来减少研究生教育系统给学生带来的压力和挑战，促进学生发展；研究生与本科生所面对的挑战不同，必须了解研究生所面临的独特挑战，并据此采取针对性行动；教职员工心理健康状况与研究生心理健康息息相关，也应该关注教职员工所面临的压力及其心理健康。

3. 在制定和修订提升研究生心理健康的各项举措时，研究生院院长应承诺在以下方面发挥其领导作用：

充分认识研究生在维持自己的心理健康方面可以发挥重要作用，学校在制定和修订有关提升研究生心理健康的方案时，应让研究生充分参与；研究生教育的成功，依赖于研究生院、教职员工、研究生自身，以及家人、朋友、社区等校内外相关群体的共同努力，应充分认识并发挥各利益相关群体在提升研究生心理健康水平方面的作用；校内各相关职能部门应全面参与、深入合作，从而形成更全面的支持方案；来自不同背景的研究生之间的心理健康问题和心理健康需求既有共性，也存在着一定的差异，支持研究生心理健康的方案和行动应能够满足各个不同群体的需求；必须基于基本信息的收集及干预效果的评估，制定和使用改善研究生心理健康的循证战略；开展并加强导师培训，一方面使得导师能够为研究生的学业和个人成长提供合适支持，另一方面帮助导师及时识别研究生可能需要外部支持的迹象，引导学生向合适的资源和服务部门求助；提高研究生院院长之间的合作能力，加强相互之间的信息共享和经验交流；协作、沟通、文化意识、心理弹性，以及其他相关的社会和情感技能，对学生个体成功及大学发展具有重要作用，应将社会和情感技能的培训纳入研究生课程及导师培训中。

4. 通过上述价值观、原则和承诺，研究生院院长追求取得如下成果：

创建一个由校园内各相关部门组成的学校层面的机构，负责研究生心理健康相关问题的战略规划；将对研究生心理健康和幸福感的支持纳入学校研究生健康教育的大框架；定期评估研究生的心理健康需求，评估相关政策或举措的有效性，并使之固定化和程序化；每学期初向各学科负责人及教师介绍学校的有关资源和政策；向所有研究生开展有关心理健康和幸福感，以及校园相关资源和政策的介绍，且每个学期至少开展一次。

这项行动倡议得到了各研究生院院长的广泛支持，在《支持研究生心理健康和幸福感——对研究生群体的循证建议》报告发表时，已有 150 多所机构的研究生院院长正式认可这些原则，并承诺在未来 12 个月内采取具体行动。

（二）面向更广泛的研究生教育群体的行动倡议

除研究生院院长外，大学的校级领导、院系领导、教职员工、研究生，以及资助机构等学校其他相关群体，也对研究生心理健康负有一定责任，应为改善研究生的心理健康做出相应的贡献。因此《支持研究生心理健康和幸福感——对研究生群体的循证建议》这一报告也向更广泛的研究生教育群体发出倡议，主要内容包括：

1. 校级领导在定义大学价值观并确保学校的资源与价值观保持一致方面发挥着至关重要的作用。校级领导应确保学校心理健康和幸福感的规划能够满足研究生的需求；认识到竞争性的校园文化对教职员工具有负面影响，研究如何改变这种竞争性的校园文化；改革教师的晋升和奖励体系，以鼓励教师追求学术卓越与工作－生活之间的平衡；鼓励多样性、公平性和包容性，校园内提供一定的空间，来讨论少数群体研究生所经历的挑战和危机；在学校层面开展一系列的健康日等活动。

2. 研究生院院长对研究生教育承担最广泛和最核心的责任，要能促进校内不同部门之间的合作。研究生院院长应面向新上岗导师及院系领导，开展有关研究生心理健康的培训；修订可能会对研究生带来消极影响的休学、退学等政策，为研究生休学或退学后仍能部分地继续参与学习提供一定的灵活政策；改革就读年限或资金对于研究生获得学位的限制，以促进研究生追求工作－生活的平衡，以及最好的学业成绩；为研究生组织开展心理健康等活动提供经费支持。

3. 各院系主任在本院系文化和政策等方面发挥更重要作用。导师应对学生全面发展提供指导，而非仅对其学业提供指导，院系主任应该将研究生的培养质量纳入导师年度考评；为研究生开展职业规划和职业决策等活动创造一定的空间和机制；向即将入学的研究生提供有关心理健康资源的信息；确保相关政策、资源等都是透明且易获得的；识别研究生在资格考试、学位论文撰写等关键环节所面临的压力，并建立一种机制，以支持研究生可以顺利通过这些关键环节。

4. 教师和导师是研究生的近距离观察者，也是研究生发展的直接影响者。教师和导师应该清晰明确地向研究生阐明自己的期望；以身垂范，为研究生保持工作－生活平衡和自我关照树立榜样；为研究生的职业选择，包括学术界外的职业选择提供支持；为处于困境的研究生提供关心，并向他们介绍合适的支持资源。

5. 研究生应及时向教职员表达自己面临的压力及所需要的支持；研究生发现身边同学出现心理问题时，应及时告知相关部门；充分发挥朋辈指导及其他支持在研究生心理健康活动中的积极作用。

6. 资助机构应该重新评估目前的资助政策对加剧研究生之间的竞争及增加教师和研究生压力的负面影响；同时应支持开展相关的研究，特别是针对少数族裔和社会经济地位低下的研究生群体所开展的研究，全面了解研究生心理健康现状和需求。

在这一行动倡议的框架下，很多高校已经实施或正在开展相应行动，这些行动正是在这些原则、承诺指导框架下开展的。

四、对国内研究生心理健康工作的启示

2020 年 7 月，全国研究生教育会议召开。习近平总书记作出重要指示，强调研究生教育在培养创新人才、提高创新能力，服务经济社会发展，推进国家治理体系和治理能力现代化方面具有重要作用。李克强总理作出批示，指出研究生教育肩负着高层次人才培养和创新创造的重要使命，是国家发展、社会进步的重要基石。我国研究生教育规模已稳居世界第二，2021年，我国在学研究生 333.24 万人，其中在学博士生 50.95 万人，在学硕士生 282.29 万人。[①] 伴随着我国研究生教育规模的快速增长，研究生因心理健康问题而导致的危机事件屡见不鲜，研究生的心理健康问题也引起了社会各界越来越多的关注。正视并有效解决研究生的心理健康问

---

① 教育部. 2021 年全国教育事业发展统计公报［R］. 中国政府网，2022-9-15.

题，需要研究生培养单位高度重视并采取针对性的措施。美国高校和学术组织的一些有益做法为我们提供了参考与启示。CGS 和 FED 联合发布的《支持研究生心理健康和幸福感——对研究生群体的循证建议》报告，尤其是其提出的支持研究生心理健康的两项行动倡议，为我国高校探索出台支持研究生心理健康的相关举措提供了如下借鉴。

1. 支持研究生心理健康的举措必须以循证实践为前提，并对研究生的心理问题及需求进行全面评估

虽然研究生的心理健康问题已经引起了国家、高校、研究者和社会的重视，但目前我国专门针对研究生心理健康的研究相对较少，如有研究指出，2013 年以"研究生心理健康"为主题词和以"高校学生心理健康"为主题词检索到的文献数量比为 1：18。[①] 为此，一方面需要加强研究生心理健康研究；另一方面还要充分关注研究生教育的自身特点。研究生的心理问题和需求与本科生相比，具有其特殊性。研究生教育在学历层次、学位类型、学习方式等方面具有多样性，研究生群体之间也存在较大差异，其个人背景、学习方式、学业要求及职业追求也各不相同，不同层次、不同类别、不同背景研究生所面临的心理问题千差万别，其对于提升心理健康的需求也各异。我国高校出台支持研究生心理健康的举措，必须建立在循证实践的基础上，对研究生的心理问题进行全面调研，识别研究生不同群体的具体问题和需求，评估目前提升研究生心理健康举措的效果。在循证实践的基础上，整合校内外资源，出台能够满足不同群体研究生心理健康需求的举措，提升研究生的心理健康水平。

2. 制定研究生心理健康举措需要学校各相关部门全员参与

研究生心理问题的发生，是由学习、生活、求职等多方面因素综合所致。美国 CGS 和 FED 提出的支持研究生心理健康举措的框架中，向校级领导、研究生院院长、院系领导、教师和导师、研究生及资助机构等广泛的研究生教育相关群体发出了号召，鼓励各相关群体共同参与进来，从学校的文化、价值观、研究生教育政策、资助政策等方面为支持研究生心理健康做出贡献，从而实现系统性变革。我国高校提升研究生的心理健康水平，除需要学生工作部门、心理咨询中心等部门开展心理健康筛查、心理健康教育和心理咨询外，还需要学校各级领导、相关部门，院系、导师及研究生自身等不同群体的共同参与，从文化、政策、制度、资助等多方面进行整合性改革，创造支持研究生学业、个人和职业全面发展的环境，制定支持研究生心理健康的一揽子举措。

3. 充分发挥导师对提升研究生心理健康水平的作用

导师是研究生培养的第一责任人，导师因与研究生接触最多、距离最近，更容易掌握研究生心理动态，对学生学业发展和心理健康具有直接影响。导师应该特别关注和支持学生的全面发展，而非仅关注学生的学术发展。导师对研究生的期望和要求应该保持在合理范畴内，支持研究生做到工作和生活平衡。导师应为学生职业选择提供指导，包括学术界之外的职业选择。为此，高校应加强对导师培训，一方面使导师为研究生学业和个人成长提供合适支持；另一方面使导师能够掌握心理健康的知识，帮助导师识别研究生的心理问题，并引导学生向相关部门或人员求助，切实发挥导师在提升研究生心理健康水平中的作用。

---

① 冯蓉，张彦通，马喜亭 . 我国高校研究生心理健康教育研究现状与进展——基于 CNKI（1983—2013）的文献分析 [J]．研究生教育研究,2015 (1) :21—25.

4. 以研究生为中心制定支持研究生心理健康的举措

在提升研究生心理健康水平的活动中，研究生群体是最关键的利益群体，是这一活动的主体。CGS 在面向研究生院院长的行动倡议中提到，研究生院院长应秉承"研究生教育必须以学生为中心"的价值观，让研究生广泛参与到各项政策的制定和修改活动中，给研究生更多的话语权。这一观点对我国研究生心理健康教育也具有借鉴价值。首先，我国高校在出台支持研究生心理健康的相关举措时，应邀请研究生广泛参与进来，以更好地了解他们的实际问题和需求，听取他们的意见和建议。其次，制定相关举措时，应充分发挥研究生在朋辈指导等活动中的积极作用。朋辈之间的心理互助，能够让研究生朋辈更了解彼此的处境。研究生朋辈群体掌握有关心理健康的专业知识和基本技能，可以为化解研究生心理问题提供积极支持。

（执笔：刘晓玲）

中国学位与研究生教育大事记（2021 年）

一　月

1月6日

教育部等六部门发布《关于加强新时代高校教师队伍建设改革的指导意见》，深入落实中共中央、国务院《关于全面深化新时代教师队伍建设改革的意见》和《深化新时代教育评价改革总体方案》，推进加强新时代高校教师队伍建设改革。

1月13日

国务院学位委员会办公室公布各专业学位类别的领域设置情况。专业学位类别的领域设置主要分为两种情况，一种下设领域，一种不分设领域。

1月14日

教育部办公厅发布《关于做好 2021 年高校思想政治工作骨干在职攻读博士学位专项计划工作的通知》，要求进一步加强高校思想政治工作队伍建设。

1月20日

教育部办公厅发布《关于做好 2021 届教育类研究生和公费师范生免试认定中小学教师资格改革工作的通知》，要求各培养单位贯彻落实好《教育类研究生和公费师范生免试认定中小学教师资格改革实施方案》，促进师范生就业。

1月25日

国务院学位委员会学科评议组、全国专业学位研究生教育指导委员会工作会议在京召开，部署学科评议组、专业学位教指委重点工作。会议以视频形式召开。国务院学位委员会副主任委员、教育部党组书记、部长陈宝生出席会议并讲话，国务院学位委员会副主任委员、秘书长，教育部党组成员、副部长翁铁慧主持会议。学科评议组、专业学位教指委代表做交流发言，国务院学位委员会办公室、教育部学位管理与研究生教育司负责人就学科评议组、专业学位教指委"十四五"期间重点工作做说明。

1月27日

人力资源社会保障部、教育部印发《关于深化高等学校教师职称制度改革的指导意见》，部署高校教师职称制度改革工作。该文件指出，高校教师是我国专业技术人才队伍的重要组成部分，是新时代推动国家教育事业发展和高层次人才培养的重要力量。要遵循高校教师职业特点和发展规律，分类分层，科学评价，充分调动广大高校教师的积极性和创造性，建设一支高素质、专业化、创新型教师队伍，为高等教育事业发展提供制度保障和人才支持。

1月27日

国务院学位委员会办公室发布《关于做好2021年同等学力人员申请硕士学位外国语水平和学科综合水平全国统一考试工作的通知》。

1月27日

教育部办公厅公布首批全国党建工作示范高校、标杆院系、样板支部培育创建单位验收通过名单，10个高校党委、98个院系党组织、551个党支部通过验收。

三　　月

3月11日

国务院学位委员会、教育部发布《关于开展2021年学位授权点专项合格评估工作的通知》，委托相关的全国专业学位研究生教育指导委员会组织实施本次专项合格评估。参评学位授权点为2018年学位授权点专项合格评估中被认定为"限期整改"，并按规定整改期满的专业学位授权点。

3月12日

教育部办公厅发布《关于开展课程思政示范项目建设工作的通知》，要求深入贯彻落实习近平总书记关于教育的重要论述和全国教育大会精神，贯彻落实中共中央办公厅、国务院办公厅《关于深化新时代学校思想政治理论课改革创新的若干意见》，深入实施《高等学校课程思政建设指导纲要》。

3月12日

3月12日，教育部公布《2021年全国硕士研究生招生考试考生进入复试的初试成绩基本要求》（国家分数线）。同日，教育部召开会议，对做好2021年全国硕士研究生复试录取工作进行了部署。根据《2021年全国硕士研究生招生工作管理规定》，招生单位在国家分数线基础上，自主确定并公布本单位各专业考生进入复试的要求。

3月16日

按照十三届全国人大常委会立法规划部署，教育部在深入调研基础上，研究形成了《中华人民共和国学位法草案（征求意见稿）》，并面向社会公开征求意见。

3 月 23 日

教育部、财政部、国家发展改革委印发《"双一流"建设成效评价办法（试行）》，"双一流"建设成效评价以中国特色、世界一流为核心，突出培养一流人才、产出一流成果，主动服务国家需求，克服"五唯"顽瘴痼疾，以中国特色"双一流"建设成效评价体系引导高校和学科争创世界一流。

3 月 24 日

《管理世界》《经济研究》等 26 家管理、经济领域核心期刊发起成立中国案例研究期刊联盟，期刊联盟致力于开设案例研究专栏，刊载案例研究成果，努力促进中国哲学社会科学研究范式变革。

3 月 31 日

教育部办公厅印发《高等学校法治工作测评指标》，全面推进依法治教、依法办学、依法治校，加强高等学校法治工作，推动高校提高治理体系和治理能力现代化水平。

四　月

4 月 6 日

教育部办公厅发布《关于开展习近平新时代中国特色社会主义思想大学习领航计划系列主题活动的通知》，决定由高校思政课教学指导委员会和有关高校组织开展习近平新时代中国特色社会主义思想大学习领航计划系列主题活动。

4 月 9 日

教育部发布《关于开展第二批"全国高校黄大年式教师团队"创建活动的通知》，贯彻落实党中央、国务院关于加强教师队伍建设的决策部署，开展第二批"全国高校黄大年式教师团队"创建活动。

4 月 12 日

教育部办公厅发布《关于开展 2021 年高校思想政治理论课教师研修工作的通知》，要求努力建设一支政治强、情怀深、思维新、视野广、自律严、人格正的思政课教师队伍，不断提高教师教书育人能力素质。

4 月 16 日

教育部发布《关于举办第七届中国国际"互联网+"大学生创新创业大赛的通知》，定于2021 年 4 月至 10 月举办第七届中国国际"互联网+"大学生创新创业大赛。

4月18日

国务院学位委员会、教育部发布《关于下达 2020 年学位授权点专项合格评估处理意见的通知》。在 2020 年专项合格评估中，有 48 所学位授予单位的 61 个博士学位授权一级学科可以继续行使学位授权，1 所学位授予单位的 1 个二级学科可以继续行使博士学位授权；119 所学位授予单位的 165 个硕士学位授权一级学科可以继续行使学位授权，2 所学位授予单位 2 个硕士学位授权一级学科被要求限期整改；74 所学位授予单位的 102 个硕士专业学位类别可继续行使授权，2 所学位授予单位的 2 个学位点被要求限期整改，6 所学位授予单位的 6 个硕士专业学位类别被撤销学位授权。

4月19日

习近平总书记到清华大学考察并发表重要讲话。

4月20日

教育部办公厅发布《关于在思政课中加强以党史教育为重点的"四史"教育的通知》，要求在大中小学思政课中开展以党史教育为重点的"四史"教育。

4月22日

教育部办公厅发布《关于开展第二届全国高校思想政治理论课教学展示暨优秀课程观摩活动的通知》。

4月25日

国务院学位委员会办公室发布《关于做好 2021 年同等学力人员申请硕士学位全国统一考试安全和防疫工作的通知》，要求各省级考试主管部门进一步提高政治站位，压实工作责任，筑牢考试安全防线，毫不放松抓好常态化疫情防控，确保 2021 年同等学力全国统考平稳顺利实施。

五　　月

5月6日

教育部办公厅发布《关于开展 2021 届高校毕业生就业促进周活动的通知》，贯彻落实党中央、国务院"稳就业""保就业"决策部署，全力促进高校毕业生顺利毕业、尽早就业。

5月21日

由北京理工大学研究生教育研究中心、北京大学中国博士教育研究中心、学位与研究生教育杂志社、湖南师范大学主办的"纪念《中华人民共和国学位条例》实施四十周年暨全国研究生教育高端论坛 (2021)"在长沙举行。来自教育部学位管理与研究生教育司、部分省市教育行政主管部门、全国部分高校和科研院所的 200 余名代表共话新时代研究生教育高质量发展。

5 月 21 日

教育部办公厅发布《关于推进习近平法治思想纳入高校法治理论教学体系的通知》，贯彻落实教育部党组推进习近平法治思想进教材、进课堂、进头脑工作部署。

5 月 28 日

教育部公布课程思政示范课程、教学名师和团队、教学研究示范中心名单。其中，研究生教育课程思政示范课程 99 门、教学名师和团队 99 个。这是首次开展研究生课程思政示范项目的选树与建设工作。

六 月

6 月 1 日

教育部公布课程思政示范项目名单。经组织推荐、专家遴选、会议评议和网络公示等，确定课程思政示范课程 699 门、课程思政教学名师和团队 699 个、课程思政教学研究示范中心 30 个。

6 月 10 日

国家教材委员会办公室发布《关于开展马克思、恩格斯、列宁关于哲学社会科学及各学科重要论述摘编申报工作的通知》，决定组织编写马克思、恩格斯、列宁关于哲学社会科学及各学科的重要论述摘编。

6 月 19 日

由中国研究生院院长联席会主办，全国工程专业学位研究生教育指导委员会协办，西北工业大学承办的博士专业学位研究生培养专题论坛在西安召开。此次论坛聚焦"博士专业学位研究生培养"，是中国研究生院院长联席会进一步深入学习贯彻落实习近平总书记关于研究生教育工作的重要指示及全国研究生教育会议精神，举办的系列专题论坛的首期专题论坛。

七 月

7 月 19 日

教育部办公厅发布《关于开展第十三届"高校辅导员年度人物"暨 2021 年"最美高校辅导员"推选展示活动的通知》。

7 月 15 日

教育部印发《高等学校碳中和科技创新行动计划》的通知，要求各高校深入贯彻党中央、国务院关于碳达峰碳中和的重大战略部署，发挥高校基础研究主力军和重大科技创新策源地作用，为实现碳达峰碳中和目标提供科技支撑和人才保障。

7月22—24日

7月22—24日，中国研究生院院长联席会2021年年会暨2021年地方研究生教育管理工作委员会工作会议在天津召开。此次会议是在习近平总书记对研究生教育工作作出重要指示，以及全国研究生教育会议召开一周年之际召开的。教育部学位管理与研究生教育司、教育部学位与研究生教育发展中心、中国研究生院院长联席会、天津市教委、天津大学有关领导出席会议，各省区直辖市教育行政部门负责人、全国近140所高校研究生教育工作负责人及产业界专家代表等共300余人参会。

八　月

8月11日

教育部公布第二批"百个研究生样板党支部"和"百名研究生党员标兵"创建名单，100个研究生党支部和100名研究生党员入选，覆盖全国31个省（自治区、直辖市）和新疆生产建设兵团的154所高校。

8月27日

国务院学位委员会办公室印发《关于开展2021年学位与研究生教育质量专项巡查的通知》，巡查范围包括数学一级学科博士学位授权点和教育、工商管理、公共管理、艺术专业学位硕士学位授权点。此次质量巡查突出立德树人根本目的，强调问题导向，对各单位研究生教育制度和执行情况，特别是人才培养关键环节突出问题进行专门诊断。专项巡查以过程性评价为主，针对具体巡查问题，以查阅材料、随堂听课、师生访谈、实地走访等为主要形式。专项巡查委托国务院学位委员会数学学科评议组和相关的全国专业学位研究生教育指导委员会具体实施。

8月31日

教育部印发《2022年全国硕士研究生招生工作管理规定》，部署各地各招生单位统筹做好疫情防控常态化条件下的研究生考试招生工作。2022年全国硕士研究生招生考试初试定于2021年12月25至26日，考试时间超过3小时或有特殊要求的少数考试科目安排在12月27日。

九　月

9月26日

教育部公布第六届全国教育科学研究优秀成果奖评选结果。经评审，共有344项成果获奖，其中一等奖26项、二等奖119项、三等奖199项。国防军事教育科学研究优秀成果评奖活动由全军军事教育科学规划办公室单独组织。

9 月 26 日

国家教材委员会公布首届全国教材建设奖名单，共有 48 种研究生优秀教材入选。这是我国首次评选全国优秀研究生教材。

十 月

10 月 9 日

教育部办公厅发布《关于组织开展 2021 年国家网络安全宣传周校园日活动的通知》。2021 年国家网络安全宣传周的主题为"网络安全为人民，网络安全靠人民"。

10 月 12—15 日

10 月 12—15 日，教育部学位与研究生教育发展中心组织第二批研究生党建"双创"标兵代表，开展"向党致敬井冈行"主题党日活动，发布第二批研究生党员标兵《接力百年奋斗强国先锋有我——致全国研究生同学倡议书》。

10 月 20 日

教育部办公厅发布《关于开展第三批新时代高校党建示范创建和质量创优工作的通知》，要求高校深入学习领会习近平总书记"七一"重要讲话精神和关于加强高校党建工作的重要论述，贯彻落实第二十七次全国高校党的建设工作会议精神，落实《中国共产党普通高等学校基层组织工作条例》。

10 月 25 日

国务院学位委员会、教育部下达 2021 年学位授权点专项合格评估处理意见。在 2021 年学位授权点专项合格评估的处理意见中，中国传媒大学等 38 个学位授权单位的相关硕士专业学位授权点可以继续授权；辽宁石油化工大学的公共管理硕士专业学位授权点被撤销授权；天津医科大学和陆军工程大学主动提出放弃应用统计硕士专业学位授权。

10 月 26 日

国务院学位委员会公布 2020 年审核增列的博士、硕士学位授予单位及学位授权点名单，增列博士学位授予单位 34 个，硕士学位授予单位 43 个，博士学位授权点 361 个，硕士学位授权点 1665 个。通过学位授权点动态调整、学位授权自主审核、新增"集成电路科学与工程""国家安全学"等工作，共撤销博士学位授权点 6 个，硕士学位授权点 93 个，增列博士学位授权点 70 个，硕士学位授权点 124 个。其中，增列集成电路科学与工程一级学科博士学位授权点 18 个，硕士学位授权点 1 个，这是我国首批集成电路科学与工程一级学科学位授权点。

十 一 月

11 月 5 日

教育部学位与研究生教育发展中心、中国专业学位案例中心发布《中国专业学位精品案例库建设方案》，提出到 2025 年收录精品案例规模超 5000 篇，基本建成中国特色国际影响的案例建设新模式、新品牌、新高地。

11 月 17 日

国务院学位委员会印发《交叉学科设置与管理办法（试行）》，首次明确交叉学科的内涵，建立交叉学科放管结合的设置机制和调整退出机制，明确交叉学科学位授予和基本要求，构建交叉学科的质量保障体系。

11 月 18 日

教育部会同国家教育统一考试工作部际联席会议有关成员单位，召开 2022 年全国硕士研究生招生考试安全工作视频会议，全面动员和部署考试安全工作。

11 月 18 日

中国科学院、中国工程院院士增选结果公布，新增选中国科学院院士 65 名，中国工程院院士 84 名。新晋院士中 90% 以上在我国境内接受过研究生教育，80% 以上由我国境内高校或科研院所授予最终学位（硕士或博士）。

十 二 月

12 月 2 日

教育部印发《高等学校思想政治理论课建设标准（2021 年本）》，进一步加强高校思想政治理论课的宏观指导，规范组织管理、教学管理、队伍管理及学科建设。

12 月 16 日

教育部办公厅发布《关于公布第二届全国高校思想政治理论课教学展示暨优秀课程观摩活动评选结果的通知》。

12 月 20 日

教育部通过国家教育考试指挥平台召开 2022 年研考组考防疫工作专项视频调度会。针对报考人数大幅增加及新冠肺炎疫情局部散发的形势，教育部认真贯彻党中央、国务院决策部署，指导各地加强风险防控和应对处置，采取了系列针对性举措，全力保障考试安全。

12 月 22—24 日

12 月 22—24 日，中国学位与研究生教育学会纪念《中华人民共和国学位条例》实施 40

周年暨 2021 年学术年会在线上召开。

12 月 25 日

2022 年全国硕士研究生招生考试开考，报考人数 457 万人，较上一年增加 80 万人，增长率为 21%，报名总数和增量均创历史新高。

12 月 27 日

国务院学位委员会、教育部、人力资源和社会保障部发布《全国金融等 30 个专业学位研究生教育指导委员会换届的通知》。

12 月 29 日

教育部、国务院学位委员会下发《关于进一步规范高等学校异地研究生培养的意见》的文件，强调高校应保证研究生培养及质量保障的规范性，原则上不得开展异地全过程培养，并对异地研究生培养机构的命名进行规范。

中国学位与研究生教育大事记（2022 年）

一 月

1 月 10 日

国务院学位委员会办公室发布《关于做好 2022 年同等学力人员申请硕士学位外国语水平和学科综合水平全国统一考试工作的通知》，对考生资格、考试科目和时间、考试报名等做出规定。

1 月 11 日

教育部学位与研究生教育发展中心和北京大学共同主办召开了《大学与学科》交叉学科研讨会暨专刊发布会。会议采取线上线下相结合方式召开，线上 30 余万人观看了会议直播。

1 月 18 日

教育部部署 2022 年面向港澳台地区招收研究生工作，要求有关招生单位、报考点按照"精准防控、分类施考、科学选拔、规范管理"的原则，统筹做好疫情防控和组考工作，确保招生录取安全有序、公平公正。

1 月 29 日

教育部、财政部、国家发展改革委发布《关于深入推进世界一流大学和一流学科建设的若干意见》，提出准确把握新发展阶段战略定位，全力推进"双一流"高质量建设；强化立德树人，造就一流自立自强人才方阵；服务新发展格局，优化学科专业布局；坚持引育并举，打造高水平师资队伍；完善大学创新体系，深化科教融合育人；推进高水平对外开放合作，提升人才培养国际竞争力；优化管理评价机制，引导建设高校特色发展；完善稳定支持机制，加大建设高校条件保障力度；加强组织领导，提升建设高校治理能力九大意见。

二 月

2 月 11 日

教育部、财政部、国家发展改革委印发《关于公布第二轮"双一流"建设高校及建设学科名单的通知》，明确第二轮"双一流"建设高校 147 所，331 个建设学科，其中数学、物理、化学、生物学等基础学科 59 个、工程类学科 180 个、哲学社会科学学科 92 个。北京大学、清华大学自主建设的学科自行公布。第二轮建设名单不再区分一流大学建设高校和一流学科建设高校。

2 月 28 日

中央全面深化改革委员会第二十四次会议审议通过了《关于加强基础学科人才培养的意见》。指出要优化人才发展制度环境，发挥高校特别是"双一流"大学培养基础研究人才的主力军作用。

三　月

3 月 11 日

教育部召开视频工作会议，部署 2022 年全国硕士研究生招生复试录取工作。同日，教育部公布《2021 年全国硕士研究生招生考试考生进入复试的初试成绩基本要求》（国家分数线）。根据《2021 年全国硕士研究生招生工作管理规定》，招生单位要在国家分数线基础上，统筹考虑当地疫情防控要求和学校实际情况，因地因校制宜，自主确定并公布本单位复试时间、复试方式和复试办法，确保复试工作安全、科学、公平。各招生单位要在复试工作中，采取"两识别""四比对"等措施，加强考生身份审核，严防替考；通过随机确定考生复试次序、随机确定导师组组成人员、随机抽取复试试题等"三随机"方式，加强过程监管，确保规范公平。

3 月 24 日

教育部举行卓越工程师产教联合培养行动座谈会，正式启动卓越工程师产教联合培养行动。要求加快建设中国特色、世界水平的工程师培养体系，努力培养造就爱党报国、敬业奉献、具有突出技术创新能力、善于解决复杂工程问题的工程师队伍。

四　月

4 月 1 日

教育部、中央网信办、工业和信息化部、公安部和国家市场监督管理总局联合印发《关于加强普通高等学校在校开放课程教学管理的若干意见》，规范普通高等学校在线开放课程教学管理，维护在线开放课程教学秩序。

4 月 13 日

教育部、财政部、国家发展改革委联合召开新一轮"双一流"建设推进会，教育部党组书记、部长怀进鹏在会上发表讲话。会议强调要提高政治站位，深入学习贯彻习近平总书记关于"双一流"建设重要指示批示精神，进一步把思想和行动统一到党中央决策部署上来，深入推进新时代"双一流"建设重点任务，勇担办好中国特色世界一流大学的历史新使命。

4 月 25 日

习近平总书记到中国人民大学考察调研。总书记强调,"为谁培养人、培养什么人、怎样培养人"始终是教育的根本问题。要坚持党的领导,坚持马克思主义指导地位,坚持为党和人民事业服务,落实立德树人根本任务,传承红色基因,扎根中国大地办大学,走出一条建设中国特色、世界一流大学的新路。

4 月 29 日

2022 年中国研究生创新实践系列大赛正式开赛。大赛以"智汇青春,有梦当燃"为年度主题,配合教育部"国家急需高层次人才培养专项行动"和"卓越工程师产教联合培养行动",共设置 13 项主题赛事。

五　月

5 月 7 日

教育部印发《加强碳达峰碳中和高等教育人才培养体系建设工作方案的通知》。文件指出,支持部分基础条件好、特色鲜明的综合高校和行业高校,先行建设一批碳达峰碳中和领域新学院、新学科和新专业;推动高校参与或组建碳达峰碳中和相关国家实验室、全国重点实验室和国家技术创新中心,引导高等学校建设一批高水平国家科研平台;加快储能和氢能相关学科专业建设;建设一批绿色低碳领域未来技术学院、现代产业学院和示范性能源学院等。

5 月 23 日

教育部、国家新闻出版署、中央网信办、文化和旅游部、国家市场监督管理总局联合印发了《关于教材工作责任追究的指导意见》。针对大中小学教材编写、审核、出版、印制发行、选用使用等各环节存在的主要责任问题,明确追责情形和处理方式,实行全覆盖、全链条、规范化责任管理。

5 月 27 日

中共中央宣传部、教育部联合印发了《面向 2035 高校哲学社会科学高质量发展行动计划》,对高校哲学社会科学事业高质量发展作出中长期规划。要求充分发挥高校作为我国哲学社会科学"五路大军"中的重要力量作用,不断推进知识创新、理论创新、方法创新,建构中国自主的知识体系,更好回答中国之问、世界之问、人民之问、时代之问,更好彰显中国之路、中国之治、中国之理。

六　月

6 月 14 日

教育部举行"教育这十年""1+1"系列发布采访活动的第四场新闻发布会,聚焦党的十八大以来研究生教育改革发展成效。发布会主会场设在教育部,分会场设在湖北省。国务院学位委员会办公室副主任、教育部学位管理与研究生教育司司长洪大用介绍了研究生教育十年改革发展成效。

七　月

7 月 12 日

国务院学位委员会办公室公布 2021 年全国 32 家学位授权自主审核单位撤销和增列的学位授权点名单。撤销中国人民大学地理学硕士点学位授权一级学科点，北京师范大学安全科学与工程硕士学位授权一级学科点，中国科学院大学人口、资源与环境经济学硕士学位授权二级学科等 3 个；增列北京大学材料与化工等学位授权点 116 个，其中增列博士学位授权点 91 个，含博士学位授权交叉学科 17 个。

7 月 25 日

教育部等十部门印发《全面推进"大思政课"建设的工作方案》，要求坚持以习近平新时代中国特色社会主义思想为指导，聚焦立德树人根本任务，推动用党的创新理论铸魂育人，不断增强针对性、提高有效性，实现入脑入心。要求坚持开门办思政课，强化问题意识、突出实践导向，充分调动全社会力量和资源，建设"大课堂"、搭建"大平台"、建好"大师资"。建设全国高校思政课教研系统，设立一批实践教学基地，推出一批优质教学资源，做优一批品牌示范活动，支持建设综合改革试验区，推动思政小课堂与社会大课堂相结合，推动各类课程与思政课同向同行，教育引导学生坚定"四个自信"，成为堪当民族复兴重任的时代新人。

7 月 27 日

学位管理与研究生教育司印发《人工智能领域研究生指导性培养方案（试行）》，要求培养单位深化人工智能领域研究生培养改革，引导建设高校加强前瞻性基础研究，实现变革性原创成果突破，培养满足创新型国家建设急需的高层次基础理论人才和复合型创新人才。

7 月 27 日

中国研究生创新实践系列大赛制度体系建设取得新进展，发布了大赛总章程及 9 个管理办法，将各主题赛事作为一个有机的整体进行制度化设计。

八　月

8 月 14 日

2022 年同等学力人员申请硕士学位外国语水平和学科综合水平全国统一考试（简称"同等学力全国统考"）举行。

8 月 18 日

教育部办公厅等八部门公布首批"大思政课"实践教学基地名单,加快构建"大思政课"工作格局,推进习近平新时代中国特色社会主义思想"三进"工作。

8 月 18 日

教育部办公厅司法部办公厅印发《关于实施法律硕士专业学位(国际仲裁)研究生培养项目的通知》,选取部分高校会同仲裁委员会、律师事务所等涉外仲裁实务单位,实施法律硕士专业学位(国际仲裁)研究生培养项目,北京大学、清华大学等 20 所高校入选。

8 月 29 日

教育部印发《关于加强高校有组织科研 推动高水平自立自强的若干意见》,就推动高校充分发挥新型举国体制优势,加强有组织科研,全面加强创新体系建设,着力提升自主创新能力,更高质量、更大贡献服务国家战略需求作出部署。

九   月

9 月 6 日

教育部印发《2023 年全国硕士研究生招生工作管理规定》的通知,部署各地各招生单位统筹做好疫情防控常态化条件下的研究生考试招生工作。通知指出,从 2024 年全国硕士研究生招生考试起,教育专业学位硕士业务课考试科目将增设全国统一命题科目,供相关招生单位自主选择使用。

9 月 13 日

国务院学位委员会、教育部印发《研究生教育学科专业目录(2022 年)》《研究生教育学科专业目录管理办法》。新版目录有 14 个门类,共有一级学科 117 个,博士专业学位类别 36 个,硕士专业学位类别 31 个。新版目录自 2023 年起实施。

9 月 27 日

教育部、国务院国资委联合举行卓越工程师培养工作推进会。首批 18 个国家卓越工程师学院建设单位联合发布《卓越工程师培养北京宣言》。首届卓越工程师培养高峰论坛同时启动。

十   月

10 月 20 日

教育部办公厅下发 2023 年退役大学生士兵专项硕士研究生招生计划的通知。"退役大学生士兵计划"由 513 所普通高等学校承担,在全国硕士研究生招生计划总规模内单列下达,专项计划专项使用。

十 一 月

11 月 8 日

教育部于启动"2023 届高校毕业生校园招聘月"系列活动。"校园招聘月"以"就业向未来 建功新时代"为主题，在全国范围内持续推出专场招聘会、访企拓岗促就业专项行动、就业育人主题教育、供需对接就业育人项目等系列活动。

11 月 14 日

教育部印发《关于做好 2023 届全国普通高校毕业生就业创业工作的通知》，部署各地各高校深入学习贯彻党的二十大精神，实施"2023 届全国普通高校毕业生就业创业促进行动"，促进高校毕业生多渠道就业创业。

11 月 26 日

2022 高等教育国际论坛年会在武汉以线上线下相结合的方式举行。本次论坛以"人类命运共同体与高等教育可持续发展"为主题。35 位国际组织、教育组织、国外大学校长和专家学者作报告。论坛通过中英文平台全球公益直播，累计观看人数 1580 万人次。

11 月 28 日

教育部、国家语委印发《关于加强高等学校服务国家通用语言文字高质量推广普及的若干意见》，从人才培养、科学研究、社会服务、文化传承创新、国际交流合作等高校五大职能入手，对高等学校做好国家通用语言文字高质量推广普及工作做出部署。提出全面加强国家通用语言文字教育教学、主动融入推普助力乡村振兴和文化强国建设、积极探索推普服务社会应用和人民群众需求新手段等三大任务十项举措。

十 二 月

12 月 4 日至 5 日

中国研究生院院长联席会 2022 年年会在湖北武汉召开。年会以"大变局下的中国研究生教育"为主题，学习宣传贯彻党的二十大精神，共话新时代中国研究生教育改革发展的新使命、新方向，共谋建设中国特色、世界一流研究生教育新举措、新作为。年会围绕研究生教育改革重要议题、热点命题设立"学科交叉、交叉学科建设与人才培养"八个平行论坛，来自相关高校的院长、专家分享了研究生教育的典型案例和先进经验。本次年会首次设置举行"问题导向"圆桌会议。圆桌会议按照地域分为六组，各组参会代表交流研讨当前研究生教育发展进程中遇到的困境，探讨总结推动研究生教育发展改革的方法与路径。

12月4日

12月4日上午，由中国学位与研究生教育学会创办的"中国研究生导师论坛"在线开幕。首届论坛主题为"做'四有'导师，为党育人、为国育才"。来自各培养单位的领导、专家和导师等，共计4000余人在线观看了论坛直播。

12月7日

教育部部署进一步做好2023年研究生考试组织工作。要求各地深入贯彻落实党中央、国务院决策部署，坚持"全国一盘棋，统筹兼顾、分类指导、安全平稳"的原则，加强组织领导和条件保障，优化考生服务，全力以赴实现"如期考试""应考尽考""平安研考"的工作目标。

12月21日

第四届全国高校党委教师工作部部长工作研讨会召开。会议以"新时代高校教师思想政治工作和师德师风建设实践与创新"为主题，98所高校校领导和党委教师工作部部长以视频会议的形式，共话新时代高校教师思想政治和师德师风建设工作。

12月21日

教育部会同中央网信办、公安部、国家疾控局召开2023年研考工作调度会。教育部党组书记、部长怀进鹏出席会议并讲话，教育部党组成员、副部长翁铁慧主持会议。会议要求，各地各部门要提高政治站位，强化政治执行力，落实安全稳定责任，全力以赴抓好研考组织工作。会议在北京设主会场，各省、自治区、直辖市设分会场。各省（区、市）高校招生委员会主任、有关部门负责同志及各省教育行政部门、招生考试机构主要负责同志参加会议。

12月24日至26日

2023年全国硕士研究生招生考试初试举行。2023年全国考研报名人数为474万，比2022年增长17万人，增长率为4%，和2022年增长21%的增幅相比，增长率大幅下滑。

后　记

《中国研究生教育年度报告（2021&2022）》（以下简称《年度报告》）由中国研究生院院长联席会组织编制，由华东师范大学研究生院、华东师范大学高等教育研究所承担具体撰写工作。本册《年度报告》主要执笔人为李海生、阎光才、郭娇、刘晓玲、贺随波、杨青、王思遥、蔡红红、朱华伟、张玉丹、吕梦娜、马臣吉、苏文君、周雨情等。马臣吉、孙小茹完成了2020年和2021年中国研究生教育基本数据，以及2021年和2022年份研究生教育大事记的资料收集与整理工作。郭娇翻译了本期《年度报告》的英文版，郭娇、吕梦娜参与了英文稿译校。阎光才、李海生对全书进行了统稿审读，华东师范大学唐玉光教授、沈玉顺教授，上海教科院张振助副研究员参与了书稿的审读工作，北京大学研究生院杨立华、廖晓玲、陈秋媛等参与了校审工作。苏文君、周雨情参与了书稿最后文字校对工作。

本册《年度报告》撰写过程中，中国研究生院院长联席会各成员单位给予了积极的支持和配合，按期组织完成了电子问卷调查工作，院长联席会秘书处廖晓玲主任、陈秋媛老师为报告撰写做了大量协调工作。在此，《年度报告》撰写组向参与调研的各成员单位研究生院院长和同仁们、导师和研究生同学们致以诚挚谢意！向高等教育出版社负责本册报告的责任编辑徐可先生表示衷心感谢！

《年度报告》的撰写始终得到国务院学位办领导的关心，联席会秘书处为报告的撰写和出版付出了大量的心血，在此一并致谢。

囿于能力和水平，编写组深知本辑报告中还存在诸多不足，恳请读者批评指正！

《中国研究生教育年度报告》撰写组

2023.2.5

郑重声明

高等教育出版社依法对本书享有专有出版权。任何未经许可的复制、销售行为均违反《中华人民共和国著作权法》，其行为人将承担相应的民事责任和行政责任；构成犯罪的，将被依法追究刑事责任。为了维护市场秩序，保护读者的合法权益，避免读者误用盗版书造成不良后果，我社将配合行政执法部门和司法机关对违法犯罪的单位和个人进行严厉打击。社会各界人士如发现上述侵权行为，希望及时举报，我社将奖励举报有功人员。

反盗版举报电话　（010）58581999　58582371

反盗版举报邮箱　dd@hep.com.cn

通信地址　北京市西城区德外大街 4 号
　　　　　高等教育出版社法律事务部

邮政编码　100120

读者意见反馈

为收集对教材的意见建议，进一步完善教材编写并做好服务工作，读者可将对本教材的意见建议通过如下渠道反馈至我社。

咨询电话　400-810-0598

反馈邮箱　hepsci@pub.hep.cn

通信地址　北京市朝阳区惠新东街 4 号富盛大厦 1 座
　　　　　高等教育出版社理科事业部

邮政编码　100029

Annual Report

on China Graduate Education

(2021&2022)

Association of Chinese Graduate Schools

中国教育出版传媒集团

高等教育出版社·北京

ABSTRACT

The Annual Report on China Graduate Education (2021&2022) (hereinafter abbreviated as the Annual Report) reviews and analyzes the significant developments concerning graduates' education reform in China from 2021—2022, in terms of the "double first-class" project, the degree authorization, the management mechanism of disciplines and specialties, the interdisciplinary disciplines and graduate education quality. Based on the survey data, the Annual Report conducts a thorough analysis on hot issues of current postgraduate education practice, including doctoral students' research abilities, interest, and aspirations, the academic growth environment and its effect on doctoral students, failure of doctoral students to graduate on schedule and its influencing factors, the future career choice of PhDs and its influencing factors, the research beliefs and guidance methods of supervisors.

This Annual Report can be regarded as a reference book for graduate education administrators as well as relevant theoretical researchers.

图书在版编目（CIP）数据

中国研究生教育年度报告. 2021&2022 = Annual Report on China Graduate Education（2021&2022）：英文 / 中国研究生院院长联席会编著. -- 北京：高等教育出版社，2023.9

ISBN 978-7-04-060991-2

Ⅰ. ①中… Ⅱ. ①中… Ⅲ. ①研究生教育 – 研究报告 – 中国 – 2021 – 2022 – 英文 Ⅳ. ① G643

中国国家版本馆 CIP 数据核字（2023）第 162086 号

Zhongguo Yanjiusheng Jiaoyu Niandu Baogao(2021&2022)

策划编辑	徐　可	责任编辑	徐　可	封面设计	张　楠	版式设计	杨　树
责任校对	刘丽娴	责任印制	存　怡				

出版发行	高等教育出版社	网　　址	http://www.hep.edu.cn	
社　　址	北京市西城区德外大街 4 号		http://www.hep.com.cn	
邮政编码	100120	网上订购	http://www.hepmall.com.cn	
印　　刷	保定市中画美凯印刷有限公司		http://www.hepmall.com	
开　　本	787mm×1092mm　1/16		http://www.hepmall.cn	
本册印张	8.75			
本册字数	170 千字	版　　次	2023 年 9 月第 1 版	
购书热线	010-58581118	印　　次	2023 年 9 月第 1 次印刷	
咨询电话	400-810-0598	总 定 价	50.00 元	

EDITORIAL COMMITTEE

Consultants:
- Han Qide, Former Vice Chairman of the CPPCC, Former Secretary–general of the ACGS
- Xu Zhihong, Former President of Peking University, Former Secretary–general of the ACGS
- Zhou Qifeng, Former President of Peking University, Former Secretary–general of the ACGS

Directors:
- Zhou Aoying, Vice President and Dean of Graduate School, East China Normal University
- Jiang Guohua, Vice Provost and Executive Dean of Graduate School, Peking University

Vice Directors:
- Liang Bin, Vice President and Dean of Graduate School, Sichuan University
- Wang Junzheng, Executive Dean of Graduate School, Beijing Institute of Technology
- Li Bin, Executive Dean of Graduate School, Tianjin University
- Zhao Hongduo, Dean of Graduate School, Tongji University
- Yang Lihua, Vice Dean of Graduate School, Peking University

Secretary–generals:
- Li Haisheng, Director of the Academic Degrees Office, East China Normal University
- Chen Qiuyuan, Vice Director of General Affairs Office of Graduate School, Peking University

Secretary:
- Bai Dingyuan, Secretariat of the AGGS

Members:

- Chen Yanbin, Executive Dean of Graduate School, Renmin University of China
- Zhou Jie, Dean of Graduate School, Tsinghua University
- Zhao Weisheng, Assistant President and Executive Dean of Graduate School, Beijing University of Aeronautics and Astronautics
- Lin Lin, Dean of Graduate School, University of Science and Technology Beijing
- Guo Xin, Executive Dean of Graduate School, China Agricultural University
- Wu Chen, Executive Dean of Graduate School, Peking Union Medical University
- Wang Ming, Assistant President and Vice Provost, Beijing Normal University
- Fang Yongchun, Executive Dean of Graduate School, Nankai University
- Wang Tongmin, Executive Dean of Graduate School, Dalian University of Technology
- Ding Yihao, Executive Dean of Graduate School, Northeastern University
- Sun Junqi, Dean of Graduate School, Jilin University
- Gao Dong, Executive Dean of Graduate School, Harbin Institute of Technology
- Chen Yan, Executive Dean of Graduate School, Fudan University
- Deng Tao, Dean of Graduate School, Shanghai Jiao Tong University
- Wu Jian, Executive Dean of Graduate School, East China Normal University
- Zhou Jilin, Vice Dean of Graduate School, Nanjing University
- Jin Shi, Vice President and Dean of Graduate School, Southeast University
- Xia Qunke, Executive Dean of Graduate School, Zhejiang University
- Yang Jinlong, Vice President and Dean of Graduate School, University of Science and Technology of China
- Fang Ying, Assistant President and Executive Dean of Graduate School, Xiamen University

Preface

Both 2021 and 2022 are milestone years in the history of the Party and the country. In 2021, we celebrated the centenary of the Communist Party of China (CPC) , and in 2022, the CPC held its 20th National Congress. The 20th CPC National Congress drew a grand blueprint for building China into a great modern socialist country in all respects and promoting national rejuvenation through a Chinese path to modernization and specified the objectives and tasks of advancing the cause of the Party and the country on the new journey to the new era. Especially, for the first time, the Report to the 20th CPC National Congress proposed to promote the integrated development of education, science and technology, and talents in a specific chapter. This arrangement highlights the strategic roles of education, science and technology, and talents in the overall modernization and demonstrates the great importance the Party attaches to education, science and technology, and talents. As an important battlefield regarding science and technology as our primary productive force, talents as our primary resource, and innovation as our primary driver of growth, graduate education shoulders an important mission in fully implementing the strategy for invigorating China through science and education, the workforce development strategy, and the innovation–driven development strategy, as well as persisting in cultivating talents for the Party and the country. We should further enhance the ability of graduate education to serve the national and regional socio–economic development, meet people's needs for high–quality graduate education, speed up work to build a leading country in graduate education, and provide a continuous source of first–class talents to promote national rejuvenation through a Chinese path to modernization.

With unique advantages in scientific innovation and high–level talent training, the member units of the Association of Chinese Graduate Schools (ACGS), which represent the highest level of the development of graduate education in China, are the backbone of accelerating the independent training of innovative talents, achieving great self-reliance and strength in science and technology, and joining the ranks of the world's most innovative countries. Over the years, the ACGS member units have adhered to the principles of targeting global scientific and technological frontiers, serving the economy, meeting major national needs and striving to improve people's lives and health, taken the initiative to center on building an innovative country and greater scientific and technological strength, and fully implemented the innovation-driven development strategy. Fruitful achievements have been made in the construction of innovation platforms, the cultivation of innovative talents, the convergence of innovation resources, and international exchanges and cooperation, and the ACGS member units have become the main force of basic research in China and the source of major scientific and technological breakthroughs.

General Secretary Xi Jinping pointed out that with the development and growth of our country, it is urgent to break through the key core technology stranglehold. He also pointed out that we must adhere to the problem orientation, make full use of the advantages of the new national system, work hard and catch up, and accelerate the realization of scientific and technological self-reliance. This has provided scientific guidance to further innovate the graduate education system and comprehensively improve our ability to nurture talents at home. Facing a new round of scientific and technological revolution and industrial revolution, the ACGS member units should be more proactive in serving major national strategies and continuously improve the capacity of nurturing scientific and technological innovation; they should actively integrate their own development logic with the national strategic layout, give full play to the advantages of basic research, tackle key technical problems at source and root, strengthen organized scientific research while targeting the high-tech stranglehold, and fully facilitate great self-reliance and strength in science and technology.

In the new journey of building China into a modern socialist country in all respects and advancing toward the Second Centenary Goal, graduate education shoulders the important mission of innovation, creation, and high–level talent cultivation, and its status and role become more prominent. To transform the grand blueprint of education into action and great dreams into reality, the ACGS member units undertake a more arduous and glorious mission. This requires ACGS member units to accelerate the modernization of the governance system and governance capacity of graduate education, explore boldly, reform courageously, and strive to provide graduate education with both Chinese characteristics and world–class level. In the new journey, all ACGS member units should further consolidate the root and soul of graduate education, cultivate the soul with the Thought on Socialism with Chinese Characteristics for a New Era, integrate the cultivation of virtue into the moral education, course teaching, research training, practice learning of graduate students, enhance the sense of mission and responsibility of graduate students, comprehensively develop the competencies of graduate students to innovate knowledge and practice, and provide strong talent and intellectual support for the rejuvenation of the Chinese nation.

The past two years have been an important period for the flourishing of ACGS. ACGS admitted 82 graduate schools as new members and 4 graduate schools as observers. With its further enlargement, ACGS has entered a new stage of development. It is eagerly expected that in the high-quality essential development of graduate education in the new era, all ACGS members will make greater achievements, create more vivid and successful experience for the reform of graduate education in China, and write a new chapter for the development of graduate education in China.

Under the influence of the COVID–19 pandemic, it was decided to combine the 2021 and 2022 Annual Reports on Graduate Education in China into one volume after the working meeting of the deans from the chair member units. This report summarizes and analyzes the major progress and main achievements of the development of China's graduate education in 2021 and 2022, and discusses the theme of doctoral education in China. As always, we hope that this annual report will provide a useful reference for graduate school deans, graduate education administrators, and theoretical researchers.

GONG Qihuang
Chief Secretary of ACGS
March, 30th, 2023

CONTENTS

Apply the new development philosophy and cultivate high-level innovative talents in a new era

From 2021 to 2022, focusing on the central task of cultivating virtue, serving demand, improving quality, and pursuing excellence, graduate education in China has been steadily moving forward in the journey of building a leading country in graduate education. New achievements have been made in the reform of graduate education, especially in the development of world-class universities and first-class disciplines, degree authorization audit, management mechanism of disciplines and majors, interdisciplinary programs, supervision and assurance of graduate education quality, and standardized programs of graduate education across different regions.

I. Major progress of China's graduate education in 2021 & 2022

Major progress has been made in China's graduate education in 2021 and 2022. Firstly, the discipline-and-major system of graduate education with Chinese characteristics, including 14 disciplines, 117 first-level disciplines and 67 professional degree categories, basically covering the main fields of national economic and social development, has been continuously improved. Secondly, the scale of graduate education in China has been further expanded, remaining the second largest in the world. There are 3,332,400 graduates, with an increase of 192,800 or 6.14% over the previous year. Among them, 509,500 are doctoral students and 2,822,900 are master students. In 2021, there were 827 institutions (colleges, universities, and research institutes) for graduate education in China, enrolling a total of 1,176,500 graduate students, with an increase of 70,000 or 6.32%

over the previous year. Among them, 125,800 were doctoral students and 1,050,700 were master students. 772,800 graduates graduated in 2021, including 72,000 doctoral students and 700,700 master students.[①] In 2022, the number of applicants for the national master admission examination was 4,570,000, with an increase of 800,000 or 21% over the previous year. Both the total number and the increment of applications have reached a high record. Thirdly, the classified training system for graduate students has been further improved, and professional degrees have been vigorously developed. In 2021, 657,000 graduate students were admitted into professional education programs nationwide, accounting for 61.9%. In 2021, the proportion of master's professional degrees awarded reached 58%, and the number of doctoral professional degrees accounted for about 9%.[②] Postgraduate education of professional degrees has become the main way to cultivate high–level application–oriented professionals in China, which will provide a strong workforce for the transformation, upgrading and innovative development of national industries. Furthermore, the size of the graduate supervisors team has further expanded, reaching 557,000 in 2021[③]; its structure has been continuously optimized; the supervisors' guidance ability has also been steadily improved. Meanwhile, China's degree programs and graduate education have made important progress in the following six aspects from 2021 to 2022.

1. The first round of the "double first–class" project has achieved its goal, and the second round has been officially launched

(1) The first round of the "double first–class" project has achieved its goal

In 2015, the State Council issued the Overall Plan for Promoting the

---

① Ministry of Education. 2021 National Statistical Bulletin on the Development of Education[R]. Chinese Government Website, 2022–09–15.

② Wu Yue. Steady progress towards a powerful country in postgraduate education[N]. People's Daily, 2022–06–15 (12).

③ Yang Sa. Graduate education in the past decade: breakthrough growth in scale and deepening of training mechanism[N]. Guangming Daily, 2022–06–15 (09).

Construction of World–Class Universities and First–Class Disciplines, starting out to build world–class universities and first–class disciplines in China. Constructing world–class universities and first–class disciplines (hereinafter referred to as the "double first–class" project) is a major strategic deployment made by the Central Committee of CPC and the State Council. Since the first round of the "double first–class" project (from 2016 to 2020) was implemented, remarkable achievements have been made in education reform and development, and the construction of a stronger higher education system has been promoted to a new historical starting point.

At the end of the first round of the "double first–class" project, based on the monitoring of its implementation, the Ministry of Education, the Ministry of Finance, and the National Development and Reform Commission carried out the back–to–back quantitative analysis of the effectiveness of constructing world–class universities and first–class disciplines and organized experts to carry out a qualitative evaluation.[①] According to the findings of quantitative analysis and qualitative evaluation, the "double first–class" project has generally achieved its goal, for all of the universities involved in the "double first–class" project have fulfilled their achievements, which are mainly reflected in the following eight aspects: first, CPC's authority over universities has been comprehensively strengthened; second, there has been remarkable progress in cultivating high–level faculty; third, the ability to cultivate high–level talents who can serve the needs of the country has been continuously improved; fourth, the ability to serve the country's scientific and technological self–reliance and self–reinforcement has been further improved; fifth, the primary role of philosophy and social sciences has been given full play; sixth, the international exchange and cooperation have been continuously developed; seventh, the internal governance structure has been steadily refined;

[①]   Deng Hui, Zhou Shixiang. How to view that 16 disciplines in the first round of the "double first–class" project were publicly warned or withdrawn? [N]. Guangming Daily, 2022–2–14 (04).

eighth, several models have driven the new development of regional higher education.[①]

As far as we are concerned, the "double first–class" project is directly and significantly playing a more important role in graduate education, which is manifested in the following six aspects. First, the project enables the universities involved to enhance their abilities to cultivate more talents than before. These universities have cultivated more than 80% of doctoral students and nearly 60% of master students in the country, and have become the main force in cultivating talents in basic research and scientific and technological innovation. Second, the quality of the faculties of the universities participating in the "double first–class" project has greatly improved, by increasing the proportion of full–time faculties with doctoral degrees from 60% to 72%. Therefore, these universities have become more capable of attracting overseas talents and successively introducing and cultivating a number of world–class scientists and leading talents. Third, the discipline system of universities participating in the "double first–class" project has been further improved. Through the "double first–class" project, science, engineering, agriculture, and medicine disciplines account for 78.5%; philosophy and social science disciplines continue to make progress; a number of unpopular disciplines with important cultural values have been carried forward and inherited; the Marxist theory disciplines have been developed nationwide—the number of key Marxist colleges in universities participating in the "double first–class" project has increased from 9 to 37. Fourth, universities participating in the "double first–class" project have further increased their capacity in basic research, and have continuously made important breakthroughs in original innovation of basic research, key and core technology, and satisfaction of major national strategic needs. Universities participating in the "double first–class" project have won the

---

① Gao Zhong, Lin Huanxin. The list of universities and disciplines involved in the "double first–class" project was updated and announced, and a new round of construction was officially launched: taking root in China, revealing Chinese characteristics, and striving for world–class levels [N]. China Education News, 2022–02–15 (01).

first prize of the National Natural Science Award for three consecutive years. 11 of the 23 main institutions supporting the innovation team of the National Science and Technology Progress Award have participated in the "double first–class" project.[1] Fifth, universities participating in the "double first–class" project have further deepened international cooperation and exchange by running 71 cooperative institutions at the master and doctoral levels, 276 cooperative programs, as well as dozens of cooperative labs with foreign universities and research institutions in the fields of biomedicine and environmental ecology. Sixth, the leading role of the "double first–class" project has been further brought into play. The "double first–class" project has led and driven the construction of 410 regional high–level universities and 1,387 regional preponderant and special disciplines. Higher education in China has achieved overall development, and a high–quality system consisting of world–class universities and first–class disciplines is taking shape. The first round of construction has achieved its overall goal, and several universities have been ranked among the world–class universities, laying a solid foundation for building a strong higher education system.[2]

Although the first round of the "double first–class" project has made some achievements, there still remain some problems if we compare the results with what we originally expected. For example, the ability to cultivate high–level innovative talents urgently needed by the country demands instant development; the capability of universities participating in the "double first–class" project to incubate major original innovations remains insufficient; the long–term mechanism for stable investment is defective; the efficiency of universities' usage of funds still needs to be

---

[1] Hong Dayong. Graduate education in the past decade: breakthrough growth in scale and deepening of training mechanism. Ministry of Education press conference, 2022–06–14.

[2] Gao Zhong, Lin Huanxin. Ministry of Education: The first round of the "double first–class" project has achieved its overall goal: Education in the past decade [N]. China Education News, 2022–06–15 (01).

improved.[①]

(2) Launch the second round of the "double first-class" project

On December 17, 2021, the General Secretary, Xi Jinping presided over the 23rd meeting of the Central Committee for Comprehensively Deepening Reform, which deliberated over and adopted the Several Opinions on Deeply Promoting the Construction of World-Class Universities and First-Class Disciplines (hereinafter referred to as the Several Opinions). The second round of the "double first-class" project was officially launched. On February 11, 2022, the Ministry of Education, the Ministry of Finance, and the National Development and Reform Commission jointly announced the list of the second round of the "double first-class" project. The list consists of 147 universities, including 7 newly added ones—Shanxi University, Nanjing Medical University, Xiangtan University, South China Agricultural University, Guangzhou Medical University, Southern University of Science and Technology, and Shanghai Tech University. Besides, 59 basic disciplines such as mathematics, physics, chemistry, and biology, 180 engineering disciplines, and 92 philosophy and social science disciplines are set on the list in construction of first-class disciplines.[②] Peking University and Tsinghua University independently determined and announced the construction disciplines in the second round of the "double first-class" project. The three ministries and commissions also announced the List of the First Round Construction Disciplines Given Public Warnings (including Revocation). 16 disciplines of 15 colleges and universities received public warnings, were required to make rectifications and will be evaluated in 2023.

The second round of the "double first-class" project further clarified

---

① Huai Jinpeng. Speech at the promotion meeting of the new round of the "double first-class" project. Ministry of Education Bulletin No. 2, 2022-04-17.

② Gao Zhong, Lin Huanxin. The list of universities and disciplines involved in the "double first-class" project was updated and announced, and a new round of construction was officially launched: taking root in China, revealing Chinese characteristics, and striving for world-class levels [N]. China Education News, 2022-02-15 (01).

its goal: to follow the guidance of the Thought on Socialism with Chinese Characteristics for a New Era, to fully implement the Party's educational policy, to carry out the basic task of fostering virtue through education, to benchmark against the goal of bringing more universities and disciplines into the world–class rank by 2030 and building a strong educational system and greater scientific and technological strength by 2035, and to give more prominence to the orientation of the "double first–class" project to cultivate top talents, serve national strategic needs, and strive to be world–class. One of the changes in the second round of the "double first–class" project is that it no longer distinguishes between universities participating in the construction of world–class universities and those participating in the construction of first–class disciplines, and places more emphasis on "construction" . The sense of identity and the awareness of hierarchy are diluted, and universities are encouraged to adhere to the base on disciplines and independently explore new models of characteristic development.

In view of the problems in the first round of the "double first–class" project, such as the insufficient supply of high–level innovative talents, the lack of precision in serving national strategic needs, and the urgent need for optimization of resource allocation, the second round of the "double first–class" project has further clarified its key tasks in specific areas such as management system and mechanism, construction focus, and so on. Particularly, eight key tasks are included: first, to strengthen the overall leadership of the Party, improve the mechanism where the unified leadership of Party committees is combined with the joint management of Party and government and each department's shouldering of their respective responsibility, and take the initiative to create an institutional environment concentrating on education and dedicated to study; second, to firmly carry out the basic task of fostering virtue through education, continuously draw on Xi Jinping's Thought on Socialism with Chinese Characteristics for a New Era to forge inner strength and inspire our people, persist in cultivating talents for the Party and the country, firmly establish the central position of talent training, and give play to the main role of universities participating in the "double first–class" project in cultivating urgently needed high–level talents and basic research talents; third, to adhere to serving the strategic needs of the country, aim at the frontiers and key fields of science and technology, optimize the design of discipline setting and the orientation of talent training, take the lead in promoting the adjustment of disciplines, consolidate the construction of basic disciplines, strengthen the linkage between applied disciplines and industry as well as regional development, promote the construction of philosophy and social science systems with Chinese characteristics, and facilitate interdisciplinary integration; fourth, to build a high–level teaching staff, improve the mechanism of constructing innovation team, and steadily support the cultivation and training of young talents with innovative potential; fifth, to deepen the integration of science and education, achieve greater self–reliance and strength in science and technology, further promote the Everest Plan for Basic Research in Universities, strengthen core technology research in key areas, concentrate on high–level innovative talent training and joint scientific research, strengthen the collaboration of major scientific research platforms, and serve the construction of the national innovation system; sixth, to improve the level of international cooperation and exchange, explore a new mechanism for two–way exchanges with foreign high–level universities, enhance the international competitiveness of talent training, deeply integrate into the global innovation network, and take the initiative to undertake educational and scientific research related to the common issues in the survival and development of humankind; seventh, to optimize the mechanism of management and evaluation, improve the evaluation system of construction effectiveness, explore classified evaluation and international peer review, and build a diversified effectiveness evaluation system focusing on innovation value, ability and contribution, and reflecting connotative development and characteristic development; eighth, to develop the mechanism of stable support, make diversified and steady investment, innovate fund management, provide differentiated financial support for universities and disciplines participating in the "double first-class" project, strengthen basic guarantee, and focusing on the development of main basic disciplines, advantageous and characteristic disciplines, and emerging interdisciplinary subjects.[①]

The "double first-class" project has led higher education in China to embark on a high-quality development path that adheres to characteristic development, and it emphasizes diversified exploration, and pursues Chinese characteristics and world-class quality. At the same time, the "double first-class" project is a long-term, complex and arduous task. In order to achieve the goal of the "double first-class" project, it is necessary to continuously deepen the reform of system and mechanism, adhere to overall promotion and classified construction, adhere to the principles of targeting global scientific and technological frontiers, serving the economy, meeting major national needs and striving to improve people's lives and health, uphold world-class standards, focus on talent cultivation, accelerate the training of strategic talents and world-class innovation teams in core scientific and technological areas, and provide strong support for building China into a great modern socialist country in all respects.

2. The system for the degree authorization review has been further improved, and new progress has been made in the degree authorization review

The degree authorization review system in China has been further improved, and a degree authorization management mechanism combining overall and partial adjustments, and periodic and annual adjustments has been generally established. The degree authorization review includes not only the triennial review and addition of doctoral and master's degree-granting institutions and their degree programs but also the annual dynamic adjustment of doctoral and master's degree authorization disciplines and professional degree authorization categories, as well as the annual addition and adjustment of degree programs carried out by 32 universities who independently conduct degree authorization review. The specific progress

---

① Gao Zhong, Lin Huanxin. The list of universities and disciplines participating in the "double first-class" project was updated and announced, and a new round of construction was officially launched–Taking root in China, running Chinese characteristics, striving for world-class[N]. China Education News,2022-02-15 (01).

of the degree authorization review in 2021 and 2022 are as follows. It should be noted that military universities and military disciplines are not included in the following analysis.

(1) Review and add a number of doctoral and master's degree-granting institutions

In 2017, the State Council Academic Degrees Committee issued the Measures for the Review of Doctoral and Master's Degree Authorization, deciding to carry out the review of newly-added degree programs every three years. In 2017, China approved the addition of 28 new doctoral degree-granting institutions and 29 new master's degree-granting institutions[1]. In November 2021, the State Council Academic Degrees Committee issued the Notice on Issuing the 2020 List of Newly-Added Doctoral and Master's Degree-Granting Institutions and Their Degree Programs after Review, approving that 14 doctoral degree-granting institutions such as Shanghai University of International Business and Economics and 25 master's degree-granting institutions such as Huaiyin Teacher College could carry out graduate education from the date of approval. At the same time, the Notice required that the newly-listed 20 doctoral degree-granting institutions such as Beijing Electronic Science and Technology Institute and 18 master's degree-granting institutions such as Changzhi Medical College should make further improvements, make up for shortcomings, and meet the corresponding requirements of their education level and graduate education quality. Only after passing the verification organized by the State Council Academic Degrees Committee could those newly-added degree-granting institutions start to enroll students, train graduate students and grant degrees. In August 2022, the State Council Academic Degrees Committee issued the Notice on Issuing the Verification Results of the Progress Made by the Newly-Added Doctoral and Master's Degree-Granting Institutions whose Construction Need to Be

---

[1] State Council Academic Degrees Committee. Notice on issuing the 2020 list of newly-added doctoral and master's degree authorization institutions and programs after review, 2021-10-26.

Strengthened (Academic Degrees [2022] No. 17), declaring that 19 doctoral degree–granting institutions and 16 master's degree–granting institutions and their affiliated degree programs have passed the verification and could start to enroll students, train graduate students, and grant degrees from 2022. In 2020, the number of newly–added doctoral and master's degree–granting institutions was 34 and 43 respectively, which increased significantly compared with that in 2017. This shows that the education level of China's universities has been improved year by year, and both the standards of disciplines and the quality of talent training have made rapid progress.

(2) Review and add a number of doctoral and master's degree programs

In November 2021, the State Council Academic Degrees Committee announced the 2020 list of the newly–added doctoral and master's degree programs after review. According to the preliminary statistics of the list, in 2020, there were 225 newly–added first–level discipline doctoral programs in the existing doctoral degree–granting institutions, distributed among 71 first–level disciplines in 191 degree–granting institutions, of which 50 first–level discipline doctoral programs were transformed from the existing second–level discipline degree programs, and the rest were newly added for the first time; 89 new doctoral professional degree programs were added, mainly concentrated in 13 first–level disciplines of 71 degree–granting institutions; 442 new master programs in first–level disciplines were added, distributed among 86 first–level disciplines in 264 degree–granting institutions; 1,215 master's professional degree programs were newly added, distributed in 359 degree–granting institutions. [1] In addition, the State Council Academic Degrees Committee has added a number of doctoral and master's degree programs through the addition of special programs such as "integrated circuit science & engineering" and "national

---

[1] State Council Academic Degrees Committee. Notice on issuing the 2020 list of newly–added doctoral and master's degree authorization institutions and programs after review, 2021–10–26.

security". According to statistics, a total of 361 doctoral degree programs and 1,665 master's degree programs were added into the 2020 list after review. [1]

(3) The dynamic adjustment of degree programs has entered a positive development track, and the adjustment mechanism has been moving towards sophistication

In order to guide degree-granting institutions to actively optimize the structure of disciplines and improve the quality of graduate education, the State Council Academic Degrees Committee deliberated over and adopted the Opinions on Carrying out the Pilot Work on the Dynamic Adjustment of Doctoral and Master's Degree Authorization Disciplines and Professional Degree Authorization Categories in 2013: a dynamic adjustment system for degree programs was established. Based on the pilot work in 2014, the State Council Academic Degrees Committee issued the Measures for the Dynamic Adjustment of Doctoral and Master's Degree Authorization Disciplines and Professional Degree Authorization Categories (hereinafter referred to as the Measures) in 2015 and began to implement the dynamic adjustment of degree programs in graduate education institutions across the country in 2016. In 2021, except the 32 self-review universities, 48 degree programs were abolished and 117 degree programs were newly added after the dynamic adjustment of graduation education institutions across the country[2].According to incomplete statistics, by the end of 2020, more than 1,600 doctoral and master's degree programs had been revoked and over 1,000 doctoral and master's degree programs were newly added.[3] In recent years, many universities have taken the initiative to withdraw a large

---

[1] China Graduate Editorial Department. Top Ten Hot Topics of China' s Graduate Education in 2021[J]. China Graduate Students, 2022 (01) : 2–7.

[2] State Council Academic Degrees Committee. Notice on issuing the 2021 list of revoked and newly–added degree programs after the dynamic adjustment, 2022–07–12.

[3] State Council Academic Degrees Committee. Measures for the dynamic adjustment of doctoral and master's degree authorization disciplines and professional degree authorization categories, 2020–12–01.

number of degree programs, indicating that colleges and universities are shifting towards the path of connotative development and paying more attention to the optimization of key disciplines. The dynamic adjustment of degree programs has effectively promoted the adjustment of the structure of disciplines and majors and facilitated the construction of a high-quality graduate education system.

In order to implement the spirit of the National Conference on Graduate Education and further strengthen the coordination and connection between dynamic adjustment and the independent review of degree authorization and the qualification assessment of degree programs, the State Council Academic Degrees Committee revised and issued the Measures for the Dynamic Adjustment of Doctoral and Master's Degree Authorization Disciplines and Professional Degree Authorization Categories in December 2020: the dynamic adjustment mechanism has become more sophisticated. According to the new regulations, the abolishment and addition of degree programs conducted by the 32 self-review degree-granting institutions should be included in the independent degree authorization review work, no longer participating in the dynamic adjustment of degree programs. Therefore, a better connection is realized between the dynamic adjustment of degree programs and the qualification assessment of them, and the scope of dynamic adjustment supposed to be participated by degree programs in the qualification assessment process is clarified. The mechanism for handling relevant issues has been further improved, such as how to deal with the unannounced establishment of second-level discipline degree programs under the first-level discipline degree programs that have been revoked, clarifying that the degree programs abolished due to the learning atmosphere problem should not participate in the dynamic adjustment. The dynamic adjustment of degree programs has further strengthened the quality awareness of each degree-granting institution, which is conducive to graduate education institutions aiming at the frontiers and key fields of science and technology, adjusting the structure of disciplines and majors in time, and providing more powerful talent support for economic and social development.

(4) The independent review of degree authorization has been further improved

In April 2018, the State Council Academic Degrees Committee issued the Opinions on the Independent Review of Degree Authorization Carried out by Universities, and 20 universities were approved to carry out an independent review of degree authorization.12 more universities were approved in 2019 and 2020, so there are 32 universities in total that are granted to conduct independent degree authorization review. In 2020, these 32 universities revoked 8 degree programs (including 3 first–level discipline master's degree programs, 4 second–level discipline master's degree programs, and 1 professional master's degree authorization category) and added 54 degree programs (including 35 doctoral programs and 19 master's programs). Renmin University of China and Peking University added three and two out–of–catalogue master's degree authorization categories respectively. [1] Independently setting and adjusting degree programs that are not included in the subject catalogue is an important measure to optimize the layout of disciplines and majors. In July 2022, the Office of the State Council Academic Degrees Committee issued the list of degree programs that were revoked and newly added by the 32 self–review degree–granting institutions. In total, the list contains 3 revoked degree programs and 116 newly–added degree programs, 8 of which were added by Sun Yat–sen University, more than the number of programs added by any other institution. In terms of the type of degree programs, 2 first–level discipline degree programs and 1 second–level discipline degree program were revoked, all of which were master's degree programs; 91 doctoral degree programs were added, including 17 doctoral degree authorization cross–disciplines, 50 doctoral degree authorization first–level disciplines and 24 doctoral professional degree authorization categories; meanwhile, 25 master's degree programs were added, including 3 master's degree

---

[1] State Council Academic Degrees Committee. Notice on issuing the 2020 list of degree programs revoked and added by the self–review degree–granting institutions, 2021–10–26.

authorization first-level disciplines and 22 master's professional degree authorization categories.[1]

Since the implementation of the independent review of degree authorization in 2018, 32 self-review degree-granting institutions have added 244 degree programs and revoked 24 degree programs in total. In the past 4 years, a total of 126 first-level discipline degree programs have been added, accounting for 51.64%, 109 of which are first-level discipline doctoral degree programs; meanwhile, a total of 24 degree programs have been revoked, all of which are master's degree programs or master's professional degree authorization categories, and none of the doctoral degree programs has been revoked.[2] On the whole, there are more newly-added degree programs than revoked ones after the independent review of degree authorization. Empowering high-level universities to carry out an independent review of degree authorization can help graduate education institutions in addressing the urgent needs of the development of the Party and the state in time and accelerating the development of emerging and interdisciplinary subjects and the cultivation of talents. To improve the independent review of degree authorization, 32 self-review degree-granting institutions need to further improve the self-restraint and self-development mechanism, strengthen the two-way adjustment function, comprehensively consider the total amount of university resources, scientifically design the development pattern of disciplines and majors, base themselves on the frontier of discipline development, develop advantageous disciplines, create interdisciplinary programs, and improve the quality of talent training.

Through a new round of addition, dynamic adjustment, and

---

[1]   State Council Academic Degrees Committee. Notice on issuing the 2021 list of revoked and newly-added degree programs by the self-review degree-granting institutions, 2022-07-12.

[2]   Gaoji.Exclusive! An overview of the changes of master's and doctoral degree authorization unites of the 32 self-review degree-granting institutions over the past four years. Gaoji WeChat public account, 2022-08-07.

independent review of degree programs, a number of discipline degree programs and professional degree authorization categories needed by the key, blank and urgent fields of national development have been added. This has further improved the arrangement of degree programs and promoted the high-quality development of graduate education.

3. The disciplinary setting and management mechanism of graduate education have been improved

In 2021, a new round of revision of the catalogue of graduate education disciplines and majors was launched. In September 2022, the State Council Academic Degrees Committee and the Ministry of Education jointly issued the Catalogue of Graduate Education Disciplines and Majors (2022) (hereinafter referred to as the New Catalogue). They also issued the Administrative Measures for Managing the Catalogue of Graduate Education Disciplines and Majors (hereinafter referred to as the Administrative Measures). This is the fifth edition of the catalogue of disciplines and majors after the Catalogue of Disciplines and Majors Granted Doctoral and Master's Degrees by Universities and Scientific Research Institutions (Draft) was first formulated in 1983. The New Catalogue will come into force in 2023. The catalogue of disciplines and majors is the basis for the country to carry out degree authorization review and discipline management. It is also the basis for degree-granting institutions to carry out degree granting and talent training. The catalogue of disciplines and majors plays an important guiding role and regulatory function in the cultivation of talents and the development of disciplines. A brief analysis of the main changes in the New Catalogue and the Administrative Measures, and how to adopt these two documents is as follows:

(1) Major changes in the New Catalogue

Compared with the previous editions of the catalogue of disciplines and majors, the New Catalogue continues to classify, develop and manage academic degrees based on the first-level disciplines, and reflects some new trends in the content structure, adjustment direction, and management mechanism of the New Catalogue of disciplines and majors.

① A new batch of interdisciplinary and professional degree categories has been added

In the New Catalogue, five new interdisciplinary subjects have been added under the interdisciplinary category, which strengthens the disciplinary support for the frontiers and key fields of science and technology and provides an important opportunity for the establishment of new disciplines. In the New Catalogue, the professional degree category has been greatly expanded in its overall size and the number of doctoral degree categories. The number of the degree category has increased from 47 to 67. 20 doctoral or master's degree categories have been added, such as applied ethics, digital economy, intellectual property, international affairs, cryptography, meteorology, cultural relics, and medical technology. A number of professional degree categories (such as law, applied psychology, physical education, publication, landscape architecture, public health, accounting, and auditing) were adjusted to the doctoral level. The number of doctoral professional degree categories has increased from 13 to 36. The large increase in the number of professional degree categories included in the New Catalogue will help degree-granting institutions accelerate the adjustment of the proportion of graduate students at different levels and of different types, speed up the improvement of the professional degree system, meet the needs of all industries for high-level application-oriented talents to a larger extent, and further enhance the ability to promote economic and social development.

There are also significant changes in the format of the New Catalogue. In the previous editions of the catalogue, the catalogue of professional degree categories was presented in the form of the attached table. In the New Catalogue, however, the first-level disciplines and professional degree categories are placed under the same discipline category with basically the same discipline foundation. The first part of each category contains the first-level disciplines and the second part contains the professional degree categories. This arrangement reasonably links academic degrees with professional degrees set according to discipline areas, which highlights that the two types of talent training are at the same level and have the same important position, and is conducive to enhancing the understanding of society and employers about the importance of professional degrees. Besides, this kind of arrangement is consistent with the spirit of accelerating the development of professional degree graduate education in the new era and the law of classified training of academic talents and applied talents.

② The update and optimization of discipline connotation have been emphasized

Although 20 first-level disciplines have been adjusted in this revision of the catalogue, the total number of first-level disciplines has just increased from 113 in the old version of the catalogue to 117 in the New Catalogue, which contrast mainly results from the adherence to the dialectical unity of relative stability and timely adjustment by this revision of the catalogue. The revision organically combines the addition and deletion of disciplines with the enrichment of discipline connotation. On the one hand, in order to maintain the stability of the catalogue of basic disciplines in arts and sciences, this revision only renames, merges or adjusts the type of some existing first-level disciplines according to their connotation. On the other hand, this revision insists on making different adjustments to different first-level disciplines: supporting emerging disciplines, interdisciplinary subjects, and disciplines that benefit the modernization of the system and capacity of national governance, such as the newly-added disciplines "CPC history and party building" , and "discipline inspection and supervision" , while adjusting and optimizing those first-level disciplines and professional degree categories that do not conform to the law of talent growth and cannot meet the needs of society.

In the New Catalogue, the setting of first-level disciplines and professional degree categories under the category of art has been adjusted and optimized according to the characteristics of the cultivation of artistic talents. For example, on the basis of the original first-level discipline "art theory" , the first-level discipline "art" is set up, including the historical and theoretical research of art theory and related specialized disciplines. At the same time, the first-level discipline "design" under the art category has been moved to the interdisciplinary category, while the three first-level disciplines— "music and dance" , "drama, film, and television" , and "fine arts" —have not been retained. In terms of professional degrees, the original professional degree "art" has been adjusted to six independent professional degree categories, including "music" , "dance" , "drama, film, and television" , "opera" , "art and calligraphy" , and "design" , and all of them have been raised to the doctoral level. These above adjustments take into account the cultivation of theoretical talents and high-level application-oriented talents in the art field, satisfy the realistic needs of the current society for artistic talents of different specifications, and benefit the cultivation of a large number of high-level application-oriented artistic talents. Meanwhile, this way of adjustment also provides a model for the future adjustment of applied disciplines.

③ Innovation has been made in the setting and management mechanism of disciplines and majors

Along with this New Catalogue, the education authorities will issue a separate list of disciplines and majors urgently needed by the country, which complements the New Catalogue. The list mainly focuses on the great need for talents by national security and major interests, industrial transformation and upgrading, scientific and technological innovation, and cultural inheritance and people's livelihood. Focusing on problem-oriented disciplines outside the catalogue, this list of disciplines will be dynamically compiled and edited every year. This model of setting and managing disciplines and majors which combines catalogue and list can effectively address many previous weaknesses of the catalogue such as the lack of flexibility and openness, the long cycle of adjustment, the absence of a timely update mechanism, and the delay of response to new trends in scientific development and demand for urgently needed talents; this model can also achieve an effective balance between the overall stability of discipline settings and the flexibility of meeting the needs of economic and social development. Besides, this integrated and complementary model of setting and managing disciplines and majors not only pays attention to the function of the catalogue in providing standards and guidance, but also emphasizes its function in responding to and satisfying national needs, which is conducive to guiding degree–granting institutions to optimize the structure of disciplines and majors, accelerate the training of urgently–needed talents, and improve the ability to promote economic and social development.

According to the newly–implemented Administrative Measures for Managing the Catalogue of Graduate Education Disciplines and Majors, it can be said that the mechanism of discipline setting and major management in China's graduate education has been further improved and that the characteristics of decentralization and standardization have become more obvious. The new measures are listed as follows. First, it has been further clarified that the discipline system of graduate education should be classified into three levels, i.e., discipline categories, first–level disciplines and professional degree categories, and second–level disciplines and professional fields, with different settings, adjustment and management for each level. Second, a new mechanism that combines delegation and regulation, where a new first–level discipline or professional degree category will first experience pilot exploration and then enter the catalogue after maturity, has been implemented. Third, clear provisions have been formulated on the setting and adjustment of discipline categories as well as the naming rules, coding rules, setting conditions, setting procedures, and cataloguing of first–level disciplines and professional degree categories. Fourth, the adjustment cycle of the catalogue has been shortened: the revision cycle of discipline categories, first–level disciplines and professional degree categories has been shortened from 10 years to 5 years, and the statistics of second–level disciplines and professional fields that are independently set by degree–granting institutions should be released every year. Fifth, the mechanism of adjustment and withdrawal has been improved by stipulating the adjustment procedures for discipline categories, the revocation procedures for the pilot establishment of first–level disciplines and professional degree categories, and the procedures and requirements for the withdrawal of first–level disciplines and professional degree categories from the catalogue.

(2) Several aspects to focus on when implementing the New Catalogue

① The effective implementation of the New Catalogue requires the organic integration of the regulatory guidance function and the classified statistics function of the catalogue

The function of regulatory guidance and the function of classified statistics are not a pair of contradictory categories. The key to dealing with the relationship between these two functions in the implementation of the New Catalogue is giving full play to the regulatory guidance function and the classified statistics function at the same time. The catalogue of disciplines and majors has a strong regulation function, which is not only affected by the inertia factors of previous catalogues but also caused by the special national conditions and management system of China. Although China is a big country in graduate education, the problem of unbalanced regional development is still obvious, and the development levels of different graduate education disciplines is uneven. In order to ensure the same caliber of talent training and the bottom line of acceptable quality, the establishment of normative basic national standards is necessary, and the regulation and guidance provided by the catalogue of disciplines and majors are indispensable. However, the big difference in the development level of universities determines that the regulatory function should not be one–size–fits–all. For graduate education institutions with different development levels, different standards need to be applied, and the degree of regulation should also be different. For high–level graduate education institutions, the degree of regulation should be reduced. Those institutions should be given more autonomy and sufficient flexibility, leaving more space for their independent exploration in the development of disciplines and majors. In addition, it is worth noting that the catalogue of disciplines and majors in graduate education has long exceeded the boundary of its original function of degree granting and talent training in practice and played a baton role in discipline construction, faculty evaluation, knowledge management, subject evaluation, and department structure. This over–functionality interferes with the essential function of the catalogue.

Therefore, when implementing the catalogue, the functional orientation of the catalogue should be clarified in order to prevent its function from being exceeded and limit effectively its non–essential functions.

Classified statistics is another important function of the catalogue. The prerequisite for accurate classification is the clarification of the standard characteristics of each category. Finding a more stable and consistent classification standard is the basis for improving the cassified statistics function of the catalogue. An overview of the previous revised catalogues shows that all of them are the products under the combined effect of state will, subject knowledge innovation, industrial transformation, and other factors, which indicates that multiple logics are bound to lie in the division of disciplines. This is also the main reason why the old, unsolved problems (such as the inconsistency in discipline capacity, the attribute ambiguity of several disciplines, the excessive span of disciplines, and the discordance between the name of degrees and their content of training) persist in the New Catalogue. In this context, a realistic choice of the catalogue of disciplines is to seek a balance between precision and ambiguity, rationality and applicability, which is also in line with the development law of graduate education. Handling the connection with different catalogue systems is also necessary for the full play of the classified statistics function of the catalogue. The disciplines with similar level and connotation are assigned with different names and codes in the catalogue of graduate disciplines and of undergraduate majors, though both of them are the basis of talent training, making it difficult to achieve effective connection. Outside the education system, other catalogues such as the Discipline Classification and Code and the Chinese Library Classification are also adopted in China. It is difficult for multiple catalogue systems to be compatible with each other. To improve the scientificity and rationality of the classification of discipline catalogue, we can also learn from the useful experience and mature practice of foreign discipline classifications, such as appropriately increasing the types of first–level discipline, and even granting degrees by first–level discipline on a trial basis in some discipline categories, so as to solve problems such as unclear discipline orientation and inaccurate discipline attribution and improve the integration and comparability in the exchange and cooperation of international graduate education.

② The effective implementation of the New Catalogue requires parallel progress in basic compliance and independent exploration

In the implementation of the New Catalogue, graduate education institutions need to balance compliance with the catalogue and active action. A series of adjustments for management system marked by the revision of the discipline catalogue provide each graduate education institution with the space of different degrees for the independent setting of disciplines and majors, but the catalogue is still the basic rule book of each institution in the development of disciplines and majors. Building a high-quality discipline system with the guidance of the New Catalogue requires graduate education institutions to improve the guiding philosophy, basic procedure and development plan of developing disciplines and majors. The specific measures are as follows. First, manage the relationship between the addition and cancellation of disciplines, curb the impulse of enrollment expansion, focus on the connotation development of the existing disciplines, and take comprehensive factors such as national needs, university development orientation, and existing discipline foundation as the preconditions for the addition of new disciplines. Second, establish review procedures, adjustment mechanisms and quality assurance systems that are strict and scientific, fully demonstrate the necessity, feasibility, characteristic advantages, resource constraints, and development prospects of newly established disciplines, and reduce the impact of subjective factors on the setting of disciplines. Third, manage the relationship between short-term adjustment and long-term development of disciplines, respond to the changes caused by the shortening of the catalogue adjustment cycle, organically link the long-term plan of discipline development with the adjustment of discipline catalogues, adhere to the strategies, avoid the blind following of the trend, establish a discipline structure with its own characteristics and obvious advantages, and build a characteristic system of managing disciplines and majors.

Graduate education institutions of different types should focus on different aspects in their independent exploration of discipline development. After several degree authorization reforms, 32 high-level universities with better performance have gained greater autonomy in the independent setting and dynamic adjustment of disciplines. When carrying out independent adjustment, these universities should avoid willful adjustment of disciplines and majors, but should focus on the major strategic needs of the Party and the country, concentrate on knowledge innovation and interdisciplinary areas, and provide successful experience in the system and mechanism for China's catalogue construction of disciplines and majors. As for other graduate education institutions, they are supposed to make good use of the dynamic adjustment of disciplines and their power of setting secondary disciplines, pay attention to the connotation development of disciplines, and explore the unique practice and successful experience in promoting the characteristic and high-quality development of disciplines and majors. In the adjustment and promotion of disciplines, great efforts should be made to avoid the tendency of solely relying on catalogue, prevent the simple understanding of the adjustment of disciplines and majors as changes in scale, level, type and structure, and avoid the pure increase or decrease of the number of disciplines. In short, under the guidance of the basic catalogue, graduate education institutions should make full use of the policies and conditions provided by the education authorities, boldly explore within the permissible space of the policy, and give full play to the greatest initiative. At the same time, they should also consciously establish effective self-restraint and external supervision mechanism and orderly promote the healthy development of disciplines and majors.

③ The effective implementation of the New Catalogue requires efforts in theoretical research related to the catalogue

The compilation or revision of the catalogue is the norm for the present and the future. After the catalogue is revised, it will usually maintain stable for a long time, so there will be a certain lag in adapting to environmental changes and needs. At the same time, the formulation and revision of the catalogue are faced with difficulties such as the incompleteness of understanding and the difficulty of foresight, and the completed catalogue is bound to have certain limitations. In the process of implementing the New Catalogue, the improvement and renewal of the catalogue system affect the realization of policy goals. Therefore, special attention should be paid to the continuous revision of the catalogue and its complementary systems. First, we must form a comprehensive understanding of the discipline catalogue. The catalogue of disciplines and majors is a list of discipline titles arranged for investigation and reference according to a certain logic. The catalogue along with a series of systems related to the setting and management of disciplines and majors together constitute the policy toolbox of discipline management. As an explicit policy tool, the catalogue of disciplines and majors has attracted wide attention, but it is only an organic part of the policy toolbox. The full play of its role and the improvement of its institutionalized text need the parallel development of its supporting policies. The interpretation of the catalogue should not be one-sided and absolute but should combine static institutionalized text with a dynamic policy adjustment mechanism. Second, we should emphasize the theoretical study of the catalogue and its supporting systems. To a certain extent, the vitality of the catalogue comes from the nourishment of theories. At present, the relevant theoretical research teams and outcomes are relatively limited, which is insufficient to support the integrated and holistic revision of the catalogue. The study on the catalogue of disciplines should not only be a hot topic at the time of adjustment but should become a long-term and systematic research topic, so as to provide important theoretical support for the revision of the catalogue. Third, the mutual stimulation between theory and practice is required in revising the catalogue text and supporting systems and improving the content and structure of the catalogue. The government should build an equal consultation mechanism with different entities where each party agree, depend, and impact on each other, give more participating opportunities to market entities such as industries as well as experts and scholars, and lay the foundation for future improvement of the catalogue and supporting systems.

In short, the newly–released catalogue of disciplines and majors follows the law of discipline development and talent training; it better responds to the need of serving major national strategies, promoting industrial transformation, and improving national governance in the new era—important steps have been taken in building a catalogue system of disciplines and majors with Chinese characteristics. It is expected that in the implementation of the New Catalogue, its functional orientation will be further clarified, its implementation strategy will be optimized, the self–improvement system will be strengthened, and new progress will be made in building a more open, more flexible, more efficient, more scientific, and more reasonable catalogue and governance system of disciplines and majors.

4. Measures such as evaluation and appraisal have been taken to ensure the graduate education quality

In 2021 and 2022, education authorities and graduate education institutions in China have continued to strengthen the quality assurance of graduate education, and methods such as quality inspection and special qualification assessment have been adopted to further supervise and guarantee the degree–granting standards of graduate education institutions.

(1) The 2021 special inspection of the quality of degree and graduate education has been carried out

In order to implement the Overall Plan for Deepening the Reform of Educational Evaluation in the New Era and the spirit of the National Conference on Graduate Education, and to follow the requirements of the Opinions on Accelerating the Reform and Development of Graduate Education in the New Era on improving the quality evaluation mechanism and strengthening external quality supervision, the Office of the State Council Academic Degrees Committee carried out a special inspection of the quality of degree and graduate education in 2021. The scope of inspection included doctoral degree programs in the first–level discipline of mathematics and master's professional degree programs in education, business administration, public administration, and art. This quality inspection highlighted the fundamental purpose of fostering virtue through education, emphasized the problem–orientation, and conducted a special diagnosis of the graduate education system of each institution, its implementation, and especially the outstanding problems in the key aspects of talent training. In the special inspection, the process evaluation was the main form of evaluation, and evaluation methods such as document review, actual class participation, teacher and student interviews, and on–site visits were mainly adopted according to specialized inspection problems.

The special inspection was entrusted to the Mathematics Discipline Review Group of the State Council Academic Degrees Committee and the relevant National Professional Degree Graduate Education Steering Committees for the specific implementation. Based on the characteristics of the discipline (professional degree category) and some prominent problems of graduate education, relevant expert teams formulated specialized inspection work plans, and randomly selected some degree programs for inspection. For example, the National Steering Committee for the Professional Degree Graduate Education of Education decided to send an expert team to conduct special on–site inspections of the practice and teaching quality of the master's professional degree education of education in 30 universities including Tianjin Normal University. At the same time, all other Master of Education training institutions were required to submit self–examination reports. The National Steering Committee for the Master's Professional Degree Graduate Education of Art randomly selected and inspected about 15% of the institutions that grant master's professional degree of art; 52 subject fields of 35 degree–granting institutions were inspected in total. The special quality inspection has imposed a positive effect on improving the bottom–line thinking and consciousness of graduate education institutions in quality assurance, providing better training conditions, ensuring the standard of course teaching, research guidance and practical training, and continuously improving the quality of graduate education.

(2) The decisions on the special qualification assessment for degree progams have been published

The special qualification assessment is an audit assessment carried out by the State Council Academic Degrees Committee on the degree-granting institutions that have obtained doctoral or master's degree authorization for more than 3 years but less than 6 years. According to the results of the special assessment of the degree-granting institutions, three decisions will be made on the degree authorization of the institutions, including the continuation of authorization, the rectification within a prescribed time, or the revocation of degree authorization. In 2021, the State Council Academic Degrees Committee and the Ministry of Education announced the decisions of the 2020 and 2021 special qualification assessments for degree programs. In the 2020 special qualification assessment, it was decided that 61 first-level disciplines of 48 degree-granting institutions would continue to be authorized to grant doctoral degrees, and one second-level discipline of a degree-granting institution would continue to hold the doctoral degree authorization. 165 first-level disciplines of 119 degree-granting institutions would continue to be authorized to grant master's degrees. Two first-level disciplines of two degree-granting institutions with the authorization to grant master's degrees were required to make rectification within a prescribed time, i.e., the mathematics degree program of Shenyang University of Aeronautics and Astronautics and the Chinese language and literature degree program of Jiamusi University. These two degree programs were required to conduct a two-year rectification, whose enrollment has been suspended after the 2021 admission was completed. The re-evaluation will be carried out after the completion of the rectification, which indicates that it all depends whether the program can resume enrollment or not. Those degree programs that are recognized to be "qualified" will resume their enrollment while those that are considered to be "unqualified" will no longer hold the authorization of granting degrees. Besides, 102 master's professional degree categories in 74 degree-granting institutions were permitted to continue the authorization, while 2 degree programs of 2 degree-granting institutions were required to rectify themselves within a prescribed time. The programs and discipline categories whose authorization was revoked include the degree programs whose authorization was voluntarily waived by the degree-granting institution and those whose authorization was actually "revoked" . The degree authorization of 6 master's professional degree categories of 6 degree–granting institutions was revoked, i.e., the art category of Shenyang Construction University, the accounting category of Changchun University of Science and Technology, the law category of Changchun University of Technology, the accounting category of Jingdezhen Ceramic University, the art category of North China University of Water Resources and Electric Power, and the law category of Henan University of Technology. In addition, the master's degree program of the first–level discipline of art theory in Chongqing University voluntarily waived the authorization. In the decisions of the 2021 special qualification assessment for degree programs, the relevant master's degree programs of 38 degree–granting institutions such as Communication University of China continued to be authorized. The authorization of granting the master's professional degree of public administration in Liaoning Petrochemical University was revoked. Tianjin Medical University and Army Engineering University have voluntarily proposed to waive the authorization of the master's professional degree of applied statistics.[1]

The special qualification assessment was first implemented in 2014 and has been carried out seven times up to 2022. This evaluation method has stimulated graduate education institutions to concentrate on the construction of degree programs. It has also helped the management department to discover the prominent problems in the construction of degree programs in time. The special qualification assessment has effectively guaranteed the overall quality of degree awarding in China.

In addition, from 2021 to 2022, all graduate education institutions have focused on building an ideological and political education system that runs through the whole process of graduate education, and the collaborative cultivation model of graduate ideological and political education has been further developed. In 2021, 99 graduate courses and 99 excellent teachers and teams were selected into the demonstration projects of

---

[1] State Council Academic Degrees Committee. Notice on issuing the decisions of the 2020 special qualification assessment for degree programs, 2021–04–18.

graduate in–course ideological and political education; 100 CPC branches of graduate students and 100 CPC graduate members were selected into the second batch of 100 Model Party Branches of Graduate Students and 100 Trailblazers of Graduate Party Members awarded by the Ministry of Education. These evaluations and awards have provided important support for ensuring and improving the quality of graduate education.

5. New progress has been made in the interdisciplinary development, and the management system for interdisciplinary construction has been further improved

Interdisciplinary integration is a major feature of the current development of science and technology, an effective way to cultivate versatile innovative talents, and an inherent demand of economic and social development. The CPC Central Committee and the State Council have been attaching great importance to interdisciplinary development. In 2016, General Secretary Xi Jinping proposed at the National Science and Technology Innovation Conference, the Academician Conference of the Chinese Academy of Sciences and Engineering and the Ninth National Congress of the Chinese Association for Science and Technology to "consolidate the foundation of disciplines and create emerging interdisciplinary growth points". In 2018, General Secretary Xi Jinping pointed out that great efforts should be made to form interdisciplinary clusters during an inspection tour of Peking University. With the strong support of relevant national authorities and the active exploration of graduate education institutions, positive progress has been made in China's management system and development level of interdisciplines.

(1) The system construction has provided clear guidance for interdisciplinary development

As early as 2009, the State Council Academic Degrees Committee and the Ministry of Education issued the Measures for the Setting and Management of the Catalogue of Disciplines for Degree–Granting and Talent–Training, which authorized all degree–granting institutions to set up second–level disciplines, and supported institutions to independently set up interdisciplinary subjects managed as second–level disciplines outside the catalogue. In 2018, the State Council Academic Degrees Committee issued the Opinions on the Independent Review of Degree Authorization Carried out by Universities, further expanding the autonomy of the 32 universities and supporting them to independently set up interdisciplinary subjects managed as first-level disciplines outside the catalogue. In November 2021, the State Council Academic Degrees Committee issued the Measures for the Establishment and Management of Interdisciplinary Subjects (Trial Implementation) (hereinafter referred to as the Management Measures), which further built a standardized, orderly, and interconnected system of interdisciplinary development. The Management Measures clarifies the setting conditions, setting procedures, degree-granting and evaluation mechanisms of the next level disciplines within interdisciplinary categories, establishes a management mechanism of carrying out pilot projects first and entering the catalogue after maturity, and establishes a comprehensive quality assurance system including enrollment and cultivation, degree-granting requirements, and evaluation.

The new interdisciplinary management policy has achieved new breakthroughs in five aspects. First, the connotation of interdisciplinary subjects has been clearly defined for the first time in the policy documents on disciplines and degrees. The Management Measures clearly put forward that an interdisciplinary subject is a series of new concepts, theories and methods created through in-depth integration on the interdisciplinary basis, which shows a new epistemology, frames a new knowledge structure, forms a new and richer knowledge category, and has already possessed various characteristics of a mature discipline. Second, a setting mechanism of interdisciplinary subjects that combines delegation and regulation has been established. Both the threshold of establishment and the standard of cultivation are high in this newly-established system. The mechanism of carrying out pilot projects first and then entering the catalogue after maturity has been implemented, where degree-granting institutions independently set up pilot interdisciplinary projects according to prescribed procedures, and explore a new path of cultivating comprehensive and innovative talents. On this basis, the application requirements and demonstration procedures for the cataloguing of pilot interdisciplinary discipline have also been clarified, demanding strict quality-control. Third, the adjustment and exit mechanism of interdisciplinary disciplines has been established, along with separate exit mechanisms targeted at the pilot stage and the post-cataloguing stage. At the same time, for interdisciplinary subjects that have been withdrawn from the catalogue but are still needed by society, a transitional method have been proposed. Fourth, the basic requirements for granting interdisciplinary degrees have been clarified, which are set separately for the pilot phase and the post-cataloguing phase. For interdisciplinary subjects at the pilot stage, the self-review degree-granting institutions shall grant degrees according to the discipline category determined at the establishment of the subject, and formulate the corresponding basic requirements for the award of degrees; For interdisciplinary subjects included in the catalogue, degrees should be granted according to the discipline category specified in the catalogue, whose basic requirements for the award of degrees should be formulated by relevant subject review groups. Fifth, the quality assurance system of interdisciplinary subjects has been established. Given the characteristics of interdisciplinary subjects, the Management Measures has put forward specific requirements for enrollment, training, and other aspects. It has been clarified that all interdisciplinary subject degree programs have to participate in the periodic qualification assessment but have the option of not participating in the special qualification assessment. At the same time, in order to optimize the development environment, pilot interdisciplinary subjects are entitled not to participate in the evaluation organized by third-party organizations.[1]

---

[1] Ministry of Education. The person in charge of the Office of the State Council Academic Degrees Committee answered reporters' questions on the Measures for the Establishment and Management of Interdisciplinary Subjects (Trial Implementation). Ministry of Education. 2021-12-06.

(2) New progress has been made in the construction of interdisciplinary subjects

On December 30, 2020, the State Council Academic Degrees Committee and the Ministry of Education issued the Notice on the Establishment of the "Interdisciplinary Subjects" Category and the First-Level Discipline "Integrated Circuit Science and Engineering" and "National Security", and determined to set up the "interdisciplinary subjects" category (category code 14), "integrated circuit science and engineering" first-level discipline (discipline code 1401), and "national security" first-level discipline (discipline code 1402). In the 2022 Catalogue of Disciplines and Majors in Graduate Education released in September 2022, four new interdisciplinary first-level disciplines have been added under the category of interdisciplinary subjects, including remote sensing science and technology, intelligence science and technology, nano science and engineering, as well as soil and water conservation and control of desertification; the first-level discipline design has also been moved to the category of interdisciplinary subjects. The direct presence of interdisciplinary subjects in the catalogue of disciplines provides an important opportunity to foster new disciplines, which can effectively solve the existing problems of outdated arrangement of disciplines and barriers between different disciplines, further enhance the recognition of interdisciplinary subjects by academia, industrial enterprises, and the public, and provide a better development channel and platform for cultivating interdisciplinary graduate students. In addition, positive progress has been made in the development of interdisciplinary subjects that are outside the catalogue. According to statistics, by the end of 2021, 18 interdisciplinary subjects managed as first-level disciplines outside the catalogue had been independently established by Peking University, Zhejiang University, University of Science and Technology of China and other universities, such as artificial intelligence, quantum science and technology, new energy and energy storage engineering, and intangible cultural heritage, and more than 700 interdisciplinary subjects managed as second-level disciplines outside the catalogue had been independently established by nearly 200 institutions, such as humanities and medicine, data science, and the economics of law[1]. Some graduate education institutions have made active explorations in the development and talent training of interdisciplinary subjects, and have achieved successful experience. For example, Peking University has established the first interdisciplinary research institute in China: four interdisciplinary platforms, i.e., "Area Studies", "Clinical Medicine + X", "Core Science and Technology of Carbon Neutrality", and "Digital Intelligence +" have been designed and built at the school level to promote interdisciplinary research. At the same time, reform and innovation have been carried out in the interdisciplinary construction on the faculty members, the formulation of admission plans and the setting of graduate education programs. Peking University proposes not to conduct performance appraisal by the standard of signed papers and on–site projects, attracting a group of interdisciplinary faculty to conduct scientific research and supervise students in the Interdisciplinary Research Institute. Besides, Peking University has formulated separate enrollment plans for interdisciplinary subjects and a special training program that provides integrated interdisciplinary training for interdisciplinary students.[2]

Developing interdisciplinary subjects benefits universities in adapting themselves to the development of the times, concentrating superior disciplinary resources to solve major national and regional problems, actively satisfying the strategic needs of national economic and social development, creating new growth points of disciplines, and forming a vibrant discipline development ecology. However, during the rapid development of interdisciplinary subjects, there also exist some shortcomings such as low interdisciplinary quality, insignificant talent

---

[1] Hong Dayong. Promoting the healthy development of interdisciplinary sub–jects on the basis of interdisciplinary construction[J]. University and Discipline, 2022, 3 (01) : 5–8.

[2] Cheng Ting. Peking University implements a separate enrollment plan for interdisciplinary subjects to ensure the training scale of interdisciplinary talents. The Paper, 2022–06–14.

training results, detached relation to major national strategic needs, imperfect management mechanism, and great obstacles in organizational systems. Therefore, the scientific and effective development of interdisciplinary subjects requires the collocation between education authorities and graduate education institutions in the thorough inspection of the institutional barriers and development weaknesses in the overall structure of disciplines, resource allocation, evaluation, and management, so as to promote the healthy development of interdisciplinary subjects with the right measures.

6. Strict regulations have been laid on graduate education institutions in the training of graduate students in other regions

The training of graduate students in other regions mainly means that universities rely on graduate schools, research institutes, joint training bases for the industry–education integration, physician training bases and other institutions established in other regions outside the main campus to carry out graduate education. The establishment of graduate education institutions in other regions by universities took place at the beginning of this century, and these institutions have tended to grow rapidly and disorderly in the past 20 years. According to incomplete statistics, 166 institutions established in other regions in total have been set up by universities participating in the "double first–class" project.[1] Some universities participating in the "double first–class" project, such as Peking University and Tsinghua University, have set up full–process graduate education institutions in other regions, which directly recruit and train graduate students, while a large number of universities participating in the "double first–class" project have set up non–full–process graduate education institutions in other regions.

(1) Problems in the training of graduate students by institutions established in other regions

To be objective, the graduate education institutions run on different

---

[1] Qin Zhiwei. It's time to regulate the cross–region graduate education[N]. China Science Daily, 2021–05–18 (06).

regional campuses have enriched the regional higher education resources and promoted local economic development. However, as most universities throng into the developed eastern regions to run their regional campuses, some drawbacks have gradually emerged. For instance, the scattering of resources and management have appeared in some universities, and the shortage of stable high–level faculty in campuses established in other regions has affected the quality of graduate education. Besides, the establishment of graduate education institutions in other regions by universities also results in the problems such as the layout of higher education and the capacity of financial support. Therefore, the Ministry of Education pointed out in its reply to the relevant proposals of the 13th National Committee of the Chinese People's Political Consultative Conference in 2019 that there existed problems in many aspects such as orientation, faculty, financial guarantee, education quality, and the inheritance of campus culture in campuses of other regions, so the Ministry of Education had always disapproved of universities' behaviors in running regional campuses, and in principle would not grant authorization.[1] Nevertheless, the phenomenon of establishing graduate education institutions in other regions has not been absolutely banned since there are no clear prohibitive rules.

(2) Series of combinational policies have been issued by education authorities to prevent universities from establishing graduate education institutions in other regions

In 2021, the Ministry of Education issued the Opinions on the Establishment of Higher Education Institutions in the 14th Five–Year Plan Period. According to this document, the establishment of institutions in other regions by universities should be under strict control; related authorities should not encourage or support universities to carry out cross–province education, with particularly strict restrictions on universities

---

[1] He Liquan. Ministry of Education: Never approving the establishment of cross–region campuses and no more authorization in principle [N]. The Paper, 2019–02–21.

affiliated to the Ministry of Education or located in central and western regions to run cross–province institutions in eastern regions; in principle, the establishment of cross–province campuses would not be authorized by the Ministry of Education. In the same year, a series of documents were issued successively, putting forward new requirements for the training of graduate students in institutions located in other regions.

In May 2021, the Ministry of Education issued a notice proposing clear regulations on cross–region graduate students' training. All graduate education institutions were required to earnestly shoulder the main responsibility for quality assurance. Graduate students must be trained and strictly managed at the corresponding degree authorization institutions in the place of registration and operation specified in the university's official charter. Except for those already approved by the education authorities under the State Council, no additional full–process graduate education institutions could be established outside the municipal area of the registered and operational address specified in the university's official charter.[1] The Ministry of Education stipulated in relevant documents that institutions undertaking the organization and management of graduate education, such as graduate schools or graduate academies, should only be established in the place of registration and operation based on related regulations and procedures, and that the establishment of all graduate schools, graduate academies and similar institutions in other regions should be prevented. Under the guidance of their advisors, graduate students could finish parts of their cultivation, such as scientific research, industry–education integration, and internship training, in research institutes and other similar institutions established in other regions and mainly undertaking functions such as innovation and entrepreneurship, technology transfer, industrial incubation, and achievement transformation. All universities, especially those participating in the "double first–class" project, were required by the

---

[1] General Office of the Ministry of Education. Notice on strengthening the management of cross–region training of graduate students in higher education institutions, 2021–05–28.

Ministry of Education to carry out self-inspection of cross-region graduate education. The behavior of cross-region graduate education would be further standardized and supervised, while the situation of cross-region graduate education in universities participating in the "double first-class" project would be included in the monitoring of the project.

In November 2021, the Ministry of Education and the State Council Academic Degrees Committee jointly issued a document and clearly emphasized that graduate schools are internal working institutions responsible for the cultivation and management of graduate students and thus should not be established separately in other regions. Institutions established in other regions with the function of graduate education should not contain words such as graduate school, graduate academy, or graduate school branch in their names.[1] At the same time, specific requirements have been put forward for various institutions (such as research institutes, bases, hospitals, and colleges) that undertake part of graduate education tasks and are located in other regions. Graduate education institutions may carry out some aspects of training in other regions according to the specific requirements of cultivating graduate students in the integration of science and education, industry and education. Research institutes, bases, hospitals, colleges, and other institutions of other regions that undertake part of graduate training tasks should be equipped with the R&D experimental conditions, scientific research platforms, stable funding, and faculty members who can meet the requirements for supervising graduate students.

(3) Problems of cross-region graduate education have been effectively solved

At the explicit request of education authorities, every graduate education institution has actively carried out rectifications. For example, Harbin Institute of Technology has promoted the comprehensive cleaning

---

[1] State Council Academic Degrees Committee. Opinions on further standardizing the cross-region training of graduate students in higher education institutions, 2021-12-29.

and standardization of university names, and 4 research institutes in other regions have been abolished after adopting a plan aimed at a reduction in quantity, an increase in quality, and an improvement in efficiency to the existing regional research institutes. Southwest Jiaotong University has decided to abolish its regional graduate schools in Shenzhen, Qingdao and Tangshan. In the meanwhile, some universities have achieved compliance with the regulations by the adjustment of names. For example, Dezhou Branch of the Graduate School of North University of China was renamed Dezhou Industry–Technology Research Institute of North University of China. Xi'an Jiaotong University renamed the Graduate School of Xi'an Jiaotong University (Suzhou) as Xi'an Jiaotong University Industry–Education Integration and Collaborative Education Base (Suzhou). [1]Under the explicit prohibition of national education authorities, universities with problems have carried out active rectifications, and the long–existing problem of cross–region graduate education has been effectively solved. From another perspective, the emergence of cross–region graduate education shows that the governance system and governance capacity of graduate education institutions still need improvement. It also suggests that while delegating power to universities, the national education authorities still need to formulate necessary and clear policies to guide and supervise universities to establish scientific development goals and pursue connotative and high–quality development.

II. Analysis of annual major hot issues

The 2021 and 2022 annual special topics have focused on doctoral education, including a list of specific topics: the research abilities, interest, and aspirations of doctoral students, the academic growth environment

---

[1] Cingta. Serious Actions! A large number of cross–region graduate schools of universities have been renamed or abolished. Cingta WeChat public account, 2022–07–20.

and its effects on doctoral students, the graduation of doctoral students on schedule and its influencing factors, the future career choice of doctoral students and its influencing factors, the supervisors' scientific research beliefs and guidance methods, etc., and have conducted a systematic survey. The relevant research conclusions and countermeasure suggestions are summarized below.

1. A survey on doctoral students' research abilities, interest, and aspirations

The diversification of learning motivation and employment orientation of doctoral students has become an international trend, but scientific research ability is still the core of doctoral education in various countries, and the cultivation of scholars is still the primary task of doctoral education. This special topic aims to understand the current situation and influencing factors of research abilities, research interest, and academic aspirations of doctoral students in China's universities, and then put forward countermeasures and suggestions on the reform of the doctoral training system. This study adopts the questionnaire method. The survey tool is the self–developed questionnaire, the Survey on Research Abilities, Interest and Aspirations of Doctoral Students. The survey items are rated on a six–point scale. If the average score of the item is higher than 3 points, it is then regarded as a positive score (i.e., above average). From March to May 2022, the study distributed electronic questionnaires to 147 universities across the country based on a hierarchical sampling method. Finally, 55 universities participated in the survey and a total of 2,662 questionnaires were received. In the end, 2,300 questionnaires were verified and included in the analysis. The specific findings of the study are as follows:

(1) Research conclusions

① Doctoral students have strong comprehensive research abilities and high research interest, but their academic aspirations are relatively weak

This survey shows that the comprehensive research abilities of doctoral students in China's universities are relatively strong, and their research interest is relatively high, but their academic aspirations are relatively weak. Overall, the average comprehensive research abilities of doctoral students are rated as 4.53. The average values of the four dimensions of research abilities, in descending order, are communication ability (4.64), basic research literacy (4.60), the sense of innovation and critical thinking (4.56), and resilience (4.31). Although the overall performance of China's doctoral students' research abilities is fine, the sense of innovation and critical thinking need to be further strengthened. This is also an important restricting factor that is widely criticized by academics and administrators about the quality of doctoral education in China. It should be noted that the resilience of doctoral students is the worst of the four dimensions and the only dimension below the average of the overall research abilities. It is gratifying that the research interest of doctoral students in China is generally high with an average value of 4.73, which is higher than the average value of research abilities. There are five items about research interest in the survey. In the item that *the experience of discovering new things makes me prefer academic work*, 89.6% of doctoral students self-rated higher than 3 points. In the other four items, more than 90.0% of doctoral students gave positive answers. This pattern shows that doctoral students in China's universities generally get positive emotional support from research. Finally, the academic aspirations of doctoral students are relatively weak compared to research abilities and scientific interest, with an average value of 4.47. For example, in the item that *I would like to continue to engage in academic research*, the average score of doctoral students is only 4.30. With the expansion of the enrollment of doctoral students, it is understandable that the academic aspirations of doctoral students have declined, which is also in line with international trends.

② There are significant differences in research abilities, scientific interest, and academic aspirations among different groups of doctoral students

Next, we analyzed the differences in research abilities, research interest, and academic aspirations between different groups of doctoral students. The results of descriptive statistics show that in terms of comprehensive research abilities, male, older, doctoral students who were admitted through the application–assessment system, in fourth grade, studying humanities, or who attended the first–class discipline Construction universities perform better. Specifically, male doctoral students perform significantly better than female doctoral students; older doctoral students perform significantly better than younger doctoral students; doctoral students who were admitted through the application–assessment system perform significantly better than those admitted by other methods. However, the results of the difference analysis show that the differences in the research abilities of doctoral students between different grades are not significant.

In terms of research interest and academic aspirations, the differences between different groups of doctoral students in many aspects are generally consistent. The average values of male, older, doctoral students who were admitted through the application–assessment system, in their first year, studying humanities, or those who attend the first–class discipline construction universities are higher. Specifically, for research interest and academic aspirations, male doctoral students perform significantly better than female doctoral students; older doctoral students perform significantly better than younger doctoral students; doctoral students who were admitted through the application–assessment system perform significantly better than those admitted by other methods. In addition, there are significant differences between doctoral students of different grades. The group of first–year doctoral students scores the highest in research interest and academic aspirations. There is also heterogeneity between different disciplines. The group of doctoral students in the humanities scores the highest in research interest and academic aspirations. The scores of research interest and academic aspirations of doctoral students who attend the first–class discipline construction universities are higher than those who attend the world–class university construction universities, but the difference analysis results show that the differences between different types of institutions are not statistically significant in terms of research interest but in academic aspirations.

③ The influencing factors of research abilities, research interest, and academic aspirations of doctoral students are complex and diverse

We further analyzed the factors that influence the overall research abilities, research interest, and academic aspirations of doctoral students. The study finds that all four variables of doctoral students, i.e., their motivations to pursue a doctoral degree, supervisors' guidance, institutional conditions, and academic environment influence the performance of doctoral students in the above three aspects, but the role of different specific variables is different.

In terms of comprehensive research abilities, doctoral students who are interested in scientific research have significantly higher comprehensive research abilities than doctoral students who pursue their doctoral degrees for other motivations. The frequency of monthly communication between doctoral students and supervisors is not significantly related to their comprehensive research abilities, but the degree of effective support of supervisors and the level of guidance and control of supervisors are significantly positively related to the comprehensive research abilities of doctoral students, and the positive effect of the former is greater than that of the latter. The level of acceptance of the curriculum by doctoral students is significantly positively correlated with the comprehensive research abilities of doctoral students. The impacts of academic activities, scholarship policies, and dissertation evaluation systems provided by universities are not statistically significant. The level of acceptance of the journal submission and review system by doctoral students is significantly positively correlated with their comprehensive research abilities. The higher level of acceptance of the viewpoint that the academic ecological environment is more friendly to young people, the lower comprehensive research abilities of doctoral students, indicating that the formation of objective perception and correct understanding of the academic ecological environment plays an important role in the research abilities of doctoral students.

In terms of research interest, when doctoral students are driven by internal motivations, their research interest is significantly higher;

however, when doctoral students are motivated by obtaining doctoral degrees, their research interest is significantly lower. The frequency of monthly communication between doctoral students and supervisors is not significantly related to the research interest of doctoral students, but the degree of effective support of supervisors and the level of guidance and control of supervisors are significantly positively related to the research interest of doctoral students, and the positive effect of the former is greater than that of the latter. The satisfaction of the dissertation review system and the acceptance of the journal submission and review system have significant positive impacts on the research interest of doctoral students, and other factors about the institutional conditions and the academic environment are not statistically significant.

In terms of academic aspirations, only the motivations for research interest and obtaining doctoral degrees affect the academic aspiration level of doctoral students. The frequency of monthly communication between doctoral students and supervisors is not significantly related to their research motivations, but the effective support of supervisors and the level of guidance and control of supervisors are significantly positively related to the research motivations of doctoral students. Among the factors of institutional conditions and academic environment dimensions, only the acceptance of the dissertation review system has a significant positive impact on the academic aspirations of doctoral students.

（2）Countermeasures

Based on this survey, prior literature, and the reform measures and existing problems of doctoral education in China in recent years, we believe that the government and universities should start from the following five aspects to further improve the quality of doctoral education.

① Education authorities and relevant departments should further optimize the growth environment for young scholars and doctoral students

In recent years, the Party and the state have emphasized more on young talents and adopted various ways to support their development. However, there is a big gap between the expectation and implementation of relevant policies. Therefore, various departments must come up with practical measures to implement those policies. On the one hand, it is necessary to supervise the implementation of relevant policies such as "Eliminating the Five Onlys" in universities; on the other hand, it is important to further increase the funding of doctoral students, so that more doctoral students can concentrate on scientific research.

② Universities should further improve the doctoral admission system

The quality of doctoral candidates determines the quality of doctoral education. How to select doctoral students scientifically, effectively, fairly, and justly is the dilemma that China's doctoral admission reform has been facing. Over the years, the application–assessment system has become a mainstream admission method, and it has replaced the traditional admission method in many universities. Our survey data confirm the advantages of the group who were admitted by the application–assessment system, but the underlying causal relationship is not established. A series of studies in the academic community have not yet reached a consensus on the scientific nature of this system. Many scholars have also questioned this system. Our data show that doctoral students with research interest perform better in all aspects. Therefore, the future reform of the doctoral admission system needs to focus on identifying and attracting students who have both research potential and research interest. The overall performance of the undergraduates who were directly admitted by doctoral programs in this survey is weaker than that of other groups, which may be attributed to the small sample size of the particular group but also reveals the problems of this particular group itself. Therefore, universities should be cautious in implementing this admission policy and explore effective distribution mechanisms at the same time. We believe that a pathway crossing a variety of models will be built up with the reform of the doctoral admission system in the future. Especially, the doctoral programs which admit undergraduates or master students without examinations should be open to candidates from other universities.

③ Departments should increase their support of diversity

Doctoral students' sense of innovation and critical thinking ability in China's universities are not strong, which restricts the cultivation of high–

level talents. To solve this problem, on the one hand, it is necessary for the entire academic community to create a relatively tolerant academic atmosphere to encourage critical thinking; on the other hand, it is necessary for departments to provide substantive support to ensure that doctoral students can put all their hearts in academic research.

④ Supervisors should be encouraged to effectively participate in the guidance of doctoral students

This survey and a lot of prior studies have demonstrated the importance of supervisors for the growth of doctoral students. In recent years, education authorities and universities have issued a series of policies to regulate supervisors' behaviors, but most of these policies are directive and punitive, and the positive incentives for supervisors are not enough. Coupled with the impact of a series of administrative work, the substantive guidance of supervisors for doctoral students has been inhibited. Therefore, there is a need to combine incentive and punishment mechanisms. The first is to give supervisors more autonomy in curriculum teaching and student evaluation, as well as to strengthen the monitoring from internal and external academic communities. The second is to establish clear standards so that supervisors may know where the boundaries are. The third is to strengthen the feedback mechanism between supervisors and doctoral students to solve existing problems promptly. The fourth is to build an internal communication platform for everyone to share good guidance methods.

⑤ The psychological state of doctoral students should be taken care of

The growth of doctoral students and the cultivation of scholars both involve uncertainty. In recent years, China's education authorities and universities have strengthened the construction of the quality assurance mechanism and the accountability mechanism for doctoral students. Obtaining a doctoral degree gets more difficult than ever. A variety of factors lead to widespread anxiety and even mental health crises among doctoral students. This survey shows that the resilience of doctoral students is the lowest rated among the four dimensions of research abilities. Therefore, universities and supervisors should take this as a warning and pay more attention to the mental health status of doctoral students. On the one hand, we should cultivate and train professional staff in the field of mental health counseling; on the other hand, it is necessary for research teams guided by the same supervisor or working on the same project to play an important role in timely discovering problems and effectively making intervention.

2. A survey on the growth environment and its effect on academic doctoral students

Doctoral students from 39 universities participated in the online survey. Among the 2,415 questionnaires completed, 267 invalid questionnaires were excluded while 2,148 valid questionnaires were finally used for the analysis, with a response rate of 88.94%. In terms of gender, the proportion of male and female doctoral students is basically equal. In terms of grade, the first year of doctoral students accounts for the largest proportion. In terms of marital status, the proportion of doctoral students with a boyfriend or girlfriend is the largest. In terms of admission methods, 45.5% of doctoral students were admitted through the application-assessment system.

(1) Research conclusions

Difference analysis and regression analysis methods are applied to study the perception of doctoral students on the growth environment, and examine the effect of the growth environment on the abilities of research innovation and the intention of career choice of doctoral students. The research conclusions are as follows:

① The single supervisor guidance model is the mainstream; the research directions of supervisors and students are consistent; the research training environment is relatively favorable

The survey results show that 78.6% of doctoral students believe that their research directions are consistent with their supervisors'. The consistency in research directions provides a safe academic environment for doctoral students where supervisors and doctoral students can collaborate intellectually and cognitively, which will reduce the risk of doctoral students failing their research, delaying their graduations, or even giving up their pursuits for doctoral degrees. The survey finds out that the consistency of research directions between the doctoral students who graduated on time and their supervisor is significantly higher than that between the deferred doctoral students and their supervisor. This finding also confirms that the consistency of research directions between supervisors and students is conducive to the academic development of doctoral students. 63.9% of doctoral students are guided by a single supervisor, which shows that the single supervisor guidance model is the mainstream in the current doctoral training process. Nearly 50% (47.6%) of doctoral students can decide their dissertation topics independently, indicating that half of the supervisors can fully respect the research autonomy of doctoral students in the process of doctoral education. In addition, 76% of doctoral students have participated in their supervisors' research projects, which shows that the supervisors provide doctoral students with rich research opportunities, and that the environment of research training for doctoral students is relatively favorable. However, at the university level, the proportion of doctoral students who independently apply for and finally win innovative research projects on campus is less than 20%. From this point of view, the research training opportunities provided by universities for doctoral students, compared with that for supervisors, still need to be continuously expanded.

② Doctoral students' acceptance of the key socialization agent shows significant differences; their evaluation of supervisors and peers is more positive than that of course instructors

In the growth environment of doctoral students, supervisors, course instructors, and peers are three types of socialization agents who frequently interact with doctoral students, but the survey finds out that the satisfaction of doctoral students with supervisor guidance and peer support is significantly higher than that with course instructors, and the acceptance of the three types of socialization agents shows significant differences. Course instructors are less accepted by doctoral students than supervisors or peers. This may stem from the influence of the university institutional environment. From the current point of view, research publications have become the center of a university teacher's daily life, while teaching as a university teacher's natural mission has not received enough attention from universities. Coupled with the migration of course instructors' attention and the imbalance of resource inputs, it is difficult for university teachers to upgrade course teaching to the same status as research publications. Therefore, the course teaching effect cannot meet the expectation of doctoral students, making it understandable that doctoral students have low acceptance of course instructors. In contrast, doctoral students have a high degree of acceptance of supervisor guidance, indicating that the current institutional reform of the construction of supervisor teams has gradually released positive effects. Peer support is also an indispensable core element in the academic socialization of doctoral students. From the perspective of the learning process, peer support allows doctoral students with diverse cultural backgrounds to continuously share information and learn from each other in the process of professional communication, and increases the opportunities for doctoral students to apply new ideas in specific subject fields, which has an important impact on improving the learning experience of doctoral students.

③ Departments provide a relatively supportive environment for doctoral students, in which the supply of learning resources is reasonably compatible with the demand of doctoral students, but the academic social network of doctoral students is relatively weak

The departments' supportive environment assists the academic development of doctoral students, who actively integrate into the organizational structure with the support of the departments, so as to obtain diverse growth opportunities and learning resources and to further form an insider identity. The support of departments, especially the emotional support and professional mutual assistance among members within a department, can enhance the learning effectiveness of doctoral students, effectively promote knowledge dissemination and sharing, and alleviate the research pressure and frustration of doctoral students. The survey discovers that in the dimension of departmental support, doctoral students have a higher evaluation of two items, i.e., being able to actively integrate into departments and the convenience for interdisciplinary learning provided by departments, indicating that doctoral students have a higher sense of belonging and integration into departments and appreciate the supportive conditions provided by departments for interdisciplinary learning. The survey finds out that doctoral students overall have a high evaluation of learning resources, which indicates that the learning resources provided by universities are in line with the needs of doctoral students. Learning resources are the basic indicators to measure the growth environment of doctoral students. Sufficient learning resources are of great significance to the research confidence and research resilience of doctoral students. Only by meeting the most basic material needs of doctoral students can the departments motivate the doctoral students to pursue higher research achievements. However, doctoral students' satisfaction with development opportunities is lower than that with departmental support and learning resources. Two items, i.e., more opportunities to join high-level research teams and access to outstanding scholars in their own professional fields, are rated lowest by doctoral students, reflecting the dilemma faced by doctoral students in building academic social networks.

④ A good assessment and evaluation system has an obvious role in promoting the academic development of doctoral students

The survey shows that a good assessment and evaluation system not only has a significant role in promoting doctoral students' growth-based research innovation abilities but also significantly reduces the deferred graduation rate of doctoral students. There are many benefits of strict assessment of doctoral students by universities. Firstly, the assessment and evaluation system of universities assumes the direction of action and the form of outcomes of doctoral students, so a rational and scientific assessment and evaluation system can reduce the disorderliness of doctoral students' academic life. Secondly, the distribution and screening of doctoral students can optimize the education quality of doctoral students. Making use of the course assessment mechanism, mid-term assessment mechanism, thesis pre-defense mechanism, and other assessment methods, universities conduct a comprehensive evaluation of doctoral students, according to which timely distributing and eliminating doctoral students who are not suitable for continued academic training. This can not only alleviate the resource shortage caused by a large number of deferred doctoral students to the departments but also effectively promote the academic development of doctoral students and achieve the purpose of improving the quality of doctoral training.

⑤ The impact of the growth environment on the growth–based research innovation abilities of doctoral students exceeds that on their task–based research innovation abilities

The survey finds out that the growth environment has a more significant impact on the growth–based research innovation abilities of doctoral students. According to the regression model, the contribution rate of research experience of doctoral students to the improvement of growth–based research innovation abilities is 15.3%, while that to the improvement of doctoral students' task–based research innovation abilities is only 6.4%. In terms of supervisor guidance, regular communication and discussion between supervisors and doctoral students on research issues can significantly improve the doctoral students' growth–based research innovation abilities but have no significant impact on the improvement of their task–based research innovation abilities. In terms of departmental support, the integration of doctoral students into the departmental environment has a significant impact on both the growth–based research innovation abilities and the task–based research innovation abilities, and the regression coefficients are 0.192 and 0.077, indicating that the effect size of the departmental environment on doctoral students' task–based research innovation abilities is smaller than that on their growth–based research innovation abilities. The above conclusions also apply to assessment and evaluation systems, curriculum teaching, learning resources, development opportunities, and peer support.

⑥ Research autonomy, supervisor guidance, and development opportunities can significantly predict the future academic career choices of doctoral students

The survey finds out that autonomy in the selection of doctoral dissertation topics, supervisor guidance mode and guidance satisfaction, and development opportunities have positive impacts on the future academic career choices of doctoral students. Firstly, the topic of doctoral dissertation belongs to the scope of professional autonomy. Being able to decide the dissertation topic independently means that doctoral students have research autonomy, which prompts doctoral students to voluntarily shoulder more responsibilities. Secondly, supervisor guidance plays a vital role in the return of doctoral students to academic careers. On the one hand, supervisor support can effectively improve the self–efficacy of doctoral students, and then raise the confidence of doctoral students to pursue academic careers; on the other hand, the extent to which doctoral students meet the expectations of their supervisors directly affects the speed of their access to academic resources, so the more compatible the supervisors and doctoral students are, the more conducive it is to the future academic career choices of doctoral students. Finally, the more development opportunities doctoral students obtain during their doctoral education, and the more intensive the academic social network they build, the more rapidly their professional skills improve, which lays a good foundation for future academic careers.

(2) Countermeasures

① The research training environment for doctoral students should be improved

An excellent research training environment is an important premise for improving the innovation literacy of doctoral students, to which universities should make improvements from the following aspects. Firstly, universities should allocate annual funds to each department specifically for supporting doctoral students' research projects, and increase the quantity and quality of doctoral students' participation in research projects through financial grants. Secondly, supervisors should form an equal and mutually supportive relationship with doctoral students in the process of academic communication and research cooperation, and provide specific guidance based on research practice. In the process of supervising doctoral students, supervisors should pay full attention to the interest and characteristics of the students so as to adopt appropriate teaching methods according to their aptitudes. Specifically, it is necessary for supervisors to provide personalized guidance according to the knowledge base, research expertise, and learning style of doctoral students. Supervisors can also take advantage of group meetings, book clubs, etc. to strengthen interactions and communications with doctoral students. In addition, departments can assign main and deputy supervisors for doctoral students and implement the group guidance model according to the disciplinary attributes and the research needs of doctoral students, which will give full play to the professional expertise of different supervisors and provide all-round guidance for doctoral students. Finally, based on their own orientation and development goals, universities should build a platform for doctoral students to facilitate knowledge sharing and academic communication, build diversified research participation channels, create a tolerant and liberal research atmosphere, enhance research incentives, and cultivate doctoral students' far-reaching academic aspirations.

② Course instructors need to improve the teaching effectiveness

In order to improve the effectiveness of teaching, course instructors can put effort into course feedback, course content design, and the relevance of the course to doctoral research. In terms of course feedback, course instructors should provide feedback to the doctoral students according to the teaching objectives of the course, which can help modify the future learning direction and shorten the gap between the current progress and the learning goals. In terms of feedback forms, course instructors should adopt diverse forms of feedback according to learning tasks, including evaluative feedback, outcome feedback, process feedback, and student self-regulation feedback. In terms of feedback content, the feedback provided by course instructors to doctoral students should be comprehensive and inspiring. Besides, course instructors need to increase the level of consistency between course content and doctoral research needs. On the one hand, course instructors should improve the quality of course offerings, and timely adjust the teaching content and teaching methods based on the course enrollment and withdrawal mechanisms of departments and the results of course evaluation. On the other hand, it is suggested that course instructors form an interdisciplinary teaching team, whose teaching content and objectives should be closely related to the research needs and research interest of doctoral students.

③ Universities should continuously enrich the professional development opportunities for doctoral students and expand the network of academic communication and cooperation for doctoral students

Firstly, universities and departments should actively guide doctoral students to join the innovation teams as research assistants, encourage doctoral students to establish good cooperative relationships with team members, and expand the social network between doctoral students and the academic community. Secondly, universities should actively fund doctoral students to participate in domestic and international conferences and short–term study visits, so as to broaden their academic horizons and enhance their sense of professional identity and organizational belonging. Besides, departments should hold continuous and standardized academic activities such as salons, workshops, and lectures, and encourage doctoral students to actively participate in these activities and take the initiative to dialogue with well–known experts and scholars. Departments can also implement the academic report system for doctoral students: to regularly organize doctoral students to report and present research results, and continue to stimulate the research enthusiasm of doctoral students. Finally, universities should actively cooperate with government agencies and industrial organizations to create diversified practical training opportunities for doctoral students and expand the academic communication and cooperation network of doctoral students through industry–university–research integration platforms, off–the–job exercises, internship, and project entrustment.

④ Universities need to continuously optimize the growth environment of doctoral students, cultivate their research and innovation abilities, and enhance their commitment to academic career choice

Good academic talent and potential aptitude are the basis for doctoral students to become excellent researchers. Without a satisfactory growth environment or sufficient supporting resources, the development and realization of doctoral students' potential aptitude would be greatly impeded. In order to optimize the growth environment of doctoral students, promote the transformation of environmental resources into academic papers, patents, and books, and contribute to doctoral students' identification with academic careers, universities are supposed to take the following measures. Firstly, universities should center on doctoral students, and then build a research environment based on the growth needs of doctoral students. Specifically, it is necessary to consider the actual needs of doctoral students from the perspective of students and create a personalized growth environment according to the professional background and research preferences of doctoral students. Secondly, universities should pay attention to the soft environment construction in the growth process of doctoral students. Aimed at enhancing the impact of growth environment on the publication of doctoral research and the commitment to academic career, universities should strive to create a tolerant atmosphere that allows research failure, to develop a long–term mechanism that tolerates mistakes and allows for correcting errors in scientific research, and to reduce the pressure of doctoral students on research publication, making sure doctoral students could experience the security of academic careers.

3. A survey on career choice of PhDs and its influencing factors

Through analyzing the survey data of 1,333 PhDs from 40 universities participating in the "double first–class" project, we explored the current status of PhDs' career choices, the differences in career choices between PhDs from different backgrounds, and the key factors affecting their career choices. The final conclusions and countermeasures are as follows:

(1) Research conclusions

① Academic career is the primary choice of PhDs, with nearly 20% of doctoral students choosing non–research careers when they graduated

Academic careers are the primary choice of PhDs. 70% of doctoral students chose to enter universities or research institutions and engaged in work closely related to research after graduation. Among the PhDs who bid farewell to academia, nearly 20% chose non–research occupations unrelated to research activities (17.7%), and the proportion of doctoral students who chose non-academic research careers is relatively low (11.5%). It is worth noting that not all PhDs who entered universities or research institutions are engaged in scientific research, a small number of which mainly carry out administrative or management work.

② Most PhDs chose the same type of occupation as they intended at the beginning of their doctoral programs

Compared with the proportion of doctoral students who intended to choose academic occupation at the beginning of doctoral program, the proportion of doctoral students who actually chose academic occupations at the time of graduation has decreased by 9.3%, while the proportion of doctoral students who chose non-academic research occupations and non-research occupations, compared with their original proportion, have increased by 6.2% and 3.1% respectively. Most PhDs chose the same type of occupation as they intended to do at the beginning of their doctoral programs, the majority of which are academic career adherents (65.6%), the relatively small proportion academic career peripherals (14.7%). Among PhDs who have changed their career choices, the proportion of academic career escapees is a little bit higher (14.5%) while the proportion of academic career returnees is lower (5.2%). In the four types of PhDs, the proportion of academic career adherents is the highest; the proportion of academic career escapees and academic career peripherals are both in the middle; academic career returnees account for the lowest proportion.

③ There are significant differences in career choices and career choice changes between PhDs from different backgrounds

PhDs with a bachelor's degree or master's degree of the First-Class University Construction universities have a lower preference for academic careers and tend to choose non-research careers. They are less likely to become academic career adherents and more likely to become academic career escapees. PhDs in the field of humanities and social sciences tend to choose academic careers and are more likely to become academic career adherents and less likely to become academic career peripherals. By contrast, PhDs in the field of natural science and engineering tend to choose non-academic research careers. Medical doctors (MDs) have a higher preference for non-research careers and are more likely to become academic career peripherals. Undergraduates and master students who were admitted directly to doctoral programs without examination have a lower preference for academic careers and are less likely to become academic career adherents. PhDs who were admitted through the application-assessment system tend to choose academic careers and have a lower preference for non-research occupations; they are more likely to become academic career adherents while less likely to become academic career peripherals. Deferred PhDs tend to choose academic careers and have a lower preference for non-academic research careers. Male PhDs tend to choose non-academic research careers, and they are more likely to become academic career returnees. PhDs over the age of 30 tend to choose academic careers and are more likely to become academic career adherents and less likely to become academic career escapees.

④ There is no direct evidence to support that PhDs with academic potential are more likely to remain in academia

If doctoral students with academic potential are identified as those who have outstanding research abilities and certain general skills, maintain great interest and enthusiasm for research activities, and are willing to devote time and energy to research, then this study has not found direct evidence that can support that PhDs with academic potential are more likely to stay in academia. Especially, PhDs who tend to choose academic careers only perform significantly better in academic publications than those who prefer non-academic research careers, but with no significant advantages in research abilities, research enthusiasm, academic motivations, academic taste, research emotional commitment, research experience, research pressure, research inputs and authorized patents, and other research characteristics; their general abilities are significantly lower than that of PhDs who prefer non-research careers. Nowadays, the inherent advantage of universities in attracting and retaining high level quality talents by virtue of the unity of supply chains and demand chains is gradually weakening. The battle for talents between universities has gradually shifted from the talent war between universities within the higher education system to the war between universities and knowledge organizations outside of the higher education system. Therefore, the attraction of high–quality PhDs to return to academic careers is not only essential to the ecological optimization of the teaching staff and higher education, but also determines to a certain extent whether universities can deliver high–quality human capital to society, which is closely related to the sustainable development of the country and society.

⑤ Material preferences, family ideas, and sustainable commitment to research are important factors influencing the career choices of PhDs

Material preferences and family ideas in career values are the key influencing factors of career choices and the changes in career choices of PhDs. Every time material preference is increased by one unit, the probability ratio of PhDs to choose non–academic research occupations will be 2.019 times that of choosing academic occupations, and the probability ratio of becoming academic career escapees and peripherals 1.616 times and 1.734 times respectively that of becoming academic career adherents. When the family idea is increased by one unit, the probability ratio of PhDs choosing non–research occupations, and becoming academic career escapees and peripherals will decrease by 30.4% and 51.2% respectively. When choosing a career, PhDs put the material returns such as salary and promotion as well as the meaning and value of the work to society in the first place; the second most important consideration is the work–family relationship; the creativity, independence, and autonomy of work receive little attention from PhDs. The sustainable commitment to research is also an important influencing factor of the career choices and the changes in career choices of PhDs. Every time the sustainable commitment to research increases by one unit, the probability of PhDs choosing non–academic research occupations and non–research occupations will decrease by 51.2% and 60.8% respectively, and the probability of becoming academic career escapees and peripherals by 66.9% and 53.9% respectively.

⑥ Deteriorating academic environment and the increasing attractiveness of non–academic careers play a vital role in the escape of

PhDs from research

Among the factors that affect the career choice and its changes of PhDs, occupational cognitive factors such as career acquisition and career prospects have a greater impact, and the cost–benefit ratio of non–academic occupations in career prospects plays a particularly prominent role. Specifically, when the cost–benefit ratio of non–academic occupations increases by one unit, the probability ratio of PhDs choosing non–research occupations will be 40.815 times that of choosing academic occupations, and the probability of becoming academic career escapees and peripherals will be respectively 15.095 times and 24.499 times that of becoming academic career adherents. When the cost–benefit ratio of academic occupations increases by one unit, the probability of PhDs choosing non–research occupations will decrease by 87.8%. When the difficulty of obtaining an academic career increases by one unit, the probability ratio of PhDs to choose non–academic research occupations and non–research occupations will be respectively 2.190 times and 1.670 times that of choosing academic occupations. The probability of becoming an academic career escapee and a peripheral is 2.385 times and 1.439 times that of becoming an academic career adherent. In general, PhDs are much more interested in academic careers than non–academic occupations, but it is widely believed that academic careers are difficult to obtain, the institutional academic environment is just average, the academic working conditions are poor, and the cost–benefit ratio of academic occupations is much lower than that of other occupations. To be concluded, the deterioration of the academic environment and the increase in the attractiveness of non–academic careers are the key factors of PhDs choosing non–academic occupations and becoming academic career escapees and peripherals.

⑦ Supervisors' employment support and career role models play an important role in the return of PhDs to research

Supervisors play an important role in the career choices and the changes in career choices of PhDs. For each additional unit of supervisors' career role model, the probability ratio of PhDs choosing non–academic research occupations and non-research occupations will decrease by 35.1% and 11.1% respectively, and the probability of becoming an academic career escapee will decrease by 24.6%. In the return of PhDs to research, the role played by supervisors is relatively prominent. For each additional unit of supervisors' employment support and career role model, the probability of PhDs becoming an academic career returnee are respectively 2.061 times and 1.655 times that of becoming an academic career sticker. At the same time, PhDs are relatively satisfied with the research training environment provided by departments, believing that the research conditions, academic atmosphere, and research activities during the doctoral education can meet their own research needs. However, PhDs' satisfaction with the employment support provided by departments is low: they feel that their departments lack sufficient support in preparing doctoral students for future careers, especially for non-academic careers. PhDs generally believe that their supervisors provide them with adequate research guidance and employment support, and regard their supervisors as career role models.

⑧ Off-campus socialization experiences play an important role in the process of PhDs becoming academic careers peripherals

In addition to individual cognitive factors, occupational cognitive factors, and employment environment, socialization experiences also play an important role in this process of PhDs becoming academic careers peripherals. In terms of on-campus socialization experience, the more academic publications, the smaller probability of PhDs becoming academic career peripherals. The probability of becoming an academic career peripheral decrease by 9.7% for each additional unit of academic publication. As for off-campus socialization experiences, the probability ratio of PhDs with internship experiences during doctoral education and work experiences before doctoral education becoming academic careers peripherals are 2.235 times and 1.892 times respectively that of PhDs with no internship experiences and no prior work experiences. Therefore, off-campus socialization experiences play an important role in the process of PhDs becoming academic career peripherals. Among the PhDs surveyed, the proportion of those with prior work experiences before doctoral education and internship experiences during doctoral education are both relatively small, accounting for 28.1% and 28.4% respectively.

(2) Countermeasures

① Optimize the academic environment and enhance the attractiveness of academic careers

Material returns such as salary and benefits are the primary considerations for current PhDs to choose a career, and the tension between the continued decline in the cost–benefit ratio of academic careers and the increasing cost–benefit ratio of non–academic careers is the key influencing factor of the escape of PhDs with academic potential from academia. Although salary has never been the core competitiveness of the academic profession, the relatively stable security of work and life is the basis and premise of maintaining the relative independence of academic activities, pursuing spiritual freedom, and gaining peer and social recognition, and serves as an important means of universities to attract, stabilize and motivate academic talents, and enhance research productivity. The current hierarchical academic system and the existing promotion and evaluation methods such as the up–or–go tenure track, the coordination between evaluation and recruitment, post–recruitment evaluation, and the last place elimination make the prospect of academic career path confusing and unpredictable. As the traditional advantages of academic careers such as stability and security are weakening, it is urgent to increase the salary and benefits of academic occupations, optimize the academic working conditions, and enhance the attractiveness of academic careers.

② Improve the employment support system to help doctoral students respond to the changing employment environment rationally

With the expansion of doctoral student enrollment and the revolution of knowledge production mode, the labor market of PhDs is undergoing tremendous changes. Phenomena such as the devaluation of academic qualifications and the sinking of employment have been nothing new, and problems including information asymmetry, information mismatch, and insufficient employment preparation have aggravated the employment anxiety of doctoral students. 37.9% of the PhDs in this study are pessimistic about the current career prospects. They do not believe that a PhD degree can help them improve their career prospects, and often fall into negative emotions such as nervousness, anxiety, and depression. Therefore, it is imperative to improve the employment support system to help PhDs understand rationally and respond appropriately to the current employment environment. Beneficial measures include setting up career planning courses, giving full play to the career support of faculty members in the department for doctoral students, establishing a survey tracking the career development of PhDs, and inviting graduates from various industries to share job searching experience. It is also suggested to enrich the employment information of PhDs, provide career support targeted at doctoral students, enhance the employability of doctoral students, and establish a more systematic and comprehensive employment support system to help doctoral students form rational self–knowledge and objective understanding of the job market, clarify career direction and future career planning as soon as possible, improve themselves with a specific plan, and march towards the future workplace with a more positive attitude.

③ Strengthen the construction of teaching staff and give play to the exemplary role of supervisors

Social learning theory states that individual cognitive development and behavioral acquisition are mainly through direct practice and alternative experience. Among the two paths, alternative experience refers to the acquisition of specific behaviors through observing the demonstrator's behaviors. The supervisor is one of the significant others in the socialization process of doctoral students, whose attitude towards a specific occupation and related professional behaviors will subtly shape the self–perception, professional cognition, professional attitude, and professional behavior of a doctoral student. Doctoral students' expectations for academic careers often get feedback from observing the professional behaviors and personal lives of supervisors. The images of supervisors who are rigorous in research, serious in teaching, and dedicated to serving society can meet the expectations of doctoral students for academic careers to a certain extent, and further strengthen the academic career intentions of doctoral students as well, while the blind pursuit of academic publications, harsh or careless treatment of students, and selfishness exhibited by supervisors will cause conflicts and tensions between career expectations and reality, and thus weaken the doctoral students' romanticized imagination of academic careers. In addition, supervisors' attitudes towards relevant careers and employment support also play an important role in doctoral students' decisions on career direction. When supervisors regard academic careers as the responsibilities and obligations of doctoral students, doctoral students will narrow their career paths and regard academic careers as their only choice. Therefore, to give play to the exemplary role of supervisors, it is necessary to strengthen the construction of the teaching staff, clarify the responsibilities of supervisors, standardize the words and deeds of supervisors, guide supervisors to establish correct professional values, and strengthen supervisors' employment support for doctoral students.

④ Provide off-campus communication opportunities to enrich the socialization experience of doctoral students

In addition to alternative learning experience, the direct experience of doctoral students also plays an important role in shaping the self-awareness, occupational cognition, and environmental cognition of doctoral students. One of the important reasons why PhDs in the field of humanities and social sciences are more likely to choose academic careers than those who study science and engineering lies in the openness of discipline culture to market. PhDs who have cooperated and communicated with off-campus organizations have learned more about relevant occupations other than academic careers, and they are more likely to choose non-academic careers. In the context of the current over-supplied academic labor market, it is of great significance to provide doctoral students with the opportunity to communicate or cooperate with off-campus organizations, which can enrich the off-campus socialization experience of doctoral students, develop their transferable skills, broaden their career horizons, and alleviate the employment pressure of the academic labor market. Specific measures include: introducing market forces into the process of doctoral training appropriately, adopting diversified training methods, and immersing doctoral students in different practice cultures on the basis of sufficient research training and acceptable development of basic research ability; establishing a platform for university–industry cooperation or university–government cooperation, so as to provide doctoral students with the opportunity to participate in communication and cooperation with non–academic organizations and help doctoral students prepare for non–academic careers through broader socialized learning.

4. A survey on the failure of doctoral students to graduate on schedule and its influencing factors

Through analyzing the survey data of 2,641 doctoral students in 53 universities participating in the "double first–class" project, this survey studies the causes that lead to the failure of doctoral students to graduate on schedule in the current situation, the group differences between doctoral students from different backgrounds who failed to graduate on time, and the key factors affecting this kind of failure. The conclusions and countermeasures are as follows:

(1) Research conclusions

① Most doctoral students are able to graduate on schedule

In this survey, most doctoral students are found to be able to finish their studies within the prescribed duration, while only 12.7% of all doctoral students failed to graduate on time. Among which, 33.1% postponed their graduation for half a year, 24.5% for one year, 22.4% for two years, and a very small number of doctoral students postponed their graduation for three years or more. It is obvious, therefore, that most doctoral students who failed to graduate on time will successfully graduate within one year of postponement.

② The rate of failing to graduate on time is higher among female, married doctoral students

Compared with the postponed graduation rate of male doctoral students (11.9%), that of female doctoral students is slightly higher (13.6%). Although the rate of postponed graduation among married doctoral students is significantly lower than that of single doctoral students, the rate of postponed graduation among married female doctoral students increases significantly when the gender factor is considered. Therefore, among all groups of doctoral students, female doctoral students who are married are at a disadvantaged position.

③ The rate of failing to graduate on time is higher among doctoral students who were older and with prior working experience when they were admitted

Among all the groups of doctoral students at different ages when they were admitted, doctoral students aged 41 and above when being admitted occupy the highest rate of postponed graduation (27.3%), followed by the age group of 26–30 years old (20.6%), the age group of 31–40 years old (19.2%), and the age group of 25 years old and under (11.8%). The existing studies are inconsistent in their conclusions on the role of age in academic development. Some studies believe that the role of age on research output is directly affected by the age group of the survey participants: when the age range of survey participants is small, falling between 20 and 30 years old, the research performance is positively correlated with age; when the survey participants span a wide range of ages, the research performance will demonstrate a negative correlation with age. The age range of the participants in this survey is from 15 to 61 years old, a relatively wide age span, so it is demonstrated that the older doctoral students were when being admitted, the more likely they are to fail to graduate on time.

④ The rate of postponed graduation is significantly higher among doctoral students who were trained by the ordinary method

In terms of training type, the percentage of postponed graduation among doctoral students who were trained by the ordinary method (13.2%) is significantly higher than that among those who were trained by the Through–Type Training Mode (11.9%). In this survey, the through system includes masters and undergraduates who pursue doctoral degrees without extra application and evaluation. Doctoral students who are trained by the through system could establish a more solid academic foundation and have clearer goals and more systematic academic training, so they are more likely to graduate on schedule.

⑤ The rate of failing to graduate on time is higher among doctoral students in humanities and social sciences than that among doctoral students in science and engineering

In terms of disciplinary differences, the highest rate of failing to graduate on time occurs in the group of doctoral students studying social sciences (15.8%), followed by that of doctoral students in humanities (14.4%), science (13.8), and engineering (10.0%). Doctoral students in humanities and social sciences spent a significantly longer time obtaining their doctoral degrees than those in science and engineering. The reason lies in the characteristics of humanities and social sciences in the knowledge production mode and talent training mode: the research objects of humanities and social sciences are subjective; the research methods of the humanities and social sciences emphasize introspection; the results of the humanities and social sciences are long–term and non–utilitarian. As a result, doctoral students in the field of humanities and social sciences need to spend more time pursuing a doctoral degree.

⑥ The rate of failing to graduate on time is significantly higher among doctoral students with studying abroad experiences than that among doctoral students without such experience

The proportion of doctoral students with studying abroad experiences is significantly higher among those whose graduation was postponed, compared with that among doctoral students who graduated on time. This survey shows that the more time doctoral students spent on studying abroad, the higher the rate of failing to graduate on time. Among doctoral students who had studied abroad, those who spent half to one year abroad have the highest rate of failing to graduate on schedule (35.4%). To some extent, this shows that while studying abroad can broaden the academic horizons of doctoral students, it also carries the risk of failing to graduate on time.

⑦ There is no evidence to support the difference in the deferred graduation rate between doctoral students who graduated from different prior universities or were guided by supervisors with different honors

In this survey, the prior university refers to the university that doctoral students attended as undergraduates or master students. According to the survey results, there is no significant difference between the deferred graduation rate of doctoral students who obtained a master's degree from universities participating in the "double first-class" project and that of those who obtained a master's degree from other ordinary universities. The deferred graduation rate of doctoral students who obtained a bachelor's degree from universities participating in the "double first-class" project is instead higher than that of those who obtained a bachelor's degree from other ordinary universities. Therefore, it may result in some deviations by regarding the prior university as a standard for measuring the research abilities of doctoral students. Besides, there is no significant difference in the deferred graduation rate between doctoral students whose supervisors hold different levels of honor (academician, national, provincial, municipal, or other levels of honor).

⑧ The more engaged doctoral students are in studying, the more likely they are to graduate on schedule

In terms of individual comprehensive engagement, all of doctoral students' research competence, emotional commitment, and behavioral engagement have significantly affected the rate of failing to graduate on schedule. The stronger research ability, the higher academic motivation, and the longer research time, the more likely doctoral students are to graduate on schedule. In the academic pressure dimension, thesis publication pressure also significantly affects the deferred graduation rate of doctoral students. The less stress doctoral students possess in publication, the more likely they are to graduate on schedule. By contrast, none of cognitive engagement, specialized course pressure, and mid-term assessment pressure has a significant impact on the deferred graduation rate of doctoral students. Therefore, universities should fully consider the time lag and cumulative nature of doctoral students' research outputs so as to cope with the realistic "publish or perish" environment.

⑨ The more academic resources the department provides, the more likely doctoral students are to graduate on schedule

Curriculum provision, academic support, and departmental system have a significant impact on the deferred graduation rate of doctoral students. Specifically, in terms of curriculum provision, the deferred graduation rate of doctoral students will reduce by 70% for every additional unit of course structure rationality. As for academic support, every additional unit of doctoral students' gains from participating in research projects will cause an 80% decline of the rate of failing to graduate on time. In addition, although the supervisor guidance does not pass the significance test, both the quality and the frequency of supervisors' guidance succeed to a certain extent in predicting whether doctoral students have graduated on time.

⑩ The more optimized the department management system, the higher the probability of doctoral students graduating on schedule

The implementation efficiency of the departments' institutional system has a significant impact on the deferred graduation rate of doctoral students. In all departmental systems, the mid-term assessment system has a significant impact on the deferred graduation rate of doctoral students. For every additional unit in the effectiveness of the mid-term assessment system, the incidence of doctoral students failing to graduate on time will reduce by 130%. In other words, the more satisfied doctoral students are with the mid-term assessment system, the more likely they are to graduate on time. This conclusion validates the hypothesis that the poor implementation of the mid-term assessment system may have a negative impact on the academic development of doctoral students.

(2) Countermeasures

① Optimize the doctoral student screening system and strictly control the quality of the doctoral students to be enrolled

To strictly control the admission process of doctoral students and reduce the incidence of failing to graduate on time from the beginning, substantive justice and distributive justice should be taken as the guidelines for the reform of the doctoral admission system. Firstly, the "origin" of doctoral students as a rigid requirement should be less emphasized. The existing studies have not reached consistent conclusions on the impact of prior university and its discipline ranking on the incidence of doctoral students failing to graduate on schedule. What's more, this survey demonstrates that doctoral students with a master's degree from universities participating in the "double first-class" project are even less likely to graduate on schedule. Therefore, it may be problematic to some extent to take prior university as a standard for measuring the research ability of doctoral students. In addition, the core criterion of the admission of doctoral students should depend on their actual academic literacy and research potential, but not on their previous education background; taking university or discipline ranking, which does not directly reflect the academic potential, as the admission criterion may be suspected of infringing on the equal opportunities for students to get further education. Secondly, the specific process of the application-assessment system should be refined. The academic community has no objection to the application-assessment system itself. It is the implementation process of the system that has been criticized. Due to the lack of clear assessment indicators and weighted standards, it is difficult to avoid the abuse of power in enrollment and guarantee that the selection of talent is scientific and objective. In order to balance the academic power of all parties, the application review should be carried out jointly by the supervisor team. The second-round examination could combine the written test with the interview, but the weight of the written test score should not exceed one-third of the total score. The interview assessment can be jointly carried out by the supervisor groups inside and outside the university, and the score rated by the supervisor who is chosen by the student can be weighted 40% of the final score. On this basis, the supervisor group conducts weighted calculations based on application review, written test scores, and interview performance, and finally gets the total assessment score. It is also necessary to tighten process supervision and assessment to ensure the fairness, impartiality, and openness of the talent selection. For example, the university administrative department can tighten the supervision of the doctoral student admission process through video recording, audio recording and other methods. At the same time, it is necessary to smooth the channels for candidates to appeal and reduce the gray area in doctoral admission process.

② Integrate the resources of orientation education, curriculum teaching and academic exchanges to facilitate the reserve of research capabilities of doctoral students

In terms of orientation education, universities should clarify the core objective of orientation, which is to help students adapt to the new environment, to achieve the smooth role transformation of doctoral students, and to lay the foundation for the internalization of academic literacy, so as to avoid the orientation education of doctoral students from becoming a formality. Besides, it is necessary to standardize the basic content of orientation education, which should include living support, academic guidance, psychological counseling, behavior supervision, ideological education, and career guidance. An overview of the orientation plans of many universities participating in the "double first–class" project shows that the orientation education of doctoral students in China is concentrated on ideological and political education and the popularization of academic norms and ignores academic career planning, access to academic resources, personalized gaps filling, and academic pressure channeling, but the latter is the important factor affecting whether doctoral students can graduate on time. Finally, the duration of orientation education can be appropriately extended, and make sure that the orientation education will not turn into an administrative showcase.

In terms of curriculum teaching, universities should carry out the following improvements so as to improve the overall quality of courses offered. Firstly, it should be clarified that the essential mission of doctoral education is the training of scholars. For the cultivation of scholars, the development of ability is more important than the accumulation of knowledge. However, in the past, doctoral programs only focused on the transfer of academic knowledge, ignoring the cultivation of independent research ability, academic practice ability, and thesis writing ability. Secondly, the curriculum should be rich in content, diverse in level, and systematic in structure. As early as 2014, the country issued documents emphasizing the importance of the systematic doctoral curriculum construction. For example, the Opinions on Improving and Strengthening the Construction of Postgraduate Curriculum stressed particularly to further promote the systematization of doctoral curriculum and meet the doctoral students' practical needs of ability development as much as possible. However, according to the latest research, the curriculum of doctoral students is still far from fulfilling the actual needs. To this end, every department for doctoral education should continue to refine the detailed list of basic specialized courses, core specialized courses, elective specialized courses, and interdisciplinary elective courses, so as to comprehensively improve the research literacy of doctoral students. Besides, to improve the efficiency of using various course resources, universities should break down both the barriers between master's and doctoral programs and that between different departments, give doctoral students more autonomy in course selection, and allow them to select personalized courses. Thirdly, the assessment of the quality of doctoral curriculum should be strengthened. Regularly eliminate the *water lessons* while give the *golden lessons* deserved recognition and encouragement.

In terms of academic exchanges, in order to graduate on time, doctoral students should first establish correct values of academic exchanges and improve the enthusiasm and initiative of participating in academic exchange activities. Meanwhile, universities should continuously complete the construction of academic exchange platforms and promote the diverse types of academic exchange for doctoral students. In addition, the transformation of the knowledge production mode has seriously affected the academic development of doctoral students. Compared with traditional academic research, today's doctoral dissertations mostly adopt a research path that is problem–solving–oriented, based on multidisciplinary perspectives, with comprehensive usage of various research methods, and aimed at solving a certain academic problem, which imposes higher requirements for the academic vision of doctoral students. Given this, universities should further integrate academic exchange resources of different departments, different levels, and different types to provide a convenient platform for interdisciplinary exchanges of doctoral students.

③ Strengthen process supervision and assessment, and implement the diversion and elimination system in doctoral education

Universities should take the following safeguard measures so as to improve the implementation efficiency of the mid–term assessment. Firstly, the essence of diversion and elimination is not stigmatization, but a two–way choice between doctoral students and universities. Therefore, both parties should initially make it clear that the curriculum learning is a trial period, and that the mid–term assessment is also a routine screening procedure. Doctoral students who are not suitable for continuing to pursue a doctoral degree do not have to wait for the mandatory elimination, and should be persuaded to drop out as soon as possible in the first round of assessment, which is a strategic choice to prevent supervisors and students from being in disgrace. Secondly, as the refinement and publicity of assessment standards is an important prerequisite for the implementation of the system, universities should establish a highly instructive and adaptable assessment system on the basis of extensive research, and each department for doctoral education could develop the secondary and tertiary indicator system under the guidance of this assessment system. Thirdly, the attitude of the department directly determines the attention of doctoral students. Therefore, universities should combine the *absolute* and *relative* assessment methods, resolutely eliminate doctoral students with extremely bad performance, and take the last diversion of those with relatively bad performance. In this way, the sense of crisis is implanted in the minds of students, and the academic enthusiasm of doctoral students is fully aroused. Finally, doctoral students who are knocked out can choose to pursue a master's degree, which will serve as a compensatory measure for the elimination. In short, the goal of the above measures is not to eliminate doctoral students but to urge students and supervisors to take doctoral education seriously.

5. A survey on the research beliefs and guidance methods of postgraduate supervisors

Based on the questionnaires of 2,973 postgraduate supervisors and 2,300 doctoral students, this study explores the impact of postgraduate supervisors' research beliefs and guidance methods on the cultivation of postgraduates by analyzing the postgraduate supervisors' research beliefs, the correlation between their research beliefs and guidance methods, and the impact of supervisors' guidance methods on students' research abilities and academic aspirations, and obtains the following research conclusions and suggestions:

(1) Research conclusions

① The distinctive feature of postgraduate supervisors is that they pursue academic interest and self-worth more than material rewards, and there are significant differences in the career values among supervisors from different backgrounds

This can be supported by the survey results: as far as supervisors are concerned, the most important reason for choosing academic career is that academic careers are *in line with their own interest and expertise*, and the least important reason is the *good salary and benefits*. Supervisors' career values are mainly reflected in their pursuit of work rewards, working environment, and working fulfillment. Supervisors from different backgrounds pursue these three values differently. Supervisors and doctoral supervisors from the world-class university construction universities put more emphasis on working environment and working fulfillment, while younger supervisors have higher demands for all three aspects. As for supervisors in different disciplines, those in engineering value working environment most, while those in social sciences attach the least importance to working fulfillment. Supervisors in administrative positions pay more attention to work rewards and working fulfillment, while supervisors without administrative duties consider working environment as a more important value.

② Most supervisors love research, and the supervisors surveyed generally believe that they are best at their subject-related expertise and skills, but weak in their abilities to obtain external resources and support

The supervisors surveyed have generally expressed their love for research. Male supervisors from the world-class university construction universities, supervising doctoral students, at a younger age, with administrative duties, and in engineering, science and interdisciplinary disciplines have higher scientific enthusiasm and are more identified with their research identities. Supervisors' sense of research self-efficacy is indicated by their resource acquisition and maintenance ability, innovation ability, research outcome transformation ability, and work coordination ability. Supervisors from the world-class university construction universities have stronger innovation ability. Male doctoral supervisors have higher self-efficacy in all of these four aspects. In terms of age, supervisors aged 36–40 have the strongest innovation ability but are the weakest in the ability to obtain and maintain resources. Supervisors aged 35 and below have the weakest ability to coordinate the work. As for the differences among supervisors in different disciplines, the innovation ability of supervisors in engineering and interdisciplinary subject is significantly stronger than that of supervisors in social sciences; supervisors in engineering and interdisciplinary subject also have significantly stronger ability in research outcome transformation than those in the other three disciplines. Finally, the higher the administrative position a supervisor holds, the stronger his or her scientific self-efficacy is.

③ Compared with the statement that the research ability of graduate students mainly depends on talent, the statement that the research ability of graduate students mainly depends on diligence is approved by more supervisors. Supervisors believe that work commitment and work preference are the most important factors for becoming a successful scholar

The proportion of doctoral supervisors who agree with the attribution of research ability to talent is significantly higher than that of master supervisors who agree with this attribution. It is the same with the attribution of research ability to diligence. Supervisors who are male, older, or researching humanities agree more on the importance of talent for the development of graduate students' research ability, while supervisors with administrative duties agree more on the dependence of research ability on diligence. From the perspective of supervisors, work commitment and work preference are the most important factors in shaping a successful scholar, but networking and supervisors' social support also play a unique role, while the effect of family environment is relatively small.

④ The communication between supervisors and graduate students is relatively frequent. Supervisors from different backgrounds have different styles of guiding graduate students

Most supervisors communicate with their students 4–6 times or more than 10 times per month, while about 20% of supervisors communicate with graduate students 3 or fewer times a month. Supervisors who only guide masters, older supervisors, and supervisors in the humanities and social sciences communicate less frequently with graduate students. In terms of guidance style, supervisors from different backgrounds have different styles of coaching graduate students: supervisors from First–Class Discipline Construction universities, male supervisors, younger supervisors, and supervisors in engineering use the authoritative guidance style more frequently; female supervisors and older supervisors use the benevolent guidance style more frequently; supervisors in administrative positions are better at using the benevolent and the authoritative guidance styles at the same time; compared with master supervisors, doctoral supervisors use all three types of guidance style more frequently, which means that they spend more effort in helping, tending, guiding, and supervising doctoral students and pay more attention to their leading role in moral education.

⑤ Supervisors' postgraduate guidance methods have not been directly affected by the current systems of management, evaluation, and resource allocation, but are more affected by factors such as supervisors' research beliefs and personality characteristics

In terms of research beliefs, supervisors' research enthusiasm can most significantly predict the frequency of communication with graduate students and has the greatest impact on the benevolent guidance style and the moral guidance style. The more innovative and responsible supervisors are, the higher sense of responsibility and commitment they will possess in cultivating students, the more willing they will be to care for students' creativity, the more sincerely they will hope that students can make achievements in their own research fields, and the more positive guidance and help they will offer. The attribution of postgraduates' research ability is the biggest influencing factor of supervisors' authoritative guidance style. If supervisors attribute the development of research ability to the degree of diligence, they will coach and motivate their students in a more intensified way. In terms of personality characteristics, the level of extraversion of supervisors has the greatest impact on the frequency of communication between supervisors and their students. Supervisors who are sensitive and anxious are more engaged in the guidance and supervision of postgraduates in the scientific research practice.

⑥ The frequency of supervisor–student communication has a limited impact on the research abilities and academic aspirations of postgraduate students, and the role of the three guidance styles is more significant

By exploring the influence of supervisor guidance on research abilities and academic aspirations from the perspective of graduate students, this survey discovers that the evaluation of the guidance style generally tends to be consistent in trend between supervisors and students. The research abilities and academic aspirations of postgraduate students are affected not by the frequency of communication between supervisors and students but by the combined effect of the three guidance styles. The benevolent guidance style of supervisors is the most important influencing factor of postgraduate students' research abilities and academic aspirations. The authoritative guidance style has a secondary impact on postgraduate students' research abilities, but its impact on their academic aspirations is relatively weak. The influence of the moral guidance style on postgraduate students' academic aspirations is significantly stronger than that of the authoritative guidance style.

(2) Countermeasures

① Pay attention to the career needs and work difficulties of young supervisors, and care for their academic enthusiasm and creativity

The survey shows that the younger supervisors have higher career goals, more research enthusiasm, and stronger innovation ability, but their abilities of work coordination, and resource acquisition and maintenance are relatively weak. Universities should recognize the plight of young supervisors that they need to balance different types of academic activities with their daily lives and provide young supervisors with convenient training that meets their needs as well as more research resources and opportunities according to the phased characteristics and priorities of their ability development. Besides, the teaching workload of young supervisors should be reasonably stipulated so as to avoid the consequence that young supervisors lose their research enthusiasm and curiosity in the most creative stage of life due to the long–term, over–loaded physical and mental operation, and eventually move towards the mediocrity of struggling for life. Meanwhile, universities should realize that innovation is a long–term process full of risk, uncertainty, and difficulty, so they should create a relaxed, free, and equal research atmosphere, and give supervisors enough space to engage in original and basic research, so as to fulfill their research potential. Finally, universities should perfect the evaluation system of representative publications, pay more attention to the qualitative evaluation of young supervisors' academic achievements, and encourage them to devote their energy to the most valuable and meaningful research.

② Comply with the work preferences of supervisors and improve the classified management and evaluation system of faculty members

For supervisors, besides the commitment to work, *the interest in and love for work* is the most important factor in shaping a "successful" scholar. The mobility of academic careers should allow supervisors to put different emphasis on their roles as researchers, teachers and administrators, and even switch among these different roles at different stages. If this mobility is not considered, allowed, or rewarded, the intelligence and talents of faculty members will be wasted, which will be a great loss to universities and even the society. Therefore, universities need to continuously improve the classified management and evaluation system of faculty members under the background and trend of position classification. The performance evaluation and reward system should take into account the characteristics of different types of faculty members and the diversity of productivity at different stages, so that individuals can smoothly switch roles or give up specific roles, find the most suitable position for themselves at the right time, without the feeling of shame or failure, and serve for higher education in the most meaningful way. At the same time, universities should implement the "Eliminating the Five-Onlys" policy, tolerate the diversity of teaching and research achievements of faculty members in different disciplines, care about individual growth and development, and enable faculty members to adapt to their academic preferences and carry out academic work with truly academic significance and benefiting the well-being of mankind.

③ Supervisors should provide more care and assistance for postgraduate students, reflect on their guidance styles, and adjust them

The benevolent guidance style has the greatest impact on the research abilities and academic aspirations of postgraduate students, indicating that the timely care and help of supervisors are indispensable to the process and result of postgraduate training. Therefore, supervisors should offer practical guidance and humanistic care in the process of postgraduate training, and improve the quality of guidance on the basis of ensuring the frequency of communication between supervisors and students. Supervisors should actively provide and share their academic resources, patiently listen to students' opinions and demands, and help students solve difficulties and challenges encountered in the process of research. Besides, supervisors should reflect on and adjust their guidance styles for postgraduate students. The guidance style of supervisors is deeply influenced by various factors such as supervisors' professional values, personality characteristics, and self-efficacy, which also affect supervisors' personal career development, self-diagnosis, and interpersonal skills. Therefore, faculty development centers in universities should provide personalized support for supervisors, trigger their reflection, and help them make improvements in guidance philosophy and personality characteristics. Finally, supervisors should control the intensity and frequency of adopting the authoritative guidance style. Although this type of guidance style can impose a greater impact on the research abilities of postgraduate students, the high-intensity supervision and command could impede the development of postgraduate students' research interest and academic aspirations. Supervisors from the First–Class Discipline Construction universities, male supervisors, younger supervisors, and supervisors in engineering specifically need to pay attention to their adoption of authoritative guidance style, adjust expectations and guidance styles according to the characteristics and abilities of different students, respect students' feelings, and teach students according to their aptitude, so as to effectively improve the efficiency and quality of talent training and build a harmonious supervisor–student relationship.

III. Annual summary

In 2021 and 2022, doctoral education is still our focus. Given the urgent demand of national scientific development for original innovation in the current complex global situation, the quality of doctoral education will be the core issue of academic degree and graduate education not only in the present but also in the long run. This study shows that relatively speaking, the overall situation of doctoral education in China, including the quality of selection and enrollment, the growth environment, the choice of academic careers, and the rate of graduating on schedule, is relatively satisfying. However, some seemingly inconspicuous signs among the survey findings, such as the relative weakness of academic aspirations, the relative lack of autonomy in the selection of research topics, the insufficient attractiveness of academic careers to talents with more academic potential, and so on, are more worthy of our special attention.

Both in the international and domestic academic circles, there is a basic common sense that scientific and technological innovation, especially the original innovation in theory, depends mainly on the possession of the following three types of ability: intelligence, personality, and the ability to take action. The development of intelligence and personality is determined by innate characteristics to a certain extent but relies more on nurture and cultivation, while the ability to take action mainly depends on the environment, or to be more specific, it mainly depends on whether the environment has the conditions to transform the individual's creative potential into concrete actions. Based on the above three dimensions, we examine the current doctoral education in China and draw the following conclusions. Firstly, when we talk about the possession of intelligence, we mean that great effort should be made to recruit as many as the most gifted and well–trained talents so as to improve the high quality of doctoral education. In recent years, through the continuous expansion of the enrollment scale of undergraduates and master students directly admitted to doctoral programs, as well as the implementation of the application–assessment system and other admission reforms, departments and supervisors have been granted with more authority, and the quality of the admitted doctoral students has indeed been greatly improved. However, data from multiple surveys have shown that undergraduates who were admitted directly to doctoral programs, who have been widely considered as the most talented students, do not have any advantage over those who were admitted through other admission systems, whether in research interest or in academic aspirations, and that their talents even fade with the increase of grade. Secondly, as for the possession of personality, we mean that those talents who dare to break the rules, are capable of independent thinking, and have a self–controlling personality are more likely to be motivated to academic and research innovation. A brief review of the history of science shows that the more obedient the personality is, the more difficult it is to make breakthroughs in theory, especially in major theory. The creators of almost every major scientific achievement in human history are eccentrics who are somewhat recalcitrant and even have unpleasant personalities. However, our multiple surveys have shown that the more doctoral students participate in their supervisors' projects, the more likely they are to graduate on schedule, that is, the more secure and stable their academic progress is.

Intelligence and personality represent a kind of potential, and the exploitation of this potential and the release of vitality undoubtedly lie in our educational methods, management systems, and the overall academic environment. A good environment is not only the main exogenous factor that stimulates the intellectual potential, and shapes or protects the personality, but also the basic condition for innovative actions. From this perspective, objectively speaking, the overall environment of our current doctoral education is not satisfactory. Factors such as the concretization and utilitarianization of academic evaluation goals, the task–orientation of supervisors' projects, doctoral students' publication system to meet the above purposes, and the normative constraints of excessive red tapes in the process of doctoral education, all have more or less inhibited the motivation and vitality of doctoral students in their independent research. The existence of these factors is also the fundamental reason for the decline in the attractiveness of academic careers, the loss of excellent talents, the decrease in doctoral students' research interest and academic aspirations, and many other phenomena in the entire academic community. In recent years, some reform measures such as implementing the "Eliminating the Five–Onlys" in educational evaluation and changing the research tendency to following the big shots, are still faced with many practical dilemmas, especially conceptual and institutional obstacles.

Although more attention has been paid in this annual report to the acquisition and analysis of survey data at the middle– and micro–levels over the years in order to reveal the problems existing in the daily operations of graduate education, the objective of the report is mainly to examine and reflect on the overall environment of graduate education through the following subtle issues: the country's higher education and research system, project system and talent policy, education and research culture, and so on. Therefore, the purpose of the study is not only to monitor the operation status of graduate education, but also to concentrate on the diagnosis of problems, especially through the observation and analysis of some subtle phenomena, so as to provide inspiration for the development and reform of academic degree and graduate education in China.

Appendix: Statistics on China's Graduate Education (2020)

Table 1–1　Graduates, Entrants and Enrolment by Degree Level, 2020

Unit: person

Degree Level	Graduates	Entrants	Enrolment
Total	728 627	1 106 551	3 139 598
Doctor's Degrees	66 176	116 047	466 549
Master's Degrees	662 451	990 504	2 673 049

Data source: *2020 education statistics from the Ministry of Education.*

Table 1-2 Graduates, Entrants, Enrolment and Number of Institutions (HEIs: Universities, Colleges and Research Institutes) by Providers, 2020

Unit: person

	Institutes	Graduates			Entrants			Enrolment		
		Total	Doctor's Degrees	Master's Degrees	Total	Doctor's Degrees	Master's Degrees	Total	Doctor's Degrees	Master's Degrees
Total	827	728 627	66 176	662 451	1 106 551	116 047	990 504	3 139 598	466 549	2 673 049
HEIs under Central Ministries & Agencies	301	348 201	51 174	297 027	488 575	86 406	402 169	1 553 075	356 571	1 196 504
1.HEIs under MOE	76	282 315	37 997	244 318	387 667	65 470	322 197	1 255 342	272 421	982 921
2.HEIs under Other Central Agencies	225	65 886	13 177	52 709	100 908	20 936	79 972	297 733	84 150	213 583
HEIs under Local Auth.	526	380 426	15 002	365 424	617 976	29 641	588 335	1 586 523	109 978	1 476 545
1.Run by Edu. Dept.	455	372 798	14 854	357 944	603 146	29 325	573 821	1 551 961	108 843	1 443 118

Continued Table

Institutes	Graduates			Entrants			Enrolment		
	Total	Doctor's Degrees	Master's Degrees	Total	Doctor's Degrees	Master's Degrees	Total	Doctor's Degrees	Master's Degrees
2.Run by Non–ed. Dept. 64	6 983	148	6 835	13 481	316	13 165	31 651	1 135	30 516
3.Local Enterprises 1	4	0	4	0	0	0	3	0	3
4.Non–government 5	560	0	560	1 260	0	1 260	2 556	0	2 556
5.Sino–foreign Cooperation Institution with Independent Legal Personality 1	81	0	81	89	0	89	352	0	352

Data source: *2020 education statistics from the Ministry of Education.*

Appendix: Statistics on China's Graduate Education (2020)

Table 1-3 Graduates, Entrants, Enrolment and Number of Institutions (Regular HEIs: Universities and Colleges) by Providers, 2020

Unit: person

	Institutes	Graduates			Entrants			Enrolment		
		Total	Doctor's Degrees	Master's Degrees	Total	Doctor's Degrees	Master's Degrees	Total	Doctor's Degrees	Master's Degrees
Total	594	720 799	64 860	655 939	1 096 124	114 195	981 929	3 108 935	458 832	2 650 103
HEIs under Central Ministries & Agencies	111	341 788	49 903	291 885	480 249	84 616	395 633	1 527 975	349 102	1 178 873
1.HEIs under MOE	76	282 315	37 997	244 318	387 667	65 470	322 197	1 255 342	272 421	982 921
2.HEIs under Other Central Agencies	35	59 473	11 906	47 567	92 582	19 146	73 436	272 633	76 681	195 952
HEIs under Local Auth.	483	379 011	14 957	364 054	615 875	29 579	586 296	1 580 960	109 730	1 471 230
1.Run by Edu. Dept.	455	372 798	14 854	357 944	603 146	29 325	573 821	1 551 961	108 843	1 443 118
2.Run by Non-ed. Dept.	23	5 653	103	5 550	11 469	254	11 215	26 443	887	25 556

Continued Table

	Institutes	Graduates			Entrants			Enrolment		
		Total	Doctor's Degrees	Master's Degrees	Total	Doctor's Degrees	Master's Degrees	Total	Doctor's Degrees	Master's Degrees
3.Local Enterprises	0	0	0	0	0	0	0	0	0	0
4.Non-government	5	560	0	560	1 260	0	1 260	2 556	0	2 556
5.Sino-foreign Cooperation Institution with Independent Legal Personality	0	0	0	0	0	0	0	0	0	0

Data source: *2020 education statistics from the Ministry of Education.*

Table 1-4 Graduates, Entrants, Enrolment and Number of Institutions (Research Institutes) by Providers, 2020

Unit: person

	Institutes	Graduates			Entrants			Enrolment		
		Total	Doctor's Degrees	Master's Degrees	Total	Doctor's Degrees	Master's Degrees	Total	Doctor's Degrees	Master's Degrees
Total	233	7 828	1 316	6 512	10 427	1 852	8 575	30 663	7 717	22 946
HEIs under Central Ministries & Agencies	190	6 413	1 271	5 142	8 326	1 790	6 536	25 100	7 469	17 631
1.HEIs under MOE	0	0	0	0	0	0	0	0	0	0
2.HEIs under Other Central Agencies	190	6 413	1 271	5 142	8 326	1 790	6 536	25 100	7 469	17 631
HEIs under Local Auth.	43	1 415	45	1 370	2 101	62	2 039	5 563	248	5 315
1.Run by Edu. Dept.	0	0	0	0	0	0	0	0	0	0
2.Run by Non-ed. Dept.	41	1 330	45	1 285	2 012	62	1 950	5 208	248	4 960

Continued Table

Institutes	Graduates			Entrants			Enrolment		
	Total	Doctor's Degrees	Master's Degrees	Total	Doctor's Degrees	Master's Degrees	Total	Doctor's Degrees	Master's Degrees
3.Local Enterprises	1	4	0	4	0	0	0	3	0	3
4.Non–government	0	0	0	0	0	0	0	0	0	0
5.Sino–foreign Cooperation Institution with Independent Legal Personality	1	81	0	81	89	0	89	352	0	352

Data source: *2020 education statistics from the Ministry of Education.*

Table 1–5 Number of Postgraduate Students by Academic Field (Total), 2020

Unit: person

	Graduates			Entrants			Enrolment		
	Total	Doctor's Degrees	Master's Degrees	Total	Doctor's Degrees	Master's Degrees	Total	Doctor's Degrees	Master's Degrees
Total	728 627	66 176	662 451	1 106 551	116 047	990 504	3 139 598	466 549	2 673 049
of Which: Female	392 730	27 444	365 286	580 484	49 593	530 891	1 599 447	195 361	1 404 086
Academic Degree	356 502	63 510	292 992	490 337	102 328	388 009	1 470 149	431 884	1 038 265
Professional Degree	372 125	2 666	369 459	616 214	13 719	602 495	1 669 449	34 665	1 634 784
Philosophy	3 955	729	3 226	4 560	1 005	3 555	15 233	4 808	10 425
Economics	33 901	2 193	31 708	47 990	3 311	44 679	115 998	16 200	99 798
Law	49 523	3 134	46 389	67 253	5 620	61 633	183 018	24 241	158 777
Education	52 120	1 199	50 921	77 950	2 750	75 200	217 103	10 530	206 573
Literature	35 676	2 149	33 527	45 669	3 122	42 547	118 887	14 505	104 382
History	5 614	775	4 839	7 565	1 260	6 305	22 820	6 027	16 793
Science	58 399	13 975	44 424	89 211	21 517	67 694	260 470	84 632	175 838
Engineering	250 282	24 084	226 198	393 734	47 898	345 836	1 176 528	195 850	980 678
Agriculture	29 977	3 147	26 830	55 974	4 993	50 981	149 685	19 662	130 023

Continued Table

	Graduates			Entrants			Enrolment		
	Total	Doctor's Degrees	Master's Degrees	Total	Doctor's Degrees	Master's Degrees	Total	Doctor's Degrees	Master's Degrees
Medicine	80 405	10 634	69 771	130 740	17 948	112 792	336 215	57 501	278 714
Military Science	75	24	51	38	8	30	204	76	128
Management	104 769	3 467	101 302	150 146	5 343	144 803	447 898	27 880	420 018
Art	23 931	666	23 265	35 721	1 272	34 449	95 539	4 637	90 902

Data source: *2020 education statistics from the Ministry of Education.*

Table 1–6　Number of Postgraduate Students by Academic Field (Regular HEIs), 2020

Unit: person

	Graduates			Entrants			Enrolment		
	Total	Doctor's Degrees	Master's Degrees	Total	Doctor's Degrees	Master's Degrees	Total	Doctor's Degrees	Master's Degrees
Total	720 799	64 860	655 939	1 096 124	114 195	981 929	3 108 935	458 832	2 650 103
of Which: Female	389 202	26 950	362 252	575 504	48 791	526 713	1 585 494	192 565	1 392 929
Academic Degree	350 516	62 199	288 317	482 728	100 556	382 172	1 447 173	424 345	1 022 828
Professional Degree	370 283	2 661	367 622	613 396	13 639	599 757	1 661 762	34 487	1 627 275
Philosophy	3 855	704	3 151	4 466	989	3 477	14 900	4 715	10 185
Economics	33 373	2 120	31 253	47 235	3 212	44 023	113 941	15 643	98 298
Law	48 840	3 026	45 814	66 453	5 536	60 917	180 686	23 831	156 855
Education	52 120	1 199	50 921	77 950	2 750	75 200	217 103	10 530	206 573
Literature	35 641	2 149	33 492	45 595	3 122	42 473	118 697	14 505	104 192
History	5 570	775	4 795	7 504	1 260	6 244	22 652	6 027	16 625
Science	57 752	13 781	43 971	88 264	21 281	66 983	257 638	83 563	174 075
Engineering	247 542	23 627	223 915	390 105	47 237	342 868	1 165 841	192 838	973 003
Agriculture	28 845	2 935	25 910	54 667	4 689	49 978	145 457	18 584	126 873

Continued Table

	Graduates			Entrants			Enrolment		
	Total	Doctor's Degrees	Master's Degrees	Total	Doctor's Degrees	Master's Degrees	Total	Doctor's Degrees	Master's Degrees
Medicine	79 695	10 506	69 189	129 391	17 665	111 726	332 925	56 712	276 213
Military Science	74	24	50	36	8	28	197	76	121
Management	103 759	3 411	100 348	149 077	5 273	143 804	444 395	27 473	416 922
Art	23 733	603	23 130	35 381	1 173	34 208	94 503	4 335	90 168

Data source: *2020 education statistics from the Ministry of Education.*

Table 1-7　Number of Postgraduate Students by Academic Field (Research Institutes), 2020

Unit: person

	Graduates			Entrants			Enrolment		
	Total	Doctor's Degrees	Master's Degrees	Total	Doctor's Degrees	Master's Degrees	Total	Doctor's Degrees	Master's Degrees
Total	7 828	1 316	6 512	10 427	1 852	8 575	30 663	7 717	22 946
of Which: Female	3 528	494	3 034	4 980	802	4 178	13 953	2 796	11 157
Academic Degree	5 986	1 311	4 675	7 609	1 772	5 837	22 976	7 539	15 437
Professional Degree	1 842	5	1 837	2 818	80	2 738	7 687	178	7 509
Philosophy	100	25	75	94	16	78	333	93	240
Economics	528	73	455	755	99	656	2 057	557	1 500
Law	683	108	575	800	84	716	2 332	410	1 922
Education	0	0	0	0	0	0	0	0	0
Literature	35	0	35	74	0	74	190	0	190
History	44	0	44	61	0	61	168	0	168
Science	647	194	453	947	236	711	2 832	1 069	1 763
Engineering	2 740	457	2 283	3 629	661	2 968	10 687	3 012	7 675

Continued Table

	Graduates			Entrants			Enrolment		
	Total	Doctor's Degrees	Master's Degrees	Total	Doctor's Degrees	Master's Degrees	Total	Doctor's Degrees	Master's Degrees
Agriculture	1 132	212	920	1 307	304	1 003	4 228	1 078	3 150
Medicine	710	128	582	1 349	283	1 066	3 290	789	2 501
Military Science	1	0	1	2	0	2	7	0	7
Management	1 010	56	954	1 069	70	999	3 503	407	3 096
Art	198	63	135	340	99	241	1 036	302	734

Data source: *2020 education statistics from the Ministry of Education.*

Table 1–8   Number of Supervisors of Postgraduate Programs, 2011—2020

Unit: person

Supervisors	Year									
	2011	2012	2013	2014	2015	2016	2017	2018	2019	2020
Supervisors of Doctoral Programs	17 548	16 598	18 280	16 028	14 844	18 677	20 040	19 238	19 341	19 854
Of Which: Female	2 496	2 419	2 675	2 365	2 360	3 093	3 299	3 152	3 076	3 621
Supervisors of Master's Degree Programs	210 197	229 453	241 200	256 790	276 629	289 127	307 271	324 357	346 686	374 452
Of Which: Female	65 787	73 067	78 448	84 468	93 658	100 200	108 542	116 083	126 156	138 099
Supervisors of Doc. & Mas. Degree Programs	44 742	52 387	56 335	64 321	71 745	71 143	75 824	86 638	96 072	106 600
Of Which: Female	6 722	8 455	9 479	11 234	12 790	13 088	14 629	17 328	19 432	22 135
Total	272 487	298 438	315 815	337 139	363 218	378 947	403 135	430 233	462 099	500 906
Of Which: Female	75 005	83 941	90 872	98 067	108 808	116 381	126 470	136 563	148 664	163 855

Data source: *2011–2020 education statistics from the Ministry of Education.*

Table 1-9 Number of Supervisors of Postgraduate Programs, 2020

Unit: person

Supervisors		Total	Age								
			29 and Under	30~34	35~39	40~44	45~49	50~54	55~59	60~64	65 and Over
by Rank	Senior	230 159	144	2 287	13 230	31 638	45 284	52 479	63 504	15 234	6 359
	Sub-senior	221 369	551	16 521	53 536	65 212	44 263	24 123	15 061	1 676	426
	Middle	49 378	1 533	19 145	16 065	7 579	3 062	1 161	637	97	99
by Level of Programs Supervised	Supervisors Of Doctoral Programs	19 854	11	430	1 591	2 652	3 087	3 855	4 855	1 948	1 425
	Supervisors of Master' s Degree Programs	374 452	2 104	33 946	68 398	83 568	70 838	55 422	50 159	7 781	2 236
	Supervisors of Doc. & Mas. Degree Programs	106 600	113	3 577	12 842	18 209	18 684	18 486	24 188	7 278	3 223

Data source: *2020 education statistics from the Ministry of Education.*

Table 1–10 Number of Postgraduate Students in HEIs by Region, 2020

Unit: person

Region	Graduates				Degrees Awarded	Entrants				Enrolment			
	Total	of Which: Female	Doctor's Degrees	Master's Degrees	Total	Total	of Which: Female	Doctor's Degrees	Master's Degrees	Total	of Which: Female	Doctor's Degrees	Master's Degrees
Total	728 627	392 730	66 176	662 451	767 984	1 106 551	580 484	116 047	990 504	3 139 598	1 599 447	466 549	2 673 049
Beijing	107 084	55 605	20 064	87 020	114 046	143 482	72 665	29 405	114 077	430 285	209 293	121 730	308 555
Tianjin	21 741	12 594	1 965	19 776	22 294	282 60	15 814	3 388	24 872	83 307	44 847	12 940	70 367
Hebei	15 916	8 956	515	15 401	16 726	25 264	13 785	1 095	24 169	65 959	35 561	4 299	61 660
Shanxi	11 850	7 040	554	11 296	12 493	17 709	10 102	825	16 884	45 612	25 996	3 354	42 258
Inner Mongolia	7 213	4 726	263	6 950	7 976	11 875	7 159	510	11 365	32 057	18 996	2 066	29 991
Liaoning	36 925	20 784	2 396	34 529	37 590	53 727	28 779	3 772	49 955	146 365	77 752	17 296	129 069
Jilin	22 647	14 008	2 051	20 596	23 308	29 585	17 493	3 210	26 375	84 974	50 659	13 576	71 398
Heilongjiang	23 099	11 864	1 884	21 215	24 243	35 943	17 896	4 142	31 801	93 764	45 926	17 036	76 728
Shanghai	52 202	28 034	6 061	46 141	55 873	74 989	38 497	11 267	63 722	226 180	112 941	42 631	183 549
Jiangsu	56 976	29 053	5 028	51 948	61 033	89 512	43 069	9 006	80 506	266 489	123 856	37 541	228 948
Zhejiang	23 743	12 086	1 951	21 792	24 779	43 064	21 515	4 694	38 370	116 610	56 146	17 173	99 437

Continued Table

Region	Graduates				Degrees Awarded	Entrants				Enrolment			
	Total	of Which: Female	Doctor's Degrees	Master's Degrees		Total	of Which: Female	Doctor's Degrees	Master's Degrees	Total	of Which: Female	Doctor's Degrees	Master's Degrees
Anhui	18 348	8 843	1 473	16 875	18 738	33 955	15 390	3 284	30 671	87 156	38 234	11 621	75 535
Fujian	15 455	8 423	1 076	14 379	16 334	24 985	13 141	1 974	23 011	69 470	36 126	8 281	61 189
Jiangxi	13 261	7 136	368	12 893	13 325	20 093	10 522	857	19 236	52 416	27 433	2 754	49 662
Shandong	32 795	18 678	1 716	31 079	34 841	50 518	28 175	3 346	47 172	141 783	76 010	13 391	128 392
Henan	16 189	9 246	495	15 694	17 070	28 228	16 479	1 082	27 146	69 359	39 997	4 017	65 342
Hubei	44 934	22 577	4 381	40 553	48 019	66 049	33 614	6 904	59 145	204 459	98 106	29 637	174 822
Hunan	24 815	13 218	1 972	22 843	25 846	34 585	18 236	3 534	31 051	112 501	57 294	16 106	96 395
Guangdong	36 011	19 185	3 393	32 618	38 350	59 918	31 113	6 394	53 524	154 748	78 867	22 127	132 621
Guangxi	11 137	6 178	298	10 839	11 525	19 857	10 972	774	19 083	47 803	25 933	2 459	45 344
Hainan	2 132	1 310	69	2 063	2 325	4 236	2 374	298	3 938	11 583	6 422	788	10 795
Chongqing	19 309	11 070	1 144	18 165	21 286	30 724	17 897	2 107	28 617	89 768	51 010	8 139	81 629
Sichuan	33 574	17 092	2 506	31 068	34 568	48 199	24 629	4 472	43 727	144 737	70 233	18 319	126 418

Continued Table

Region	Graduates				Degrees Awarded	Entrants				Enrolment			
	Total	of Which: Female	Doctor's Degrees	Master's Degrees		Total	of Which: Female	Doctor's Degrees	Master's Degrees	Total	of Which: Female	Doctor's Degrees	Master's Degrees
Guizhou	6 942	4 153	133	6 809	7 363	11 078	6 747	468	10 610	28 750	16 936	1 469	27 281
Yunnan	12 872	7 529	419	12 453	13 445	21 243	12 140	1 017	20 226	57 604	32 612	4 132	53 472
Tibet	694	323	22	672	687	1 432	819	74	1 358	3 138	1 736	200	2 938
Shaanxi	37 388	19 286	2 942	34 446	39 391	59 041	29 217	5 681	53 360	173 400	84 543	24 886	148 514
Gansu	11 861	6 422	733	11 128	12 258	18 377	9 991	1 479	16 898	49 852	26 396	5 456	44 396
Qinghai	1 656	1 061	16	1 640	1 754	3 149	1 968	133	3 016	7 416	4 586	413	7 003
Ningxia	2 218	1 397	47	2 171	2 293	4 228	2 568	209	4 019	9 561	5 962	526	9 035
Xinjiang	7 640	4 853	241	7 399	8 205	13 246	7 718	646	12 600	32 492	19 038	2 186	30 306

Data source: *2020 education statistics from the Ministry of Education.*

Unit: person

Table 1–11　Number of Postgraduates in Regular HEIs by Region, 2020

Region	Graduates				Degrees Awarded	Entrants				Enrolment			
	Total	of Which: Female	Doctor's Degrees	Master's Degrees	Total	Total	of Which: Female	Doctor's Degrees	Master's Degrees	Total	of Which: Female	Doctor's Degrees	Master's Degrees
Total	720 799	389 202	64 860	655 939	759 987	1 096 124	575 504	114 195	981 929	3 108 935	1 585 494	458 832	2 650 103
Beijing	101 944	53 190	18 892	83 052	108 743	136 933	69 414	27 787	109 146	409 927	199 753	115 090	294 837
Tianjin	21 728	12 592	1 965	19 763	22 281	28 249	15 811	3 388	24 861	83 276	44 838	12 940	70 336
Hebei	15 878	8 950	515	15 363	16 688	25 225	13 779	1 095	24 130	65 849	35 544	4 299	61 550
Shanxi	11 777	7 013	554	11 223	12 420	17 599	10 037	825	16 774	45 346	25 860	3 354	41 992
Inner Mongolia	7 209	4 724	263	6 946	7 972	11 869	7 159	510	11 359	32 044	18 995	2 066	29 978
Liaoning	36 881	20 771	2 395	34 486	37 546	53 661	28 759	3 766	49 895	146 190	77 702	17 271	128 919
Jilin	22 578	13 962	2 051	20 527	23 236	29 526	17 463	3 210	26 316	84 807	50 555	13 576	71 231
Heilongjiang	22 845	11 745	1 866	20 979	23 988	35 422	17 623	4 111	31 311	92 597	45 361	16 894	75 703
Shanghai	51 587	27 719	6 017	45 570	55 264	74 235	38 132	11 203	63 032	224 038	111 904	42 349	181 689
Jiangsu	56 828	29 004	5 014	51 814	60 885	89 259	42 995	8 951	80 308	265 769	123 634	37 286	228 483

Annual Report on China Graduate Education (2021&2022)

Continued Table

Region	Graduates				Degrees Awarded	Entrants				Enrolment			
	Total	of Which: Female	Doctor's Degrees	Master's Degrees		Total	of Which: Female	Doctor's Degrees	Master's Degrees	Total	of Which: Female	Doctor's Degrees	Master's Degrees
Zhejiang	23 644	12 046	1 951	21 693	24 678	42 825	21 389	4 693	38 132	116 100	55 908	17 166	98 934
Anhui	18 341	8 842	1 473	16 868	18 731	33 947	15 390	3 284	30 663	87 139	38 234	11 621	75 518
Fujian	15 417	8 404	1 076	14 341	16 287	24 846	13 048	1 974	22 872	69 088	35 883	8 281	60 807
Jiangxi	13 255	7 135	368	12 887	13 319	20 087	10 521	857	19 230	52 399	27 429	2 754	49 645
Shandong	32 722	18 642	1 716	31 006	34 768	50 381	28 109	3 346	47 035	141 458	75 852	13 391	128 067
Henan	16 122	9 233	494	15 628	17 004	28 150	16 459	1 079	27 071	69 157	39 946	4 004	65 153
Hubei	44 634	22 477	4 375	40 259	47 719	65 684	33 469	6 897	58 787	203 433	97 750	29 596	173 837
Hunan	24 729	13 182	1 972	22 757	25 760	34 481	18 186	3 534	30 947	112 191	57 150	16 106	96 085
Guangdong	35 904	19 137	3 386	32 518	38 243	59 785	31 049	6 386	53 399	154 352	78 690	22 100	132 252
Guangxi	11 137	6 178	298	10 839	11 525	19 857	10 972	774	19 083	47 803	25 933	2 459	45 344
Hainan	2 132	1 310	69	2 063	2 325	4 236	2 374	298	3 938	11 583	6 422	788	10 795
Chongqing	19 270	11 050	1 144	18 126	21 247	30 664	17 859	2 107	28 557	89 589	50 907	8 139	81 450

Continued Table

Region	Graduates				Degrees Awarded	Entrants				Enrolment			
	Total	of Which: Female	Doctor's Degrees	Master's Degrees		Total	of Which: Female	Doctor's Degrees	Master's Degrees	Total	of Which: Female	Doctor's Degrees	Master's Degrees
Sichuan	33 245	16 945	2 481	30 764	34 238	47 741	24 421	4 445	43 296	143 551	69 671	18 195	125 356
Guizhou	6 933	4 152	133	6 800	7 354	11 061	6 746	468	10 593	28 717	16 930	1 469	27 248
Yunnan	12 848	7 524	418	12 430	13 421	21 210	12 127	1 013	20 197	57 504	32 587	4 117	53 387
Tibet	694	323	22	672	687	1 432	819	74	1 358	3 138	1 736	200	2 938
Shaanxi	37 188	19 233	2 922	34 266	39 194	58 804	29 164	5 660	53 144	172 723	84 379	24 770	147 953
Gansu	11 815	6 408	726	11 089	12 212	18 332	9 976	1 472	16 860	49 698	26 355	5 426	44 272
Qinghai	1 656	1 061	16	1 640	1 754	3 149	1 968	133	3 016	7 416	4 586	413	7 003
Ningxia	2 218	1 397	47	2 171	2 293	4 228	2 568	209	4 019	9 561	5 962	526	9 035
Xinjiang	7 640	4 853	241	7 399	8 205	13 246	7 718	646	12 600	32 492	19 038	2 186	30 306

Data source: *2020 education statistics from the Ministry of Education.*

Appendix: Statistics on China's Graduate Education (2021)

Table 2–1   Graduates, Entrants and Enrolment by Degree Level, 2021

Unit: person

Degree Level	Graduates	Entrants	Enrolment
Total	772 761	1 176 526	3 332 373
Doctor's Degrees	72 019	125 823	509 453
Master's Degrees	700 742	1 050 703	2 822 920

Data source: *2021 education statistics from the Ministry of Education.*

Table 2–2　Graduates, Entrants, Enrolment and Number of Institutions (HEIs: Universities, Colleges and Research Institutes) by Providers, 2021

Unit: person

	Institutes	Graduates			Entrants			Enrolment		
		Total	Doctor's Degrees	Master's Degrees	Total	Doctor's Degrees	Master's Degrees	Total	Doctor's Degrees	Master's Degrees
Total	827	772 761	72 019	700 742	1 176 526	125 823	1 050 703	3 332 373	509 453	2 822 920
HEIs under Central Ministries & Agencies	301	362 516	55468	307 048	505 985	92 837	413 148	1 552 952	385 347	1 167 605
1.HEIs under MOE	76	292 068	41 036	251 032	399 482	70 172	329 310	1 240 800	293 898	946 902
2.HEIs under Other Central Agencies	225	70 448	14 432	56 016	106 503	22 665	83 838	312 152	91 449	220 703
HEIs under Local Auth.	526	410 245	16 551	393 694	670 541	32 986	637 555	1 779 421	124 106	1 655 315
1.Run by Edu.Dept.	454	401 306	16 430	384 876	653 934	32 606	621 328	1 737 727	122 723	1 615 004
2.Run by Non-ed. Dept.	65	8 115	121	7 994	15 109	380	14 729	38 126	1 383	36 743
3.Local Enterprises	1	3	0	3	0	0	0	0	0	0

Continued Table

	Institutes	Graduates			Entrants			Enrolment		
		Total	Doctor's Degrees	Master's Degrees	Total	Doctor's Degrees	Master's Degrees	Total	Doctor's Degrees	Master's Degrees
4.Non–government	5	752	0	752	1 369	0	1 369	3 162	0	3 162
5.Sino–foreign Cooperation Institution with Independent Legal Personality	1	69	0	69	129	0	129	406	0	406

Data source: *2021 education statistics from the Ministry of Education.*

Table 2–3 Graduates, Entrants, Enrolment and Number of Institutions (Regular HEIs: Universities and Colleges) by Providers, 2021

Unit: person

	Institutes	Graduates			Entrants			Enrolment		
		Total	Doctor's Degrees	Master's Degrees	Total	Doctor's Degrees	Master's Degrees	Total	Doctor's Degrees	Master's Degrees
Total	594	764 603	70 689	693 914	1 165 569	123 862	1 041 707	3 299 770	501 346	2 798 424
HEIs under Central Ministries & Agencies	111	355 838	54 179	301 659	497 313	90 938	406 375	1 526 633	377 502	1 149 131
1.HEIs under MOE	76	292 068	41 036	251 032	399 482	70 172	329 310	1 240 800	293 898	946 902
2.HEIs under Other Central Agencies	35	63 770	13 143	50 627	97 831	20 766	77 065	285 833	83 604	202 229
HEIs under Local Auth.	483	408 765	16 510	392 255	668 256	32 924	635 332	1 773 137	123 844	1 649 293
1.Run by Edu. Dept.	454	401 306	16 430	384 876	653 934	32 606	621 328	1 737 727	122 723	1 615 004
2.Run by Non-ed. Dept.	24	6 707	80	6 627	12 953	318	12 635	32 248	1 121	31 127

Continued Table

	Institutes	Graduates			Entrants			Enrolment		
		Total	Doctor's Degrees	Master's Degrees	Total	Doctor's Degrees	Master's Degrees	Total	Doctor's Degrees	Master's Degrees
3.Local Enterprises	0	0	0	0	0	0	0	0	0	0
4.Non–government	5	752	0	752	1 369	0	1 369	3 162	0	3 162
5.Sino–foreign Cooperation Institution with Independent Legal Personality	0	0	0	0	0	0	0	0	0	0

Data source: *2021 education statistics from the Ministry of Education.*

Table 2–4 Graduates, Entrants, Enrolment and Number of Institutions (Research Institutes) by Providers, 2021

Unit: person

	Institutes	Graduates			Entrants			Enrolment		
		Total	Doctor's Degrees	Master's Degrees	Total	Doctor's Degrees	Master's Degrees	Total	Doctor's Degrees	Master's Degrees
Total	233	8 158	1 330	6 828	10 957	1 961	8 996	32 603	8 107	24 496
HEIs under Central Ministries & Agencies	190	6 678	1 289	5 389	8 672	1 899	6 773	26 319	7 845	18 474
1.HEIs under MOE	0	0	0	0	0	0	0	0	0	0
2.HEIs under Other Central Agencies	190	6 678	1 289	5 389	8 672	1 899	6 773	26 319	7 845	18 474
HEIs under Local Auth.	43	1 480	1 367	113	2 285	2 094	191	6 284	5 616	668
1.Run by Edu. Dept.	0	0	0	0	0	0	0	0	0	0
2.Run by Non–ed. Dept.	41	1 408	1 367	41	2 156	2 094	62	5 878	5 616	262

Continued Table

	Institutes	Graduates			Entrants			Enrolment		
		Total	Doctor's Degrees	Master's Degrees	Total	Doctor's Degrees	Master's Degrees	Total	Doctor's Degrees	Master's Degrees
3.Local Enterprises	1	3	0	3	0	0	0	0	0	0
4.Non–government	0	0	0	0	0	0	0	0	0	0
5.Sino–foreign Cooperation Institution with Independent Legal Personality	1	69	0	69	129	0	129	406	0	406

Data source: *2021 education statistics from the Ministry of Education.*

Unit: person

Table 2–5 Number of Postgraduate Students by Academic Field (Total), 2021

	Graduates			Entrants			Enrolment		
	Total	Doctor's Degrees	Master's Degrees	Total	Doctor's Degrees	Master's Degrees	Total	Doctor's Degrees	Master's Degrees
Total	772 761	72 019	700 742	1 176 526	125 823	1 050 703	3 332 373	509 453	2 822 920
of Which: Female	422 398	30 639	391 759	607 362	53 831	553 531	1 717 458	214 877	1 502 581
Academic Degree	363 572	67 889	295 683	509 435	107 708	401 727	1 575 340	460 145	1 115 195
Professional Degree	409 189	4 130	405 059	667 091	18 115	648 976	1 757 033	49 308	1 707 725
Philosophy	3 931	679	3 252	4 675	1 038	3 637	15 707	4 942	10 765
Economics	35 267	2 250	33 017	50 733	3 427	47 306	129 141	16 653	112 488
Law	50 410	3 278	47 132	70 423	5 879	64 544	197 811	26 183	171 628
Education	56 666	1 200	55 466	80 739	3 292	77 447	227 879	12 499	215 380
Literature	36 205	2 132	34 073	47 555	3 338	44 217	129 072	15 484	113 588
History	5 816	835	4 981	7 818	1 325	6 493	24 420	6 342	18 078
Science	61 454	14 906	46 548	95 211	22 977	72 234	285 066	91 999	193 067
Engineering	267 399	26 659	240 740	418 893	52 433	366 460	1 194 599	215 273	979 326
Agriculture	33 592	3 254	30 338	59 679	5 408	54 271	160 093	21 416	138 677

Continued Table

	Graduates			Entrants			Enrolment		
	Total	Doctor's Degrees	Master's Degrees	Total	Doctor's Degrees	Master's Degrees	Total	Doctor's Degrees	Master's Degrees
Medicine	89 257	12 546	76 711	142 549	19 846	122 703	387 806	65 181	322 625
Military Science	81	16	65	91	8	83	257	51	206
Management	106 435	3 517	102 918	159 358	5 509	153 849	473 201	28 259	444 942
Art	26 248	747	25 501	38 776	1 317	37 459	107 295	5 145	102 150
Interdisciplinary Subject	0	0	0	26	26	0	26	26	0

Data source: *2021 education statistics from the Ministry of Education.*

Table 2-6 Number of Postgraduate Students by Academic Field (Regular HEIs), 2021

Unit: person

	Graduates			Entrants			Enrolment		
	Total	Doctor's Degrees	Master's Degrees	Total	Doctor's Degrees	Master's Degrees	Total	Doctor's Degrees	Master's Degrees
Total	764 603	70 689	693 914	1 165 569	123 862	1 041 707	3 299 770	501 346	2 798 424
of Which: Female	418 518	30 162	388 356	602 130	52 943	549 187	1 702 355	211 695	1 490 660
Academic Degree	357 690	66 586	291 104	501 435	105 864	395 571	1 550 811	452 306	1 098 505
Professional Degree	406 913	4 103	402 810	664 134	17 998	646 136	1 748 959	49 040	1 699 919
Philosophy	3 827	656	3 171	4 576	1 022	3 554	15 386	4 859	10 527
Economics	34 679	2 196	32 483	49 986	3 337	46 649	126 989	16 089	110 900
Law	49 699	3 178	46 521	69 584	5 797	63 787	195 401	25 798	169 603
Education	56 666	1 200	55 466	80 739	3 292	77 447	227 879	12 499	215 380
Literature	36 165	2 132	34 033	47 484	3 338	44 146	128 854	15 484	113 370
History	5 763	835	4 928	7 764	1 325	6 439	24 252	6 342	179 10
Science	60 793	14 737	46 056	94 162	22 716	71 446	281 949	90 887	191 062
Engineering	264 719	26 175	238 544	415 092	51 755	363 337	1 183 151	212 213	970 938
Agriculture	32 393	3 042	29 351	58 226	5 079	53 147	155 733	20 226	135 507

Continued Table

	Graduates			Entrants			Enrolment		
	Total	Doctor's Degrees	Master's Degrees	Total	Doctor's Degrees	Master's Degrees	Total	Doctor's Degrees	Master's Degrees
Medicine	88 442	12 374	76 068	141 084	19 512	121 572	383 878	64 227	319 651
Military Science	80	16	64	87	8	79	245	51	194
Management	105 408	3 471	101 937	158 325	5 435	152 890	469 830	27 829	442 001
Art	25 969	677	25 292	38 434	1 220	37 214	106 197	4 816	101 381
Interdisciplinary Subject	0	0	0	26	26	0	26	26	0

Data source: *2021 education statistics from the Ministry of Education.*

Unit: person

Table 2-7 Number of Postgraduate Students by Academic Field (Research Institutes), 2021

	Graduates			Entrants			Enrolment		
	Total	Doctor's Degrees	Master's Degrees	Total	Doctor's Degrees	Master's Degrees	Total	Doctor's Degrees	Master's Degrees
Total	8 158	1 330	6 828	10 957	1 961	8 996	32 603	8 107	24 496
of Which: Female	3 880	477	3 403	5 232	888	4 344	15 103	3 182	11 921
Academic Degree	5 882	1 303	4 579	8 000	1 844	6 156	24 529	7 839	16 690
Professional Degree	2 276	27	2 249	2 957	117	2 840	8 074	268	7 806
Philosophy	104	23	81	99	16	83	321	83	238
Economics	588	54	534	747	90	657	2 152	564	1 588
Law	711	100	611	839	82	757	2 410	385	2 025
Education	0	0	0	0	0	0	0	0	0
Literature	40	0	40	71	0	71	218	0	218
History	53	0	53	54	0	54	168	0	168
Science	661	169	492	1 049	261	788	3 117	1 112	2 005
Engineering	2 680	484	2 196	3 801	678	3 123	11 448	3 060	8 388
Agriculture	1 199	212	987	1 453	329	1 124	4 360	1 190	3 170

Continued Table

	Graduates			Entrants			Enrolment		
	Total	Doctor's Degrees	Master's Degrees	Total	Doctor's Degrees	Master's Degrees	Total	Doctor's Degrees	Master's Degrees
Medicine	815	172	643	1 465	334	1 131	3 928	954	2 974
Military Science	1	0	1	4	0	4	12	0	12
Management	1 027	46	981	1 033	74	959	3 371	430	2 941
Art	279	70	209	342	97	245	1 098	329	769
Interdisciplinary Subject	0	0	0	0	0	0	0	0	0

Data source: *2021 education statistics from the Ministry of Education.*

Unit: person

Table 2—8　Number of Supervisors of Postgraduate Programs, 2012—2021

Supervisors	Year									
	2012	2013	2014	2015	2016	2017	2018	2019	2020	2021
Supervisors of Doctoral Programs	16 598	18 280	16 028	14 844	18 677	20 040	19 238	19 341	19 854	11 769
Of Which: Female	2 419	2 675	2 365	2 360	3 093	3 299	3 152	3 076	3 621	1 892
Supervisors of Master's Degree Programs	229 453	241 200	256 790	276 629	289 127	307 271	324 357	346 686	374 452	424 547
Of Which: Female	73 067	78 448	84 468	93 658	100 200	108 542	116 083	126 156	138 099	157 769
Supervisors of Doc.&Mas. Degree Programs	52 387	56 335	64 321	71 745	71 143	75 824	86 638	96 072	106 600	120 197
Of Which:Female	8 455	9 479	11 234	12 790	13 088	14 629	17 328	19 432	22 135	25 106
Total	298 438	315 815	337 139	363 218	378 947	403 135	430 233	462 099	500 906	556 513
Of Which: Female	83 941	90 872	98 067	108 808	116 381	126 470	136 563	148 664	163 855	184 767

Data source: *2012–2021 education statistics from the Ministry of Education.*

Table 2-9 Number of Supervisors of Postgraduate Programs, 2021

Unit: person

Supervisors		Total	Age								
			29 and Under	30~34	35~39	40~44	45~49	50~54	55~59	60~64	65 and Over
by Rank	Senior	252 796	97	2 703	14 634	36 611	49 846	53 952	71 022	15 775	8 156
	Sub–senior	241 746	963	18 405	54 853	72 676	48 102	27 031	17 124	1 899	693
	Middle	61 971	2 145	23 160	19 743	10 210	3 988	1 715	786	123	101
by Level of Programs Supervised	Supervisors Of Doctoral Programs	11 769	47	238	715	1 157	1 620	1 773	3 340	1 397	1 482
	Supervisors of Master's Degree Programs	424 547	2 647	39 901	74 834	97 606	79 394	61 869	57 331	7 911	3 054
	Supervisors of Doc. & Mas. Degree Programs	120 197	511	4 129	13 681	20 734	20 922	19 056	28 261	8 489	4 414

Data source: *2021 education statistics from the Ministry of Education.*

Table 2–10 Number of Postgraduate Students in HEIs by Region, 2021

Unit: person

Region	Graduates			Entrants			Enrolment		
	Total	Doctor's Degrees	Master's Degrees	Total	Doctor's Degrees	Master's Degrees	Total	Doctor's Degrees	Master's Degrees
Total	772 761	72 019	700 742	1 176 526	125 823	1 050 703	3 332 373	509 453	2 822 920
Beijing	110 995	21 301	89 694	150 583	31 349	119 234	446 966	130 306	316 660
Tianjin	21 465	2 057	19 408	30 040	3 616	26 424	86 320	14 210	72 110
Hebei	17 518	569	16 949	27 041	1 204	25 837	72 913	4 808	68 105
Shanxi	12 285	558	11 727	18 928	951	17 977	50 254	3 732	46 522
Inner Mongolia	7 992	257	7 735	12 700	550	12 150	33 926	1 086	32 840
Liaoning	39 634	2 420	37 214	56 495	4 128	52 367	156 925	17 838	139 087
Jilin	23 271	2 068	21 203	31 360	3 431	27 929	91 053	8 969	82 084
Heilongjiang	23 011	2 082	20 929	38 055	4 560	33 495	102 619	25 020	77 599
Shanghai	56 088	6 539	49 549	77 879	11 971	65 908	233 268	46 970	186 298
Jiangsu	62 620	5 502	57 118	94 607	9 613	84 994	271 469	40 876	230 593
Zhejiang	25 512	2 375	23 137	47 505	5 014	42 491	129 860	19 447	110 413
Anhui	20 530	2 009	18 521	36 847	3 693	33 154	98 600	15 001	83 599

Continued Table

Region	Graduates			Entrants			Enrolment		
	Total	Doctor's Degrees	Master's Degrees	Total	Doctor's Degrees	Master's Degrees	Total	Doctor's Degrees	Master's Degrees
Fujian	16 543	1 271	15 272	26 816	2 129	24 687	76 592	14 581	76 472
Jiangxi	14 061	342	13 719	21 980	983	20 997	59 005	18 738	83 881
Shandong	34 454	1 861	32 593	53 567	3 726	49 841	149 077	13 486	85 114
Henan	17 397	536	16 861	30 546	1 201	29 345	79 744	3 407	55 598
Hubei	43 762	4 714	39 048	68 720	7 504	61 216	198 569	4 607	75 137
Hunan	26 590	2 268	24 322	36 179	3 806	32 373	110 493	31 729	166 840
Guangdong	38 911	3 735	35 176	64 501	7 023	57 478	174 309	17 307	93 186
Guangxi	12 015	337	11 678	21 554	868	20 686	55 806	2 253	31 673
Hainan	2 372	75	2 297	4 737	376	4 361	12 818	2 963	52 843
Chongqing	22 291	1 359	20 932	33 147	2 280	30 867	97 402	8 905	88 497
Sichuan	35 505	2 798	32 707	50 662	4 864	45 798	146 476	19 370	127 106
Guizhou	7 468	195	7 273	12 166	550	11 616	31 675	1 543	30 132
Yunnan	13 648	463	13 185	23 011	1 133	21 878	63 559	4 720	58 839
Tibet	732	27	705	1 826	91	1 735	4 255	272	3 983

Continued Table

Region	Graduates			Entrants			Enrolment		
	Total	Doctor's Degrees	Master's Degrees	Total	Doctor's Degrees	Master's Degrees	Total	Doctor's Degrees	Master's Degrees
Shaanxi	40 759	3 225	37 534	62 770	6 331	56 439	185 421	26 951	158 470
Gansu	12 834	732	12 102	19 734	1 678	18 056	54 704	6 296	48 408
Qinghai	1 896	36	1 860	3 443	167	3 276	8 800	544	8 256
Ningxia	2 611	92	2 519	4 536	249	4 287	11 527	804	10 723
Xinjiang	7 991	216	7 775	14 591	784	13 807	37 968	2 714	35 254

Data source: *2021 education statistics from the Ministry of Education.*

Annual Report on China Graduate Education (2021&2022)

Table 2–11 Number of Postgraduates in Regular HEIs by Region, 2021

Unit: person

Region	Graduates			Entrants			Enrolment		
	Total	Doctor's Degrees	Master's Degrees	Total	Doctor's Degrees	Master's Degrees	Total	Doctor's Degrees	Master's Degrees
Total	764 603	70 689	693 914	1 165 569	123 862	1 041 707	3 299 770	501 346	2 798 424
Beijing	105 655	20 138	85 517	143 629	29 614	114 015	425 696	123 286	302 410
Tianjin	21 442	2 057	19 385	30 015	3 616	26 399	86 244	14 210	72 034
Hebei	17 456	569	16 887	27 037	1 204	25 833	72 868	4 808	68 060
Shanxi	39 590	2 417	37 173	18 813	951	17 862	156 728	17 810	138 918
Inner Mongolia	55 427	6 502	48 925	12 685	550	12 135	231 074	46 670	184 404
Liaoning	62 470	5 476	56 994	56 428	4 122	52 306	270 647	40 594	230 053
Jilin	25 385	2 375	23 010	31 287	3 431	27 856	129 183	19 439	109 744
Heilongjiang	16 443	1 271	15 172	37 506	4 529	32 977	76 214	8 969	67 245
Shanghai	34 364	1 861	32 503	77 141	11 907	65 234	148 701	15 001	133 700
Jiangsu	38 795	3 724	35 071	94 347	9 558	84 789	173 884	24 996	148 888
Zhejiang	2 372	75	2 297	47 200	5 013	42 187	12 818	1 086	11 732
Anhui	12 210	558	11 652	36 839	3 693	33 146	49 952	3 732	46 220

Continued Table

Region	Graduates			Entrants			Enrolment		
	Total	Doctor's Degrees	Master's Degrees	Total	Doctor's Degrees	Master's Degrees	Total	Doctor's Degrees	Master's Degrees
Fujian	23 221	2 068	21 153	26 678	2 129	24 549	90 864	14 581	76 283
Jiangxi	22 745	2 062	20 683	21 976	983	20 993	101 190	18 592	82 598
Shandong	20 526	2 009	18 517	53 426	3 726	49 700	98 579	13 486	85 093
Henan	14 055	342	13 713	30 464	1 198	29 266	58 990	3 407	55 583
Hubei	17 352	534	16 818	68 356	7 497	60 859	79 505	4 593	74 912
Hunan	43 448	4 705	38 743	36 060	3 806	32 254	197 496	31 692	165 804
Guangdong	26 502	2 268	24 234	64 355	7 015	57 340	110 153	17 307	92 846
Guangxi	7 992	257	7 735	21 554	868	20 686	33 897	2 253	31 644
Hainan	12 015	337	11 678	4 737	376	4 361	55 806	2 963	52 843
Chongqing	22 232	1 359	20 873	33 079	2 280	30 799	97 216	8 905	88 311
Sichuan	35 232	2 773	32 459	50 216	4 837	45 379	145 184	19 268	125 916
Guizhou	7 460	195	7 265	12 147	550	11 597	31 631	1 543	30 088
Yunnan	13 615	460	13 155	22 976	1 129	21 847	63 457	4 704	58 753
Tibet	732	27	705	1 826	91	1 735	4 255	272	3 983

Continued Table

Region	Graduates			Entrants			Enrolment		
	Total	Doctor's Degrees	Master's Degrees	Total	Doctor's Degrees	Master's Degrees	Total	Doctor's Degrees	Master's Degrees
Shaanxi	40 587	3 205	37 382	62 531	6 316	56 215	184 682	26 844	157 838
Gansu	12 782	721	12 061	19 691	1 673	18 018	54 561	6 273	48 288
Qinghai	1 896	36	1 860	3 443	167	3 276	8 800	544	8 256
Ningxia	2 611	92	2 519	4 536	249	4 287	11 527	804	10 723
Xinjiang	7 991	216	7 775	14 591	784	13 807	37 968	2 714	35 254

Data source: *2021 education statistics from the Ministry of Education.*

About ACGS

The Association of Chinese Graduate Schools (ACGS) was founded in November 1999 and approved by the Ministry of Education of Chinese government. The membership of ACGS is limited to the deans or the executive deans of the 57 graduate schools registered at the Ministry of Education of the People's Republic of China.

The mission of ACGS shall be to promote the construction and administration of graduate schools,especially for the purpose of enhancing the quality of graduate students,to foster the common interests of graduate school deans,to advise the policy and strategy of graduate education for our government and to strengthen the international exchange and collaboration with foreign associations of graduate education.

The council of ACGS includes four chair members:Graduate School at Peking University,Graduate School at Nankai University,Graduate School at Zhejiang University, Graduate School at Chongqing University. The Secretary–general is Professor Gong Qihuang,dean of Graduate School at Peking University. The Secretariat of ACGS is located at Graduate School at Peking University.

For more information, please find us at http://www.acgs.pku.edu.cn or contact us through the information below:

Secretariat of ACGS
Graduate School, Peking University
Beijing 100871, P. R. China
Tel / Fax: 86–10–62751360
E–mail: grswxy@pku.edu.cn
grsqyz@pku.edu.cn

郑重声明

高等教育出版社依法对本书享有专有出版权。任何未经许可的复制、销售行为均违反《中华人民共和国著作权法》，其行为人将承担相应的民事责任和行政责任；构成犯罪的，将被依法追究刑事责任。为了维护市场秩序，保护读者的合法权益，避免读者误用盗版书造成不良后果，我社将配合行政执法部门和司法机关对违法犯罪的单位和个人进行严厉打击。社会各界人士如发现上述侵权行为，希望及时举报，我社将奖励举报有功人员。

反盗版举报电话 （010）58581999　58582371

反盗版举报邮箱　dd@hep.com.cn

通信地址　北京市西城区德外大街 4 号

高等教育出版社法律事务部

邮政编码　100120

读者意见反馈

为收集对教材的意见建议，进一步完善教材编写并做好服务工作，读者可将对本教材的意见建议通过如下渠道反馈至我社。

咨询电话　400-810-0598

反馈邮箱　hepsci@pub.hep.cn

通信地址　北京市朝阳区惠新东街 4 号富盛大厦 1 座

高等教育出版社理科事业部

邮政编码　100029